珞珈国学丛书教材系列

《春秋穀梁传》政治哲学研究

——以秩序为中心的思考

秦　平　著

商务印书馆
创于1897 The Commercial Press

2018年·北京

图书在版编目（CIP）数据

《春秋穀梁传》政治哲学研究：以秩序为中心的思考 / 秦平著. — 北京：商务印书馆，2018
（珞珈国学丛书）
ISBN 978-7-100-16172-5

Ⅰ.①春…　Ⅱ.①秦…　Ⅲ.①中国历史—春秋时代—编年体②《穀梁传》—政治哲学—研究　Ⅳ.①K225.04

中国版本图书馆CIP数据核字（2018）第111884号

珞珈国学丛书
《春秋穀梁传》政治哲学研究
——以秩序为中心的思考
秦　平　著

商 务 印 书 馆 出 版
（北京王府井大街36号　邮政编码 100710）
商 务 印 书 馆 发 行
三河市尚艺印装有限公司印刷
ISBN 978-7-100-16172-5

2018年8月第1版　　开本 710×1000　1/16
2018年8月第1次印刷　　印张 28　1/4

定价：90.00元

本书为国家社科基金一般项目“《春秋穀梁传》哲学思想研究”（编号 10BZX036）的结项成果，受到国家社科基金资助。

本书是武汉大学 2015 年度自主科研项目“《春秋》三传政治哲学比较研究”的中期成果，受到中央高校基本科研业务费专项资金资助。

总　序

我们武汉大学有国学教学与研究的传统，近代以来有黄侃等国学大师及章黄学派的统系，有熊十力、闻一多、吴宓、李剑农、杨树达、高亨、范寿康、朱光潜、刘赜、刘永济、黄焯、谭戒甫、唐长孺、吴于廑、程千帆等大师，一直高度重视小学（古文字学）、经典新诠与中西学术互动，有深厚的基础。

2001年，我们综合文、史、哲的师资，在国内首先创办了国学本科试验班。此前全国高校尚没有办这样的国学班。我们坚持下来了，每年一届，至今已连续十二年招生。我们的宗旨是培养一批对我国传统小学、经学、史学、子学、文学与宗教的基本知识、基础典籍和治学门径有一定理解，能熟练阅读中国古典文献，至少掌握两门外文，且熟悉当今世界人文学科走向，又会熟练地使用计算机、互联网等现代化手段的复合型人才。国学班采用“小班授课、经典导读”的方式，克服了六十多年来我国大陆文科教育分科太细，又只有通论、通专史课程而不读经典的毛病。我们强调从认字开始，除文字学、音韵学、训诂学、目录学、文献学外，相继开设《说文解字注》、《广雅疏证》、《四书》、《诗经》、《尚书》、《周易》、《礼记》、《左传》、《史记》、《汉书》、《后汉书》、《三国志》、《老子》、《墨子》、《庄子》、《荀子》、《楚辞》、《文选》、《文心雕龙》与出土简帛文献等的导读或研读课程，还开了国学通论、国学研究方法论、海外中国学、印度佛学等课程。我们还请人用英语开了《理想国》、《圣经》等西方经典课程。武汉大学国学班的创建与实践的经验在全国范围内产生了一定的反响。2010年

12月，“国学”专业作为武汉大学唯一的人文学实验班纳入武汉大学“基础学科拔尖学生培养实验计划（珠峰计划）”，成立了“弘毅学堂”国学班。

为了进一步推动国学研究和教学，同时为有志于国学研究的学子提供继续深造的专业平台，我们于2005年至2007年挂靠汉语言文字学专业，招收国学硕士生。2007年底，我校在哲学一级学科之下自行增列了国学专业的硕士点与博士点，于2008年上报国务院学位委员会备案，2009年正式招生。这也是国内首创。我校国学硕士、博士点设有：（1）经学研究方向；（2）子学研究方向；（3）史部典籍研究方向；（4）集部研究方向；（5）佛教与道教研究方向。目前已经有两届硕士毕业生，一届博士毕业生。

在十年学科建设的基础上，2010年3月，武汉大学国学院正式挂牌成立。我们在教学实践中强调打好坚实的基础，又强调开放性，我们常请海内外知名专家给国学班同学上课或做学术演讲。同时，把读万卷书与行万里路结合起来，强调实地踏访古文化遗迹。

武汉大学国学院是目前国内唯一具有国学本科、硕士、博士完整培养体系的教学研究单位。十多年来，我们在国家主管部门尚未正式设立国学学科的情况下，本着邓小平同志“不争论”与“摸着石头过河”的精神，努力实践，开拓创新。我们不为别的，只是想为将来留下一点能读古书的人，把文化传承下去，并与各文明对话。我们的教育不仅是知识性的，更重要的是培养学生具有崇高的社会理想与价值理想、较高的人生境界与认真做事的精神，故学生们一部分成为关心国事民瘼的读书种子，另一部分毕业后从事其他各项事业。他们都感到国学训练使他们受益无穷。我们鼓励学子们做推广国学、弘扬传统文化的志愿者。他们中有不少人到海内外名校继续深造。

国学班、国学硕博士点、国学院的设立，所为何事？

首先，是对世纪之交以来“国学热”的回应。自20世纪90年代起，中国大陆先后兴起了“中国传统文化热”和“国学热”。但我们认为，“国学”作为中国固有的学术传统，具有严肃的学术意义和艰深的学术内容，不应当徘徊在文化消费的“潮流”和“时尚”层面上。国学班的教育，是对社会上“国学热”浪潮的严肃的教育回应。

其次，是对大学文科教育模式的反思和超越。中国大陆现有的大学人文学科的培养模式主要是原苏联“概论加通史”的模式和西方现代学科体系文、史、哲的分割，存在一定的弊病。因此，我们尤其强调中西经典的教育与文、史、哲的融通，作为对现有人文学科分科的补充，希望探索出一套新的模式，更加有利于人的全面发展，特别是学生原创性的培育。

再次，是对复合型人才社会需求的认识。随着中国逐渐振兴富强，中国文化也在复兴。中国不仅越来越多地参与到国际事务中，中国文化作为人类文明最古老最悠久的传统之一，在国际上也应该参与到与异质文明，尤其是强势的西方文明的平等对话之中。面对转型与文化复兴，社会将逐渐出现对有深厚国学素养和传统文化底蕴的复合型人才的需求。

我们国学院正式成立之后，即谋划出版一套“珞珈国学丛书”，分为两个系列，一个是教材系列，另一个是研究系列。这套丛书的作者均是在我们国学院任教或做过研究的严谨的老中青学者。教材系列是经我们本科与研究生教学试用过的优秀教材，可供全国各高校文科教学选用。研究系列既有学术专著，也有专题学术论文集，书稿都经过学术委员会审查，力图为学术界奉献学术精品。当然，各书文责由各位作者自负。

承蒙商务印书馆领导与同仁的厚爱与支持，经协商，这套丛书在该社出版。衷心感谢商务印书馆的各级领导与各书的责任编辑同志。这套丛书卷帙浩繁，难免出现问题与瑕疵，敬请方家、读者不吝指教。

是为序。

郭齐勇

壬辰岁末于珞珈山

目　录

引　言

《诗》、《书》、《礼》、《易》、《乐》、《春秋》等“六经”是早期儒家最重要的典籍。“六经”之中，地位起伏最大、引起争议最多的恐怕要算《春秋》了！曾几何时，《春秋》被视作孔圣人政治理想之集大成，备受朝野瞩目，位列“六经”之首。同样是《春秋》，却被另外一些读书人当作“断烂朝报”、不入流的历史残简，沦为“六经”之末。时至今日，《春秋》作为一部经书，已渐成为少数人的闲情雅致，被世人“敬而远之”了。

《春秋》也是“六经”之中“经”与“传”关系至为密切、复杂的一种。诚如汉代桓谭《新论·正经》所言：“《左氏传》于经，犹衣之表里，相待而成。经而无传，使圣人闭门思之，十年不能知也。”[①] 桓谭是专就《左传》而论，其实这一看法可以扩展至“三传”。由于时隔久远，加之《春秋》语言过于精简，后人离开“三传”几乎无法阅读《春秋》。正因为如此，《春秋左氏传》（以下简称《左传》）、《春秋公羊传》（以下简称《公羊传》）、《春秋穀梁传》（以下除非特别需要，一般简称《穀梁传》）等所谓“春秋三传”均得以位列儒门“十三经”。

“三传”之中，《左传》因其史料浩博、思想宏丰，千百年来一直备受重视。可以说，东汉以来，《左传》在大多数时段里都是“三传”中最令人瞩目的一个。《公羊传》的思想很有张力，可阐发的空间极大，因而在西汉时期便崭露头角，被列入学官；东汉以后，其势

① （汉）桓谭：《新论》，上海人民出版社 1977 年版，第 37 页。

头被《左传》压过，但也是研究者甚众，成果迭出；晚清公羊学再度兴起，形成一股热潮。直到今天，《左传》和《公羊传》仍是学术界关注的重点，不时有力作诞生。

与之相比，《穀梁传》要逊色得多。尽管《穀梁传》在西汉宣帝统治期间曾盛极一时，唐代列入“九经”，至宋代正式成为“十三经”之一；但是毋庸讳言，《穀梁传》一直被迫居于从属地位。其无论在争立学官上，还是历代学者对之的关注程度上，均远不及《左》、《公》。甚至不少学者形成这样的印象：《穀梁传》广不及《左氏》，深不及《公羊》，《穀梁》不足观！目前，《穀梁传》在研究队伍的规模和所取得成果的数量上均明显落后。[①]

据笔者的不完全统计，二十世纪以来学术界围绕《穀梁传》所做的研究，主要取得了以下成果：从早期的崔适、张西堂、钱玄同、周予同，到晚近的陈恩林、谢金良、浦卫忠[②]等人，在《春秋》及《穀梁传》辨析真伪、考订成书时代方面做了大量努力；承载、白本松、刘世南、周何、顾宝田等学者着重从事《穀梁传》版本译注方面的工作；傅隶朴、浦卫忠等在比较“三传”文字、思想异同方面做了有益尝试；吴智雄、谢金良、浦卫忠、黎汉基、文廷海等人在《穀梁传》思想研究方面做出了重要探索。这些成果均令人振奋。此外，与《穀梁传》研究密切相关的宗法制度研究和经学史研究也已经取得了不少重要的成果，这为《穀梁传》思想研究的深入展开奠定了一定的基础。

不过，笔者认为《穀梁传》的研究现状还不令人满意，尚不能与《穀梁传》位列“十三经”的身份相匹配。而且，目前学术界的《穀梁传》研究仍主要集中在文字学、经学和史学领域，从思想史的

---

① 或许是研究《穀梁传》的同行太少的缘故，笔者在海峡两岸参加学术交流时，倘若能遇到专攻《穀梁传》的学者，彼此都会觉得很亲切。

② 有的出版物亦作“蒲伟忠”，均指同一学者。

角度对《穀梁传》本身所蕴含的政治伦理资源的研究仍然相对薄弱，可供参考的全面、深入、系统的研究成果极为有限。

本书正是基于这样的考虑，试图在客观理解《穀梁传》文本的基础上，突破“三传”对立和笼统研究的传统思维定式，从思想史的角度将《穀梁传》当成一部独立的、完整的政治哲学著作来看待。

笔者注意到，作为一部思想著作，《穀梁传》的思想文本在形式上呈现出零散而杂乱的特点。但笔者认为更重要的是，这些杂乱、零散的思想文本背后其实潜含着《穀梁传》作者的问题意识与价值关切。《春秋》是周代宗法制危机的产物，这场危机的典型表现就是“礼坏乐崩”[①]。《穀梁传》继承了《春秋》的价值关切。一个原因是《穀梁传》将自己定位为《春秋》的“传”，自然要遵循《春秋》的问题意识和精神旨趣。另一个更重要、更内在的原因是《穀梁传》作者同样生活在“礼坏乐崩”的时代。《穀梁传》作者与《春秋》作者生活的时代具有某种同质性；“礼坏乐崩”作为一个持续的、动态的（而非凝固的）过程同样地呈现在他们面前，只不过是不同阶段、不同程度而已。因此，秩序瓦解所带来的一系列危机同样是《穀梁传》所必须直接面对的。因此，《穀梁传》的时代使命，同样是对春秋以来“礼乐征伐自诸侯出”、“自大夫出”、“陪臣执国命”的“礼坏乐崩”之社会变局做出解释，并提供解决方案，亦即重建秩序。

在此，笔者有意识地借鉴了法国著名社会学家埃米尔·涂尔干（Emile Durkheim，又译为埃米尔·迪尔凯姆）的“失范”（anomie，又译作“脱序”）理论。春秋战国时期“礼坏乐崩”的社会状况很符

① 亦作“礼崩乐坏”。考《论语·阳货》云：“三年之丧，期已久矣。君子三年不为礼，礼必坏；三年不为乐，乐必崩”；又《汉书·武帝纪》：“盖闻导民以礼，风之以乐，今礼坏乐崩，朕甚闵焉”（［汉］班固：《汉书》，中华书局1962年版，第171页），“礼坏乐崩”的说法更为妥帖。

合涂尔干所说的“失范”社会。当我们以“秩序”作为线索，来连贯《穀梁传》中零散、杂乱的思想文本时，发现《穀梁传》对各类典型事件的论说、评述均可以被放置到“失范（脱序）—重建秩序”的结构中加以理解。从这个意义上讲，秩序的失落与重建正是《穀梁传》政治哲学的核心主题。

基于上述思考，本书尝试着以“秩序”为中心，对《穀梁传》所蕴含之政治思想的理论结构与价值体系进行梳理与重构。本书认为：《穀梁传》重新清理了周代宗法传统和礼乐文明的精神资源，奠定重建秩序的观念基础；在此基础上，《穀梁传》遵循“天下—国—家”的社会结构特征，自上而下地重构天下秩序、国家秩序和家庭秩序。这三大秩序综合构成了《穀梁传》理想中的政治秩序。最后，本书对《穀梁传》所建构之政治秩序的实质做出推论：《穀梁传》所建构的秩序体系与其说是对旧有宗法礼乐秩序的恢复，不如说是突破和超越，是面向时代挑战，对社会秩序做出的新探索与新尝试。这实质上体现了一种政治和制度的自觉，同时也反映了战国时期社会思想重大而深刻的变化。

需要声明，本书以《穀梁传》为研究对象，绝不是认为《左传》、《公羊传》的价值不如《穀梁传》。必须承认，《穀梁传》的思想价值并不高于《左》、《公》二传，甚至在很多方面还要逊色于二传。但是同样必须承认，三传各有其特色，各有其价值，各有其贡献；《左》、《公》二传的巨大价值不意味着它们能够涵盖、替代《穀梁传》。我们注意到，《穀梁传》有着不同于《左》、《公》二传的思维特色和价值倾向。因此，对《穀梁传》展开深入研究，对于理解《春秋》独特的价值体系，进而展示《穀梁传》在中国古代思想史上的独特地位和独到价值，都具有重要理论意义。当然，就学术的完整性而言，“三传”综合研究才是最终目的。不过，在力求“三传”互补与会通之前，有必要对各传做独立的思想研究。这正是本书的着眼点和初衷。

第一章 《穀梁传》的思想史定位

学术研究的一个基本前提是研究对象要具有学术价值。作为正式研究工作展开的基础，我们有必要先廓清研究对象的性质，证成其研究价值。长期以来，围绕与《穀梁传》相关的诸多论题，学术界已经形成了大量深刻然而又相互矛盾的观点与结论。这种情况的出现，显然与经学史上的今古文经学之争、学官之争有很大的关系。而更为内在的根源是《穀梁传》文本的特点。如果仅仅从《穀梁传》文本的形式看，人们可能会联想到“杂乱”、“简单”、“穿凿”、“过度诠释”等形容词，或者得出“《穀梁传》雷同于《公羊传》”等直观印象。但是，倘若能够深入了解《穀梁传》文本的内在层次和义理脉络，将之回放至《春秋》之“经”与“传”的诠释框架中加以考察，并从思想史的维度体会《穀梁传》作者的价值关切与问题意识，我们或许会得出不一样的结论：看似简单的《穀梁传》其实一点也不简单！它可能蕴藏着丰富的、多层面的思想价值。

本书的目的在于讨论《穀梁传》可能蕴含的哲学思想。而要讨论《穀梁传》的哲学思想，首先必须回答两个问题：

第一，《穀梁传》是一部什么样的书？

第二，这部书是否蕴含有哲学思想？

这两个问题其实可以合并为一个问题，即如何确定《穀梁传》在中国古代思想史上的地位和价值？不过，为了论说的方便，我们还是将其分解为上述两个问题展开论述。

第一节 《穀梁传》是一部什么样的书？

单就书名而言，《春秋穀梁传》传递给人们如下信息：

第一，这是一部与《春秋》经有关的书；

第二，作者为穀梁氏；

第三，穀梁氏著述该书的目的是为更好地解读《春秋》，故将此书定位为《春秋》“经”之“传”。

这些信息当然没有错。但是，仅从这些信息，人们很难准确、深入地把握《穀梁传》的性质和特色。只有当我们将此书放置于经学史与思想史的宏观背景之下，逐层解析以下一系列问题——《春秋》是一部什么样的书？《春秋》与孔子的关系如何？《春秋》是否包含义例？《春秋》“三传”的关系如何？《穀梁传》是否阐释了圣人的“微言大义”？——才有可能真正弄清楚《穀梁传》是一部什么样的书，并进而阐发其中可能蕴含的哲学思想。

本书将采用“理论预设”的形式解析上述系列问题。之所以采用这一形式，是出于多方面的考虑。

首先，此类论题的特殊性质几乎否定了人们得出所谓“完全客观的”、“精确的”论断的可能性。按当今的学科划分，《春秋》经传大体上可以归入政治哲学的领域。[①]而在中国古代的价值世界里，与政治哲学相关的一些论说在很多时候、很多情境下都显得有些“暧昧”，要么欲说还休，要么顾左右而言他，似乎总笼罩着一层朦胧的面纱。或许在当时的士人看来这是理所当然的，并不一定造成理解的障碍。但今天学者生活的世界与这些论题发生的时代已经相距甚远，而时间上的距离不仅会带来观感上的陌生，更会造成观念上的隔膜。加之客观史料阙如，不足以淡化陌生、消解隔膜。因而，对于这些论题，很难用确凿无疑的信史材料、细密周严的逻辑链条推导出令所有人都能信服接受的论断。

其次，上述系列问题以及相关的论断又是研究《穀梁传》思想所不可能避开的根本性的理论前导。换言之，如果不能在这些基本问题上形成明确的、系统的意见，下一步的研究工作几乎是不可能展开的。这实质上在逼迫我们不得不做出一些没有把握的论断。

如何应对这种困境？伦理学中的“途中道德”理论可以给我们一些启发。甘绍平注意到笛卡尔《方法谈》一书论及“途中道德”（又称“临时行为规范”）思想。从伦理学的角度看，由于人们在观念上存在大量的分歧，道德两难与伦理困境已经无法避免，人们很难再为自己建构一座坚实的伦理房屋。但这并不意味着我们只能风餐露宿。为了能够继续前行，我们可以为自己临时搭建一顶帐篷。尽管帐篷无法替代坚固的房屋，但也能提供房屋的部分功能，如防风雨、挡严寒、抗酷暑等，以满足我们的临时需要。“这种既稳定又易于拆除的帐篷，就类似于一种‘途中道德’：它能够克服危机，善于宽容失误，具有暂时性、灵活性、可修正性，从而为进一步的作为提供广阔的开放空

① 其中，《左传》稍微特殊一点，学术界较为看重其史学和文学价值。不过，如果将《左传》回置于《春秋》经传的解读框架内，将之视为《春秋左氏传》，则其“义理”的成分亦不容忽视。

间。”[1] 伦理学的“途中道德”理论启示我们：当现有的材料不足以建构起牢固的研究基础时，人们并非只能将希望寄托于考古发掘之类的不可预期因素，坐等奇迹的出现，而是可以依据已有的有限材料搭建起不太稳固的平台，尝试着继续前行。只不过，在展开此类的研究工作时，我们需要始终保持自觉与反省——千万不要将研究的结论视为“定论”、“真理”，因为我们可能正在犯错误，应时刻为修正自己的观点预留空间，特别是思想与心灵的空间。

最后，采用“理论预设”的形式是由此类论题复杂的研究状况所决定。一直以来，经学家、史学家和思想家们围绕着《春秋》的性质、孔子与《春秋》的关系，以及“三传”在作者、成书、表达特色、思想风格等方面的异同，已经展开了长达两千年之久的深入探讨和激烈辩论。然而令人遗憾的是，主观上的门户之见、利益之争，使得相关论题的结论常常针锋相对、彼此迥异，不仅没有能够形成大家都能接受的观点和理论，而且还由于种种微妙的原因，使得本应是十分单纯的学术讨论蜕变为非学术性的权力之争、立场之争。可以毫不夸张地说，研究“春秋三传”的巨大难度，在很大程度上正是来自于历史上的学官之争、今古文经学之争和疑古信古之争。

然而，简单粗暴地批评指责前人的努力，除了暴露出自己的浅薄与狂妄之外，不会给相关的研究工作带来任何有益的推进。因此，有必要从创造性的维度理解前人的成就：尽管由于各种客观、主观的因素制约了前辈学者形成统一的、公认的结论，但是不同时期、不同倾向的研究者们倾注心力所得出的“一隅之见”，仍旧是值得我们尊重和重视的。前人的相关研究，无论是诸多方法的运用、各类主题的探索，还是新旧材料的辨析、各式论点的提出，都为后来的研究者提

---

① 甘绍平：《论一线伦理与二线伦理》，《哲学研究》2006 年第 2 期。

供了丰富而各具特色的可资参考的思想资源。

故此，对于客观研究《穀梁传》思想所不得不预先准备的相关的基础论题，本书将尽可能以相关古籍文献为依据，同时遍采众家之说，折中其间，参以己意，通过“理论预设”的形式提出，以作为正式研究之前的铺垫。“预设”并非“定理”或“公论”，而只是在目前的有限学术条件下推导出的一些临时的、权宜的论说。这同时宣示了一种开放性：有关的“预设”可能是错误的、不能成立的；笔者欢迎真正有分量的新材料、新观点挑战这些“预设”，更期待具有重大价值的考古成果横空出世，哪怕否定笔者的努力也在所不惜。当然，笔者同样拥有自我否定、自我超越的权力。而“预设”还有另一层含义，那就是：本书所做的这些预设并非一己之创见，其中很多都是借取各家之说，故以“预设”的形式以示读者，不敢掠美。

一、《春秋》

很多人都知道《春秋》是“六经”之一。但如果没有特别的机缘，恐怕很少人会认真地翻阅《春秋》。为了便于形成直观印象，我们不妨先罗列鲁隐公时期的部分《春秋》经文[①]：

隐公元年：

元年，春，王正月。

三月，公及邾仪父盟于眛。[②]

夏，五月，郑伯克段于鄢。

---

① 后世流传的《春秋》经文未能独立成书传世，而是对应依附于“三传”中的某一种。

② “邾”，《左传》、《穀梁传》对应之《春秋》经文作“邾”，《公羊传》对应之《春秋》经文作“邾娄”。“眛”，《公羊传》、《穀梁传》对应之《春秋》经文作“眛”，《左传》对应之《春秋》经文作“蔑”。

秋，七月，天王使宰咺来归惠公仲子之赗。

九月，及宋人盟于宿。

冬，十有二月，祭伯来。

公子益师卒。

隐公三年：

三年，春，王二月，己巳，日有食之。

三月，庚辰①，天王崩。

夏，四月，辛卯，尹氏②卒。

秋，武氏子来求赙。

八月，庚辰，宋公和卒。

冬，十有二月，齐侯、郑伯盟于石门。

癸未，葬宋缪公。③

隐公十一年：

十有一年，春，滕侯、薛侯来朝。

夏，五月④，公会郑伯于祁黎⑤。

秋，七月，壬午，公及齐侯、郑伯入许。

---

① 《穀梁传》对应之《春秋》经文作“庚辰”，《公羊传》、《左传》对应之《春秋》经文作“庚戌”。

② 《公羊传》、《穀梁传》对应之《春秋》经文作“尹氏”，《左传》对应之《春秋》经文作“君氏”。

③ 《公羊传》、《穀梁传》对应之《春秋》经文作“宋缪公”，《左传》对应之《春秋》经文作“宋穆公”。

④ 《公羊传》、《穀梁传》对应之《春秋》经文有“五月”，《左传》对应之《春秋》经文无“五月”。

⑤ 《公羊传》、《穀梁传》对应之《春秋》经文作“祁黎”，《左传》对应之《春秋》经文作“时来”。

冬，十有一月，壬辰，公薨。

由上面所列经文不难看出，《春秋》是按照编年的形式，用极为简要的语言记录周王室、鲁国以及华夏其余诸国乃至夷狄之国发生的重大历史事件。具体地说，《春秋》经文所记录的内容主要包括天子诸侯即位、卿大夫朝聘、各国会盟、战争、婚嫁、丧葬等社会政治活动，水旱灾害、异常天象等自然现象，以及篡位、僭越、弑父弑君等折射礼坏乐崩的悖逆行为等。三传各自对应的《春秋》经文有细微差别。

就时间而言，《春秋》记事起于鲁隐公元年（周平王四十九年，公元前722年），以鲁国历任国君为线索，涵括鲁国十二位国君：隐公、桓公、庄公、闵公、僖公、文公、宣公、成公、襄公、昭公、定公、哀公。其中，鲁哀公时期并未完整记载，而是止于哀公十四年（周敬王三十九年，公元前481年）“西狩获麟”事件。[①]计算下来，《春秋》共记录了242年的历史。[②]

至于《春秋》的篇幅，根据杨公骥先生的研究，历史上曾经有《春秋》18000字的说法，但是今传《春秋》经文只有16572字。[③]分摊到242年，平均每年只有不到69字。

先秦时期出现《春秋》这样的作品并不突然。《汉书·艺文志》记载：“古之王者世有史官，君举必书，所以慎言行，昭法式也。左史记言，右史记事，事为《春秋》，言为《尚书》。”[④]不论《艺文志》

---

① 鲁哀公共在位二十七年。

② 《公羊传》和《穀梁传》所对应的《春秋》经文均止于哀公十四年，而《左传》对应的《春秋》经文则止于哀公十六年“孔子卒”，共计244年。《左传》之说与《史记·孔子世家》记载相左，故《左传》对应之《春秋》多出的哀公十五年、十六年经文被多数学者视为“续经”，非孔子本人所著。

③ 杨公骥：《中国文学》，吉林大学出版社1980年版，第388页。

④ （汉）班固：《汉书》，中华书局1962年版，第1715页。

的记载是否准确，学术界普遍认同中国早在商周时期已经形成了较为成熟的史官制度。传世的《国语》、马王堆汉墓出土的《春秋事语》，以及《左传·昭公十二年》提到的、现今已失传的《三坟》、《五典》、《八索》、《九丘》等[①]都可以看作是这种成熟史官制度的体现。

赵伯雄所著《春秋学史》对《春秋》的背景渊源做了较为详尽的论析。他指出，中国古代有十分发达的史官记事制度，一个突出表现就是“君举必书”，史官会独立客观地记录国君的言行，无论这一言行正确与否；此外，史官还会记录本国以及其他国家发生的重大事件。通过分析《国语·楚语》中有关楚国太子教育的一段文字，结合《国语·晋语》、《战国策·燕策》、《墨子·明鬼》、《左传》、《礼记》等典籍的相关记载，赵伯雄得出结论：“春秋”不像是某一部书的专名，而可能是当时某一类史书的通名。这类史书的一大特点是编年记事，且每项记事都极为简洁，“《春秋》中的一条记事，少则几个字，多者也就是三四十个字，一般只记时、地、人、事，绝无枝蔓描写，绝无人物对话，也极少解释性的、说明因果的文字，几乎全不带感情色彩”。赵伯雄还以晋朝太康年间汲冢出土的战国简策《竹书纪年》为例证，援引东晋杜预的话：“（是书）盖魏国之史记也。……其著书文意大似《春秋经》，推此足见古者国史策书之常也”，认为这种纲要式的、编年大事记式的记事方法，可能是当时各国史册记事的通例。[②]

为何将此类史册命名为“春秋”？刘黎明在《〈春秋〉经传研究》一书中将前人的观点归纳为三种：第一种说法认为，古制赏以春夏，刑以秋冬，其中尤以春、秋二季为赏善罚恶之表；此类史书寓褒贬于

---

① （晋）杜预注，（唐）孔颖达疏：《春秋左传正义》，阮元校刻《十三经注疏》本，上海古籍出版社1997年版，第2064页。

② 赵伯雄：《春秋学史》，山东教育出版社2004年版，第1—4页。

其中，故而以《春秋》为名，以示赏罚之意。第二种说法主张书名源自孔子著《春秋》的起止时间；具体地说，鲁哀公十四年春“西狩获麟”，孔子便开始著作此书，同年秋天完成。因为此书春作而秋成，故得名《春秋》。这一说法不赞同“《春秋》为各国某类史书之通名”的观点，而是将《春秋》看作孔子所修鲁史的专名。第三种说法援引杜预之说，指出此类编年史书在形式上“以事系日，以日系月，以月系时，以时系年”，“年有四时，故错举以为所记之名也”，即交错择取春、夏、秋、冬四季中之春、秋二季作为书名。①

不过，这里我们还可以补充一种说法：一年仅分春、秋二时，故以《春秋》指代完整的一年。《庄子·逍遥游》在论及“小知大知”、“小年大年”时，说道：“朝菌不知晦朔，蟪蛄不知春秋，此小年也。楚之南有冥灵者，以五百岁为春，五百岁为秋；上古有大椿者，以八千岁为春，八千岁为秋。”② 这段文字暗示了一种可能：在古代的某个时期和一定地域范围内，曾经存在过“一年仅分春、秋二时”的历法。至今仍旧使用的“春秋几何”、“春秋鼎盛”的说法，或许正是此种历法观念的遗存。著名语言学家王力先生主编的《中国古代文化常识》一书曾介绍说：“在商代和西周前期，一年只分为春秋二时，所以后来称春秋就意味着一年。”③ 王力先生也举了《庄子·逍遥游》“蟪蛄不知春秋”的例子。之所以用“春秋”指代一年，并不一定取决于当时的气候特征，更可能是源于传统农耕生活的具体经验。中国古代历法极为重视农业生产，因而根据农作物春生秋熟的特点，将一年简化为春、秋二时，也是说得过去的。当然，诚如王力先生所说，西

---

① 刘黎明：《〈春秋〉经传研究》，巴蜀书社2008年版，第2—3页。

② （清）郭庆藩集释：《庄子集释》，中华书局1961年版，第11页。

③ 王力主编：《中国古代文化常识》（插图修订第4版），世界图书出版公司2008年版，第32页。

周中期以后，一年分春秋二时的历法即已逐渐废止。换言之，《春秋》一书写定之际，通行的历法已经将一年分为春、夏、秋、冬四季，这从《春秋》经文罗列“春正月”、“夏四月”、“秋七月”、“冬十月”便可以明显看出。不过，如果要为史书拟定名称，全称为《春夏秋冬》就不免有些啰唆。于是，择取殷商至西周前期曾通行的“春秋”二时以为书名，不仅可以简要地指代完整一年，还能够传达出作者试图“拨乱世、返诸正”，合于周初文武周公之治的理想。

《春秋》成书之后产生了巨大的影响，以至于后人直接将东周王朝的前半段称为“春秋时期”。但是，如果仔细比对，我们会发现《春秋》所记载史事的起止时间与历史学意义上的春秋时期的起止时间并不完全一致，二者之间存在着错位。春秋时期起于周平王元年（公元前770年）平王东迁，而《春秋》经却起于鲁隐公元年（周平王四十九年，公元前722年）隐公摄政即位。至于截止时间，《春秋》经文止于鲁哀公十四年（周敬王三十九年，公元前481年）“西狩获麟”；而春秋时期的截止时间则存在多种看法，主要有止于周敬王四十四年（鲁哀公十九年，公元前476年）之说，和止于周威烈王二十三年（鲁穆公七年，公元前403年）“韩、赵、魏三家分晋”之说。无论取何种说法，《春秋》一书与春秋时期在时间起点与终点上均不相同。相比较而言，二者在时间起点上的差异更值得关注。因此，有必要反过来问一个问题：《春秋》记事为何始于鲁隐公元年、而非周平王元年？

顾颉刚曾经归纳了三条原因，并分别做了评价：

> 《春秋》何以始自隐公，释者有数说：（一）隐公值平王时，所以自东迁起，纪中兴也。然平王东迁时为鲁孝公，孝公而后惠公，惠公而后始为隐公，故当始于孝公而不当始于隐公也。

> 于是有第（二）说：谓孔子敬隐公之仁而伤其亡也，然何以不自开国之君更可敬者？此亦讲不通。可从者其惟第（三）说：清江永《群经补义》："疑当时《鲁春秋》惠公以上鲁史不存，夫子因其存者修之，未必有所取义也。"①

引文中实质上被顾颉刚否定的第一条原因，可以溯源至晋代著名经学家杜预。杜预《春秋经传集解序》中写道：

> 周平王，东周之始王也。隐公，让国之贤君也。考乎其时则相接，言乎其位则列国，本乎其始则周公之祚胤也。若平王能祈天永命，绍开中兴，隐公能弘宣祖业，光启王室，则西周之美可寻，文武之迹不坠。是故因其历数，附其行事，采周之旧，以会成王义，垂法将来。②

杜预认为，《春秋》之所以起于周平王四十九年、鲁隐公元年，是作者有意为之。因为周平王是东周王朝的开创者，具有里程碑意义；而鲁隐公"轻千乘之国"，摄政将让国给弟弟桓公，其贤德在礼坏乐崩之际更加难能可贵。加之周王室与鲁国义属君臣，时段相接，都具有中兴的契机。故而，《春秋》的作者兼顾二人，将记事起点定于周平王四十九年、鲁隐公元年。

作为历史学家，顾颉刚更看重周平王东迁的历史事件，因而他的反驳是以周平王为支点展开的；对于隐公居摄，他有些不以为然。

---

① 顾颉刚讲授，刘起釪笔记：《春秋三传及国语之综合研究》，巴蜀书社 1988 年版，第 13 页。

② （晋）杜预注，（唐）孔颖达疏：《春秋左传正义》，阮元校刻《十三经注疏》本，上海古籍出版社 1997 年版，第 1708 页。

不妨大胆推测，依循二十世纪前期疑古学者们对商周历史（尤其与道德关系密切的种种史实）的质疑态度，顾颉刚对“隐公居摄”的真实性及其道德色彩恐怕都会存疑。基于此种考虑，顾颉刚更为倾向江永的看法，认为《春秋》始于隐公元年并非作者有意为之，而是出于不得已。因为《春秋》所依据的母本是《鲁春秋》，而《鲁春秋》本身存在残缺，隐公父亲鲁惠公之前的史实已经散佚不可考。《春秋》作者“难为无米之炊”，只得将记事起点定于隐公元年。

不过，前文顾颉刚提及的第二种说法其实更值得重视，尽管顾颉刚本人对这一看法持否定态度。持第二种看法的代表人物是明清之际的大学者顾炎武。顾炎武在《日知录》卷四“鲁之春秋”中指出：

> 《春秋》不始于隐公。晋韩宣子聘鲁，“观书于太史氏，见《易象》与《鲁春秋》，曰：周礼尽在鲁矣。吾乃今知周公之德，与周之所以王也”。盖必起自伯禽之封，以洎于中世，当周之盛，朝觐、会同、征伐之事皆在焉，故曰“周礼”，而成之者，古之良史也。自隐公以下，世道衰微，史失其官，于是孔子惧而修之。自惠公以上之文，无所改焉，所谓“述而不作”者也。自隐公以下，则孔子以己意修之，所谓“作《春秋》”也。然则自惠公以上之《春秋》，固夫子所善而从之者也，惜乎其书之不存也。[①]

顾炎武认为，《春秋》的母本《鲁春秋》并未残缺，完整保存了自伯禽始封到孔子时代的种种史实。只不过，从伯禽到鲁惠公时期，“礼未坏”、“乐未崩”，史官也能恪尽职守，不需要后人修订以寓褒贬。

① （清）顾炎武著，陈垣校注：《日知录校注》，安徽大学出版社 2007 年版，第 159 页。

对此段历史，孔子采取的是“述而不作”的态度，未加整理。从鲁隐公开始，礼坏乐崩，世道衰微，史官失守，《鲁春秋》的原始记载已无法起到崇德保民、修己正人的作用。对于此段历史，孔子以“忧惧”的历史责任感，依据自己的价值判断对《鲁春秋》进行修订，“笔则笔，削则削”，寓褒贬善恶于其间，这就是“作《春秋》”。顾炎武最后说道，经过孔子修订的后半段《鲁春秋》得以保存流传下来，即今之所谓《春秋》；而孔子仅“述而不作”、保留原貌的前半段《鲁春秋》却令人遗憾地湮没在历史的长河中。

上述争论其实可以化约为两种立场：一方是顾颉刚、江永，一方是杜预、顾炎武。两种立场的差异，实质上体现了双方在《春秋》书性质理解上的分歧。顾颉刚等人的看法是：《春秋》应为一部历史书，其价值主要在提供历史材料方面；杜预、顾炎武的看法则是：《春秋》乃为一部经书，其价值主要在政治与道德领域。

两派观点均可从历代学者那里找到支持者。

下列材料所反映的看法与顾颉刚、江永等人观点相同或相近：

> 按《春秋》之经，则鲁史记也。……以《春秋》为褒贬者，乱《春秋》者也。
>
> ——郑樵《春秋考·自述》[①]
>
> 《春秋》者，鲁史也。鲁史氏书之，孔子录而藏之，以传信于后世者也。
>
> ——袁谷芳《春秋书法论》[②]

---

① 杨伯峻：《春秋》，载《文史知识》编辑部编：《经书浅谈》，中华书局2005年版，第75页。

② 杨伯峻：《春秋》，载《文史知识》编辑部编：《经书浅谈》，中华书局2005年版，第75—76页。

黜《春秋》之书，不使列于学官，至戏目为断烂朝报。

——《宋史·王安石传》[①]

宋代学者郑樵主张《春秋》就是鲁国的史记，并不包含什么微言大义；后世经学家试图探寻《春秋》褒贬进退之义例的做法，其实是在破坏《春秋》的价值。清代学者袁谷芳和郑樵的看法一致，认为《春秋》的价值在史料上，而非义理上。他主张《春秋》就是鲁国旧史，即便孔子阅读并收藏过《春秋》，也无法改变它的史书性质。宋代政治家王安石的意见则更为激进。王安石直接将《春秋》戏称为“断烂朝报”，即陈腐零散的朝廷文书。可见，在王安石的眼中，《春秋》只是一部残缺零散的史书，其史料价值尚且乏善可陈，更毋庸说什么修己治人、安邦定国的经学价值了。

不过，从历代保存下来的文献看，坚信“《春秋》是一部包含义理原则与价值评判之经书”的观点还是占了主流。

《庄子·天下》记载：“《诗》以道志，《书》以道事，《礼》以道行，《乐》以道和，《易》以道阴阳，《春秋》以道名分。”[②]《庄子·天下》是先秦时期评点诸子、综论各家的重要文献，其客观性较之《庄子》外、杂篇的其他篇目要高得多。《天下》概括《春秋》的特质是“道名分”，这可以与孔子的“正名”思想以及先秦的“名实”之辩联系起来理解，隐约折射了《春秋》拨乱反正的匡正作用。

又如《礼记·经解》引用孔子的话评点“六经”各自的教化功能，说道：“入其国，其教可知也。其为人也：温柔敦厚，《诗》教也；疏通知远，《书》教也；广博易良，《乐》教也；洁静精微，《易》

① （元）脱脱等撰：《宋史》卷三百二十七，中华书局 1977 年版，第 10550 页。

② （清）郭庆藩集释：《庄子集释》，中华书局 1961 年版，第 1067 页。

教也；恭俭庄敬，《礼》教也；属辞比事，《春秋》教也。”[①]《春秋》的教化作用是通过“属辞比事”来实现。所谓“属辞比事”，并不是简单地在形式上修饰文辞，而是依照历史事件所昭示的深层意蕴，来选择和厘定合适的记载方式与表述手法。这就是孔子所说的“笔则笔，削则削”。与保证记事的客观性以及凝练语词的准确性相比，“属辞比事”是更高的要求，也更难做到。倘若无法敏锐捕捉到典型历史事件的深层次意义，则下一步的微妙记录也就无从谈起。因此，《礼记·经解》继续说道：“《春秋》之失，乱。”如果仅仅从皮毛上掌握了《春秋》之教，妄图“属辞比事”，那么对于历史事件的记录就会呈现出头绪不清、义理乖张的混乱局面。只有“深于《春秋》者”，才能做到“属辞比事而不乱”[②]。

尤其值得重视的是荀子的看法。荀子是先秦时期以客观理性见长的思想家，他身处战国晚期，对先秦百家争鸣的盛况做了精彩的总结和评论。《荀子》一书中有两处谈及《春秋》的特点：

> 故《书》者，政事之纪也；《诗》者，中声之所止也；《礼》者，法之大分，类之纲纪也。故学至乎《礼》而止矣，夫是之谓道德之极。《礼》之敬文也，《乐》之中和也，《诗》《书》之博也，《春秋》之微也，在天地之间者毕矣。[③]

> 故《诗》《书》《礼》《乐》之道归是矣。《诗》言是其志也，《书》言是其事也，《礼》言是其行也，《乐》言是其和也，《春

① （汉）郑玄注，（唐）孔颖达疏：《礼记正义》，阮元校刻《十三经注疏》本，上海古籍出版社1997年版，第1609页。

② （汉）郑玄注，（唐）孔颖达疏：《礼记正义》，阮元校刻《十三经注疏》本，上海古籍出版社1997年版，第1609页。

③ （清）王先谦：《荀子集解》，中华书局1988年版，第11—12页。

秋》言是其微也。[①]

两处引文都将《春秋》的特色归纳为“微”。“微”，蕴含有“微妙”、“委婉”、“潜藏”、“深远”等诸多含义。这表明《春秋》的记录与叙述方式不同于平铺直叙的客观性记事，而是更看重委婉传递历史事件所潜含的深层价值。因此，《春秋》之“微”虽然不一定等同于圣人之“微言大义”，但是其探寻表层现象背后之义理精核的特色是显而易见的。因此，《春秋》的“微”很可能带有价值评判和道义匡正的色彩；而这又与“微言大义”的提法存在某种关联。

汉代学者几乎都看重《春秋》的经学价值，而淡化其史学色彩。如董仲舒《春秋繁露·玉杯》云：“君子知在位者之不能以恶服人也，是故简六艺以赡养之。《诗》《书》具其志，《礼》《乐》纯其养，《易》《春秋》明其知。六学皆大，而各有所长。《诗》道志，故长于质。《礼》制节，故长于文。《乐》咏德，故长于风。《书》著功，故长于事。《易》本天地，故长于数。《春秋》正是非，故长于治人。”[②]《春秋》的特色在于“正是非”，通过对历史事件的记录与解读，让人们知道善恶对错。所以，普通人学习《春秋》会更加明智，统治者学习《春秋》则更懂得治人之道。《淮南子·泰族训》说道：“刺几辩义者，《春秋》之靡也”[③]，可以与董仲舒的主张相互发明。

可见，在唐代以前，《春秋》主要是被当作经书来看待。[④] 到了

① （清）王先谦：《荀子集解》，中华书局1988年版，第133页。
② （清）苏舆：《春秋繁露义证》，中华书局1992年版，第35—36页。
③ 刘文典：《淮南鸿烈集解》，中华书局1989年版，第674页。
④ 需要注意的是郭店楚简《语丛一》中的一段文字：“《易》所以会天道人道也。《诗》所以会古今之志也者。《春秋》所以会古今之事也。《礼》，交之行述也。《乐》，或生或教者也。……者也。”学术界一般判定郭店楚简为战国中期的作品，当然是在唐代之前。不过，《语丛一》所记载的《春秋》“会古今之事”一说，含义并不确定。因为“古今之事”固然可指代史实，但是同样也可能包括史实之中所蕴含的价值。

唐代，才陆陆续续有学者质疑和挑战《春秋》的经学属性。

在此，我们有必要跳出传统的汉学、宋学之争，转而从“经”与“史”之关系的视角来审视《春秋》的属性。

商周时期已经较为成熟的史官文化构成《春秋》一书出现的背景。不过，需要特别指出的是，先秦时期的史官、史书与我们今天所理解的历史学家、历史书籍存在很大的区别。最重要的差异之处就在于：先秦时期的史官文化所承载的政治功能要远远大于单纯的学术功能。唐代古文运动的重要代表韩愈和柳宗元提出“文以明道”①，北宋周敦颐将之发展为“文以载道”②。套用类似的说法，我们可以用“史以载道”来形容先秦时期的史官文化。

王国维《释史》云：“史为掌书之官，自古为要职。殷商以前，其官之尊卑虽不可知，然大小官名及职事之名多由史出，则史之位尊地要可知矣。”③王国维的这一论断极为中肯。有学者进一步指出，在上古时期，“史”与“巫”不分；“史”是巫祝的一部分，拥有很大的政治权力。殷商时期，“史”从巫祝系列中提升出来，通过记事、记言来关注王的举动，仍旧在一定程度上起到限制或者左右王权的作用。史官的职能之一是执掌礼乐；礼乐文化的解释权为史官所有。西周初年周公“制礼作乐”，以“礼”建立等级制度，实际上是在行使史官的职责。④这一观点如果可以成立，那么它一方面揭示了史官在来源上所具有的宗教色彩，另一方面也表明史官在商周时期社会政治

① 韩愈说：“愈之志在古道，又甚好其言辞。”（《答陈生书》）“愈之所志于古者，不惟其辞之好，好其道焉耳。”（《答李秀才书》）柳宗元也主张“文以明道”，他曾说：“始吾幼且少，为文章以辞为工。及长，乃知文者以明道，是固不苟为炳炳烺烺，务彩色，夸声音而以为能也。”（《答韦中立论师道书》）

② 《通书·文辞》：“文，所以载道也。轮辕饰而人弗庸，徒饰也，况虚车乎！”（[宋] 周敦颐撰，徐洪兴导读：《周子通书》，上海古籍出版社 2000 年版，第 39 页）

③ 王国维：《观堂集林》第二册，中华书局 1959 年版，第 269 页。

④ 参见张强：《先秦史官与史官文化考论》，《江苏社会科学》2002 年第 4 期。

生活中具有特殊地位。

《礼记·明堂位》曾经记载周公“制礼作乐”的事迹：“昔殷纣乱天下，脯鬼侯以飨诸侯，是以周公相武王以伐纣。武王崩，成王幼弱，周公践天子之位以治天下。六年，朝诸侯于明堂，制礼作乐，颁度量，而天下大服。”[①] 周取代商，首先当然是武力征伐的胜利；但是灭商之后，周初统治集团的主要任务随即转向制度文化层面。因为只有在制度和文化上尽快展示出周的优胜之处，才可能将暴力革命的成果稳固下来。周公通过“制礼作乐”搭建起周文化的基本架构，实质上在为维护周王朝的政权合法性与政治合理性服务。

周公“制礼作乐”行为的正当性，可能源自于上古“圣人制礼作乐”的传统。需要指出的是，在儒家文化乃至更早的西周文化观念中，“圣人”的含义其实等同于“圣王”。传说中的上古时期，圣人与领袖密切相关。天下的领袖也许并不都是圣人，但圣人必定是领袖。如早期传说中的三皇五帝均是“圣”、“王”一体。按照这样的传统，“圣人”仅有道德还不够，还必须具备杰出的政治才能，并建立过丰功伟绩。换言之，要想成为儒家意义上的圣人，至少需要具备两个条件：一是道德完善，二是有丰功伟绩。因此，圣人既是全天下的道德楷模，又是对治理天下负有重要责任的领袖。这是西周初期政治家们设计的理想模式，充分体现了周文化“以德配天”、“敬德保民”的特质，因此被儒家所继承。当然，这种理想模式不可避免地存在漏洞，倘若某一时期没有出现合格的圣人，应当怎么办？又或者某一时期同时出现了两个甚至更多的圣人，又该怎么办？再者假如出现“有德者无位”、“有位者无德”的德位分离状态，又当如何处理？儒

① （汉）郑玄注，（唐）孔颖达疏：《礼记正义》，阮元校刻《十三经注疏》本，上海古籍出版社 1997 年版，第 1488 页。

家曾经将一部分希望寄托于传说中的禅让制。但是严格来讲，禅让制无法真正克服德位分离的情况[①]，加之禅让制与西周宗法制之间存在不可调和的矛盾，因此，圣人之治更多的是一种期待而非制度。

按照理想的设计，圣人成为天下的领袖，对治理天下负有主要责任。鉴于礼乐在政治生活中的特殊意义，“制礼作乐”成为圣人行使治理天下权力的一种重要手段和象征。

圣人或者亲自制作礼乐，或者授权史官掌礼乐。从根本上讲，史官执掌礼乐的权力来自于圣王的授予，目的是服务于王权制度。除了执掌礼乐，史官更重要的职责在于以记事、记言的形式对王权统治者的行为进行节制与规范。因而，史官记事、记言的活动享有一种独立性，可以在相当大的程度上避免受到现实君王的影响，这一点在先秦的典籍中反映得很明显。当然，我们并不能因此将史官理解为与王权相对立的一种权力存在，更不能将其附会到现代西方政治三权分立权力构架下类似议会的角色。西周时期直至春秋前中期的史官，依旧是王权的补充与完善，而非否定。史官“秉笔直书”的行为看似否定了现实君王的绝对权威，实质上依旧忠于圣王传统，维护现实君王权力背后的规则、制度与精神。也就是说，只有当君王在现实政治生活中的行为违背甚至伤害到圣王传统、王权制度时，史官才会表现出批判性。因此，西周时期至春秋前中期的史官文化从未独立于王权政治之外。史官行使各项职责的权力实质上依然保有在王权统治者手中，未曾向士或者平民敞开。

综上，《春秋》一类的史书不是后世所说的“历史书”，而是“政治书”；制作此类史书就如同制礼作乐一样，是天子独享的权力；史官修史、掌史之举其实是天子行使职权、治理天下的具体表现。

① 例如缺乏强制素餐尸位的无德者主动禅让的机制。

《春秋》的作者原本不具备“作《春秋》”的资格——不是才干、德性不足，而是不得其位，即所谓“有德无位”。《中庸》尝明言：“非天子不议礼，不制度，不考文。……虽有其位，苟无其德，不敢作礼乐焉；虽有其德，苟无其位，亦不敢作礼乐焉。”[①] 但是，春秋时期宗法制度出现整体危机，整个社会呈现出礼坏乐崩的失范状态。更可怕的是天子及其史官对此置若罔闻，放弃了自己匡正礼乐、维护秩序的使命。在这种艰难的境况下，《春秋》作者不得已“代行天子之事”，据鲁国旧史而“作《春秋》”，希望借褒善贬恶的形式，阐发宗法礼乐文明的价值原则，以达到整顿人心、拨乱反正的目的。

预设一：《春秋》是在中国商周史官文化背景下产生的一部著作。《春秋》的作者以鲁国旧史《鲁春秋》的部分史料为底本，依据自己对于礼坏乐崩之时代巨变的理解，对各种具有典型意义的历史事件的记录方式做出修订，从而附加了赏善黜恶、褒贬进退的价值评判。因此，《春秋》不是一部史书，而是一部经书；其记事的客观性原则也让位于拨乱反正的正当性原则。

二、《春秋》与孔子

上文讨论的“《春秋》在性质上究竟是经还是史”这一问题，在很大程度上取决于另一个问题的答案，即“《春秋》与孔子有何关系”。换言之，孔子与《春秋》一书关系的亲疏远近，不仅决定了该书的“经”或“史”的性质，而且还从根本上决定了该书价值的大小。

今天的人们，恐怕很难真切体会到轴心时代如孔子这样的伟大精

---

① （汉）郑玄注，（唐）孔颖达疏：《礼记正义》，阮元校刻《十三经注疏》本，上海古籍出版社 1997 年版，第 1634 页。

神导师对于文化所起到的规范与塑型作用。孔子成为“圣人”并非后世的追封，也不是儒家信徒的孤芳自赏，而是孔子生活的时代人们的共识。因此，自春秋晚期直至两汉时期，孔子的权威性几乎是无可置疑的。

在这样的背景下，孔子能够决定一部传世经典的性质与价值也就变得可以理解了。如此一来，辨析孔子与《春秋》的关系，就直接影响到人们对《春秋》性质的确定和价值的评判，成为研究《春秋》以及《穀梁传》首先碰到的、不可不解决的关键问题。

《庄子·天运》曾记载：“孔子谓老聃曰：‘丘治《诗》、《书》、《礼》、《乐》、《易》、《春秋》六经，自以为久矣，孰知其故矣。’”①孔子自述“治”“六经”，其中就包含了《春秋》。不过，此说存在几个问题：第一，《天运》属于《庄子》一书的“外篇”，它究竟是否庄周本人所著一直未有定论。第二，即便将《天运》的著作权归于庄周，也无法保证其中内容的客观性和真实性；因为庄子常常借助“寓言”、“重言”、“卮言”等直观形式阐释深奥的道理，而引文中孔子与老子的交谈有可能属于“重言”，借重前贤往圣的名义而已，不一定真有其事、真有其言。第三，引文中孔子用了“治”“六经”的说法，而“治”一词的含义不够明确，既可以理解为“整理”，也可以理解为“修订”；前者属于“述”，后者则属于“作”。所以，《庄子·天运》的记载无法提供更多、更确切的信息。

大约与庄子同时代的孟子，是有史可查的较早论述孔子与《春秋》之关系的学者。孟子的论说很重要，兹摘录如下：

世衰道微，邪说暴行有作，臣弑其君者有之，子弑其父

① （清）郭庆藩：《庄子集释》，中华书局1961年版，第531页。

者有之。孔子惧，作《春秋》。《春秋》，天子之事也，是故孔子曰："知我者，其惟《春秋》乎？罪我者，其惟《春秋》乎？"……昔者禹抑洪水而天下平，周公兼夷狄，驱猛兽而百姓宁，孔子成《春秋》而乱臣贼子惧。

——《孟子·滕文公下》

孟子曰："王者之迹熄而诗亡，诗亡，然后《春秋》作。晋之《乘》，楚之《杌》，鲁之《春秋》，一也。其事则齐桓、晋文，其文则史。孔子曰：'其义则丘窃取之矣。'"

——《孟子·离娄下》

上文讨论过"作《春秋》"的资格问题，这一点，我们可以从《孟子》书中找到一些线索。孟子说："《春秋》，天子之事也"，还引了孔子的话："知我者，其惟《春秋》乎？罪我者，其惟《春秋》乎？"推敲字里行间之意，孔、孟都承认一般人不具备"作"《春秋》之类史书的资格。按照儒家的理想设计，修史应该是圣人才享有的权力；史官修史、掌史需圣人授权。不过在现实层面，圣人是可遇不可求的；因此，实际政治生活中"制礼作乐"、"修史"等工作是由天子本人或者授权史官来完成的。之所以如此，是因为天子在一定意义上继承了圣人的一部分权力。孔子所说的"礼乐征伐自天子出"，也可以放在这样的背景下理解。

孟子认为，孔子身处定公、哀公之世，天子失职、诸侯篡逆、父子反目、手足相残，正所谓"君不君，臣不臣，父不父，子不子"，整个社会自上而下道德沦丧，异端邪说盛行，僭越篡弑的行为层出不穷，呈现出礼坏乐崩的乱世局面。孔子忧惧，以"舍我其谁"的担当精神，毅然代行天子之事，借取鲁史旧文而作《春秋》，"笔则笔，削则削"，寓褒贬进退之义理于其间，期冀拨乱世而反诸正。

故“孔子成《春秋》而乱臣贼子惧”。可见，孟子坚信孔子是《春秋》的真正作者；《春秋》的字里行间寄寓了孔子的苦心孤诣。

司马迁完全赞同孟子的观点。《史记》中多处论及“孔子作《春秋》”一说。其中《孔子世家》的描述较为全面。在此篇中，司马迁首先引用孔子的原话来解释“作《春秋》”的原因：“君子病没世而名不称焉。吾道不行矣，吾何以自见于后世哉？”其时世道衰微，孔子年事已高，他推行仁道的政治实践几乎看不到成功的可能性了。但是，身具圣人之德才的孔夫子不甘心就这样放弃，更不忍心看着整个社会继续礼坏乐崩、陵替衰败下去。于是，他决定做一件事，一件超出他的身份所能做的大事——作《春秋》！具体的做法是：“因史记作《春秋》，上至隐公，下讫哀公十四年，十二公”，以鲁史旧文为底本，按照“据鲁，亲周，故殷，运之三代，约其文辞而指博”的精神将鲁国旧史改造为《春秋》一书，恢复了史书“以绳当世”（规范行为、匡正价值）的作用，扬善罚恶，尤其对那些导致并加剧“礼坏乐崩”的僭越悖逆行为进行谴责和讨伐。正因为《春秋》有这样的功能，才使得“《春秋》之义行，则天下乱臣贼子惧焉”。司马迁进而指出，鉴于《春秋》一书的独特性质和重大意义，孔子在“作《春秋》”时倾注了更大的心力，“孔子在位听讼，文辞有可与人共者，弗独有也。至于为《春秋》，笔则笔，削则削，子夏之徒不能赞一辞”，即便才学如子夏者，也不能改动一字。此处的“不能”，一方面突出了《春秋》高远的义旨和孔子对其重视的程度，另一方面也暗示了该书在性质上的微妙之处。诚如孔子自己评价的，“后世知丘者以《春秋》，而罪丘者亦以《春秋》”，这部被孔子视为代表作的书，其实是一个尴尬的产物——时代需要这部书，但是有资格作此书的人（天子）却没有能力，也没有意愿来创作；有能力而且愿意“作”此书的孔子却没有合法的资格！孔子最终还是动笔完成此书，也使他成为被自己谴责的人——僭越者。这恐怕是孔子感叹“知其不可而为之”的背后意蕴之一。如此看来，子夏之徒“不能赞一辞”，未尝不是孔子的一番呵护之意，避免让得意弟子卷入争议。[①]

司马迁的观点在很大程度上受到董仲舒的影响。《史记·太史公自序》曾记载：“余闻董生曰：‘周道衰废，孔子为鲁司寇，诸侯害子，大夫壅之。孔子知言之不用，道之不行也，是非二百四十二年之中，以为天下仪表，贬天子，退诸侯，讨大夫，以达王事而已矣。’子曰：‘我欲载之空言，不如见之于行事之深切著明也。’夫《春秋》，上明三王之道，下辨人事之纪，别嫌疑，明是非，定犹豫，善善恶恶，贤贤贱不肖，存亡国，继绝世，补弊起废，王道之大者也。”[②]司马迁的说法可以在《春秋繁露》中找到佐证。《春秋繁露·俞序》云：“仲尼之作《春秋》也，上探正天端王公之位，万民之所欲，下明得失，起贤才，以待后圣，故引史记，理往事，正是非，见王公。史记十二公之间，皆衰世之事，故门人惑。孔子曰：‘吾因其行事而加乎王心焉。’以为见之空言，不如行事博深切明。”[③]两段话内容虽不同，但大体意思相通。由此可见，董仲舒本人是主张“孔子作《春秋》”的[④]；董氏此说影响较大，司马迁基本接受了这一看法。

东汉班固在《汉书·司马迁传》的“赞”中说道：“及孔子因鲁

① （汉）司马迁：《史记》，中华书局1959年版，第1943—1944页。
② （汉）司马迁：《史记》，中华书局1959年版，第3297页。
③ （清）苏舆：《春秋繁露义证》，中华书局1992年版，第158—159页。
④ 不过，当代学者姚曼波提出了不同意见。他在梳理《春秋繁露》内容后指出，《春秋》应分为“经”与“传”；董仲舒只说过《春秋》为“君子作”，而没有说过是“孔子作”。孔子所作的实为《春秋》的“传”。《春秋》的大义并不反映在经文中，而是体现在孔子所作的“传”里。孔子所“作”《春秋传》虽未保留下来，但是此书应该是注重“行事”的，很可能是《左传》一书的蓝本，“构成《左传》事实的基石”。参见姚曼波：《春秋考论》，江苏古籍出版社2001年版，第64—73页。

史记而作《春秋》，而左丘明论辑其本事以为之传。”[1]显然，班固也认同孔子“作《春秋》”一说。

两汉之际成书的纬书《孝经·钩命决》记载：“孔子在庶，德无所施，功无所就，志在《春秋》，行在《孝经》。孔子曰：‘吾志在《春秋》，行在《孝经》。’以《春秋》属商，以《孝经》属参。”[2]意谓孔子天纵之才，可惜有德无位，无法实现功德事业。不得已，只好将自己的政治理想托付在《春秋》一书中，而将行为规范寄寓在《孝经》一书中。晚年孔子将《春秋》传给弟子卜商（子夏），将《孝经》传给弟子曾参。引文所说的“志在《春秋》”，似乎潜含了《春秋》为孔子“修作”的意思。纬书所言多虚托牵强，当然不能就此证明孔子与《春秋》的关系。但是，作为汉代的作品，纬书《孝经·钩命决》的观点其实也反映了这一时期部分学者对于孔子与《春秋》关系的理解。

综合而言，战国至两汉时期，主张“孔子作《春秋》”的观点占据主流。具体地讲，这一观点坚信：《春秋》为孔子所“作”，是他以鲁国旧史为底本，对之进行重要的删改整理而创作的一部经书，寄托了孔子的苦心孤诣，蕴含了圣人的微言大义。要之，《春秋》的著作权应该归于孔子。

这一观点对后世学者的影响很大，接受此观点的学者数不胜数。晚清学者皮锡瑞可以看作是这一观点的集大成者。皮锡瑞著《经学通论》和《经学历史》二书，在论及《春秋》时，明确提出：《春秋》是孔子创作的一部治世大典，“说《春秋》者，须知《春秋》是孔子‘作’。‘作’是做成一书，不是抄录一过；又须知孔子所作者，是为万世作经，不是为一代作史”。[3]孔子对《春秋》加以笔削褒贬，为

① （汉）班固：《汉书》，中华书局1962年版，第2737页。
② （清）赵在翰辑，钟肇鹏、萧文郁点校：《七纬》，中华书局2012年版，第723页。
③ （清）皮锡瑞：《经学通论》之四《春秋》，中华书局1954年版，第2页。

后王立法，而使乱臣贼子惧。所以，皮锡瑞继承孟子之说，认为孔子之作《春秋》比起删订其他诸经意义更为重大，甚至可以与大禹治水、周公平乱相媲美。[①] 今人蒋伯潜、蒋祖怡父子亦持“孔子作《春秋》”之说。[②]

徐复观虽然认为《春秋》是孔子所“修”而非所“作”，但他不赞同古文学派“以《春秋》为史”的看法，认为孔子修订《春秋》的动机和目的并不是今日所谓的“史学”，而是在发挥古代良史“以史的审判代替神的审判”的庄严使命；因此，孔子修《春秋》的用心是超乎史学之上的，《春秋》是经而不是史。[③] 钱穆通过历史地考察《春秋》在各个时代的影响和地位得出结论：《论语》是孔门弟子记载孔子平日言行的一部书，而《春秋》则是孔子自己的著作，而且是孔子晚年的、唯一的一部亦经亦史的著作。[④]

需要特别注意的是晚清公羊学大家康有为的看法。康有为亦主张“孔子作《春秋》”；但是，他的意见要比传统观点激进得多。康有为声称《春秋》为孔子改制创作之书。在《六经皆孔子改制所作考》一文中，康有为运用归谬法论证孔子“作六经”之说：假设否定“六经”与孔子之间存在密切关系，而是如王安石等人所说，《春秋》不过是“断烂朝报”，《诗》、《书》、《礼》、《乐》、《易》等不过是先王旧典，又或者如章学诚等人所言，周公才是集大成者，孔子只是传述周公之义；那么，孔子就几乎没有一部著作传世，唯有一部弟子所记的语录式的《论语》可间接展示孔子的大道。按照这一说法，孔子最多不过是后世的一位贤士大夫，甚至连郑玄、朱

---

① （清）皮锡瑞：《经学历史》，中华书局 2004 年版，第 21 页。

② 参见蒋伯潜：《十三经概论》，上海古籍出版社 1983 年版，第 421 页；及蒋伯潜、蒋祖怡编：《经与经学》，上海书店 1997 年版，第 91—92 页。

③ 徐复观：《两汉思想史》第三卷，华东师范大学出版社 2001 年版，第 156 页。

④ 钱穆：《两汉经学今古文平议》，商务印书馆 2001 年版，第 263—317 页。

熹都不如，哪里有资格称作“圣人”！然而，在汉代以前，世人公认孔子是大圣人，“孔子为教主，为神明圣王，配天地，育万物，无人、无事、无义不围范于孔子大道中，乃所以为生民未有之大成至圣也！”由此可以推知，先前的假设是不能成立的。这反过来说明“六经”与孔子关系密切；孔子之所以能成为教主、神明圣王，根本的原因就在于他创作了“六经”。[①]康有为又以《春秋》为例，进一步指出：孔子“作六经”，乃是完全意义上的创作，而非修订。他说，倘若依照杜预、朱熹等人的看法，孔子参照鲁史旧文“据而书之而善恶自见”，最多不过加以笔削增减，则“圣人为一誊录书手，何得谓之作乎”？[②]故此，《春秋》是孔子独立创作的经书，不仅与鲁史旧文关系不大，甚至周公在其中的作用也极为有限。康有为坚信，孔子创作《春秋》等六经，目的乃是托古改制：“孔子之作《春秋》，托新王以改制，而其于世事，则欲人之法先王，岂不自相刺谬？不知改制者，孔子之隐志；法先王者，《春秋》之托词。”[③]康有为的看法代表了公羊学中较为激进一派的立场，有着鲜明的主观色彩，也遭到不少批评。

与“孔子作《春秋》”之说相关的，是孔子作《春秋》的具体时间。对于这一点，学者普遍认同应为孔子晚年。但究竟是孔子晚年的哪个具体时期，则存在几种理解。以司马迁为代表的一些学者主张孔子是在“获麟”之后开始创作《春秋》的。[④]“西狩获麟”发生在鲁哀公十四年孔子七十一岁的时候，孔子于两年后（鲁哀公十六年）去世。因此，孔子应当是在生命的最后两年完成《春秋》。此外有“春作而秋成”之说，即孔子作《春秋》的时间应为鲁哀公十四年春至同

① 康有为：《六经皆孔子改制所作考》，《孔子改制考》，中华书局 2012 年版，第 243—244 页。
② 康有为：《六经皆孔子改制所作考》，《孔子改制考》，中华书局 2012 年版，第 260 页。
③ 康有为：《孔子改制托古考》，《孔子改制考》，中华书局 2012 年版，第 270 页。
④ （汉）司马迁：《史记》，中华书局 1959 年版，第 1943—1944 页。

年秋，时年孔子七十一岁。汉代一些学者又提出了一种新的看法：孔子作《春秋》之事发生在“西狩获麟”之前，如《左传·哀公十四年》“春，西狩获麟”句孔颖达疏：“贾逵、服虔、颍容等皆以为孔子自卫反鲁，考正礼乐，修《春秋》，约以周礼，三年文成致麟，麟感而至。”[①] 贾逵、服虔、颍容等汉代学者主张孔子作《春秋》之事发生在“获麟”前的三年，即鲁哀公十一年。时年孔子六十八岁，刚刚结束周游列国的活动，返回鲁国定居。麒麟之所以出现，恰恰是为了庆贺该书的完成。

不过，自晋代杜预开始，不断有学者提出“孔子修《春秋》”之说，以反对“孔子作《春秋》”之论。这一观点的依据之一，是孔子曾经自述“述而不作，信而好古”（《论语·述而》）。据杜预《春秋经传集解序》：

> 周礼有史官，掌邦国四方之事，达四方之志。诸侯亦各有国史，大事书之于策，小事简牍而已。孟子曰：“楚谓之《梼杌》，晋谓之《乘》，而鲁谓之《春秋》，其实一也。”韩宣子适鲁，见《易象》与鲁《春秋》，曰：“周礼尽在鲁矣。吾乃今知周公之德，与周之所以王。”韩子所见，盖周之旧典礼经也。周德既衰，官失其守，上之人不能使《春秋》昭明，赴告策书，诸所记注，多违旧章。仲尼因鲁史策书成文，考其真伪，而志其典礼。上以遵周公之遗制，下以明将来之法。其教之所存，文之所害，则刊而正之以示劝诫，其余则皆即用旧史。史有文质，辞有详略，不必改也。故《传》曰：“其志善。”又曰：“非

① （晋）杜预注，（唐）孔颖达疏：《春秋左传正义》，阮元校刻《十三经注疏》本，上海古籍出版社 1997 年版，第 2172 页。

圣人孰能修之？”盖周公之志，仲尼从而明之。[①]

杜预承认孔子曾经对《春秋》做过“考其真伪”、“志其典礼”的工作。但是孔子所做的并不是创新制作，而是依据周公之“遗制”，恢复《春秋》被掩盖的价值。从根本上看，《春秋》体现的是周公之德，其基本的价值原则是由周公奠定的；孔子“修《春秋》”的工作乃是继承和发挥周公的理想。

这一派的观点更看重周公在礼乐文明中的创造作用。周公是中国上古思想史上的关键人物，对于中华文明的塑型产生过重大影响。史学家杨向奎指出：“没有周公不会有武王灭殷后的一统天下；没有周公不会有传世的礼乐文明；没有周公就没有儒家的历史渊源，没有儒家，中国传统的文明可能是另一种精神状态。”[②]尽管与周公相关的具体史料散佚残缺严重，但是唐代以前“周孔并尊”是思想界的共识。

因此，这一派的主要观点是：《春秋》是一部史书，主要保留了鲁国旧史的面貌；《春秋》中的价值原则甚至义例主要由周公确立；孔子与《春秋》虽然有关，但这仅仅体现在他曾经对原本《春秋》做过一些文字上的简单修订而已。周公才是经学的开创者，作为鲁史的《春秋》之发凡起例都始自周公；孔子对《春秋》只是根据周公的鲁史凡例加以修订补充，所以《春秋》并不能算作是孔子的著作。晋代的杜预是这一观点的主要代表。唐代陆德明《经典释文·序录》云：“《春秋》即鲁之《史记》也。孔子应聘不遇，自卫而归，西狩获麟，伤其虚应，乃与鲁君子左丘明观书于太史氏，因鲁《史记》而作《春

① （晋）杜预注，（唐）孔颖达疏：《春秋左传正义》，阮元校刻《十三经注疏》本，上海古籍出版社 1997 年版，第 1704—1705 页。

② 杨向奎：《宗周社会与礼乐文明》，人民出版社 1992 年版，第 136 页。

秋》，上尊周公遗制，下明将来之法”，[①]完全接受了杜预的观点。唐代刘知幾《史通·外篇·古今正史》亦云：“当周室微弱，诸侯力争，孔子应聘不遇，自卫而归。乃与鲁君子左丘明观书于太史氏，因鲁《史记》而作《春秋》。上遵周公遗制，下明将来之法，自隐及哀十二公行事。”[②]晚清的史学大师章学诚也持此说。[③]这种观点实际上继承了汉代以来古文派的传统看法。

唐代以后，逐渐有学者提出一种新的观点：孔子与《春秋》几乎没有什么关系。刘知幾《史通·外篇·惑经》专门罗列了《春秋》经文中自相矛盾的“未谕之处”十二处，以及《孟子》、《史记》中对于《春秋》的“虚美之辞”五处，对孔子和《春秋》的关系明确表示出怀疑。[④]前文曾引述王安石之言：“黜《春秋》之书，不使列于学官，至戏目为断烂朝报”，也表明王安石不认为《春秋》为孔子所作。

民国时期古史辨派的重要代表钱玄同是这一观点的集大成者。钱玄同根本否定了“六经”与孔子的关系，提出若要想求得真正的孔学，要考察孔子的学说和事迹，只可依据《论语》。甚至《孟子》、《荀子》、《史记》中所述的孔学，都只能说是孟轲、荀况、司马迁之学而已，更毋论今文与古文经学了。在1923年写给顾颉刚的一封信中，钱玄同系统地提出了他关于孔子与“六经”关系的看法：（1）孔丘并无删述或制作“六经”之事；（2）《诗》、《书》、《礼》、《易》、《春秋》本是各不相干的五部书（至于《乐经》更是子虚乌有、从无此书）；（3）因《论语》偶然提到诗、书、礼、乐，就先后有《史

---

① （唐）陆德明撰，黄焯断句：《经典释文》，中华书局1983年版，第12页。

② （唐）刘知幾撰，（清）浦起龙释：《史通通释》，上海古籍出版社1978年版，第333页。

③ （清）章学诚：《文史通义》内篇卷一《经解上》，《章学诚遗书》，中华书局1985年版，第8页。

④ （唐）刘知幾撰，（清）浦起龙释：《史通通释》，上海古籍出版社1978年版，第398—414页。需要指出，刘知幾本人的观点亦存在矛盾之处。

记·孔子世家》、《礼记·王制》、《孟子》等文献敷衍出“孔子作六经”之说；（4）实际上“六经”的配成是在战国末期的事情，首见于《庄子》的《天运》和《天下》；（5）自“六经”之名成立，后学多将六者并举，而且还扯上“五行”、“五常”等话头来比附。[①]具体到《春秋》，钱玄同依据《论语》中“关于《春秋》的话，简直一句也没有”来证明《春秋》决非孔子所作或所删修。《春秋》只能是一部历史，是一部鲁国的“断烂朝报”，不但无所谓“微言大义”，并且是没有组织、没有体例、不成东西的史料而已。所以，它绝不是孔二先生做的，以孔夫子的学问才具，似乎不至于做出这样一部不成东西的历史来。[②]

顾颉刚对钱玄同的观点做了补充和修订，认为《春秋》不是孔子作的，孔子只是借用它作为教材来教授学生；《春秋》里面也没有孔子的什么“微言大义”，但著作《春秋》的那些鲁国史官们秉笔而书，自然有它的体例，所以从《春秋》中推出些义例来也不足为奇，只是不能一股脑把账全都算到孔夫子头上。[③]

周予同主张“六经”决非撰于一人、成于一时、作于一地。在孔子以前，必定有很多古代文献遗存下来，其中的一部分就残存在“经书”之中。作为我国历史上第一个创办私立学校的教育家，孔子很可能对这些文献重新整理过，用作教授学生的教本。所以现存的“六经”，是经过孔子整理的，也因此而成为儒家学派的“经典”。不过，孔子对“六经”尽管有所删节，但他的基本态度是“信而好

① 参见钱玄同：《答顾颉刚先生书》（1923年5月25日），载顾颉刚等编著：《古史辨》第一册，上海古籍出版社1982年版，第69—70页。

② 参见钱玄同：《论〈春秋〉性质书》（1925年3月16日），载顾颉刚等编著：《古史辨》第一册，上海古籍出版社1982年版，第275—276页。

③ 参见顾颉刚：《答书》（1925年3月21日），载顾颉刚等编著：《古史辨》第一册，上海古籍出版社1982年版，第276—277页。

古”，在很大程度上保留了原有的文字、史事和风格；并且，今天我们看到的“五经”已经不完全是孔子整理后的原书，而是既在流传过程中散佚了一部分，又掺杂有后来儒家学派增添的内容。[①] 周予同对“《春秋》”和“《春秋》学”作了分疏，指出《春秋》本身是一部很平常的史书，是中国古代初期的历史著作，因为受到当时物质的和意识的限制，只能形成这样一部东西。但是，《春秋》何以影响中国的政治、法律及社会思想如此深远？周予同认为，这不是因为《春秋》本身有什么“微言大义”，而是由于后人研究《春秋》、利用《春秋》而形成的“《春秋》学”所造成的。[②]

总体看，这一派主张《春秋》只是一部单纯的史书，价值有限；《春秋》没有凡例，或者即便有也与周公、孔子无关，而是史官所为；孔子与《春秋》之间不存在密切关系，孔子绝非《春秋》作者，最多对《春秋》做过文字上的编订，以及将其作为教材使用。持相似观点的还有朱自清、杨伯峻和赵伯雄。[③]

以上三说各是其所非、非其所是。不过，当人们彷徨于三种观点而无法取舍时，不妨回过头来看一看最近的一些重大的考古发现。近三十年来考古学的一系列重大发现都给了我们一个重要启示，即孔子与“六经”之间的关系可能远比古史辨派学者的推论要密切得多。郭齐勇在考察近五十年的出土简帛文献后指出：“近世以来，持孔子与六经没有关系或关系很少的观点的学者，甚为普遍，此说几成定论。周予同先生曾说：‘我认为，孔子与六经关系很少。’‘《易》与《春秋》跟孔子关系不大。’出土简帛却不断证实着孔子与六经关系密

① 参见朱维铮编：《周予同经学史论著选集》，上海人民出版社 1983 年版，第 215—218 页。
② 参见朱维铮编：《周予同经学史论著选集》，上海人民出版社 1983 年版，第 498 页。
③ 参见朱自清：《经典常谈》，生活·读书·新知三联书店 1980 年版，第 43 页；杨伯峻：《春秋》，载《文史知识》编辑部编：《经书浅谈》，中华书局 2005 年版，第 72—76 页；赵伯雄：《春秋学史》，山东教育出版社 2004 年版，第 7 页。

切，周先生如果活到今天，很可能会修改自己的看法。”[①]的确，湖北荆门郭店楚简中的《缁衣》、《五行》、《性自命出》、《六德》和《语丛》诸篇以及上海博物馆购藏简中孔子论《易》和论《诗》的内容，都清晰地传递了一个信息：“六经”与孔子及孔门后学之间的关系十分密切。当然，正如郭齐勇指出的，“经”并不是一家之言，六经是先秦最基本的教材和普遍知识，是共有资源。[②]但“六经”与儒家思想的关系更为紧密也是毋庸置疑的。这时，我们再回过头来重新审视古史记载的孔子“删《诗》、《书》，订《礼》、《乐》，赞《周易》，修《春秋》”之说，就会发现这些说法未必全是后人的虚美之辞。套用法律上的“无罪推定”逻辑，当我们无法找到有力证据判定其有罪时，应该在原则上以无罪视之；同样，面对古代史料，当后人无法拿出有力证据证明古说为伪造、虚假时，也应该在原则上保持对其基本的尊重。因此，孔子“作《春秋》”或“修《春秋》”的说法并没有被真正地动摇。

综合各家的意见，本书认为：孔子与《春秋》的关系十分密切，这一点是无可否认的。孔子应该曾经对《春秋》做过修订、整理的工作，并很可能采用《春秋》作为教授弟子的教材。而且，《春秋》也不是一部纯粹的史书，毕竟《春秋》记事的简略“是不能用当时书写工具不方便来作解释的，因为在《春秋》之后不久，就出现了《左传》、《国语》这样洋洋洒洒的史册。……礼义之邦在二百多年中仅仅只有不足两万字的历史记载，一年不足一百字，这也是有悖于常情的事”。[③]程水金考察了《礼记·坊记》中的两则材料，得出结论：

---

① 郭齐勇：《出土简帛与经学诠释的范式问题》，《儒学与儒学史新论》，台湾学生书局2002年版，第74页。

② 郭齐勇：《出土简帛与经学诠释的范式问题》，《儒学与儒学史新论》，台湾学生书局2002年版，第73页。

③ 沈玉成、刘宁：《春秋左传学史稿》，江苏古籍出版社1992年版，第21—22页。

今本《春秋》确系经过修订与整理，似无可疑；谓之“修”或谓之“作”均无不可。至于修作者是谁，他赞同沈玉成的意见，认为是孔子的可能性很大。[①] 至于《春秋》中存在的大量“义例”，可能并不像皮锡瑞等所想象的都是圣人之“微言大义”，但其中应该还是反映了孔子的某些思想和判断。

预设二：孔子与《春秋》的关系十分密切。孔子曾经对《春秋》做过修订、整理的工作，并采用《春秋》作为教授弟子的教材。《春秋》之中不一定有那么多的“微言大义”。但是，由于《春秋》不是一部单纯的史书，因此孔子在“修《春秋》”的过程中极可能将自己的某些政治理想和价值原则贯彻于其间。

三、《穀梁传》与《春秋》

讨论《穀梁传》与《春秋》的关系，实际上就是对《穀梁传》性质做出裁定。宗福邦等诸先生主编的《故训汇纂》一书收录了大量有关“经”与“传”关系的史料，兹选录如下：

> 传（音转）者，传（音船）也，博释经意，传（音船）示后人。
>
> ——《春秋经传集解》篇题下孔颖达疏
>
> 传者，转也，转受经旨，以授后人。
>
> ——《史通·六家》
>
> 传者，注解之别名，博释经意，传示后人，则谓之传。
>
> ——《孝经序》“且以通经为义”邢昺疏

① 程水金：《中国早期文化意识的嬗变》第一卷，武汉大学出版社 2003 年版，第 348—350 页。

传，谓解释经义者也。

——《汉书·古今人表》“传曰”颜师古注

传，谓传述为义，或亲承圣旨，或师儒相传，故云传。

——《礼记·曲礼上》篇题下孔颖达疏

古人著书，凡发明义理，记载故事，皆谓之传。《孟子》曰“于传有之”。谓古书也。左、公、穀作《春秋传》，所以传《春秋》之旨也。伏生弟子作《尚书大传》、孔安国作《尚书传》，所以传《尚书》之义也。

——赵翼《陔余丛考》卷五《史记一》

圣人制作曰经，贤人著述曰传。

——《春秋繁露·重政》“经者，大本也”凌曙注引《博物志》①

可见，“传”与“经”相对，目的是注解、转释、阐发“经”的义旨。从经学的角度看，“传”的价值很大程度上依附于“经”，即“传”是否能客观、平实、全面、深刻地解析“经”的宏旨微言。

以传统的“《春秋》三传”来说，倘若从形式上看，《左传》与《春秋》的关系要略显疏远，这主要表现在《左传》并未完全对应经文逐条解释，而是另成系统，不仅存在“有经无传”的情况，更有大量的“无经之传”。相形之下，《穀梁传》和《公羊传》则与《春秋》关系紧密，“传之解经，随条即释”②，二传的传文几乎完全比照经文逐条解释。

因此，传统的看法认为《穀梁传》同《公羊传》一样，都是为解释、阐发《春秋》中孔子的“微言大义”所作的传。唐代杨士勋

① 转引自宗福邦、陈世铙、萧海波主编：《故训汇纂》，商务印书馆2003年版，第152页。

② （晋）范宁集解，（唐）杨士勋疏：《春秋穀梁传注疏》，阮元校刻《十三经注疏》本，上海古籍出版社1997年版，第2365页。

疏："仲尼所修谓之经。经者，常也，圣人大典，可常遵用，故谓之经。穀梁所修谓之传。不敢与圣人同称，直取传示于人而已，故谓之传。"[①]皮锡瑞是持这一观点的典型代表。

晚清学者崔适撰《春秋复始》一书，认为《穀梁传》并非今文学，而是古文学，是由刘歆伪造，目的是用来为同样由他伪造的《左传》张目。张西堂进一步发展了此说，通过梳理《穀梁传》文本，他指出《穀梁传》有无经之传、有不释经之传，《穀梁传》义例多相乖戾之处，文辞多重累之处，《穀梁传》晚出于《公羊传》，不合于鲁语，违反孔子之意，乃杂取传记以成，论定《穀梁传》亦为古文之学，"本杂取传记以造，非得《春秋》之真传"[②]。

谢金良具体辨析了崔适以《穀梁传》为古文学的几个证据，认为崔适的论证并不能成立，《穀梁传》仍应当属于今文学。接着，谢金良提出了一个大胆的推测：《穀梁传》一定有其渊源，其源头很有可能是子夏所传的《春秋传》。按照谢金良的说法，《春秋传》乃是传说中子夏秘传的《春秋》经义，是一部在历史上发挥过重要影响、但在后世已经失传的思想文本。[③]

周予同在考订各家之说的基础上，提出：崔氏的立论虽然还没有得到一般学者的承认，但《穀梁传》的作者问题无明文可考，实在是不容讳言的。换言之，《穀梁传》与《春秋》的关系问题，在目前只能是暂付阙如。[④]

综合以上诸说：崔适和张西堂的观点存在先入为主的弊端；谢

---

① （晋）范宁集解，（唐）杨士勋疏：《春秋穀梁传注疏》，阮元校刻《十三经注疏》本，上海古籍出版社 1997 年版，第 2365 页。

② 张西堂：《穀梁真伪考》，台湾明文书局 1994 年版，第 1—81 页。

③ 参见谢金良：《〈穀梁传〉的真伪和写作时代问题考辨》，《福建论坛》1996 年第 2 期；又见谢金良：《穀梁传漫谈》，台湾顶渊文化事业有限公司 1997 年版，第 13—14 页。

④ 参见朱维铮编：《周予同经学史论著选集》，上海人民出版社 1983 年版，第 264 页。

金良的论断大胆有余、求证不足；周予同的结论同情崔适的看法，貌似客观严谨，实则有所倾向。其实，《穀梁传》的传文本身就给了我们答案：《穀梁传·桓公十四年》在解释经文“夏五”的阙文时，说道：“孔子曰：‘听远音者，闻其疾而不闻其舒；望远者，察其貌而不察其形。’立乎定、哀，以指隐、桓，隐、桓之日远矣。‘夏五’，传疑也。”[①] 这段话中，“立乎定、哀，以指隐、桓”一句特别值得关注，因为它实质上确定了《春秋》的记事者。很明显，这里“立乎定、哀”之人就是《穀梁传》所认为的“夏五”之说的记录者，也就是《春秋》的创制者。而“立乎定、哀”之人，显然指的就是孔子！孔子生于公元前 551 年（鲁襄公二十二年），卒于公元前 479 年（鲁哀公十六年），主要的活动时间在昭、定、哀之世。《穀梁传》认为孔子修《春秋》乃是鲁定公和鲁哀公时期的事情。所以，《穀梁传》作者认定孔子是《春秋》一书的修订人，《春秋》不是一部单纯的史书，而应该有圣人之大义存乎其间。因此编撰《穀梁传》的目的，就是为了阐释《春秋》的微言大义。可见《穀梁传》被定位为一部诠释《春秋》之大义的解经之传。这也是《穀梁传》为什么叫《春秋穀梁传》的原因。因此，《穀梁传》首先是一部对《春秋》的义例进行解释的解经之书，它是一部经书而不是史书。

预设三：《穀梁传》首先是一部对《春秋》的义例进行解释的解经之书，所以《穀梁传》是经书而不是史书。《穀梁传》作者相信《春秋》为孔圣人所作，其间有圣人的“微言大义”。因此编撰此书的目的，就是为了阐释《春秋》的微言大义。

---

① （晋）范宁集解，（唐）杨士勋疏：《春秋穀梁传注疏》，阮元校刻《十三经注疏》本，上海古籍出版社 1997 年版，第 2377 页。

四、《穀梁传》的作者与成书

由于史料阙如，长期以来关于《穀梁传》的作者问题众说纷纭。单就"穀梁子"之名，到唐代时就已经有"穀梁喜"、"穀梁嘉"、"穀梁赤"、"穀梁俶"、"穀梁置"、"穀梁淑"等六种说法。

皮锡瑞根据《穀梁传》传授的时代长短，推测"穀梁赤"、"穀梁俶"、"穀梁喜"、"穀梁置"四名并非指一人，而是像《公羊传》"祖孙父子相传"一样，可能是穀梁家族几位相继传授《穀梁传》的传经者的名字。吴承仕不同意皮锡瑞的看法。通过对这六个名字进行声类转换的分析后，吴承仕指出：一人六名的现象是"字异而人同"；这六个名字并非指不同的人，而都是专指"穀梁子"一人。还有一些学者试图从转音或切合之字的思路来解释"公羊"和"穀梁"的姓，或者认为"公羊"、"穀梁"皆为"卜商"二字的转音，《穀梁传》与《公羊传》实际都出自子夏之手；或者主张"公"和"穀"双声，"羊"和"梁"叠韵，《穀梁传》与《公羊传》同出于一人。[①]

谢金良认为《穀梁传》不可能是刘歆伪造的；穀梁子和《穀梁传》的关系很密切，类似于孔子和《春秋》的关系；穀梁子很可能既是《穀梁传》的重要传经者之一，又是主要的删定者，所以后世学者把书的著作权归给他。谢金良还对《穀梁传》的产生和流传情况做了猜测：孔子在《春秋》文字之外另有褒贬之义，口传给弟子，独有子夏经传保留下来，其余各说仅有只言片语流传。子夏所传"经义"若干年后传到穀梁子，由于口耳相传数代，难免"残略、多所遗失"，但文本主体尚在。于是，穀梁子以子夏所传《春秋传》为蓝本，广采尚存于世的各家之说，重新加以删定并编著成书，成为先秦较有影响

---

① 参见（清）皮锡瑞：《经学通论》之四《春秋》，中华书局 1954 年版，第 17 页。

的一种思想。后遭秦火，文本被焚，不得不再次靠口耳相传，到汉初才著于竹帛。

赵伯雄指出，《穀梁传》与《公羊传》一样，在最初阶段可能都是在师徒父子间口耳相传，并没有固定的文本，很容易吸收不同时期传习者的各种经说，因此其形成可能是一个较长的过程，而非一人一时完成。所以，作为《春秋》的“传”，《穀梁传》和《公羊传》早在战国中后期已经形成了。我们尽管不能准确说出《穀梁传》的作者，但把它归为先秦《春秋》学的文献，总是毫无疑问的。①

金建德根据《史记·儒林列传》中瑕丘江生“为《穀梁春秋》”的记载，认为《穀梁传》的作者是汉代的瑕丘江生。金先生注意到《穀梁传》实际上反映了汉代人的地理观念，这恰恰说明它成书的时代应该是汉代。②

此外，还有不少学者注意到《穀梁传》与荀子思想的相近之处。日本学者本田成之在《春秋穀梁传考》一文中，指出《穀梁传》与孔子、孟子思想存在明显差异，而与荀子思想有着密切联系，如“《春秋》想非为尊王而作者，而《穀梁》家反之。……《穀梁》家特尊周之天子，其说随处散见”③；又如孔子心目中的君臣关系是动态的，而非固定的，这一主张被孟子继承和发展，“至荀子稍有不同，其君臣关系，则为静的，君主居绝对之最上，臣民不可不绝对服从。……孔子之礼乐，乃出于个人之自发的；荀子欲由统治者之陶冶人民，从外部而强制之以礼乐。孟子认人民之人格，图自发的开发；荀子则从外部，以礼乐法律，拘束而矫正之。因此礼

① 赵伯雄：《春秋学史》，山东教育出版社2004年版，第54—56页。

② 金德建：《瑕丘江公作〈穀梁传〉的推测》，《人文杂志》1957年第3期。

③ 〔日〕本田成之：《春秋穀梁传考》，载江侠庵编译：《先秦经籍考》，上海商务印书馆1931年版，第319页。

乐之字面虽同，而内容则大异焉”。[1]本田成之认为《穀梁传》思想体现出鲜明的法家特色，原因就在于它是出于荀子，继承了荀子学说中的法家思想萌芽：“盖荀子之说，既有法家思想之萌芽，其末辈至韩非李斯而益甚，如韩非以乱法者为六虱，其中所指者，礼乐、诗书、修善孝弟、诚信贞廉、仁义等是也。《春秋穀梁传》虽不至如此之甚，而其成于荀子以后，秦汉之际，则无可疑”[2]；“总之《穀梁传》从荀子而进一步，有法家之要素，然则谓《穀梁》由荀子传来，加以秦汉时代之思想，而成于汉景、武二帝之间，可也”[3]。吴涛继承了本田成之的观点，认为：《穀梁传》成书时间当在战国末到秦统一之间，而且是出于荀子之门。他进一步推论：《穀梁传》的作者很可能就是荀子的门人浮丘伯；而创作的地点正是在荀子晚年定居的楚国兰陵。兰陵本为鲁地，楚灭鲁之后归于楚。浮丘伯在鲁国故地兰陵创作《穀梁传》，并将之传授给鲁人申公，因此，汉人称《穀梁传》为鲁学。[4]

本书认为，在回答《穀梁传》的作者和成书问题时，应该兼顾到《穀梁传》文本的特点和古代典籍成书的特殊性。从《穀梁传》的文本来看，其总体的思想倾向和精神主旨应该是一致的；当然也有少数自相矛盾之处，并且对一些经文的诠释也存在多种解释并存的情况，往往用“或曰”的形式表现出来。可见，《穀梁传》的作者应不止一人，不妨将其视为一个作者群；而众多作者虽然有各自的补充和

---

① 〔日〕本田成之：《春秋穀梁传考》，载江侠庵编译：《先秦经籍考》，上海商务印书馆1931年版，第331—332页。

② 〔日〕本田成之：《春秋穀梁传考》，载江侠庵编译：《先秦经籍考》，上海商务印书馆1931年版，第340页。

③ 〔日〕本田成之：《春秋穀梁传考》，载江侠庵编译：《先秦经籍考》，上海商务印书馆1931年版，第343页。

④ 参见吴涛：《“术”、“学”纷争背景下的西汉〈春秋〉学：以〈穀梁传〉与〈公羊传〉的升降为例》，中国社会科学出版社2011年版，第247页。

发挥，但还应有其一以贯之的解经精神。在这众多作者中，《穀梁传》的第一个作者、也是最重要的作者应该是穀梁赤。唐代杨士勛指出穀梁子“受经于子夏，为经作传”[①]，这一说法值得重新关注。穀梁子很可能是子夏的弟子，他从子夏那里继承了《春秋》的文本，但《穀梁传》文本的主体和诠释精神则应该是由穀梁子本人完成的，所以才名之曰《穀梁传》而非《子夏传》。这也说明，《穀梁传》文本主体形成的时间可能要比人们通常认为的要早一些，甚至在七十子后学殁后不久的战国前中期，《穀梁传》的思想就已经大体成型了。当然，古代典籍的成书有“口耳相传，至后世始著竹帛”[②]的特点。不妨推想：在穀梁赤奠定了《穀梁传》的基本结构和解经的主要旨趣后，在相当长的一个时期里，《穀梁传》以口耳相传的形式在穀梁氏家族中世代传递，尔后逐渐有穀梁氏家族之外的传人加入，直至西汉初期著于竹帛，以文本的形式流传于世。在历代的传递过程中，传承人在继承前人的基础上，往往会加入一些个人的理解，或者吸纳入自己世代的某些元素。如此，便可以解释为什么《穀梁传》有多个作者名字流传，以及为什么全书的风格存在细微的不一致之处。

至于本田成之等人提出《穀梁传》重视礼制、推崇天子王权，与孔孟殊异，而近于荀子以及法家，笔者认为：《穀梁传》重礼制、重尊卑秩序的特点的确与孟子思想存在很大差异，但并不能因此说《穀梁传》与孔子不类。近些年来的考古发现给了我们一个启示：孔子以及七十子后学的思想的广度以及对当时的影响，恐怕要远远超出今人的想象。就研究孔子思想而言，我们固然要重视《论语》的记载

---

① 《春秋穀梁传序》杨士勛疏：“穀梁子名淑，字元始，鲁人，一名赤，受经于子夏，为经作传，故曰《穀梁传》。传孙卿，孙卿传鲁人申公，申公传博士江翁。”见（晋）范宁集解，（唐）杨士勛疏：《春秋穀梁传注疏》，阮元校刻《十三经注疏》本，上海古籍出版社 1997 年版，第 2358 页。

② 余嘉锡：《余嘉锡说文献学》，上海古籍出版社 2001 年版，第 267 页。

和孟子对其思想的继承，但是《论语》毕竟不可能涵括孔子思想的全貌，孟子更无法作为孔子的代言人。孟子主要继承并发展了孔子的德性学说，但德性并不是孔子思想的全部，而只是孔子博大精深的思想体系中的重要内容之一。笔者有一个肤浅的个人感受：后世（尤其是宋代以后）在理解孔子思想时，过于受孟子学说的影响。当然，笔者并不是否定孟子学说的价值。孟子是一位几乎能与孔子并肩的伟大思想家，也是中国文化最重要的精神导师之一。问题是，单就理解孔子思想而言，仅仅依靠孟子是不够的。其实，当我们对《三礼》、《孔子家语》等其他典籍给予更多关注时，会发现孔子思想涉及的领域非常广泛；他对宗法传统和礼乐文化的熟稔与遵循构成其思想学说必不可少的一个部分。不仅如此，笔者还有一些大胆的猜想：除了《论语》之外，应该还有一些文献资料保存了孔子思想的其他内容；这些文献资料在七十子后学时代流传，其影响可能贯穿整个战国时期；《穀梁传》的作者群很可能接受了孔子关于宗法传统和礼乐文化的思想主张，并有所发挥；战国晚期的荀子通过《穀梁传》或者其他途径也了解了这样的传统，进而在此基础上建构自己的理论学说。如此一来，《穀梁传》与荀子思想表现出某些相近之处；但二者之间并不一定存在“何者产生何者”的关系，而有可能它们继承了相似的文化传统。只可惜，作为二者思想源头的那些文献资料（很可能包括孔子的某些思想学说，甚至遗留有反映文、武、周公思想主张的零散的西周时期思想材料）在秦汉之际湮没无闻了。遗憾的是，我们只能通过这种缺乏证据的大胆猜想来拟构其间的思想脉络。对于研究先秦学术、甚至研究中国古代学术的人来说，“战国思想史”恐怕是心中永远的痛——大家都意识到这个荟萃了诸子百家杰出成就的中国轴心时代的伟大价值；但与此同时，人们对于战国思想史的了解却又是片段的、零散的、甚至是走了样的。这种严重的不对称令人痛惜和愤懑。

然而，将情绪宣泄于批判“焚书坑儒”显然于事无补，将希望寄托于考古发现又有些过于儿戏。但我们至少可以做到一点：不要随意贬低这个时代，不要凭借手头的资料轻易否定这个时代的其他可能性。回到孔子的学说，当我们带着宗法传统和礼乐文化的“前见”再来阅读《论语》时，可能会有不一样的收获。

预设四：《穀梁传》的作者应不止一人，不妨将其视为一个以穀梁氏家族为主体的作者群，众多作者有其一以贯之的解经精神，也有各自的补充和发挥。但是，《穀梁传》的第一个作者、也是最重要的作者应该是穀梁赤；他很可能是战国前中期的学者，亲自从子夏那里继承了《春秋》经的文本，并很可能接受了孔子关于宗法传统和礼乐文化的思想主张。最后，由他确立了《穀梁传》思想的主体和解经的风格特色。

五、《穀梁传》与《公羊传》、《左传》

《穀梁传》与《公羊传》、《左传》的关系一直是“三传”研究中的一个重点和难点。学者们就此问题也纷纷发表自己的看法。

关于“三传”的次第，唐代陆德明《经典释文·序录》称：“丘明受经于仲尼，公羊高受之于子夏，穀梁赤乃后代传闻，三传次第自显。”[①] 陆德明主张《左传》在前，《公羊传》次之，《穀梁传》成书最晚。徐复观也认可这一次序，认为：桓谭所谓《穀梁传》作于《左氏传》百余年之后且有残略，是可信的；《穀梁传》亦出于《公羊传》之后，并可能采用过《公羊传》。徐先生还提出：董仲舒曾经学习过《穀梁传》，董氏所建立的“天的哲学系统”实受到《穀梁传》的影

---

① （唐）陆德明撰，黄焯断句：《经典释文》，中华书局 1983 年版，第 4 页。

响。[①] 杨伯峻在具体分析《穀梁传》与《公羊传》的文本之后，认为这“二传”不可能同出自子夏的传授。因为二者矛盾的地方很多，更不乏《穀梁》攻击《公羊》之处。如果它们同出于子夏，则只应大同小异、互有详略，不可能自相矛盾甚至自相攻击。所以，公羊子、穀梁子都未必是子夏的学生；托名子夏，不过是借以自重罢了。其中，《穀梁传》的成书又应该在《公羊传》之后。[②] 张西堂继承晚清学者崔适的观点，认为《公羊传》才是真正的解经之书，《穀梁传》晚出于《公羊》，杂取包括《公羊传》在内的众多传记编造而成。所以从传《春秋》的角度看，《公羊》为真，《穀梁》为假。[③]

沈玉成、刘宁认为：“《穀梁传》与《公羊传》是同源异流、同本异末的两部著作。它们同属今文学派，同讲微言大义，同以释经义为主，同为问答体，《穀梁传》的写定则晚于《公羊传》。其所以有异说甚至驳论，是两家经师传授的不同，既是学术上的分歧，也是在野的《穀梁》学派与当权的《公羊》学派所进行的政治争夺，争夺的结果是两派并列于学官。”[④] 赵伯雄的观点与之相近。[⑤] 刘黎明、巩红玉则认为，《穀梁传》时常引用《公羊传》的现象，恰恰不能说明二书出于一人之手，反倒证明二书自有其传授系统；只是成书稍后的《穀梁传》参考了《公羊传》的论述而已。[⑥] 谢金良的看法是，《穀梁传》与《公羊传》大体上有一个共同的蓝本，二传并不是自相矛盾的，而是有着共同的源头。至于《穀梁传》与《公羊传》相同者十之

① 参见徐复观：《两汉思想史》第三卷，华东师范大学出版社 2001 年版，第 153—154 页。
② 参见杨伯峻：《〈公羊传〉和〈穀梁传〉》，载《文史知识》编辑部编：《经书浅谈》，中华书局 2005 年版，第 91—95 页。
③ 参见张西堂：《穀梁真伪考》，台湾明文书局 1994 年版，第 43—44 页。
④ 沈玉成、刘宁：《春秋左传学史稿》，江苏古籍出版社 1992 年版，第 69—70 页。
⑤ 参见赵伯雄：《春秋学史》，山东教育出版社 2004 年版，第 54—58 页。
⑥ 参见刘黎明、巩红玉：《〈春秋〉之谜》，四川教育出版社 2000 年版，第 249—251 页。

二三的现象，只能说明它们有着共同的源头，并不能证明《穀梁传》成书于《公羊传》之后。《穀梁传》是源于子夏所传，在经过穀梁子删定成书之后仍有不少改动，所以才出现少量抄袭《公羊传》的现象。[①] 宋艳萍从“齐学”与“鲁学”关系的角度考察了《公羊传》与《穀梁传》的关系，指出《公羊传》与《穀梁传》的差异实质上反映了“齐”、“鲁”文化的差异。[②]

参考各家意见，有一点是共同的，即《穀梁传》与《公羊传》的关系很密切，与《左传》的关系则要疏远一些。借鉴宋艳萍以“齐”、“鲁”之学区分《公》、《穀》的独特视角，本书认为可以将《公》、《穀》二传的关系放置于经学发展的脉络之中，放置于齐、鲁文化既对立又相互影响的过程中加以理解。《公》、《穀》二传在源头上可能存在相近之处，并且二传在长期的定型、成书的过程中，可能存在一个相互竞争、彼此互补而逐渐形成和完善的动态过程。

预设五：《穀梁传》与《公羊传》的关系很密切，但并不能简单说是《穀梁传》抄袭了《公羊传》或者《公羊传》借鉴了《穀梁传》。比较稳妥的说法应该是：《公》、《穀》二传在源头上有相近之处，而且二传在长期的定型、成书的过程中，可能存在一个相互竞争、彼此互补的动态过程。《穀梁传》与《左传》的关系则要疏远一些。

第二节 《穀梁传》是否蕴含哲学思想？

以上针对与《春秋》及《穀梁传》关系密切的诸问题本书做出

---

① 谢金良：《〈穀梁传〉的真伪和写作时代问题考辨》，《福建论坛》1996 年第 2 期；又见谢金良：《穀梁传漫谈》，台湾顶渊文化事业有限公司 1997 年版，第 7、33—34 页。

② 宋艳萍：《从〈公羊传〉、〈穀梁传〉的主要区别浅探齐鲁文化的差异》，《管子学刊》1998 年第 4 期。

了一系列理论预设。从经学史的意义上看，本书持与今文经学相近的立场：《穀梁传》首先是一部对《春秋》之义例进行解释的解经之书；《穀梁传》作者相信《春秋》为圣人（孔子）所作，其间蕴含有圣人的“微言大义”；因此编撰《穀梁传》的目的，就是为了阐释《春秋》的微言大义。这正是《穀梁传》之所以叫《春秋穀梁传》的原因。

一、《穀梁传》是经学意义上的解经之传

作为一部解经之书，经学的成就显然是《穀梁传》最重要的价值之一。正如郑玄在《六艺论》中所说：“《左氏》善于礼，《公羊》善于谶，《穀梁》善于经。”[①]《穀梁传》在解释《春秋》大义时，持论平正，主旨明确，很多地方发二传所未发，得二传所未得。

《穀梁传》的经学价值首先体现在它对于很多经义的理解不同于《左》、《公》二传。例如《穀梁传·隐公元年》针对“郑伯克段于鄢”的重要事件，提出了“缓追逸贼，亲亲之道”[②]的独特解决方案。“缓”与“追”、“逸”与“贼”分别是两两矛盾的，然而正是这种矛盾可以使当事人巧妙地摆脱“尊尊”与“亲亲”之间左右为难的尴尬处境，体现了《穀梁传》作者对于“尊尊”、“亲亲”之道的深刻理解以及在处理复杂事件时对“度”的微妙把握。[③]又如桓公十一年郑国之乱，宋人抓住郑国的执政祭仲，以生命相威胁。祭仲屈从宋国的意愿，废嫡世子忽而立庶子突。《左传》只是客观地记录了事情的原委，基本上未作评论。《公羊传》则把祭仲当作正面典型大大地夸

---

① （晋）范宁集解，（唐）杨士勋疏：《春秋穀梁传注疏》（春秋穀梁传序），阮元校刻《十三经注疏》本，上海古籍出版社 1997 年版，第 2358 页。

② （晋）范宁集解，（唐）杨士勋疏：《春秋穀梁传注疏》，阮元校刻《十三经注疏》本，上海古籍出版社 1997 年版，第 2365 页。

③ 本书第六章第三节“兄弟关系”将详细讨论这一问题。

奖了一番，说祭仲知道如何权变，为了避免郑国灭亡而暂时舍弃嫡世子忽，而改立庶子突，并许以为“贤”。《穀梁传》对此颇不以为然，而是对宋庄公的无理威胁和祭仲的软弱屈服均表示了批评。尤其对祭仲，《穀梁传》认为他执掌郑国大权，不仅不为君难而牺牲，反而贪生怕死，屈从于敌国而黜正立庶，实在是罪无可恕。[①] 再如，对于经文中大量的“不雨”记载，《左传》不以为意，《公羊传》也仅仅认为是“记异”。《穀梁传》则将“雨”与农事民生联系在一起，指出经文书“不雨”表达了国君对下雨的殷切期盼之情，而书“雨”则表达了喜雨之意。[②] 宣公十五年鲁国实行“初税亩”政策，当年冬天，发生蝗灾。《公羊传》站在天人感应的立场上认为此次蝗灾是由于实行“初税亩”而招致的：“上变古易常，应是而有天灾。”[③]《穀梁传》则明确指出这次蝗灾与“初税亩”政策毫无关系。[④] 通过上述例证不难看出，在对一些经义的解读上，《穀梁传》与《左传》、《公羊传》存在歧异。其中，《穀梁传》的某些见解弥补了二传的不足，有助于人们从多角度全面理解《春秋》。

《穀梁传》解释《春秋》的另一大特色是它非常注意提炼《春秋》的义例。《春秋》作为一部经书，其形式上的特征之一就是它存在很多的义例。而《穀梁传》正是通过对《春秋》之义例的梳理和归

---

① 参见（晋）杜预注，（唐）孔颖达疏：《春秋左传正义》，阮元校刻《十三经注疏》本，上海古籍出版社 1997 年版，第 1755—1756 页；（汉）何休解诂，（唐）徐彦疏：《春秋公羊传注疏》，阮元校刻《十三经注疏》本，上海古籍出版社 1997 年版，第 2219—2220 页；（晋）范宁集解，（唐）杨士勋疏：《春秋穀梁传注疏》，阮元校刻《十三经注疏》本，上海古籍出版社 1997 年版，第 2376—2377 页。

② 参见（晋）范宁集解，（唐）杨士勋疏：《春秋穀梁传注疏》（“僖公二年”），阮元校刻《十三经注疏》本，上海古籍出版社 1997 年版，第 2392 页。

③ （汉）何休解诂，（唐）徐彦疏：《春秋公羊传注疏》，阮元校刻《十三经注疏》本，上海古籍出版社 1997 年版，第 2287 页。

④ 参见（晋）范宁集解，（唐）杨士勋疏：《春秋穀梁传注疏》，阮元校刻《十三经注疏》本，上海古籍出版社 1997 年版，第 2415 页。

纳，来展开其诠释体系的。以其中最著名的“日月之例”为例：《穀梁传》坚信《春秋》在对于某一事件做记载时，书“日”、书“月”、书“时”或是书“年”，都不是偶然的；其间蕴含有圣人对这一事件的善恶褒贬的价值评判。[①] 再以《穀梁传》十分关注的“及”字的义例来看，《穀梁传》认为“及”包含了一种主观的意愿和秩序对等的观念。前者表现为鲁国与他国会盟时“内为志焉尔”，后者则体现为“书尊及卑”的等级思想，如“公可以及人，不可及大夫”的严格规定。[②]

客观地讲，注重以义例解经是《穀梁传》的一大特点，但是特点并不总是等同于优点。《穀梁传》对《春秋》义例的总结与诠释固然有很多独到的见解；然而，为了符合所谓的“义例”，《穀梁传》对经义的不少解释都存在“曲经以从传”、附会以合例的弊病，牵强、穿凿之说更是不胜枚举。

从解经的角度看，《穀梁传》的作者们竭尽全力挖掘《春秋》中的微言大义，努力展示经文背后孔子所希望传达给人们的价值理想。不过，任何诠释活动都是具有双重性的。《穀梁传》的作者们作为《春秋》的读者和诠释人，与《春秋》的作者（在《穀梁传》看来就是孔子）乃是生活于不同历史背景、不同传统中的人。或者说，传统向他们显示出自身不同的面目。无论《穀梁传》的作者们标榜自己解经的成果如何如何的“正”，他们都无法改变一个事实——他们不是《春秋》作者本人！因此，解读经典是一项枯燥的工作，解读经典又是一项有趣的行为——正是在这种客观性与主体性的张力之中，中国思想史上独特的解经之学找寻着自己的天地。于是，诠释活动的客

① 本书第三章第一节“《穀梁传》的时序观念”将详细讨论这一问题。

② 参见（晋）范宁集解，（唐）杨士勋疏：《春秋穀梁传注疏》，阮元校刻《十三经注疏》本，上海古籍出版社 1997 年版，第 2372—2373 页。

观性为注经者们提供了神圣的信念和信心的源泉，而诠释活动的主体性又使思想家们可以灵活地应对时代的召唤，并满足自鸣得意的精神需求。所以，一个优秀的经学家既是一位注释者，更是一位思想家。

白本松认为，“《穀梁传》作为《春秋》之辅翼，自然是以解释《春秋》为己任的，但这只是表面现象，其实质则是通过‘解经’的方式来阐述作者（传授者）自己的思想主张，来为封建统治服务的。所以它不是一般意义上的史学著作，而是一部关于封建社会的政治伦理思想的书”[①]。他注意到《穀梁传》从属于《春秋》的一面以及《穀梁传》独立的另一面。不过，笔者不赞同他将《穀梁传》的解经活动理解为表面现象。这一看法其实适用于评价朱熹对于《四书》的解读。而《穀梁传》解读《春秋》的方式与朱熹解读《四书》的方式还是有很大的区别。比较而言，吴智雄的意见要更加客观一些：

> 为经作传者，虽已探得《春秋》大义为归趋，其中不免夹杂作传者个人或经师或当时学派之思想。故今日欲探求《穀梁传》的思想，实可分为两层。其一，将《穀梁传》独立看待，意谓《穀梁传》虽依《春秋》而立，亦有其因革损益的思想。如此，则传自传，经自经，二者可以相合，也可以不同；即以穀梁氏解《春秋》，为《穀梁春秋》，意同《左氏春秋》、《吕氏春秋》，这是就《穀梁传》而言其思想。其二，将《穀梁传》与《春秋》结合来看，意谓《穀梁传》以《春秋》大义为依归。《穀梁传》思想必须宗于《春秋》大义而不能违戾；即穀梁氏为《春秋》经作传，为《春秋穀梁传》，意同《春秋左氏传》、《春

① 白本松：《春秋穀梁传全译》，贵州人民出版社 1998 年版，前言第 6 页。

秋公羊传》。这是从《穀梁传》传承《春秋》大义的角度而论。[①]

因此，就经学史的角度而言，作为一部解经之书，《穀梁传》反映了《春秋》所固有的诠释义例，这表现为《穀梁传》努力彰显《春秋》的“微言大义”。而就思想史的角度而言，《穀梁传》还体现着《穀梁传》作者群自己的价值评判和意义认同，因此表现出自身独立的意义世界。

二、《穀梁传》还是一部独立的思想著作

经学史层面的《穀梁传》最看重的是诠释的客观性，即“传不破经”。而思想史层面的《穀梁传》则更看重诠释的价值色彩。在此意义上，《穀梁传》对《春秋》义理的诠释融合社会、政治、伦理、道德为一体；其解读《春秋》文本的目的已经不再是理解客观文本本身，而是要从文本中发掘出“善善恶恶”的“微言大义”，并据此重建社会政治的秩序结构，自上而下地解决礼坏乐崩、下陵上替的社会危机。这正是《穀梁传》所独具的思想价值。

所以，当我们站在思想史的角度来重新审视《春秋穀梁传》时，会发现原来《穀梁传》还是一部独立的、完整的思想著作。《穀梁传》的作者们并不是在呆板、拘束地逐字逐句解读经文。有一点必须要澄清，即所谓“礼坏乐崩”，不仅仅是一种社会的现实面貌，更是一个活生生的动态过程。因此，不能把“礼坏乐崩”仅仅理解为一种既定的社会状况。包括《穀梁传》作者群在内的思想家们正是在这一不断变换、不断发展的“礼坏乐崩”的社会浪潮中体会人生和思考社会。重建社会的政治秩序结构成为这一时期思想家共同的心愿。“《穀梁

① 吴智雄：《穀梁传思想析论》，台湾文津出版社 2000 年版，第 25—26 页。

传》以建立社会秩序为其思想的目的。……这种对秩序性要求的思想，与当时的时代背景有密切关系。春秋是个礼坏乐崩的时代，即社会学中所称的'脱序社会'，脱序社会是一种丧失规范的社会状态。"①《穀梁传》其实继承了《春秋》作者的问题意识与价值关切，同时将传经者本人所接受到的文化传统反映到传文之中，并且阐释了自身对于社会危机的理解与解决方案。就此而言，《穀梁传》具有相对独立的思想价值。

思想史的视角也给了人们一种启发，那就是有必要跳出"三传"对立的思维定式，将《左传》、《公羊传》和《穀梁传》分别当成具有各自独立价值的思想著作来看待。换言之，当学者们尊重和推崇其中的某一传时，并不需要以贬低其他二传作为手段。从思想史的发展来看，笔者坚信三传各有其特色、各有其价值、各有其贡献。因此，在力求"三传"互补与会通之前，有必要对各传做独立的思想研究。②

三、作为政治哲学著作的《穀梁传》

陈修斋先生注意到，作为人类一切学问中最古老学问的"哲学"，迄今为止却没有一个人们普遍接受的定义。很多哲学家或哲学工作者都在给哲学下定义，但是对于"哲学是什么"这个问题，至今人们仍在争论不休，而且看来还会不断地争论下去。陈先生认为这一情况乃出于哲学的本性，是事理之必然。他将之称为"哲学无定论"："我认为，无定论正是哲学的本性，只有无定论的问题才是真正的哲

---

① 吴智雄：《穀梁传思想析论》，台湾文津出版社2000年版，第20—21页。

② 基于这一考虑，本书着重解析《穀梁传》独立的思想价值，而未将重点放在"三传"对比上。笔者以为，只有分别对"三传"做独立的深入研究，"入乎其内"然后才能"出乎其外"，才有资格对"三传"做进一步对比研究。

学问题，而真正的哲学问题总是无定论的。如果一旦有了定论，则它就是科学问题，而原本并不是或不再是哲学问题了。”当然，陈先生这一看法主要以“是否可以为实践和理性所证实或证明”为标准：能够并且已经被实践和理性所证实、证明的学问，因其有了定论，便逐渐从哲学中独立出去而成为科学；不能或者尚未被实践和理性所证实、证明的学问，则仍是哲学家所关注的领域。而那些原则上无法用实践来检验而达到最后的定论的问题，则是陈先生所认为的“真正的哲学问题”。①

除此之外，还有另一种意义上的“哲学无定论”，即不能够以某个民族、某种文化的特定哲学形态作为唯一的、“标准的”哲学，而否定其他民族、其他文化以及其他哲学形态的存在。此种意义上的“哲学无定论”是针对思想界的一种影响很大的观点提出的。该观点主张以西方哲学（主要是欧美哲学）为唯一的哲学范型，凡是与西方哲学不同的“哲学”均只能算作另一种学问，而不得视为哲学。日本东京大学将“中国哲学”研究室改为“中国思想文化学”研究室即可看作是这一观点的一个体现。中国哲学界也因此发起了中国哲学合法性问题的讨论。

很多中国哲学的研究者反对上述观点所代表的一元论的哲学观，主张哲学应该是多元的，不同民族、不同文化的不同哲学形态均有其“哲学”的价值，并应获得哲学上的认同。郭齐勇先生的观点很有代表性，他说：“今天我们有的专家不承认‘中国哲学’或‘中国有哲学’，认为中国顶多只有‘思想’。这些学者不同程度地受到西方中心主义、黑格尔主义的影响。其中有的人的理据是‘哲学只有一个’，他们把近代以来的欧洲哲学（或者将其追溯到古希腊亚里士多

① 陈修斋：《关于哲学本性问题的思考》，《武汉大学学报》1988 年第 2 期。

德）作为普遍的哲学，以此作为'哲学'的唯一范式、标准、尺度，因而不承认非西方的民族有哲学。其实所谓一般、普遍的哲学或哲学只有一个，第一是说不分东方西方的哲学，所讲的概念或道理，或哲学中的真理都是普遍的；第二是对不同族群、不同时空的哲学形态中的共同问题或方法的抽象。人同此心，心同此理，东圣西圣，心同理同。凡是人类各族群的活动，总有一些观念在指导，有些观念是互通的，而且有观念就有普遍性。这是其共性的或者具有可比性、可以通约的方面。另一方面，不同民族的哲学观念是有差异的，哲学观念总是通过具体的民族生命来表现的，因而又是特殊的。"[①] 在他看来，哲学一方面具有共性，如各种哲学形态均关注真、善、美等基本问题；另一方面，哲学又具有特殊性，不同民族、不同文化所产生出的哲学类型，因其生存样态、生存体验不尽相同，故对应的哲学观念、思维方式等又存在各自的特色。这就要求在对哲学下定义时，要尽量宽泛与包容，切不可自是而非彼，以为自己掌握了哲学的终极答案，蛮横地否定其他哲学形态的生存权。

从概念的产生看，作为"爱智慧"之学的 philosophy 一词的确源自于西方，有其对应的哲学传统；而"哲学"一词的翻译则是源于日本近代学者西周[②]，亦有其特指的内涵。但笔者认为，与其说"哲学"的概念是由他们"发明"的，不如说是被他们"发现"的。作为一种各个民族、各种文化均普遍孕育的学问，哲学或许有不同的名称。而"哲学"这一提法一经产生，并因其简明而贴切的优点被广泛接受之后，作为概念的"哲学"一词便不再为某种哲学形态所垄断，转而变

① 郭齐勇：《中国传统哲学的特色与研究方法论问题》，《中国哲学智慧的探索》，中华书局 2008 年版，第 1 页。

② 日本学者西周在 1874 年刊行的《百一新论》中说："把论明天道人道、兼之教法的斐卤苏比译名哲学。"转引自徐水生：《"日本近代哲学之父"的历史选择》，载徐水生：《中国哲学与日本文化》，中华书局 2012 年版，第 13 页。

成了人类之公器。正如“爱”、“孝”这样的概念同样有第一个使用者，但是我们却不能说“爱”、“孝”的概念是他（她）“发明”的，只有符合他（她）的特殊标准的爱与孝才有资格称为“爱”、“孝”。像“哲学”、“爱”、“孝”一类的概念，其所指涉的内容是人类所共有的。我们甚至可以说，此类的概念只能被“发现”，而不能被“发明”。从哲学的普遍性角度看，西方的某种特殊的哲学形态“发现”了“哲学”的概念，但实质上这一哲学形态也只是折射了“哲学”这一概念的某一个面相。因而，我们不能以发现者的哲学形态来替代“哲学”这一概念的全部可能性。

不仅西方哲学，世界上很多其他民族、其他文化所孕育的哲学形态也同样折射了“哲学”的其他可能性，因而同样具有“哲学”的价值，应该有资格被称为“哲学”。就《穀梁传》而言，它的出现是为了应对周代宗法制危机所导致的礼坏乐崩的社会失范局面；它提供的解决方案是系统清理周代的文化资源，重建社会政治秩序。在这一过程中，《穀梁传》挖掘了具有形而上色彩的神圣自然秩序作为精神资源，提炼了“道”、“义”、“正”等原则作为秩序重建的价值基础。从《穀梁传》零散而杂乱的材料中，我们可以归纳出它所重建的天下秩序、国家秩序和家庭秩序。因而，将《穀梁传》的这些宝藏称作“哲学”，绝不是溢美之词。相反，如果将类似《穀梁传》这样的思想文本全部剔除出“哲学”的行列，结果不会使“哲学”更纯净，而只会让它更加干瘪、苍白。

具体来说，《穀梁传》的价值关切和思考的重心可以归到政治哲学范围。政治哲学是哲学的最古老、最重要的部分之一。“就人类哲学思想的源头而论，哲学首先是关于政治的哲学；而哲学史长河中每一次重大的思想转换又总是与政治问题的变革有着深刻的内在逻辑关联。因为，政治始终构成为人的生活的现实场景，人不可能离群索居，群居生活才是人的基本生存方式，人对自己的生命历程的自觉开始于对政治生活的自觉关注。在这个意义上，可以说先秦儒学是真正意义上的哲学。”[①] 其实不仅儒学，先秦时期的诸子百家之学，无论是关心政治的，还是漠视政治、甚至厌恶政治的，在某种意义上都无法绕开政治哲学。毕竟，对现实政治的批评也可以被视为政治哲学的一种表现。

政治哲学作为哲学的一个具体分支，其理论建构当然受到西方哲学的深刻影响。但是，并不能因此排斥其他哲学形态的政治哲学的存在价值。台湾地区学者欧崇敬教授曾经提出一个“世界哲学”的构想。这个“看上去很美”的构想，实质是以现在占据优势的西方哲学为底稿来建构世界哲学，然后在世界其他民族、其他哲学形态中，挑选一些西方哲学所未能涉及的材料作为补充。倘若某个领域西方哲学已经讨论到了，则其他哲学形态中的相关资源都可以放到博物馆中供人凭吊了。举例来说，西方哲学在政治哲学领域，已经有卢梭的《社会契约论》这样的伟大著作，于是中国哲学中的政治哲学作品，如《韩非子》、《吕氏春秋》之流，都可以安息了。[②] 笔者并不想在这里批评欧崇敬先生，只是震惊于此类的“宏伟构想”。

其实，中国大陆哲学界已经有不少学者着力阐发中国古典政治哲学的价值。郭齐勇先生认为：“现代政治来源于西方政治，现代西方自由主义政治学的基础是自由理性主义、原子式个人主义（中性的）与社会契约论等，而中国传统政治学说与此根本不同。那么我们应如何看待中国古代政治思想、学说与制度及实践中的若干问题呢？

① 赵明：《先秦儒家政治哲学引论》，北京大学出版社 2004 年版，第 14 页。

② 笔者曾经在欧崇敬先生的讲座上亲耳聆听了这些高论，印象至为深刻。欧教授曾言，中国自古至今约有 10 万种思想类的著作流传下来，其中有益于“世界哲学”之建构的作品共计 500 种左右。

我的看法是：第一，不妨以西方政治哲学中的理念为参照系去透视、反观中国传统政治文化资源，发掘其中可以与今天的民主政治相接济与会通的因素，把这些因素调动出来为今天的中国政治改革所用；第二，进一步发现中国传统所有而西方现代所无的优秀政治文化的观念、智慧、方略、制度框架、机制及民间土壤等，并予以创造性的转化。”[①] 就中国政治哲学的研究而论，我们既不能闭门造车，彻底抛开西方政治哲学已有的成绩，完全不顾学术现状和古今的差异，去复古一套所谓“自话自说”的政治哲学；同时更不能妄自菲薄，放弃学术自主性、罔顾中国古典政治哲学的丰富资源，去“拥抱”西方政治哲学。陈来教授认为政治问题是一切民族和文明的早期哲学所普遍思考的主题，但是不同文明体系中政治哲学的问题意识和讨论方式不尽相同。与古希腊以城邦为基础的政治思想突出“正义”的观念不同，中国从西周至春秋时代并没有出现以“正义”为中心的讨论，而是提出了一些如天和民、天和礼、天和德等关系的特有论述，“这些虽然还未形成政治哲学的体系，但无疑已经是具有政治哲学意义的论述和命题；这些论述和命题构成了儒家古典政治哲学的背景和前提，和古希腊前期政治哲学形成了对照”[②]。吴根友教授也指出，“在中国古代思想史中，虽无政治哲学之名，却有政治哲学之实。现代人们最为熟悉的民本思想就是中国传统政治哲学的基本内容之一，至于‘王道’理想，‘华夷之辨’等问题均可以纳入现代政治哲学的框架之内”[③]。可见，兼具自主之精神与开放之眼光，在古今中西会通的视域中发掘和梳理中国古典政治哲学资源，已逐渐成为许多学者的共识。

---

① 郭齐勇：《再论儒家的政治哲学及其正义论》，《孔子研究》2010 年第 6 期。

② 陈来：《中国早期政治哲学的三个主题》，《天津社会科学》2007 年第 2 期。

③ 吴根友：《在道义论与正义论之间——比较政治哲学诸问题初探》，武汉大学出版社 2009 年版，序言第 1 页。

了解到学者们关于中国古典政治哲学的思考，再来比照《穀梁传》的文本，笔者真切地感受到《穀梁传》反复申言的“不正”、“非礼”，正体现了对政治现实的反思和对理想秩序的追求。围绕“秩序”这一主题，《穀梁传》讨论了天道、时序、道义、保民、华夷等诸多重要社会政治问题，与西方政治哲学形成鲜明对照，集中反映了中国古典政治哲学的独特魅力。

第二章　秩序的失落与重建：《穀梁传》政治哲学的主题

英国哲学家亚当·斯威夫特在其《政治哲学导论》一书中对“政治哲学”的主题作了界定。他说：“政治哲学是有关一个特殊主题——政治——的哲学。”鉴于学术界对于“政治的”一词理解充满争议，亚当·斯威夫特表示他坚持传统的观点，认为“政治的”一词专指国家；因此，政治哲学关注的是“国家是如何运作的；什么样的道德原则应主导国家对待其公民的方式；国家应该建立什么样的社会秩序”①。从亚当·斯威夫特的上述论断中，不难发现“秩序”是政治哲学关切的核心问题之一。孔子在回答齐景公问政时，说道：“君君，臣臣，父父，子子。”（《论语·颜渊》）如果淡化这一答案的时代色彩，我们发现孔子所理解的“政治”同样是一种秩序，一种让社会上不同身份、不同地位的人各司其职、各安其位的秩序。的确，秩序既是政治行为追求的目标，又是政治活动得以展开的基本保障。无论专制政治，还是民主政治，从根本上讲都离不开秩序。孙中山先生曾经给“政治”下过一个定义：“政就是众人的事，治就是管理，管理众人的事，便是政治。”② 政治不是个人的喜好，也不是孤芳自赏、

① 〔英〕亚当·斯威夫特著，佘江涛译：《政治哲学导论》，江苏人民出版社 2008 年版，导论第 5 页。

② 孙中山：《孙中山选集》下册，人民出版社 1981 年版，第 661 页。

曲高和寡的艺术，而是与众人密切相关，涉及很多的人、很多的事。管理众人之事，必然要确立一定的规则、制度、标准。而将不同的人、不同的事归属于不同的规则、制度、标准，就是在形成一定的秩序。“政治所展示的是一种人与人之间的关系，是一种区别于动物世界而为人所独有的、生存方式得以展开的基本秩序。”①

那么，究竟什么是秩序？“秩序一词在汉语中是‘秩’和‘序’的合成，古汉语里这两个词都含有常规、次第的意思。《现代汉语字典》把秩序解释为‘有条理、不混乱的情况’。按博登海默的说法，‘秩序’是指‘在自然进程和社会进程中都存在着某种程度的一致性、连续性和确定性’。”② 自然进程中的“秩序”主要通过自然科学中的规律、定理等呈现出来，具有较强的客观性。社会进程中的“秩序”则要复杂得多。从某种意义上讲，社会进程中的“秩序”乃是人们对社会政治生活所做的安排。这一安排是否行之有效，取决于接受并遵循该安排的人群在全体人民中所占的比例。换言之，一旦不愿意继续遵循既有秩序安排的人群占到一定比例时，原有的秩序即宣告失效，需要形成新的秩序来替代它。

人们为什么要对社会政治生活做出安排？换句话说，人类社会为什么一定要形成秩序？按照荀子的理解，人类社会之所以要建立制度、形成秩序，是为了尽可能化解欲望与物质财富之间的紧张关系：“人生而有欲，欲而不得，则不能无求；求而无度量分界，则不能不争；争则乱，乱则穷。先王恶其乱也，故制礼义以分之，以养人之欲，给人之求，使欲必不穷乎物，物必不屈于欲，两者相持而长，是礼之所起也。”③ 秩序的作用在于避免因放纵欲望而导致毁灭性的结

① 赵明：《先秦儒家政治哲学引论》，北京大学出版社 2004 年版，第 3 页。
② 徐燕斌：《礼·秩序·和谐》，《兰州学刊》2006 年第 12 期。
③ （清）王先谦：《荀子集解》，中华书局 1988 年版，第 346 页。

局。奥地利心理学家弗洛伊德认为，人类具有某种破坏性本能，会严重威胁文明的延续："摆在我们面前的问题是如何摆脱文明的最大障碍——即人类相互间进攻的气质上的倾向；……人类的决定性问题在于，他们的文化发展能否在多大程度上控制住他们的进攻性和自我破坏本能对他们集体生活的干扰。"[①] 荀子和弗洛伊德二人的表述虽有差异，但都主张人类的本能中包含着破坏性、甚至毁灭性的因子；为了避免文明的悲剧，有必要通过制度和秩序来节制我们的本能。这可以看作是性恶论对于秩序产生之根源的解释。

从性善论的立场看，人间秩序的产生源自于人们对于天地秩序的敬畏与效法。天地万物、日月星辰、寒来暑往等等，这些循环往复、看起来亘古不变的自然现象呈现出一种秩序感，进而带给人们某种神秘乃至神圣的明示，似乎这就是天地的奥秘；生活于其间的人类应以虔敬的态度遵循这一秩序。因此，人间秩序正是对天地秩序的追随与效仿。人间秩序的正当性同样可以追溯到天地自然秩序的神圣性上。

无论性恶论、还是性善论，其实都认可在人类社会生活中建立秩序的必要性。周光辉指出，秩序是一切社会共同体的最基本的价值，是人类共同生活得以可能的基础，"共同生活的有序状态是人类社会共同体存在、持续的前提和基础。在一定意义上，秩序也是其他社会价值具有意义的前提和基础"；政治的基本任务之一就在于形成秩序，从而使人类的文明得以维系和传承："人类所以创造出政治这种社会治理形式，实际上就是通过建立公共权力或公共权威这种政治形式，来保证共同生活规则的效力，从而满足整合人类共同生活内部

---

① 〔奥〕西格蒙德·弗洛伊德著，付雅芳等校译：《文明及其缺憾》，安徽文艺出版社 1987 年版，第 94—98 页。

秩序的需要。”[①]

哈耶克有关秩序的论断尤其值得关注。哈耶克认为，秩序乃是根植于我们每个人存在和活动的需要。因为必要的安全且自由的领域，是个体存在与活动不可或缺的前提；而这就要求人们确立某种看不见的界线来约束自己的行为。自由的前提不是随心所欲、为所欲为，而恰恰是自我管理、自我节制。这种自我节制不是因为外来的压力，而是出于内在的需求。哈耶克引用了 Ortega Gasset 的话："秩序并非一种从外部强加给社会的压力，而是一种从内部建立起来的平衡。"[②] 秩序是个体自由的保障，也是社会机体内部的基本要求，"在社会生活中，明显存在着一种秩序、一贯性和恒长性。如果不存在秩序、一贯性和恒长性的话，则任何人都不可能从事其事业，甚或不可能满足其最基本的需求。"[③] 因此，形成一定的社会政治秩序，并不一定意味着对个体权力的剥夺，因为"所谓社会的秩序，在本质上便意味着个人的行动是由成功的预见所指导的，这亦即是说人们不仅可以有效地运用他们的知识，而且还能够极有信心地预见到他们能从其他人那里所获得的合作"。[④] 当然，这并不包括一类特殊的社会秩序——这类秩序建立在非自然的基础之上，助长了某种异化。此类社会秩序实质上侵害了个体的真实自由，伤害了社会机体的长远利益，因此并不能真正反映社会的内在需求。哈耶克指出，秩序的内在性还表现在它并不是由立法者"建立"起来的，"我们能

---

① 周光辉：《政治文明的主题：人类对合理的公共秩序的追求》，《社会科学战线》2003 年第 4 期。

② 〔英〕弗里德利希·冯·哈耶克著，邓正来译：《自由秩序原理》（上册），生活·读书·新知三联书店 1997 年版，第 183 页。

③ 〔英〕弗里德利希·冯·哈耶克著，邓正来译：《自由秩序原理》（上册），生活·读书·新知三联书店 1997 年版，第 199—200 页。

④ 〔英〕弗里德利希·冯·哈耶克著，邓正来译：《自由秩序原理》（上册），生活·读书·新知三联书店 1997 年版，第 200 页。

够为社会秩序的型构创造一些条件，但是我们却无力为各种社会要素安排一确定的方式，以使它们在恰当的条件下有序地调适它们自己。从这个意义上讲，立法者的任务并不是建立某种特定的秩序，而只是创造一些条件，在这些条件下，一个有序的安排得以自生自发地型构起来并得以不断地重构”[①]。换言之，秩序的建立乃是一个有机的、内在的过程；社会的领导者（即所谓“立法者”）所能做的仅仅是依据社会中多数个体的基本需求，为秩序的确立创造一些有利条件。

按照哈耶克的理解，当原有秩序失去效用时，重构新的秩序成为必要。而重构新秩序的真正动力乃存在于社会自身，即社会内部的基本需求。社会的领导者（“立法者”）的工作在于发现并表达社会内部的基本需求，进而为秩序重构创造有利条件。

《春秋》可以看作是宗法制危机的产物。这场肇始于西周中后期、并在东周时期愈演愈烈的宗法制危机，一个突出的表现就是“礼坏乐崩”。礼乐的崩坏所昭示的绝不是仪式活动衰败那么简单，而是标志着原有的社会政治秩序正逐步瓦解。《春秋》的作者（很可能就是孔子）正是生活在这样一个时代里。旧的宗法礼乐秩序已经无法得到足够的认可；越来越多的人勇于、善于、乐于挑战这一秩序。如何应对时代的危机，建构一种新的秩序？或者说，怎样全面、客观、准确地发现并表达社会内部的基本需求，从而为秩序重构创造有利条件？这成为孔子以及他那个时代的思想家们所不得不共同面对的核心问题，这也是《春秋》之所以出现的基本背景。

《榖梁传》继承了《春秋》的价值关切。这一方面是因为《榖梁

① 〔英〕弗里德利希·冯·哈耶克著，邓正来译：《自由秩序原理》（上册），生活·读书·新知三联书店 1997 年版，第 201 页。

传》将自己定位为《春秋》经的“传”，自然要遵循《春秋》的问题意识和精神旨趣。更重要的原因在于，《穀梁传》作者群所生活的时代[①]与《春秋》作者生活的时代具有某种同质性；礼坏乐崩的动态过程同样地呈现在他们面前，只不过是不同阶段、不同程度而已。因此，秩序瓦解所带来的一系列危机同样是《穀梁传》所必须直接面对的。

作为一部思想著作，《穀梁传》的思想文本在形式上呈现出零散而杂乱的特点（甚至可以称作“缺点”）。但是，当我们以“秩序”作为线索来连贯这些思想文本时，却又发现《穀梁传》的大量论说、评述均可以被放置到“脱序（失范）—重建秩序”的结构中加以理解。从这个意义上讲，秩序的失落与重建正是《穀梁传》政治哲学的核心主题。

第一节　宗法礼乐秩序的建立与瓦解

国学大师王国维先生曾经下过一个十分著名的论断：“中国政治与文化之变革，莫剧于殷、周之际。”[②]王国维之所以用“剧”来描绘这场变革，一方面显然是震撼于“小邦周灭大国殷”这一历史事件的强度之大、过程之迅捷、倾覆之彻底，而另一方面则是有感于西周文化相较于殷商文化的差异性与突破性，以及此番政治文化上的变革对其后中国文化之发展所造成的深远影响。正是基于上述理解，我们可

① 本书认为，《穀梁传》的第一个、也是最重要的作者——穀梁赤——生活在战国前中期。
② 王国维：《观堂集林》第二册，中华书局1959年版，第451页。

以将殷周之际看作是中国早期文化史最重要的节点之一。[①] 历史学家许倬云认同王国维的看法，并且补充道："周代的建立，并不只是后世中国历史上常见的朝代递嬗，也是整个文化体系与政治秩序的重新组合，并且从此奠定了中国文化系统的一些基本特色。"[②]

在王国维看来，武王伐纣的"革命"之举固然波澜壮阔，而随后周初统治集团励精图治建构起的宗法制度，才是"定天下"的关键。因为历史的经验教训已经无数次告诉我们：打天下难，坐天下更难！周人的胜利与其说是军事上的、武力上的胜利，不如说是制度上的、文化上的胜利。这就是让孔子念兹在兹、寤寐求之的"周文"！"郁郁乎文哉"的"周文"！据王国维的归纳：

> 欲观周之所以定天下，必自其制度始矣。周人制度之大异于商者，一曰"立子立嫡"之制，由是而生宗法及丧服之制，并由是而有封建子弟之制，君天子臣诸侯之制；二曰庙数之制；三曰同姓不婚之制。此数者，皆周之所以纲纪天下。其旨则在纳上下于道德，而合天子、诸侯、卿、大夫、士、庶民以成一道德之团体。周公制作之本意，实在于此。[③]

① 哈佛大学张光直教授并不认同王国维的观点。张光直主张从连续性的角度理解中国文明的型态，应该"将中国的叫做'连续性'的型态，而将西方的叫做'破裂性'的型态"。按照这一视角，夏商周三代文化之间的差异性是次要的，"三代之间的横的关系，才是了解中国古代国家形成过程的关键"。具体地讲，夏商周在文化上是一系的，在时间上是共时的；在灭夏以前，商已是一个有力的政治集团，同样，灭商以前的周也是一个有力的政治集团。夏商与商周在时代上都有相当的重叠。"夏商周三代的关系，不仅是前仆后继的朝代继承关系，而且一直是同时的列国之间的关系。"参见张光直：《中国青铜时代》，生活·读书·新知三联书店 1999 年版，第 487、62—70 页。笔者以为，张光直的观点向我们提示了一种理解古史的新的视域，意义重大；不过，张光直所倡导的连续性的视角并未对王国维代表的传统观点构成真正挑战，双方的观点依旧有共存的空间。

② 许倬云：《万古江河：中国历史文化的转折与展开》，中华书局（香港）有限公司 2009 年版，第 56 页。

③ 王国维：《观堂集林》第二册，中华书局 1959 年版，第 453—454 页。

西周宗法制度的核心内容包括立子立嫡之制、庙数之制、同姓不婚之制等三大制度，以及由它们分别衍生出来的一系列小的制度。嫡长子继承制是西周宗法制度的核心，其主要内容是以血缘为纽带，规定周天子的王位由正夫人所生的长子继承；其他嫡子和部分庶子则被分封为诸侯或卿大夫，“封建亲戚，以蕃屏周”[①]，在王畿周围建立属国，拱卫屏护周王室。同时被分封建国的还有一些主要的功臣和姻族，但数量相较于周王室子弟要逊色许多。通过确立嫡长子继承制以及其他相关制度，西周初期逐渐形成了“亲亲”、“尊尊”的社会政治伦理结构。周代宗法制度建立在“家一国一天下”的社会结构下；其核心是要实现宗族统治和政权统治的一体化，即“宗统”与“君统”合一。诸侯与天子的关系是小宗与大宗的关系。具体地讲，就是实现宗法统治和封建制度的同步同构，使它成为姬周王朝统治的基本体系。

一、宗法礼乐秩序的建立

西周宗法制度也被称为“礼乐文明”。这首先是由于周公等西周初期的统治者们很重视“礼”、“乐”在社会生活中的独特作用，将“礼”、“乐”作为维护与落实周代宗法制度的有效手段。“礼”起源于上古生活习俗。杨华认为，礼和乐“统一于中国上古的祭祀活动之中，是原始巫祭活动中同时进行的两个侧面：歌舞娱神和供礼奉神”。[②]历夏、商二代，到西周时期，礼乐（有时仅称“礼”，其内容同时包含了“乐”）已经发展演进成为文化的主要载体，包容了社会生活的方方面面。因此，当孔子的学生子张问道：“十世可知也？”

---

① （晋）杜预注，（唐）孔颖达疏：《春秋左传正义》，阮元校刻《十三经注疏》本，上海古籍出版社1997年版，第1817页。

② 杨华：《先秦礼乐文化》，湖北教育出版社1997年版，第11页。

孔子的回答是："殷因于夏礼，所损益，可知也；周因于殷礼，所损益，可知也。其或继周者，虽百世，可知也。"（《论语·为政》）孔子径直将历史文化的诸多内容凝练为一个"礼"字，三代乃至百世的替代变迁实质上不过是"礼"在不同时期的因革损益罢了。钱穆先生在注解此章时，明确指出："此章孔子历陈夏、殷、周三代之因革，而特提一个礼字。礼，兼指一切政治制度，社会风俗，人心之内在，以及日常生活之现于外表，而又为当时大群体所共尊共守者。故只提一礼字，而历史演变之种种重要事项，都可综括无遗，且已并成一体。"[①] 礼（乐）俨然成为一整套典章、仪式、制度、规范，影响遍及宗教信仰、政治原则、社会习惯、伦理守则等诸多领域。

李泽厚在《孔子再评价》一文中对于周礼的特征做过经典的论述：

> "周礼"是什么？一般公认，它是在周初确定的一整套的典章、制度、规矩、仪节。本文认为，它的一个基本特征，是原始巫术礼仪基础上的晚期氏族统治体系的规范化和系统化。作为早期宗法制的殷周体制，仍然包裹在氏族血缘的层层衣装之中，它的上层建筑和意识形态直接从原始文化延续而来。"周礼"就具有这种特征。一方面，它有上下等级、尊卑长幼等明确而严格的秩序规定，原始氏族的全民性礼仪已变而为少数贵族所垄断；另一方面，由于经济基础延续着氏族共同体的基本社会结构，从而这套"礼仪"一定程度上又依然保存了原始的民主性和人民性。
>
> …… ……
>
> 《仪礼》各篇中描述规定得那么琐碎的"礼仪"，既不是后

---

① 钱穆：《论语新解》，生活·读书·新知三联书店 2002 年版，第 48—49 页。

世所能凭空杜撰，也不是毫无意义的繁文缛节，作为原始礼仪，它们的原型本有其极为重要的社会功能和政治作用。远古氏族正是通过这种原始礼仪活动，将其群体组织起来、团结起来，按着一定的社会秩序和规范来进行生产和生活，以维系整个社会的生存和活动。因之这套“礼仪”对每个氏族成员便具有极大地强制性和约束力，它相当于后世的法律，实际即是一种未成文的习惯法。①

李先生的某些具体论断还可以再深入探讨，但就总体而言，他深刻揭示了礼仪在社会文化和政治生活中的特殊地位，认为礼仪作为社会秩序与规范，可以起到维系整个社会之生存与活动的重要作用。的确，周代宗法制以及作为其辅助的礼乐规范有效地建构起一整套秩序，并伴随着宗法分封制而扩展到全天下。

作为宗法制之补充的礼和乐既相互联系，又有所区别。二者在共同维系宗法统治的同时，侧重点有所差异。礼较为强调等级性，规定长幼、尊卑、亲疏、性别不同的人在具体的礼仪活动中享有不同的权利和承担不同的义务。《礼记·曲礼》记载：“夫礼者，所以定亲疏、决嫌疑、别同异、明是非也。”②《礼记·礼运》的说法大同小异：“是故礼者君之大柄也，所以别嫌明微、傧鬼神、考制度、别仁义，所以治政安君也。”③因此，礼偏重“别异”的一面。乐则较为突出调和的功能：“乐者为同，礼者为异。同则相亲，异则相敬。乐胜则流，礼胜则离。合情饰貌者，礼乐之事也。礼义立则贵贱等矣，

① 李泽厚：《中国古代思想史论》，人民出版社 1985 年版，第 2—3 页。

② （汉）郑玄注，（唐）孔颖达疏：《礼记正义》，阮元校刻《十三经注疏》本，上海古籍出版社 1997 年版，第 1231 页。

③ （汉）郑玄注，（唐）孔颖达疏：《礼记正义》，阮元校刻《十三经注疏》本，上海古籍出版社 1997 年版，第 1418 页。

乐文同则上下和矣，好恶著则贤不肖别矣，刑禁暴、爵举贤则政均矣。……乐者，天地之和也；礼者，天地之序也。”[①]孟子游说梁惠王时，问道：“独乐乐，与人乐乐，孰乐乎？”“与少乐乐，与众乐乐，孰乐？”（《孟子·梁惠王下》）这两个问题其实已经揭示了乐的作用特点，即与众人分享。尽管按照礼制规定，不同身份地位的人应享用不同等级的乐；但是，当乐音响起时，尊卑长幼、身份地位殊异的众人却是共同沉浸在乐音的洗礼之中，分享着乐音所带来的乐趣。因此，乐因其共享的特点，可以在一定程度上化解礼的等级性、差异性所可能带给人们的生硬、隔膜等不快感受，有效调和矛盾、消除紧张和分歧。如果说礼的规定是硬性的，那么乐的规定则是柔性的。二者相辅相成，缺一不可，共同维护着社会秩序的有效运转。

史华兹的论述有助于我们了解礼乐之为秩序的作用机制和枢纽意义。史华兹指出，“礼”（其实也包含了“乐”）之所以能够成为整个规范性社会秩序之黏合剂，根本原因在于“‘礼’的主要内容涉及人们的行为，在一个结构化的社会之内，人们依据角色、身份、等级以及地位而相互联系在一起”；正如“中国的经书注疏传统一再强调，礼的作用就在于教育人们在社会中完好地扮演各自的角色；要维持社会的和谐，离不开如下的事实：每个人都按照他在更大的整体中所应该做的那样去履行职责”。[②]一个和谐有序的结构化的社会，乃是建立在众多个体依礼而行的基础之上。“礼”成为联系个体与社会的一道桥梁。张德胜参考米德的理论，进一步发挥了史华兹的观点：“个人作为社会一员，不仅要知道自己的角色，还要知道别人的角色，不

---

① （汉）郑玄注，（唐）孔颖达疏：《礼记正义》，《乐记》，阮元校刻《十三经注疏》本，上海古籍出版社 1997 年版，第 1529—1530 页。

② 〔美〕本杰明·史华兹著，程钢译：《古代中国的思想世界》，江苏人民出版社 2004 年版，第 68—69 页。

仅知道他们在某场合某时刻的角色，也要知道他们在不同场合不同情景的角色。换言之，他要代入全部有关的角色，并且要了解这些角色与角色之间的整个过程中的相互关系。只有这样，他才能在群体（社会）中娴熟地与人交往，成为干练的一员。”[①]张德胜所说的“个人要代入全部有关的角色”，正是儒家反复申言的“恕道”，即设身处地、将心比心地同情理解他人。这种广义的角色扮演使人们在循礼而行的过程中，学会了彼此相处之道，进而将每一个个体融入社会机体的和谐整体之中。因此，史华兹说道：“依靠礼而把它们凝聚到一起的秩序并不只是一种仪式性的秩序，还是地地道道的社会政治秩序，它包括等级制、权威与权力在内。”[②]联系到前引哈耶克的观点，我们可以得出这样的结论：礼乐作为某种仪式性的秩序，是由社会的管理者（“立法者”）人为建构的；但是建构这种仪式性秩序（即“制礼作乐”）的更重要目的，在于为内在的社会政治秩序之形成创造有利条件。

西周的这套宗法礼乐秩序主要形成时间是西周初期。文、武、周公等周初领袖均是核心推动者（即哈耶克所说的“立法者”）；其中，周公又是最为关键的人物。史学家杨向奎特别看重周公在中国传统文明中的地位。他说：“没有周公不会有武王灭殷后的一统天下；没有周公不会有传世的礼乐文明；没有周公就没有儒家的历史渊源，没有儒家，中国传统的文明可能是另一种精神状态。”[③]在杨先生看来，周公既是一位伟大的政治家，又是一位伟大的思想家。周公对于宗周文明所起到的重要作用，突出表现在礼乐方面：“《礼记·明堂

① 张德胜：《儒家伦理与社会秩序：社会学的诠释》，上海人民出版社2008年版，第38页。
② 〔美〕本杰明·史华兹著，程钢译：《古代中国的思想世界》，江苏人民出版社2004年版，第69页。
③ 杨向奎：《宗周社会与礼乐文明》，人民出版社1992年版，第136页。

位》有周公制礼作乐的记载，说礼乐出自某一位圣贤的制作，是不可能的；但谓周公对于传统的礼乐有过加工、改造，是没有疑问的。”[①] 杨先生深入考证了《三礼》的具体内容，指出“《仪礼》《周礼》及《礼记》中的部分篇章反映了宗周的典章制度、风俗人情；而其中重要的制度与礼乐是和周公分不开的。当然不是说周公是《三礼》的作者，但礼的具体内容及其实施，某些乐章的制定，肯定是周初统治者所为，而主要是周公。因为‘非天子不议礼，不制度，不考文’（《中庸》）。周公曾摄周政，而且是伟大的思想家”[②]。杨先生的上述观点已陆陆续续得到出土文献的部分证明；这也有力地回击了二十世纪初期疑古派某些疑古过勇的论断。

在周公及周初其他统治者的共同努力下，一套以宗法制为核心的礼乐秩序逐渐建立起来，“礼乐文明”也由此得名。由于同样的缘故，通行于西周时期的社会秩序被称为“宗法礼乐秩序”。宗法礼乐秩序在西周几百年时间里得到有效遵守，并对孔子思想的形成和儒家的诞生产生了深远的影响。有学者指出：“先秦儒家认为，宗族成员之间既‘亲亲’，又‘尊尊’，既要恩爱相亲，又要尊卑有序。……这是一张以宗法血缘为纽带，以等级秩序为基础，以尊卑之礼划分权利与义务的关系网，也是一幅构建社会等级秩序和谐的美妙图景。每一个人的尊卑等级及其权利义务都是由其宗法人伦与社会地位确定的，他们没有自我人格可言，只能在这种宗法人伦秩序中去寻找自己的等级归宿。在这里，‘亲亲’即血缘是居主导地位的。”[③] 应该说，这一看法的确部分揭示了宗法人伦秩序的实质。不过，此秩序并不是儒家的首倡，而是在儒家产生之前既已存在。也就是说，“亲亲”、“尊尊”的宗法人

---

① 杨向奎：《宗周社会与礼乐文明》，人民出版社 1992 年版，第 352 页。
② 杨向奎：《宗周社会与礼乐文明》，人民出版社 1992 年版，第 355 页。
③ 皮伟兵：《论先秦儒家构建等级秩序的宗法血缘基础》，《求索》2007 年第 1 期。

伦秩序乃是西周时期的产物，几乎通行于整个西周时期，并对春秋时期产生深刻影响。春秋晚期孔子建立儒家，在很大程度上继承了这套秩序的精神原则。赵明认为，孔子“之所以高度赞赏周公的‘制礼作乐’，根本目的在于开示社会政治秩序重建的精神方向，至于周公‘制礼作乐’的历史真实的知识考古，是不在孔子的视野之内的”[①]。这一看法的前半部分没有问题，后半部分则有待商榷。对孔子而言，“周公曾经亲自制礼作乐”这一历史事件不仅是真实的，而且是至关重要的；因为它在很大程度上赋予礼乐以某种正当性，并且为儒家提供了具有关键意义的政治资源。因此，赵明的上述观点显得过于现代。

二、宗法礼乐秩序的瓦解

以周公为杰出代表的周初统治者们通过制礼作乐等一系列举动，为内在的社会政治秩序之形成创造了有力条件，宗法礼乐秩序因之而建立起来，并且在长达数百年的时间里得到社会多数成员的认同与遵循。但是，从西周中期开始，自上而下地出现了一些异常事件，不仅削弱了宗法制的权威，而且也严重干扰了宗法礼乐秩序的正常运转。

第一个标志性的事件是周昭王“南征不返”。《史记·周本纪》记载：“昭王之时，王道微缺。昭王南巡狩不返，卒于江上。”[②]张守节《正义》引《帝王世纪》：“昭王德衰，南征，济于汉，船人恶之，以胶船进王，王御船至中流，胶液船解，王及祭公俱没于水中而崩。”[③]周昭王时期，南方的楚国不服王命，昭王亲自率军讨伐楚国，结果落败身死。不过，据杨宽先生的研究，昭王不是死于沉船，而是军队横渡汉江的过程中，由于遭到楚人的突然袭击，横跨汉江的浮桥

---

① 赵明：《先秦儒家政治哲学引论》，北京大学出版社 2004 年版，第 118 页。
② （汉）司马迁：《史记》，中华书局 1959 年版，第 134 页。
③ （汉）司马迁：《史记》，中华书局 1959 年版，第 135 页。

败坏，导致昭王和随从的卿士祭公都跌落到汉水中，溺水而亡。昭王所统率的六师也被楚人打得大败。[①]周昭王南征失败，丧身汉水，而且继承者也未能替他复仇，喻示着周王室的权威地位遭到挑战。

经历了周穆王的短暂中兴之后，周懿王时代，周王室呈现衰落趋势。特别是周懿王死后，王位未能顺利传给自己的儿子，却传给了懿王的叔叔孝王。孝王死后，在诸侯的拥立下，懿王之子即位为夷王。由于周夷王是依靠诸侯的力量成为周王，因此反过来不得不受制于诸侯，“下堂而见诸侯，天子之失礼也，由夷王以下”[②]。

到了周厉王时期，厉王贪婪，与民争利，“暴虐侈傲，国人谤王”，周厉王不知悔改，反而采用高压手段钳民之口，使得“国人莫敢言，道路以目”，最终引发各地叛乱，周厉王不得不出逃，周召共和。[③]站在今天的立场，周召共和这一历史事件具有积极意义。但是倘若从周王朝宗法统治的角度看，周召共和其实是迫于无奈，体现了周王室的统治危机，由此也造成严重的秩序紊乱。

周宣王时代，王室的失礼行为波及到诸侯国。据《史记·鲁周公世家》记载：

> 武公九年春，武公与长子括，少子戏，西朝周宣王。宣王爱戏，欲立戏为鲁太子。周之樊仲山父谏宣王曰：“废长立少，不顺；不顺，必犯王命；犯王命，必诛之：故出令不可不顺也。令之不行，政之不立；行而不顺，民将弃上。夫下事上，少事长，所以为顺。今天子建诸侯，立其少，是教民逆也。若

---

① 杨宽：《西周史》，上海人民出版社 2003 年版，第 557—558 页。

② （汉）郑玄注，（唐）孔颖达等正义：《礼记正义》，阮元校刻《十三经注疏》本，上海古籍出版社 1997 年版，第 1447 页。

③ （汉）司马迁：《史记》，中华书局 1959 年版，第 141—144 页。

> 鲁从之，诸侯效之，王命将有所壅；若弗从而诛之，是自诛王命也。诛之亦失，不诛亦失，王其图之。”宣王弗听，卒立戏为鲁太子。夏，武公归而卒，戏立，是为懿公。懿公九年，懿公兄括之子伯御与鲁人攻弑懿公，而立伯御为君。伯御即位十一年，周宣王伐鲁，杀其君伯御，而问鲁公子能道顺诸侯者，以为鲁后。樊穆仲曰：“鲁懿公弟称，肃恭明神，敬事耆老；赋事行刑，必问于遗训而咨于固实；不干所问，不犯所。”宣王曰：“然，能训治其民矣。”乃立称于夷宫，是为孝公。自是后，诸侯多畔王命。[1]

鲁武公前往周王畿朝觐，嫡长子括（按宗法制当为“世子”）和少子戏同行。周宣王接见武公一家，很喜欢鲁武公的少子戏。周宣王有个人喜好，原本无可厚非。但是，过分的是周宣王根据自己的喜好，强行干涉鲁国的继承人选，要求鲁武公废嫡长子括而改立少子戏为世子，严重破坏了嫡长子继承制，引起了鲁国的政局动荡。周宣王的举动伤害了正常宗法秩序的运转，并引起了诸侯国的不满。

最严重的事件发生在西周末期周幽王时代。据《史记·周本纪》记载，周幽王以申侯之女申后为王后，立申后子宜臼为王世子。后来，幽王宠幸褒姒，为博美人褒姒一笑，烽火戏诸侯，进而废王后，改立王世子，导致内外交困，西夷犬戎攻灭王都，周幽王被杀，西周灭亡。[2] 许倬云指出，“西周覆亡，正如古籍所谓‘礼坏乐崩’，意味着一套文化秩序的崩解，对于当代的影响，自然十分重大”[3]。西周灭

---

① （汉）司马迁：《史记》，中华书局 1959 年版，第 1527—1528 页。

② （汉）司马迁：《史记》，中华书局 1959 年版，第 147—149 页。

③ 许倬云：《万古江河：中国历史文化的转折与展开》，中华书局（香港）有限公司 2009 年版，第 60 页。

亡意味着宗法礼乐秩序危机的集中爆发，并对后世产生深远影响。

周平王仓皇东迁，周王室大量财富遗失，人才流落各国，王畿故地沦丧。东周王室不得不靠诸侯各国献地维系。因而宗法礼乐秩序的重要基础——强干弱枝——的局面被彻底颠覆。到了春秋时期，“礼坏乐崩”的情形愈演愈烈；宗法礼乐秩序渐趋瓦解。

由此可见，西周中后期至春秋时期“礼坏乐崩”的混乱局面首先不是由下位者犯上僭越造成。以周天子为中心的周王室更应该对天下秩序与社会结构的崩坏负责。毕竟，“上行下效”是中国古代政治伦理发挥效能的主要模式。正如《大学》所说，“一家仁，一国兴仁；一家让，一国兴让；一人贪戾，一国作乱。其机如此。此谓一言偾事，一人定国。尧舜帅天下以仁，而民从之；桀纣帅天下以暴，而民从之。其所令，反其所好，而民不从。是故君子有诸己，而后求诸人；无诸己，而后非诸人。所藏乎身不恕，而能喻诸人者，未之有也”[①]。宗统与君统合一的政治伦理结构，以及“家—国—天下”的推扩模型，均赋予周天子崇高的地位和相应的责任：一方面，他有权力为天下制定共同遵循的规范；另一方面，他本人就是规则的表率，必须以身作则，因为全天下都会以他为效法的对象。文、武、周公以及后世的儒家固然希望获得这一模式的理想效果——“君子之德风，小人之德草，草上之风，必偃”（《论语·颜渊》）。但是，他们却无法避免该模式滑向另一种他们所不愿意看到的可能性——“上梁不正下梁歪”；或者如老百姓所形象描述的——“你做初一，我做十五！”

如果说上述的状况主要反映了“尊尊”的等级秩序出现问题，那么，“亲亲”的宗族纽带也同样呈现危机。西周初期推行分封制的

① （汉）郑玄注，（唐）孔颖达疏：《礼记正义》，阮元校刻《十三经注疏》本，上海古籍出版社 1997 年版，第 1674 页。

一个重要基础，便是诸侯国君与周天子、周王室之间存在密切的情感联系——他们或者是同祖同宗的宗族血亲，或者是世代联姻的姻族伙伴，或者是历经考验的忠诚盟友。然而，随着时间的流逝，周天子与诸侯国国君之间，各诸侯国国君相互之间的血缘和亲情也逐渐淡漠。

在多种因素的共同作用下，周代宗法制度的根基渐渐松动，以"亲亲"和"尊尊"为联系纽带的社会秩序，被自上而下出现的违礼僭越行为不断侵蚀和破坏，并最终演变成无法收拾的"礼坏乐崩"的局面。

到了孔子生活的春秋晚期，"礼坏乐崩"已经是最重要的时代特征之一。《史记·太史公自序》记载："万物之散聚皆在《春秋》。《春秋》之中，弑君三十六，亡国五十二，诸侯奔走不得保其社稷者不可胜数。"[①] 在《春秋》记载的242年中，臣子弑君的事件就已达到36次之多，平均不到七年就会发生一起。其中，还有相当部分是儿子弑父亲的，如楚国太子商臣弑父楚成王[②]，蔡国太子般弑父蔡景侯。尤其是蔡景侯父子相残的故事，典型地反映了当时"君不君"、"臣不臣"、"父不父"、"子不子"的社会乱局：蔡景侯昏庸好色，不理国政。楚国对蔡国横征暴敛，身为国君，蔡景侯无动于衷。更过分的是，他居然与自己的儿媳妇、太子般的妻子有染。太子般和几个心腹密谋，最后将蔡景侯杀掉，并向外宣布蔡景侯"暴卒"。[③]

至于诸侯国内卿大夫窃国专权者，更是数不胜数，如鲁国有季孙、孟孙、仲孙等"三桓"，齐国有崔、田二氏，晋国有范、中行、智、韩、赵、魏六个世袭卿族，都是飞扬跋扈、目无公室的权臣。上

---

① （汉）司马迁：《史记》，中华书局1959年版，第3297页。

② 参见（晋）范宁集解，（唐）杨士勋疏：《春秋穀梁传注疏》，阮元校刻《十三经注疏》本，上海古籍出版社1997年版，第2404页。

③ 参见（晋）范宁集解，（唐）杨士勋疏：《春秋穀梁传注疏》，阮元校刻《十三经注疏》本，上海古籍出版社1997年版，第2432页。

行则下效，一些卿大夫的家臣也开始架空主人、执掌权力。

用孔子的话来说，西周时期，原本是“礼乐征伐自天子出”；到了春秋时期，每况愈下，逐渐“礼乐征伐自诸侯出”、“自大夫出”，乃至“陪臣执国命”。(《论语·季氏》）可以说，春秋时期是一个天崩地解的动荡时代，周王朝曾经一度行之有效的宗法礼乐秩序，伴随着宗法制度的逐渐解体，伴随着周王室地位的岌岌可危，而濒于崩溃。社会处在“礼坏乐崩”的变局之中。“礼坏乐崩，不是形容仪节的失落，也不是政治权威的衰退，而更意指文化秩序的解体。春秋时期的诸侯，在政治上，拥有相当的自主权，王室已不能控制诸侯。(权力逐渐下移，一部分原本地位较低的贵族地位抬升，成为各诸侯国的实际掌控者。）相对的，权力斗争中的失败者，不论是公子王孙，还是卿大夫的家人部属，失势之后也就丧失了社会地位与经济资源。二百余年的社会变动，实质上重组了原有封建体的秩序。”[①] 所谓“礼坏乐崩”，并不是说没有礼乐，而是社会各阶层不再循规蹈矩地施行礼乐，例如天子可能为了享乐而乱用诸侯乃至大夫的礼乐，而鲁国的权臣季氏也以大夫的身份僭用天子之礼，公然“八佾舞于庭”！伴随这些现象的出现，宗法制的尊严以及代表着宗法制的礼乐秩序，已经逐渐瓦解。

第二节　重建秩序：《穀梁传》的使命

“礼坏乐崩”的社会问题，不仅表示作为仪式性秩序的礼乐无法得以正常运作，更意味着内在的社会政治秩序失去效用。有学者

① 许倬云：《万古江河：中国历史文化的转折与展开》，中华书局（香港）有限公司 2009 年版，第 62—63 页。

指出，“周代礼乐之制作为一套社会政治与伦理规范合一的规则体系，在形成形式化作用方式之后，规则本身已成为社会得以各按其则运行的前提条件。否则，便会导致引起社会危机的连锁反应”[①]。因此，为了应对接踵而至的社会性危机，轴心时代的中国思想家们不得不对礼乐、人性、秩序等基础问题展开深入反思；而重建秩序成为诸子百家共同的心声。

一、失范（脱序）理论

十九世纪末二十世纪初法国著名社会学家埃米尔·涂尔干（Emile Durkheim，又译为埃米尔·迪尔凯姆）在《社会分工论》和《自杀论》等著作中，提出了影响重大的“失范”（anomie，又译作“脱序”）理论。

在《社会分工论》中，涂尔干反对有些道德家们对于分工的责备，他们认为分工只是个别的交换和暂时的组合，因而“分工不能产生真正的团结”。[②]涂尔干指出，正常的社会分工能够促进社会团结，帮助社会整合成为有机的整体。其中的关键在于通过合理的分工，人们在特定环境中固定重复着各种明确的行为方式，有助于形成习惯，进而转变成为行为规范，“在正常的状况下，这些规范是从分工过程中自然而然地产生的；换言之，它们是分工的延伸”。[③]由分工而形成的规范维护了社会的有机团结与彼此协作，社会秩序因之而确立。“自由（我指的是一种合理的自由，是社会应该得到尊重的自由）是一系列规范的产物。我若要想得到自由，首先就要杜绝其他人在肉体、经济以及其他领域内所享有的利益和特权，防止他限制我的

① 任剑涛：《伦理与政治的内在关涉——孔子思想的再诠释》，《孔子研究》1998年第3期。
② 〔法〕埃米尔·涂尔干著，渠东译：《社会分工论》，生活·读书·新知三联书店2000年版，第326页。
③ 〔法〕埃米尔·涂尔干著，渠东译：《社会分工论》，生活·读书·新知三联书店2000年版，第325—326页。

自由。只有社会规范才能限制他们滥用这些权力。”[①] 由社会分工延伸而来的规范和秩序不仅不会压制人性，相反，它们恰恰是合理自由的保障。如果因各种意外情况导致社会分工失常，则相应的规范也无法建立，“在任何情况下，如果分工不能产生团结，那是因为各个机构间的关系还没有得到规定，它们已经陷入了失范状态”[②]。有学者进一步解释“失范”状态主要是“由于出现了某些意外的变化（如分工过快发展、经济危机、经济繁荣和离婚制度等），打破了正常的社会秩序，社会无法对各组成部分及个人进行协调和控制，以至于社会的整合不复存在，陷于一片混乱无序状态之中”[③]。作为一位社会学家，涂尔干写作《社会分工论》一书的目的在于揭示社会分工形成的根源和它的基本功能。不过，他所揭示的社会急剧变迁导致社会混乱无序的“失范”（“脱序”）理论，很大程度上可以离开社会分工的原主题，从而具有独立且重要的理论价值。

在《社会分工论》的续篇《自杀论》一书中，涂尔干补充和完善了“失范”（“脱序”）理论。在深入研究自杀人数与社会物质财富之间的关系后，涂尔干发现：“如果说自杀人数的增加是因为生活变得比较艰难，那么在生活变得比较富裕的时候自杀人数应该明显减少。然而，尽管在生活必不可少的食物价格大幅度上涨时，自杀的人数通常也大幅度增加，但是在相反的情况下自杀的人数并没有减少到平均数以下。”[④] 这实质上否定了一种简单的解释，即工业或者金融的

---

① 〔法〕埃米尔·涂尔干著，渠东译：《社会分工论》，生活·读书·新知三联书店 2000 年版，第 15 页。

② 〔法〕埃米尔·涂尔干著，渠东译：《社会分工论》，生活·读书·新知三联书店 2000 年版，第 328 页。

③ 于璟、赵孟营：《超越“失范”：论涂尔干理论语境中的 anomie》，《广西社会科学》2007 年第 4 期。

④ 〔法〕埃米尔·迪尔凯姆著，冯韵文译：《自杀论》，商务印书馆 1996 年版，第 255—256 页。

危机增加了贫困；贫困导致生活更加困难，所以人们更愿意放弃自己的生命。涂尔干最后得出结论："因此，工业危机或金融危机之所以使自杀人数增加，并非由于这些危机使人贫困，因为繁荣的机遇也产生同样的结果；而是由于这些危机打乱了集体秩序。对平衡的任何破坏，哪怕由此而导致更大的富裕和生活的普遍提高，也会引起自杀。每当社会机体发生重大调整时，不管是由于迅速的发展还是由于意外的灾难，人都容易自杀。"① "集体秩序"被打乱，就是《社会分工论》中所说的"失范"。当社会机体发生重大调整（无论是通常意义上的"恶的调整"还是"善的调整"）时，原有的秩序、规范都将面临巨大冲击、甚至出现崩裂的状况，社会也因此陷入混乱无序的状态。

张德胜对突然繁荣导致社会失序的机制做了说明："在经济繁荣的时候，人们应该更为满足才是，何以自杀率也像萧条时候那样不降反升呢？涂尔干认为，财富突然增加，也会带来同样的困扰。这时候，一向节制需求的尺度断裂，欲望像山洪暴发不可收拾，生活失去准绳，做事不知分寸。虽然赖以满足目标的资源增多了，但是欲望骤然扩张，不知界限，亦会使人陷于无以自措的境地。"② 在一定的秩序下，人们的生活方式具有很强的稳定性和一致性；大家对既有的价值和原则表示出必要的尊重，"隐约地知觉到自己欲望所不能逾越的限度。这界线不一定是明确的，但起码不会是无止境的。这种相对规限和节制，使人安分守己，乐天知命，以致大家的欲望及其处境达到和谐的、均衡的状态。个人当然希望可以改善生活，但只在自己力所能及的范围内奋斗"③。因此，在一个秩序井然的社会里，一些历经时间

---

① 〔法〕埃米尔·迪尔凯姆著，冯韵文译：《自杀论》，商务印书馆1996年版，第261页。
② 张德胜：《儒家伦理与社会秩序：社会学的诠释》，上海人民出版社2008年版，第4页。
③ 张德胜：《儒家伦理与社会秩序：社会学的诠释》，上海人民出版社2008年版，第5页。

而沉淀下来的经验教训作为传统得到足够的尊重[①]，人们将规则与自身存在的意义联系在一起；即便是为了改变现状、出人头地所做的种种努力，也通常以遵循既有原则和规范作为前提。换句话说，社会上几乎所有的人，都有意识或无意识地在维护这一与他们生活息息相关的秩序。

然而，在失范（脱序）状态下，人们的欲望、情感、行为、心态等等，一切都失控了。“失范状态是指旧有的价值观念和行为模式被普遍否定或遭到严重破坏，逐渐失去了对社会成员的约束力；新的价值观念和行为模式未被普遍接受或尚未形成，不具有对社会成员的有效约束力，使得社会成员的行为缺乏明确的社会规范约束，形成社会规范‘真空’这样一种社会状态。失范状态是社会控制机制亚稳态的主要表征，越轨行为在数量上、规模上和强度上的大幅度增加则是失范状态的主要特征。”[②] 按照涂尔干的理论，失范（脱序）状态不仅指社会个体的思想、行为缺乏必要约束，每个人都希望为所欲为却又发现彼此冲突；更是指社会整体的有机联系瓦解，社会机体无法发挥将人与人凝聚在一起的基本功能。

中国春秋战国时代所呈现出的种种社会现象，十分符合涂尔干所说的失范（脱序）状态。吴智雄借鉴涂尔干的理论，将春秋时期的社会状况定性为“脱序社会”：“脱序社会的特征是社会规范的约束力量丧失，社会成员不愿意遵守既定的规范”，而这样的情形在春秋时代呈现得尤为突出，集中体现为僭越礼制行为层出不穷、弑君弑父

---

① 正如费孝通所言：“像这一类的传统，不必知之，只要照办，生活就能得到保障的办法，自然会随之而发生一套价值。我们说灵验，就是说含有一种不可知的魔力在后面，依照做就有福，不依照，就会出毛病。于是人们对于传统有了敬畏之感了。”见费孝通：《乡土中国　生育制度》，北京大学出版社 2003 年版，第 51 页。

② 郑杭生、李强等著：《社会运行导论——有中国特色的社会学基本理论的一种探索》，中国人民大学出版社 1993 年版，第 448 页。

现象产生、诚信观念薄弱、会盟外交盛行、战争频繁、霸主与尊王攘夷思想出现等六个方面。[①] 简而言之，春秋时代的主要特征是“礼坏乐崩”、“皆失其本已”[②]。张德胜也认为春秋战国时代的社会状况提供了一个活生生的失范社会的例子。他形象地描述道：“那是一个动乱的年代，尔虞我诈，争夺无已，社会失据，情欲横流，没有美丽的面纱，也看不到永恒的价值。”[③] 尤为可贵的是，张德胜还补充了一种说法，用以解释春秋战国时期社会失范状态产生的原因，即春秋战国时期伴随商业的勃兴，城市规模也不断扩大，甚至出现了几十万人口的都市，“几千人的农村聚落与数十万人的城市之间，不仅是人口数量增多而已，在人际关系方面，也出现了质的变化”[④]。应该说，这一解释很值得重视，它为我们理解春秋战国时期的社会结构变化提供了一种更为广阔的思路。而这显然与张德胜作为一位社会学家的身份分不开，由此也启发人们在具体研究过程中应更为重视学科交叉。

二、重建秩序

春秋战国时期的乱局，根源不在于外来的威胁或者诸夏各国之间的攻伐，而在于内乱。内乱导源于西周中后期自上而下出现的僭越礼制行为，但到了春秋战国时期，内乱已发展为广泛的乱，没有明显的源头。“处此情况下，除了致力于建立社会秩序之外，别无他途。”[⑤] 赵明引用黑格尔的名言——“哲学开始于一个现实世界的没落”（《哲学史讲演录》）——来诠释春秋战国时期失范状态对人们的影响：“‘现实世界的没落’意味着曾经是和谐而平稳的有序

① 详见吴智雄：《穀梁传思想析论》，台湾文津出版社2000年版，第26—32页。
② （汉）司马迁：《史记》，中华书局1959年版，第3297页。
③ 张德胜：《儒家伦理与社会秩序：社会学的诠释》，上海人民出版社2008年版，第12页。
④ 张德胜：《儒家伦理与社会秩序：社会学的诠释》，上海人民出版社2008年版，第20页。
⑤ 张德胜：《儒家伦理与社会秩序：社会学的诠释》，上海人民出版社2008年版，第12页。

化世界的崩溃，人的生活因此而陷入一种不可预期的混乱状态，没有了最起码的生存安全感，无奈、忧虑、紧张和痛苦成为生命无法摆脱的梦魇。”[①] 秩序与规范是生命安顿的基本前提，而秩序失落、规范瓦解使得普通人的生命陷入惶恐、眩晕的不真切状态。不过，从思想产生的角度说，社会的失范状态意味着思想文化的同质、稳定局面被彻底颠覆，原有的答案已无法解决时代的新问题；时代危机刺痛了人们，同时也刺激思想家们反思本时代的特点，结合自己的生命体验，对社会失范危机做出相应的回应。

从这个意义上讲，中国的轴心时代其实起源于“礼坏乐崩”之下的社会失范危机。作为时代的发言人，春秋战国时期的思想家们各抒己见、畅所欲言，并逐渐形成众多思想派别。“现实生活中政治秩序的失坠是先秦诸子百家之所以兴起的共同的社会根源”，“如何走出混乱而重建秩序，这是先秦诸子百家面临的根本性时代课题”。[②]

道家认为宗法礼乐秩序的崩溃有其必然性，主张以自然主义的立场批评礼乐文明。老子说：“大道废，有仁义。慧智出，有大伪。六亲不和，有孝慈。国家昏乱，有忠臣。”（《老子·第十八章》）礼乐文明所倡导的“道德”、“仁义”、“礼法”等观念并不具有真实、永恒的价值，它们只是大道失落之后人们推出的不得已的权宜之计，并不能解决根本的问题：“失道而后德，失德而后仁，失仁而后义，失义而后礼。夫礼者，忠信之薄而乱之首。”（《老子·第三十八章》）因此，“道德”、“仁义”、“礼法”等观念作为临时替代方案只具有相对的价值，而且伴随它们而来的知识、智慧、巧利等等人为造作往往会造成私欲的膨胀和本性的扭曲，这反倒会让我

① 赵明：《先秦儒家政治哲学引论》，北京大学出版社2004年版，第113页。
② 赵明：《先秦儒家政治哲学引论》，北京大学出版社2004年版，第5、12页。

们更加远离“大道”。因此，面对“礼坏乐崩”的失序状态，与其殚精竭虑地提出“道德”、“仁义”、“礼法”等相对价值观念来弥补、挽救，不如从根本上着手，让生命再次回归与道融合的状态。这就要求人们放弃现有文明的价值观念，恢复原始质朴的本性，听任万物自然的运化，如同素朴天真的赤子婴儿一般回归大道的怀抱。因此，道家提出的方案是效法大道自然，以无为的方式建构（或者说“恢复”）一种符合自然本性的纯朴和谐的秩序。

墨家的基本态度是“背周道而用夏政”。《淮南子·要略》记载：“墨子学儒者之业，受孔子之术，以为其礼烦扰而不说（悦），厚葬靡财而贫民，（久）服伤生而害事，故背周道而用夏政。”[①] 墨家表面上批评的是儒家，实质上针对的乃是周代的宗法礼乐制度。墨子认为宗法礼乐秩序崩解并不可惜，因为这个秩序本身存在很大的问题；应该借鉴更为古老而质朴的夏代文化来建立一套简单、实用的秩序。

法家则是以积极、现实的态度迎接和拥抱时代的巨变。据《史记·商君列传》记载：法家的重要奠基者商鞅说过“是以圣人苟可以强国，不法其故；苟可以利民，不循其礼。……三代不同礼而王，五伯不同法而霸。智者作法，愚者制焉；贤者更礼，不肖者拘焉。……治世不一道，便国不法古。故汤武不循古而王，夏殷不易礼而亡。反古者不可非，而循礼者不足多”[②]。商鞅主张礼法不应该是凝固的，而应随着时代改变做出相应调整、改变；不存在某种亘古不变、放之四海而皆准的礼法。之所以会出现“礼坏乐崩”的社会失范状态，根源在于人们没有能够顺应时代的变化，对礼法等指导社会生活的原则做出必要的改变。正如法家的集大成者韩非所

---

① 刘文典：《淮南鸿烈集解》，中华书局 1989 年版，第 709 页。
② （汉）司马迁：《史记》，中华书局 1959 年版，第 2229 页。

说："时移而治不易者乱。"[①]因而，法家的方案是：要敏锐地把握时代的变化，尊重这些变化，并对社会政治生活的指导原则做出相应改变，如此就可以建构一种开放的、与时俱进的秩序。

阴阳家也主张以自然秩序作为社会秩序的基础，但是它对于自然的理解不同于道家，更贴近于自然现象和自然次序本身。司马谈《论六家要旨》介绍阴阳家的学说："夫春生夏长，秋收冬藏，此天道之大经也，弗顺则无以为天下纲纪，故曰：'四时之大顺，不可失也。'"[②]阴阳学说"主要应用在与天地阴阳之气升降消长有关的各种自然现象的解释之上。……这一形态承认天地阴阳之气的流行有一定的次序，主张人的行为应顺应这种次序，而决不能破坏和扰乱这种次序"[③]。阴阳家很看重大自然的节律，要求社会秩序应尊重并顺应天地阴阳的次序感。

诸子百家中还有一派值得重视，那就是农家。《孟子·滕文公上》记载了农家代表人物许行的言行："其徒数十人，皆衣褐，捆屦织席以为食，……道许行之言曰：'……贤者与民并耕而食，饔飧而治。'"农家号称遵奉神农之教，主张所有人都应该亲自参加农业生产，自食其力，自给自足，并反对设立一些国家组织机构。可见，农家其实持一种解构的立场，主张消解社会组织，回到原始的分散、自立的生活样态。农家所理解的秩序也应该是与这种无政府的生活样态相适应的。

综合来看，春秋战国时期的诸子百家大多不同情宗法礼乐秩序的崩解。它们或者直接批评礼乐文明的弊病，或者从更为古老、质朴

① （清）王先慎：《韩非子集解》，中华书局 1998 年版，第 475 页。

② （汉）司马迁：《史记》，中华书局 1959 年版，第 3290 页。

③ 萧汉明：《太阳神话·太阳神崇拜·阴阳学说的起源》，见萧汉明：《传统哲学的魅力》，中华书局 2008 年版，第 50 页。

的传统中寻找资源，又或者利用有机的自然主义将人类社会还原到自然状态。在此基础上，它们提出了各自的重建秩序方案。诸子百家都不认为社会失范状态是正常的、可以接受的，它们均希望重建秩序，彻底结束这一让社会上大多数人惶恐不安的失范状态。从这个意义上讲，“秩序”是轴心时代中国思想家们的共同追求，“用弗洛伊德的术语，中国文化存在着一个‘秩序情结’；换做潘乃德（Ruth Benedict）的说法，中国文化的形貌（configuration），就由‘追求秩序’这个主题统合起来”[①]。很显然，上述各家应对社会失范危机的方案彼此之间存在较大差异；但是，有一点是相似的，即它们所构想的新秩序与原来的宗法礼乐秩序截然不同；或者说，新秩序恰恰是建构在批判、否定原有宗法礼乐秩序的基础之上。

儒家的方案则不然。从根本上讲，儒家并不认为宗法礼乐秩序已经失去存在的价值，“先秦儒家之特立独行处在于，它不是由现实政治的混乱和社会的苦痛而嘲笑、批判和否定礼乐传统，而恰恰是坚信人们对礼乐传统的弃置不顾才导致了灾难的降临，他们在高度肯定和颂扬三代礼乐传统的同时，对现实生活中随处可见的破坏、毁弃礼制的行为公开表示谴责、批判和憎恶”[②]。打个比方来说，礼乐传统以及由之而来的宗法礼乐秩序就像是一张凳子，它由四条腿支撑着，已经平稳地使用了很多年；现在凳子出现不平稳的情况，但这并不是说这张凳子完全坏了，而只是表明支撑这张凳子的四条腿中的某一条腿或两条腿出现问题，无法再起到有效的支撑作用。因此，我们要做的不是扔掉这张凳子，再换一张新的凳子或干脆换个沙发；而是有针对性地更换坏掉了的凳子腿，让凳子重新发挥功

① 张德胜：《儒家伦理与社会秩序：社会学的诠释》，上海人民出版社2008年版，第110页。
② 赵明：《先秦儒家政治哲学引论》，北京大学出版社2004年版，第116页。

效。当然，这个比方很蹩脚，毕竟文化传统和社会秩序对于每一个生活于其间的个体来说，其重要性远远不是一张凳子可以相比的；不仅如此，更换文化传统、重建社会秩序的工作，也绝非换一张凳子那么简单。毋宁说，正是由于文化传统和社会秩序对于我们每个人都太重要了，所以孔子等人才不同意将原有的传统与秩序轻易判处死刑。

儒家对礼乐传统和宗法礼乐秩序的根本价值体会得更为深刻。这与孔子独特的文化观分不开。在文化观上，孔子认为华夏文化的传递存在一个“因革损益”的过程。“因”，就是因袭、继承原有的文化与制度；“革”，就是对原有文化和制度做出变化和改革；“损”，就是删减一些不再合适的内容；“益”，就是依据新情况增加一些新的制度。其中，“因”是最主要的。具体来说，殷商文化在基本精神上继承了夏文化，进而在此基础上，结合殷商时期的特点做了一定程度上的增、减、变化；周文化同样是对殷商文化的继承，只不过有所选择和改进。按照孔子的这种文化观，夏、商、周三代的文化存在很大的相关性和联系性。用孔子的话来说，三代文化的核心是“礼”。周文化（周礼）中实际上已经包含了夏文化（夏礼）和商文化（商礼）中的很多重要内容。这不仅表明“周礼”继承夏商文化传统的“继往”之一面，同时也喻示了“周礼”的精神必将向后世辐射的“开来”之另一面。

此外，从情感上讲，孔子本人对周初的文王、周公等圣人怀有亲切的情感。在《论语·泰伯》中，孔子对周文王称赞不已，说：尽管文王西伯已凭借德行和能力获得了当时天下三分之二力量的支持，但他仍然服从殷商的统治，没有起来造反。孔子将周文王所拥有的品德称为“至德”，最高的道德。与孟子不同，孔子虽然也谴责桀、纣等君王的残暴行径，但是却不主张采用暴力的方法推翻他们。这可能有两方面的考虑：其一，孔子更欣赏尧舜禹时期的禅让制度，希望以温和的、不流血的方式完成权力的更替；其二，暴力革命对于原有制度和信仰的神圣性会造成较大的伤害，这是孔子极为担心的。他借评价《大武》之乐，委婉地对周武王提出了批评："尽美"但未能"尽善"，原因就在于武王最终走上了暴力推翻商纣王的道路。按照孔子的理解，在周文王最杰出的两个儿子（武王和周公）中，精神气质和道德气象最似文王的乃是周公。孔子壮年时，会经常梦到周公。梦境虽然是虚幻的，但梦境中的周公却在实质意义上给了孔子极大的安慰和激励。对于孔子这样一位孤单的殉道者来说，来自于偶像周公的安慰与激励至关重要。所以，晚年预感到"道之不行"的孔子，会伤感地说道："甚矣吾衰也！久矣吾不复梦见周公！"（《论语·述而》）或许可以这样说，在孔子眼中，文王和周公正是继尧、舜、禹之后最伟大的圣人；他们所开创的礼乐盛世也成为孔子深切向往的理想国。因而，作为文王和周公之思想文化象征的宗法礼乐秩序，便在某种程度上托负着孔子和儒家的价值理想。正因为如此，儒家对于"礼坏乐崩"的社会失范状态表现得尤为痛心。

孔子严厉地斥责"八佾舞于庭"等僭越行为。"在古代汉语，尤其是在古代儒家经史典籍中，'僭'的基本含义则是超过身份、错乱、背弃天理，是对传统的礼制秩序之正当性的颠覆。"[①] 在孔子看来，春秋时期出现"礼坏乐崩"的社会失序局面，并不表示礼乐秩序已丧失正当性，而是源于人们对于正当性的忽视。也就是说，礼乐秩序背后的精神支柱发生松动，正如孔子所说："人而不仁，如礼何？人而不仁，如乐何？"（《论语·八佾》）一旦缺乏真情实感和内在精神力量的填充支撑，作为仪式层面的礼乐便与内在社会政治秩序发生分离；

① 赵明：《先秦儒家政治哲学引论》，北京大学出版社 2004 年版，第 9 页。

此时，人们行礼作乐的活动不再受到传统观念与既有规范的限制而呈现出一种随意性，表现出来就是“礼坏乐崩”。可见，“礼坏乐崩”不是社会失范的原因，而是社会已经陷入失范状态的一种体现。

孔子意识到更为妥当的解决方案，是让人们重新体会到礼乐秩序背后的正当性，在情感与制度两个层面为这一秩序补充新的支撑力量。在情感层面而言，就是儒家极力推崇的“仁爱”；在制度层面而言，就是依据时代特点因革损益而来的“礼”。这两个层面其实分别是对周代宗法制的“亲亲”原则和“尊尊”原则的继承与发展。从这个意义上讲，“孔子一生奔走列国，鼓吹政治的目的就是为了恢复周礼，重建以宗法血缘为基础的国家政治制度和社会等级秩序”[①]。

史华兹指出，孔子之所以是一位“传述者”而不是“一位创造出任何自己思想的人”，是因为体现好秩序的“道”已经在过去的人类经验中实现了，而关于这个好秩序的记忆被保存在体现着救世真理的记载（即儒家经典）之中；因此传述经典即意味着重现古代经验，亦即是传递道的精华。尤其是当本应承担此工作的时代掌权者们完全失职的时候，孔子作为“传述者”的价值更为重要。尽管孔子所传述的绝大部分东西的基本内容能够在更早的典籍中找到，但是“作为传述者，他也仍然可以成为创新者。……不知出于什么原因，孔子对所传述的内容附加了部分内容，正是这部分内容中包含的反思性的和新鲜的洞察力吸引了他的弟子”。[②] 史华兹提及的孔子传述的内容，主要是宗法礼乐秩序的“亲亲”、“尊尊”原则以及具体的制度规范；而孔子作为创新者所附加的内容，则是他的“仁爱”主张以及结合

① 皮伟兵：《论先秦儒家构建等级秩序的宗法血缘基础》，《求索》2007 年第 1 期。

② 参见〔美〕本杰明·史华兹著，程钢译：《古代中国的思想世界》，江苏人民出版社 2004 年版，第 67—68 页。

时代特点对礼制所作的因革损益[①]。所以，孔子和他开创的儒家应对社会失范危机所建构的秩序，既可以看作是对原有宗法礼乐秩序的恢复，也可以理解为在原有基础上的重建。《春秋》的出现正是此种努力的一个重要成果。

不过，儒家维护传统宗法礼乐秩序的立场，与它的另一个重要主张——“革命”——之间，似乎存在矛盾，这在孟子那里体现得更为明显。对此，赵明做了极为精当的研究。赵明指出，儒家建构并维系上下贵贱有等、长幼尊卑有别的等级性伦理政治秩序，根本目标在于实现一种天下有“道”的和谐秩序，而不是为了替现存的政治统治进行辩护或维护某一君主的个人统治。宗法礼乐秩序与君主统治之间既有联系，又有区别；在特定情况下可以发生分离。因此，“‘革命’作为一种政治行为就不是针对‘秩序’而来的，而是针对维持秩序的‘为政者’。由于‘为政者’没有能够履行好自己的政治职责，而使得秩序遭受破坏”。他还考证了“革命”的本意，认为“革命”最初指“革”去礼仪所规定的没能维持好秩序的人，而给有能力、有德性维持秩序的人加冕，“先秦儒家所赞颂的‘革命’并不意味着变更合于‘道’的秩序，而是改换维持秩序的人。‘革命’本质上是‘顺命’，而不是对‘命’的反动。归根结底，‘革命’恰恰是对‘天道’信念的加强，从而保证政治的尊严和神圣性，是人性化的精神事业，而与后来的实质上关联于‘物欲’的暴力性‘革命’有着根本性质的不同”[②]。按照这样的解释，宗法礼乐秩序一经确立，便具有了某种独立性。这一秩序的正当性并不依附于现实政治权威；相反，现实

---

① 如《论语·子罕》云：“子曰：‘麻冕，礼也。今也纯，俭，吾从众。拜下，礼也。今拜乎上，泰也。虽违众，吾从下。’”可见孔子针对礼制规定在当时出现的变化，有所随顺亦有所坚守。

② 赵明：《先秦儒家政治哲学引论》，北京大学出版社2004年版，第76—77页。

的政治权威必须让自己的行为符合该秩序的正当性，才能充分发挥秩序的效能，做到长治久安。“革命”现象之所以会出现，恰恰是因为现实的政治权威罔顾礼乐秩序的正当性、为所欲为而造成的。在这个意义上讲，“革命”的行为并不是在否定秩序，而是为了维护秩序的正当性，保障秩序正常运转所采取的一种激烈措施。

正如本书第一章所言，《穀梁传》继承了《春秋》作者（孔子）的问题意识与价值关切。《穀梁传》所面临的最大的时代使命，同样是对春秋以来“礼乐征伐自诸侯出”、“自大夫出”、“陪臣执国命”的“礼坏乐崩”之社会变局做出解释，并提供解决方案，亦即重建秩序。“《穀梁传》以孔子思想的继承者与发扬者自居，则孔子寓褒贬之义于《春秋》之中，以达到建立秩序的目的，自然为《穀梁传》所继承。”[①] 礼乐结构崩坏最重要也是最显著的表现集中在政治秩序上。所以，对于《穀梁传》来说，当务之急是清理周代政治文化的精神资源，以重建“礼乐征伐自天子出”的合理、有效的政治秩序。

孔子指出，乱世为政之先在于“正名”：“名不正则言不顺，言不顺则事不成，事不成则礼乐不兴，礼乐不兴则刑罚不中，刑罚不中则民无所措手足。”（《论语·子路》）面对“礼坏乐崩”、上下皆失其位的社会失范状态，《穀梁传》继承了孔子的思想，将“正名”作为重建和谐、有效之政治秩序的起点。

《穀梁传·僖公十六年》在花费不少笔墨解释“是月，六鹢退飞，过宋都”的经文之后，指出：“君子之于物，无所苟而已。石、鹢且犹尽其辞，而况于人乎！故五石六鹢之辞不设，则王道不亢矣。”[②] 传文认为，《春秋》在记录自然现象、“无知”之物时，尚且采

---

① 吴智雄：《穀梁传思想析论》，台湾文津出版社 2000 年版，第 48—49 页。

② （晋）范宁集解，（唐）杨士勋疏：《春秋穀梁传注疏》，阮元校刻《十三经注疏》本，上海古籍出版社 1997 年版，第 2398 页。

取“著以传著，疑以传疑”而“无所苟”的严谨态度，那么在记录人事时的慎重就可想而知了。又如《穀梁传·僖公十九年》在评论梁亡时，明确说道：“我无加损焉，正名而已矣。”[①] 在《穀梁传》看来，《春秋》经文褒贬进退、扬善黜恶，其实都体现着圣人的“正名”理想。所谓“正名”，就是要使“名”正，即首先要维护“名”的准确性，并重新确立起等级化的“名”的尊严与权威。进而在“名”的规范下，人们各安其位、各司其职，做到“君君，臣臣，父父，子子”（《论语·颜渊》）。君如何做到君？臣如何做到臣？父如何做到父？子如何做到子？归根结底在于恢复或者重建一套合“礼”的行为规范。“《穀梁传》认为社会动荡的根源，在于缺少一个外在的行为规范，为了要发挥‘正名’的思想，达到建立社会秩序的目的，必须建立一套行为规范。这套行为规范，在《穀梁传》中就是‘礼’。不同的阶层遵守不同的礼，君为君，臣为臣，父为父，子为子，名实相符，彼此和而不同，才是一个秩序井然的社会。这样的礼，不仅是一个典章仪式，更是一种规范准则。经由发挥礼的规范精神，形成一套典章仪式，使人人各安其位，各守其份，以建立社会政治的秩序，正是《穀梁传》思想的核心所在。”[②] 按照哈耶克的理论，确立这套合“礼”的行为规范其实是在为形成内在社会政治秩序创造必要的、有利的条件。一旦时机成熟，就有可能纠正“礼坏乐崩”、上下失序的混乱局面，重新建构起以礼乐为核心的等级化的政治秩序。

需要指出的是，《穀梁传》在重建秩序的过程中，对以“仁爱”为代表的道德原则并未予以太多的关注。《穀梁传》当然也讲“忠”、“孝”等道德观念；但是，它很少单纯就道德而谈道德，而多是在礼

① （晋）范宁集解，（唐）杨士勋疏：《春秋穀梁传注疏》，阮元校刻《十三经注疏》本，上海古籍出版社 1997 年版，第 2399 页。

② 吴智雄：《穀梁传思想析论》，台湾文津出版社 2000 年版，第 21 页。

制以及行为的正当性意义上谈道德。本田成之在分析了《穀梁传・隐公元年》有关“隐让恒弑”的传文后，指出：“《穀梁》对于善而不正者，谓之不义。‘惠’虽属道德行为，但不能与正义对抗。隐公让千乘之国，是谓私惠，与子产‘惠而不知为政’相类，可谓之道德，不可谓之正义。盖《穀梁》以正义在道德之上；道德行为，得含不正义于其中焉。”① 隐公探知先君之私意，为尽孝心，不愿即位而只是摄位，以待弟弟恒公长大后还政于他。《穀梁传》批评隐公“已废天伦，而忘君父以行小惠，曰小道也。若隐者，可谓轻千乘之国，蹈道则未也”②，隐公的行为合情不合礼，符合道德却不符合宗法的精神，因而不被《穀梁传》认可。这与《左传》和《公羊传》都不一样。《左传》和《公羊传》均认为隐公摄政让位之举合礼合情，并对隐公表示嘉许。③

不过，笔者不认可本田成之的结论——他以此为依据，主张《穀梁传》出自荀子、近乎法家。《穀梁传》将道德与礼制做适当的分离，并非背弃了孔子的精神。在孔子的学说中，既有重仁爱的一面，也有重宗法礼制的另一面。④《穀梁传》主张以宗法礼制原则来重建社会政治秩序，可以看作是对孔子有关宗法传统和礼乐文化的思想主张的继承与发展。因此，《穀梁传・僖公二年》提出“仁不胜道”⑤，不意味着否定儒家的仁爱思想，而只表明在某些领域、某些情境，仁爱

---

① 〔日〕本田成之：《春秋穀梁传考》，载江侠庵编译：《先秦经籍考》，上海商务印书馆1931年版，第337页。

② （晋）范宁集解，（唐）杨士勋疏：《春秋穀梁传注疏》，阮元校刻《十三经注疏》本，上海古籍出版社1997年版，第2365页。

③ 参见（晋）杜预注，（唐）孔颖达疏：《春秋左传正义》，阮元校刻《十三经注疏》本，上海古籍出版社1997年版，第1712—1713页；（汉）何休解诂，（唐）徐彦疏：《春秋公羊传注疏》，阮元校刻《十三经注疏》本，上海古籍出版社1997年版，第2196—2197页。

④ 详见本书第一章第一节“四、《穀梁传》的作者与成书”部分。

⑤ （晋）范宁集解，（唐）杨士勋疏：《春秋穀梁传注疏》，阮元校刻《十三经注疏》本，上海古籍出版社1997年版，第2391页。

并非最高原则。尤其是当《穀梁传》将自己的使命明确为重建政治秩序时，它更为关注的是孔子和儒家思想中与宗法礼乐秩序关系更为密切的内容，这也是《穀梁传》多次申明“不以亲亲害尊尊”[①]的缘故。所以，《穀梁传》重礼制、重尊卑秩序的特点并不能说明它是出于荀子，更不能断定它近于法家。

正是出于救治失范（脱序）社会的历史使命感，《穀梁传》明确地表达了恢复和重建宗法礼乐秩序的意愿。可以说，整部《穀梁传》都是在讲如何拨乱反正、重构和谐而有效的宗法礼乐秩序。在这个意义上，《穀梁传》的整个思想体系是以秩序为中心展开的。

为了防止“治标不治本”的弊端，《穀梁传》重新清理了周代宗法传统和礼乐文明的精神资源，奠定重建秩序的观念基础；在此基础上，《穀梁传》遵循“天下一国一家”的社会结构特征，自上而下地重构天下秩序、国家秩序和家庭秩序[②]。这三大秩序综合起来，就构成了《穀梁传》理想中的政治秩序。《穀梁传》重建秩序的努力体现了一种政治的和制度的自觉，也反映了战国时期社会思想重大而深刻的变化。

---

① 如《穀梁传·文公二年》，参见（晋）范宁集解，（唐）杨士勋疏：《春秋穀梁传注疏》，阮元校刻《十三经注疏》本，上海古籍出版社1997年版，第2405页。

② 需要说明的是，《穀梁传》本身并未明确提出重建天下秩序、国家秩序、家庭秩序的说法；然而，通过梳理《穀梁传》错综而零散的思想材料，我们可以从中建构出这三种秩序。笔者以为，从创造性诠释的意义上讲，以这三种秩序来架构《穀梁传》的政治秩序是可能的，并不一定是断章取义或过度诠释。

第三章 《穀梁传》秩序重建的观念基础

史华兹在论述高等文化的秩序观念（与原始秩序相区别）时，注意到不能用“还原主义的理性主义态度”来排斥东方的另一种秩序观念。因为在西方文化传统中，“‘秩序’直接意味着‘合理性’，而合理性又直接意味着一种将诸神和鬼神从自然中驱逐出去、只和抽象的‘理性实体’打交道的还原主义的理性主义态度”。然而，在中国的文化传统中，存在“一种整体性的、包容一切的秩序观念，它被包容并结合进了人类经验的每一个方面，包括超自然的和巫术的方面在内，而不是根据现代西方理性主义的还原主义标准排斥并清除它们”。因此，史华兹建议在思考和理解中国传统秩序观念时，应持一种极端小心的态度。①

正如史华兹所说，中国传统文化中的秩序观念呈现出鲜明的有机整体性。史华兹认为其中最重要的成分是祖先崇拜和自然宗教。他解释商王朝之所以在建立其“普遍的”权威时获得了成功，是因为它将亲属纽带与非亲属纽带结合起来，亦即将祖先崇拜和自然宗教结合。② 史华兹的上述论断对理解中国传统社会结构和秩序观念具有重

---

① 〔美〕本杰明·史华兹著，程钢译：《古代中国的思想世界》，江苏人民出版社 2004 年版，第 31 页。

② 〔美〕本杰明·史华兹著，程钢译：《古代中国的思想世界》，江苏人民出版社 2004 年版，第 33—34 页。

要指导价值。

在《穀梁传》作者看来，《春秋》乃是一部拨乱反正之书，圣人寓微言大义于其间，正是要劝善、斥恶、黜不正。所以，《穀梁传》认为解经的目的在于复苏精神、重建秩序。而“源”清方可“本”正，为了实现复苏精神、重建秩序的目标，《穀梁传》必须努力回溯精神与秩序的源头。“同世界上其他民族一样，中华民族的宗教精神也起源于原始氏族社会，也经历过‘自然崇拜’和‘祖先崇拜’。”① 以“天”为中心的自然崇拜和以“祖”为中心的祖先崇拜，正是《穀梁传》政治伦理思想体系的源头活水。

就具体内容而言，《穀梁传》论述的多为具体的政治、军事、伦理事件。但是，在《穀梁传》具体繁杂的史实评述背后，还潜含着一系列观念背景，这是《穀梁传》作者阐发《春秋》“微言大义”、进而对历史事件展开价值诠释的思想基础，也是《穀梁传》秩序重建的基础。这些观念背景主要表现为：如何诠释《春秋》特有的“年”、“时”、“月”、“日”记载方式？如何理解和看待“天”？以及如何确立“道”、“义”等价值标准？总体而言，以时序、天道为中心的自然秩序观念，以及由祖先崇拜发展而来的宗族秩序和道义观念，共同构成《穀梁传》秩序重建的观念基础。

第一节 《穀梁传》的时序观念

“时”的观念在中国古代思想中占据了十分重要的位置。如孟子就曾经称颂孔子为“圣之时者”②，《礼记·礼器》也指出：“礼，时为

① 龚留柱：《春秋弦歌——〈左传〉与中国文化》，河南大学出版社2005年版，第184页。
② （清）焦循：《孟子正义》（下册），中华书局1987年版，第672页。

大。”[①] 近二十年来，学术界围绕中国古代时间观念的研究成果颇多，如陈智勇发表的夏商至战国时期时间意识研究的系列论文[②]，高宏对西周时期时间观念的论述[③]，萧放从民族与民俗学角度对古代时岁问题所作的独到研究[④]，以及尤炜、陈玲等以“六经”为文本对先民时间意识所做的探讨[⑤]等，角度各异，精彩纷呈。

“六经”之一的《春秋》，更与“时”有着极为密切的联系。人们在评价《春秋》时，往往会说《春秋》是中国古代第一部编年体史书。暂且不去讨论《春秋》是“史”还是“经”，有一点是大家都共同承认的，即《春秋》在体裁上采用了编年的形式，按照年、时、月、日的结构记载了鲁国 242 年间的一些史实。然而，《春秋》为什么会采用这种编年形式？难道像某些学者所说的仅仅是出于方便记录的史学技巧考虑？还是其中另有深意？

《穀梁传》在解读《春秋》的过程中，极为关注其中所蕴含的“时”的观念。与《公羊传》和《左传》相比，《穀梁传》对《春秋》的时间性概念做了更为系统的解析，其成果对于我们全面理解中国古代时间观念具有重要意义。而这一点尚未受到学术界的足够重视。《穀梁传》作者显然不认为《春秋》年、时、月、日的编年形式纯粹

---

① （汉）郑玄注，（唐）孔颖达等正义：《礼记正义》，阮元校刻《十三经注疏》本，上海古籍出版社 1997 年版，第 1431 页。

② 陈智勇：《论夏商时期的时间意识》，《殷都学刊》2008 年第 3 期，第 33—36 页；《论西周时期的时间意识》，《三峡大学学报》2006 年第 1 期，第 81—83 页；《论春秋战国时期的时间意识》，《商丘师范学院学报》2007 年第 8 期，第 48—51 页。

③ 高宏：《西周时期时间观述论》，《文史博览》（理论）2008 年第 10 期，第 21—22 页。

④ 萧放：《中国上古岁时观念论考》，《西北民族研究》2001 年第 2 期，第 85—96 页；《天时与人时 —— 民众时间意识探源》，《湖北大学学报》2004 年第 5 期，第 582—586 页；《岁时 —— 传统中国人的时间体验》，《史学理论研究》2001 年第 2 期，第 57—66 页。

⑤ 尤炜、赵山奎：《从〈尚书〉论先秦人的时间意识》，《人文杂志》2003 年第 2 期，第 118—123 页；陈玲：《〈诗经〉中周代先民时间意识的循环性》，《宜宾学院学报》2010 年第 4 期，第 49—51 页。

是出于史学记录的需要；在他（们）看来，《春秋》特有的时间结构还应该有其背后的寓意。换言之，这种时间结构负载有圣人的“微言大义”。因此，《穀梁传》对《春秋》中的时间性概念进行了深入剖析，提出了系统的“时序”[①]观念。

一、《春秋》“不遗时也”

首先，《穀梁传》揭示了《春秋》在形式上的一个显著的特点，那就是在其按照年、时、月、日的时间结构展开的记事过程中，无论有无事件发生，一年中的“春正月”、“夏四月”、“秋七月”、“冬十月”这四个月——作为“时”的标志总是不会遗漏的。于是就出现了这样的现象：有时经文仅仅记载“夏，四月”、“秋，七月”或“冬，十月”，后面就再也没有下文了。《穀梁传》不认为这是由史料缺佚造成的。客观地讲，那种将一切疑问统统归结于“史料缺佚”的态度并不能真正解决问题，反而更像是逃避问题和推卸责任。如此一来，《春秋》仅具“时月”而空缺史实的做法只能是有意为之，这显然是“《春秋》史书论”所无法解释的。

《穀梁传》对《春秋》的这种“无事焉，不遗时也”的独特现象进行了归纳：

> 《穀梁传·隐公九年》：**秋，七月**。无事焉，何以书？不遗时也。[②]

① “年、时、月、日”的结构中的“时”指四时季节；而本节“时序”的“时”则泛指时间。之所以采用“时序”的说法，是因为《穀梁传》在理解时间概念时，明显赋予其某种秩序意义。

② （晋）范宁集解，（唐）杨士勋疏：《春秋穀梁传注疏》，阮元校刻《十三经注疏》本，上海古籍出版社1997年版，第2371页。说明：《穀梁传》传文多依经文逐条解析；所以，本书同引经传时，为了表述的方便和明确，经文用黑体表示。

《穀梁传·桓公元年》：**冬，十月。**无事焉，何以书？不遗时也。《春秋》编年，四时具而后为年。[①]

在《穀梁传》看来，“春”、“夏”、“秋”、“冬”四时并举，乃是由年、时、月、日的时间结构所决定的。所谓“四时具而后为年”，“无事而不遗时”正是为了成全“一年含四时”的固定的时间结构。因此，年、时、月、日的书写方式并不仅仅是为了满足记事的需要，其本身还具有独立的时间秩序色彩。年、时、月、日的时间单位成了一个事先预备好的框架结构，历史上发生的具体事件只需要一个一个填进这个框架中就可以了。换言之，原本依附于历史事件的时间单位竟然可以脱离具体的事件载体，而具有了独立的形态。

二、合时

《穀梁传》对“时间”的重视使它顺理成章地提出了“合时”的观念。所谓“合时”，就是各类自然现象和宗庙祭祀行为都应该有其发生的时间。《穀梁传》作者认为：只有当这些自然现象出现在它们应该出现的时间上，才是正常的，并因此是有利的。同样，那些宗庙祭祀活动也必须在规定好的时间段里进行才合法而有效。

首先就自然现象的发生来看，《穀梁传》比较关注与农业生产关系密切的寒暑与雨旱等现象发生的时节。例如：

《穀梁传·桓公十四年》：**无冰。**无冰，时燠也。[②]

---

① （晋）范宁集解，（唐）杨士勋疏：《春秋穀梁传注疏》，阮元校刻《十三经注疏》本，上海古籍出版社 1997 年版，第 2372 页。

② （晋）范宁集解，（唐）杨士勋疏：《春秋穀梁传注疏》，阮元校刻《十三经注疏》本，上海古籍出版社 1997 年版，第 2377 页。

《穀梁传·成公元年》：**无冰**。终时无冰则志，此未终时而言无冰，何也？终无冰矣。加之寒之辞也。[①]

冬季本应天气寒冷结冰，然而由于气候异常，桓公十四年和成公元年这两年的冬季均未结冰。对于这种本应出现但届时未曾出现的自然现象异常，《穀梁传》认为是“不合时”的，所以经文才专门记载下来。同样的道理，《穀梁传》认为《春秋》中几乎所有的“志异”，均表示这些现象在应该发生的时候未曾出现，或者在不应该出现的时候却出现了，又或者是其延续的时段和发生的程度异乎寻常。当然，《穀梁传》评定某一自然现象（特别是天气现象）是否“正常合时”，往往倾向于采用对农业生产是否有利作为标准。这与后世常说的“风调雨顺”一样，都反映了农业对于古代价值观念的深刻影响。

再如，《穀梁传》作者特别注意到分别发生在僖公和文公时期的两次长达半年以上的旱灾。《穀梁传》对这两次长期“不雨”的评价不同：对于发生在僖公二年至三年的“不雨”，《穀梁传》持褒扬的立场，称赞了僖公忧戚旱灾、怜悯民生疾苦的爱民之心[②]；而对于发生在文公十年的“不雨”，《穀梁传》则持贬斥立场，批评了文公无视旱灾、不以民为志的态度[③]。但有一点是共同的，那就是《穀梁传》认为从冬季到来年夏季的长时期“不雨”显然属于严重“不合时”的情况。反过来说，头年的冬季到来年的夏季之间应该下雨才“合

① （晋）范宁集解，（唐）杨士勋疏：《春秋穀梁传注疏》，阮元校刻《十三经注疏》本，上海古籍出版社 1997 年版，第 2417 页。

② （晋）范宁集解，（唐）杨士勋疏：《春秋穀梁传注疏》，阮元校刻《十三经注疏》本，上海古籍出版社 1997 年版，第 2392 页。

③ （晋）范宁集解，（唐）杨士勋疏：《春秋穀梁传注疏》，阮元校刻《十三经注疏》本，上海古籍出版社 1997 年版，第 2408 页。

时”、正常。推而广之，《穀梁传》相信任何自然现象都应该有其适宜的出现时机。

其次，与宗庙祭祀相关的活动安排也严格体现了《穀梁传》所强调的“合时”观念。以《穀梁传·桓公四年》的一段十分典型的论述来看：“四时之田，皆为宗庙之事也。春曰田，夏曰苗，秋曰蒐，冬曰狩。”[①] 四时之田，指的是为服务于宗庙祭祀（提供祭品）所展开的田猎活动。《穀梁传》认为不同季节的田猎活动，其主题和强度都应该有所区别。根据晋代范宁的注释，春季的“田”指“取兽于田”，夏季的“苗”指“为苗除害”，秋季的“蒐”指“舍小取大”，冬季的“狩”指“围狩”。[②] 周何认为，“田”指春季采用田野猎兽；“苗”指夏季行猎时应注意不要误伤怀孕的母兽；“蒐”指秋季可蒐索肥壮的动物；“狩”指冬季寒冷，适合采用伺守而猎取的方式。[③] 无论何种看法，都承认为宗庙祭祀提供祭品的四时田猎，必须顺应野兽在四季的不同生长情况而做出不同安排。并且，只有四时的田猎各依秩序时，其行为才是正当的，其田猎所得才可以名正言顺地用于宗庙祭祀。而鲁桓公却在春季的正月举行了本应在冬季举行的“狩”，其行为丧失了正当性。《穀梁传》对此提出批评。

如果说田猎还只是为宗庙祭祀做准备的工作，那么“郊”、“雩”与“烝”则分别代表了“祭天”和“祀祖”这两大类宗庙祭祀活动。《穀梁传》认为“郊”、“雩”和“烝”的活动同样必须合乎其时。

以“郊”为例。郊祀是极为隆重的祭天之礼。根据规定：举行郊祀的时间是每年的春季，也就是正月到三月之间；举行郊祀通常要

① （晋）范宁集解，（唐）杨士勋疏：《春秋穀梁传注疏》，阮元校刻《十三经注疏》本，上海古籍出版社 1997 年版，第 2374 页。

② （晋）范宁集解，（唐）杨士勋疏：《春秋穀梁传注疏》，阮元校刻《十三经注疏》本，上海古籍出版社 1997 年版，第 2374 页。

③ 周何：《新译春秋穀梁传》，台湾三民书局 2000 年版，第 95 页。

向上天贡献牲牛，此前要三次卜问上天之意以决定是否免除牲牛。但是，《春秋》多次提到“夏，四月，四卜郊”、“夏，四月，五卜郊”等非礼的情况，《穀梁传》对此的评论是“夏，四月，不时也；四卜，非礼也”[①]、“五卜，强也”[②]。在夏季的四月举行郊祀是不合时的，这很容易理解——正常的郊祀时间应该在每年春季的正月到三月之间。而“四卜”、“五卜”之所以“非礼”（“强”为更严重的“非礼”），据范宁的解释，不仅在于卜问频率过度，还在于它“不合时”——因为每卜一次都需要花费一段时间，四卜、五卜之后就进入到夏季，无法再完成必须在春季举行的郊祀。[③]

再举《穀梁传》很看重的“大雩”之祭为例。从《穀梁传·定公元年》的传文来看，告天求雨的“大雩”之祭应该举行的时间是每年的九月；秋七月和冬十月举行此祭都是不合时的。因为“冬，禾稼既成，犹雩，则非礼可知”，求雨是为了庄稼的生长，冬季庄稼已收获完毕，此时再来求雨显然是多此一举。至于秋七月“大雩”的“不时”，则是因为“毛泽未尽，人力未竭，未可以雩也”，秋季七月，庄稼之干旱未到绝境，人力之施行尚或有功，情况还没有到山穷水尽、无计可施的地步。所以，此时还不能举行求雨的“大雩”之祭。按照《穀梁传》的理解，秋七月举行雩祭，不仅不能解燃眉之急，反而有违于“请道”。所谓“请道”，就是古人祈求神明赐福之道。“古之人重请”，所以不能轻易祈求神明。正如现在常说的“好钢要用在刀刃上”，神明珍贵的赐福当然也应该用在人们真正需要的时候。什

① （晋）范宁集解，（唐）杨士勋疏：《春秋穀梁传注疏》，阮元校刻《十三经注疏》本，上海古籍出版社1997年版，第2403页。

② （晋）范宁集解，（唐）杨士勋疏：《春秋穀梁传注疏》，阮元校刻《十三经注疏》本，上海古籍出版社1997年版，第2421页。

③ 参见（晋）范宁集解，（唐）杨士勋疏：《春秋穀梁传注疏》，阮元校刻《十三经注疏》本，上海古籍出版社1997年版，第2403页。

么是真正需要的时候呢？《穀梁传》认为那就是处于秋七月和冬十月之间的“九月”：“月之为雩之正，何也？其时穷，人力尽，然后雩，雩之正也。何谓其时穷、人力尽？是月不雨，则无及矣；是年不艾，则无食矣，是谓其时穷、人力尽也。”时至九月，庄稼已经干旱得奄奄一息，人力也已经快耗尽了，这可以真正算得上是“最危险的时候”——倘若上天仍然不下雨，很可能就会颗粒无收了。身处这样的绝境，然后恭敬地举行雩祭以求雨，才合于“请道”。从《穀梁传》对雩祭时节的详细规定中，可以明确地感受到作者对于祭祀之“时”与“度”的微妙把握。①

以祭祖为目的的“烝”也是如此。《穀梁传·桓公八年》在评论春季正月和夏季五月的两次烝祀时说：“烝，冬事也，春兴之，志不时也”，“烝，冬事也，春、夏兴之，黩祀也。志不敬也”②。正常的烝祀应该举行于冬季，若“春、夏兴之”就是对烝祀的亵渎。可见，合时与否又与行为的虔敬态度联系在一起——只有合于时的祭祀行为才有可能是虔敬的；不合于时的祭祀无论形式多么隆重，都不可能虔敬。毕竟，“祭者，荐其时也，荐其敬也，荐其美也”③；《礼记·礼器》也说：“礼，时为大，顺次之，体次之，宜次之，称次之”④，方慤解释道：“天之运谓之时”⑤。“时”对于祭祀活动而言至关重要。

由此可见，在《穀梁传》看来，无论是与农事密切相关的风、

① 参见（晋）范宁集解，（唐）杨士勋疏：《春秋穀梁传注疏》，阮元校刻《十三经注疏》本，上海古籍出版社1997年版，第2443页。

② （晋）范宁集解，（唐）杨士勋疏：《春秋穀梁传注疏》，阮元校刻《十三经注疏》本，上海古籍出版社1997年版，第2376页。

③ （晋）范宁集解，（唐）杨士勋疏：《春秋穀梁传注疏》，阮元校刻《十三经注疏》本，上海古籍出版社1997年版，第2423页。

④ （汉）郑玄注，（唐）孔颖达等正义：《礼记正义》，阮元校刻《十三经注疏》本，上海古籍出版社1997年版，第1431页。

⑤ （清）孙希旦：《礼记集解》（下册），中华书局1989年版，第627页。

雨等自然天象，还是以敬天祀祖为目的的宗庙祭祀活动，都应该在它们合适的时候出现。“合于时”成了此类行为的正当性和有效性的根本保障之一。在这种“合时”观念背后，我们可以隐隐约约地感受到春、夏、秋、冬这四时似乎代表了一种神秘的自然秩序；天象与人事只有合于此种自然之秩序才是正常、合宜的。

三、“日月”之例

《穀梁传》时序观念的最显著、也是最重要的表现，反映在它对于《春秋》“日月”之例的提炼和总结上。这也是《穀梁传》最受学者非议的内容之一。宋代吕大圭就曾经明确地将“以日月为褒贬”列为《春秋》穿凿的两大弊端之一，指出：“《春秋》以事系日，以日系月，以月系时。事成于日者书日，事成于月者书月，事成于时者书时。其或宜月而不月，宜日而不日者，皆史失之也。”[①] 朱熹亦有言：“或有解《春秋》者，专以日月为褒贬：书时月，则以为贬；书日，则以为褒。穿凿得全无义理。”[②]

不过，《穀梁传》作者却坚信《春秋》经文在记录某一事件时书“日”、书“月”、书“时”，都不是随机的、偶然的，而是有褒贬之深意蕴藏在其间。对于《穀梁传》这一看法，可以从两个层次来理解：倘若从对《春秋》原义的发掘来说，也就是《穀梁传》作为“解经”之书而言，它认定《春秋》的每一个时间单位几乎都蕴藏有圣人褒贬善恶的“微言大义”，这种观点无疑是冒险的，甚至有过度诠释的嫌疑。但是倘若就《穀梁传》思想本身来说，也就是它借助诠释《春秋》的形式而阐发自己的独立思想体系而言，认定存在“日月”

① 宋元人注：《春秋三传》，四书五经本（下册），天津古籍书店 1988 年版，第 5 页。
② 宋元人注：《春秋三传》，四书五经本（下册），天津古籍书店 1988 年版，第 7 页。

之例并且“以日月为褒贬”，便构成了《穀梁传》自身的思想特色，并因而具有了独立的思想价值。

当然，《穀梁传》所归纳的“日月”之例系统而复杂，并不能简单地用“以日月为褒贬”来代表，并且也不像朱子所说的“书时月，则以为贬；书日，则以为褒”。总体地看，可以将其凝练为三条规定：

> 第一，每一事件都有其对应的“日”、“月”、“时”之书写常例；
>
> 第二，“日”、“月”、“时”的记时区分存在等级差别，“日重于月、月重于时”；
>
> 第三，可以通过改变“日”、“月”、“时”之书例来表达对历史事件的价值评判。

就第一点来看，《穀梁传》相信每一个历史事件都有其对应的“日”、“月”、“时”的记时书写常例，这也是“合时”观念的又一体现。仅举“卒”、“葬”的书例为证：古人重死，所以会不惜大费周章对不同爵位、等级之人的死亡做出不同表述，如《礼记·曲礼》云：“天子死曰崩，诸侯曰薨，大夫曰卒，士曰不禄，庶人曰死。”[①]《穀梁传》进而认为，记录不同等级之人的去世，其差别不仅仅表现在称谓上，还表现在“卒”与“葬”的时间记录上。对天子来说，“天子志崩不志葬”，经文只是具书“时月日”以记录天子去世的时间而不记载其下葬的时间。因为天子为天下至尊，举全天下葬

---

① （汉）郑玄注，（唐）孔颖达等正义：《礼记正义》，阮元校刻《十三经注疏》本，上海古籍出版社 1997 年版，第 1269 页。

其一人，丧葬的时间都是礼制规定好的，全天下的人都知道，所以没有必要再记载了。[①]而对于鲁国以外的诸侯之死，“日卒时葬，正也”[②]，也就是应该用日期注明其去世的时间，用季节注明其下葬的时间。如：

《穀梁传·隐公三年》：**八月庚辰，宋公和卒。**诸侯日卒，正也。[③]

《穀梁传·成公十三年》：**冬，葬曹宣公。**葬时，正也。[④]

《穀梁传·襄公七年》：**十有二月，公会晋侯、宋公、陈侯、卫侯、曹伯、莒子、邾子于鄬。郑伯髡原如会。未见诸侯。丙戌，卒于操。**……其地，于外也；其日，未逾竟也。日卒时葬，正也。[⑤]

《穀梁传》认为，《春秋》在记录鲁国以外[⑥]的诸夏之国国君去世时书“日”，记录其下葬时书“时”，均属于“正”。按照常识，某一国君去世的时间一般很明确，因而经文具体书“日”以表示郑重和同情；但国君下葬的时间往往很难具体到某日，需殡满五个

① （晋）范宁集解，（唐）杨士勋疏：《春秋穀梁传注疏》，阮元校刻《十三经注疏》本，上海古籍出版社 1997 年版，第 2381 页。

② （晋）范宁集解，（唐）杨士勋疏：《春秋穀梁传注疏》，阮元校刻《十三经注疏》本，上海古籍出版社 1997 年版，第 2426 页。

③ （晋）范宁集解，（唐）杨士勋疏：《春秋穀梁传注疏》，阮元校刻《十三经注疏》本，上海古籍出版社 1997 年版，第 2368 页。

④ （晋）范宁集解，（唐）杨士勋疏：《春秋穀梁传注疏》，阮元校刻《十三经注疏》本，上海古籍出版社 1997 年版，第 2422 页。

⑤ （晋）范宁集解，（唐）杨士勋疏：《春秋穀梁传注疏》，阮元校刻《十三经注疏》本，上海古籍出版社 1997 年版，第 2426 页。

⑥ 至于鲁国国君，正常情况下经文记载其“薨”、“葬”均具体书“日”。这也是《穀梁传》“内鲁”思想的一个体现。

月再卜日下葬，因而书“时”即可。不过，诸侯“日卒时葬”之“正”还有其他含义，范宁认为“正，谓承嫡”[①]，表明该诸侯在继承身份上的正当性（为先君的嫡长子）。综合《穀梁传》前后的传文来看，“正”还包含有诸侯死亡方式正常的含义。只有当诸侯因自然衰老或疾病等正常原因死亡，并且新君即位无异常情况时，才能按照正常的方式以“日”书其“卒”，以“时”书其“葬”。《穀梁传》认为，诸侯去世书“日”、下葬书“时”乃是正常、合理的情况，它表明了诸侯身份的正当性以及死亡方式的正常性。

这一点，可以从昭公十九年许悼公“卒”、“葬”的例子中得到很好的印证：

> 《穀梁传·昭公十九年》：**夏，五月戊辰，许世子止弑其君买**。日弑，正卒也。正卒，则止不弑也。不弑而日弑，责止也。[②]
>
> 《穀梁传·昭公十九年》：**冬，葬许悼公**。日卒时葬，不使止为弑父也。[③]

许悼公因病中误服世子进献的药而意外身亡。对于许君之死，经文既书卒日、又书“弑”。《穀梁传》认为只有当国君正常死亡时才会书“日”，所以这种“日”、“弑”并书的现象实质表明许悼公并非死于许世子的篡逆谋杀，而是死于意外；至于书“弑”则是为了表

---

① （晋）范宁集解，（唐）杨士勋疏：《春秋穀梁传注疏》，阮元校刻《十三经注疏》本，上海古籍出版社 1997 年版，第 2368 页。

② （晋）范宁集解，（唐）杨士勋疏：《春秋穀梁传注疏》，阮元校刻《十三经注疏》本，上海古籍出版社 1997 年版，第 2438 页。

③ （晋）范宁集解，（唐）杨士勋疏：《春秋穀梁传注疏》，阮元校刻《十三经注疏》本，上海古籍出版社 1997 年版，第 2439 页。

示对许世子献药而不知先尝药的错误行为进行批评。[①] 而且，后文书“时”以葬许悼公也再次表明许世子并非弑父的凶手。如此，《穀梁传》仅凭“卒”、“葬”的“日”、“时”之例就为许世子洗脱了弑父的恶名，这恐怕是其“日月”之例的一个意外收获吧！

其次，《穀梁传》认为作为时间之单位的“日”、“月”、“时”存在轻重贵贱的等级区别。具体地说，“口”要重于“月”，“月”又重于“时”。这也可以从《春秋》对中原诸夏、小国及夷狄之国的不同书例反观出来：

> 《穀梁传·宣公十五年》：**六月，癸卯，晋师灭赤狄潞氏，以潞子婴儿归**。灭国有三术：中国谨日，卑国月，夷狄不日。其日潞子婴儿，贤也。[②]
>
> 《穀梁传·襄公六年》：**秋，……莒人灭缯**。非灭也。中国日，卑国月，夷狄时。缯，中国也，而时，非灭也。[③]

《穀梁传》很重视国家灭亡的重大事件。但是在记载此类事件时，《穀梁传》认为《春秋》针对不同的对象采用了不同的日月书例。其中，对于中原诸夏大国的灭亡，经文书“日”；对于中原一些小国的灭亡，经文书“月”；对于那些夷狄之国的灭亡，经文则书“时”。结合《春秋》以及《穀梁传》“外夷狄而内诸夏”的尊卑观念，很容

---

① 《礼记·曲礼》规定：“亲有疾，饮药，子先尝之。医不三世，不服其药。”可作参考。参见（汉）郑玄注，（唐）孔颖达等正义：《礼记正义》，阮元校刻《十三经注疏》本，上海古籍出版社 1997 年版，第 1268 页。

② （晋）范宁集解，（唐）杨士勋疏：《春秋穀梁传注疏》，阮元校刻《十三经注疏》本，上海古籍出版社 1997 年版，第 2415 页。

③ （晋）范宁集解，（唐）杨士勋疏：《春秋穀梁传注疏》，阮元校刻《十三经注疏》本，上海古籍出版社 1997 年版，第 2426 页。

易看出：书“日”最尊，书“月”次之，书“时”最卑。从这里，我们还可以发现《穀梁传》似乎有一种“重细微、重具体”的价值倾向，表现为：越是细微、具体的东西就越是尊贵。例如，《穀梁传·庄公十四年》对“荆楚”称谓进行了评论：“荆者，楚也，其曰荆，何也？州举之也。州不如国，国不如名，名不如字。”[①] 从大小的秩序来看，州大于国，国大于名，名大于字；但是，从尊卑的秩序看，却是称字尊于称名，称名尊于称国，称国尊于称州。[②] 换言之，称谓越具体就表示越尊贵，这与书时越具体就越尊崇有异曲同工之妙。

第三点，也是最重要的，《穀梁传》认为通过改变“日”、“月”、“时”的书例可以表达对历史事件的价值评判。春秋是一个旧有的社会秩序结构逐渐被破坏、被取代的动荡时代，原本用来维系整个社会运转的礼乐制度渐次崩坏，上至天子、诸侯，下至大夫、士，僭越礼制、背弃人伦的行为比比皆是。面对礼乐崩坏的困境，心怀匡扶秩序的宏志，《穀梁传》坚信《春秋》为圣人拨乱反正之书，于是“日”、“月”、“时”的书例也就成为圣人进退褒贬的有力武器。

例如，正常情况下对于诸侯之死应该书“日”以记之，但是襄公三十年经文却书“夏，四月，蔡世子般弑其君固”。《穀梁传》认为这里变“日”为“月”，实际上是采用了描述夷狄之君卒亡的记载方式，目的是为了贬斥蔡国世子弑君夺政的行为近乎夷狄。[③]

---

① （晋）范宁集解，（唐）杨士勋疏：《春秋穀梁传注疏》，阮元校刻《十三经注疏》本，上海古籍出版社 1997 年版，第 2383 页。

② 这一观念一直延续到今天，我们在称呼某人（如“李世民”）时，不同称谓方式蕴含不同的亲疏色彩和尊重程度，如“这个湖北佬”、“这个武汉人”、“这个姓李的”、“李世民”、“世民”，等等。

③ （晋）范宁集解，（唐）杨士勋疏：《春秋穀梁传注疏》，阮元校刻《十三经注疏》本，上海古籍出版社 1997 年版，第 2432 页。

再如桓公二年，纪侯来到鲁国朝聘。依礼制，诸侯之间朝聘应书“时”以记录；但是经文却说：“秋，七月，纪侯来朝。”《穀梁传》道出了其中的原由：鲁桓公弒兄篡政，又受人之赂而成宋之乱，正当罪责深重之时，纪君却来朝聘，有助纣为虐嫌疑；故经文变化书例，以“月”代“时”，一则抨击鲁桓公的恶行，二则批评纪侯“不择其不肖而就朝之”（范宁注）的糊涂行为。①

《穀梁传》认为《春秋》经文在记载逾礼、篡弒和种种危葬的现象时，往往会采用变化正常的“日”、“月”、“时”之书例的方式。这样做的目的，从表面上讲可以对事件之异常做出简单而有效的标志；从深层讲则蕴含了作者对于这些非礼现象的忧惧、愤慨的情感和维护正常秩序的良苦用心。

四、谨而书“日”

既然《穀梁传》作者认定作为时间单位的“日”、“月”、“时”存在轻重贵贱之等级，即书“日”重于书“月”，书“月”重于书“时”；那么《穀梁传》通过书“日”的形式，对于一些很重要的事情表示郑重，也就很容易理解了。这就是《穀梁传》“谨而日之”的观念。所谓“谨”，有严肃、谨慎、郑重等等含义。《穀梁传》认为：对于某些异常事件，由于其性质严重或者意义重大，《春秋》在记录时会特别地书“日”以“谨”之。

第一类“谨而日之”的事件主要是大自然的异常现象。例如：

> 《穀梁传·隐公九年》：**三月癸酉，大雨，震电**。震，雷也。

① （晋）范宁集解，（唐）杨士勋疏：《春秋穀梁传注疏》，阮元校刻《十三经注疏》本，上海古籍出版社 1997 年版，第 2373 页。

电，霆也。**庚辰，大雨雪**。志疏数也。八日之间，再有大变，阴阳错行，故谨而日之也。雨月，志正也。[①]

三月的癸酉日到庚辰日仅隔八天，但天气却发生了急剧的变化：先是下雨、打雷，后来气温又急转直下，下起大雪。对于这种三月份发生的异常天气变化（类似于今天所说的“倒春寒”），《穀梁传》的作者认为这是阴阳驳乱所造成。因为雷电为阳，雨雪为阴；雷既已出，雪不当复降。现在先雷而后雪，阴迫于阳，阴阳皆失其序，故经文书“日”以示关切与郑重。

第二类书“日”以谨之的事件多是那些失礼、失德的行为举止。《穀梁传》认为书“日”的目的在于表示对这类行为的厌恶，并警以戒之。例如，对于侵占他国城池的行为进行批评的“日入，恶入者也”[②]，和对于夷狄乱诸夏行为进行贬斥的“恶之，故谨而日之”[③]等，都属于此列。

第三类“谨而日之”的情况比较少见，主要是借书“日”以表示对于某些现象的嘉许。如昭公十三年楚平王帮助被楚国灭掉的蔡、陈二国复国，有存亡续绝之功。所以，《春秋》对达成此事的平丘之盟书“日”以示褒扬。[④]

追溯“年”、“时”、“月”、“日”等时间性概念的源头，不难发现它们其实都源自于人们对日月星辰等天象和四季寒暑等现象的长期

① （晋）范宁集解，（唐）杨士勋疏：《春秋穀梁传注疏》，阮元校刻《十三经注疏》本，上海古籍出版社 1997 年版，第 2371 页。

② （晋）范宁集解，（唐）杨士勋疏：《春秋穀梁传注疏》，阮元校刻《十三经注疏》本，上海古籍出版社 1997 年版，第 2370 页。

③ （晋）范宁集解，（唐）杨士勋疏：《春秋穀梁传注疏》，阮元校刻《十三经注疏》本，上海古籍出版社 1997 年版，第 2421 页。

④ 参见（晋）范宁集解，（唐）杨士勋疏：《春秋穀梁传注疏》，阮元校刻《十三经注疏》本，上海古籍出版社 1997 年版，第 2437 页。

观察。“小农社会是静止的、稳定的。在那里，生活的变化主要来自两方面：一是四季转换，二是生命周期。”[①] 在古人“仰观俯察”的活动中，逐渐意识到某些自然现象的出现是次序的、循环的、稳定的，遵循一定的秩序。“天”正是通过自然的秩序性来展示自身。因此，“年”、“时”、“月”、“日”等时间概念其实正是人类对于天地自然之秩序与节奏的归纳与模拟。

总体而言，《穀梁传》通过细致入微地剖析《春秋》的时间性概念，提出了系统的时序观念。《穀梁传》所呈现的时序观念在中国古代哲学时位观的发展历程中闪烁着独特的光芒。无论是对《春秋》“不遗时”规律的总结，还是对自然人事“合时”观念的抉发，又或是对“日月”之例的归纳，和对谨而书“日”书法的提炼，《穀梁传》都表达了共同的思想旨趣，那就是：将时间理解为一种有等级、有贵贱、有轻重的秩序结构，任何自然现象与人事活动都是在此时间秩序结构中展开的，而中国传统的“合乎时宜”、“因时制宜”的观念正是在这一时间秩序结构中得以确立。于是，人类活动的正当性与时间结构的秩序感紧密地联系在一起，而人类社会的秩序也顺理成章地从天地自然的时间秩序结构中效仿和提炼得来。

第二节 《穀梁传》的“天道”观念

无论是与世界其他文明的典型哲学形态相比，还是就中国先秦时期诸子蜂起、百家争鸣内部而言，儒家哲学的道德属性和伦理特质都显得极为突出。但是，这并不意味着儒家哲学仅仅指向当下的伦理世界。

① 张德胜：《儒家伦理与社会秩序：社会学的诠释》，上海人民出版社2008年版，第20页。

正如史华兹所说，“没有理由认为，周的建立者们对于他们所作的合理化辩护的宗教基础就没有内在的信仰”①。对于“天”和“祖”的信仰为周文化奠定了虔敬的宗教基础；其中，“天”是最主要的。“就人类而论，即使说天是‘发源者’而不是规范性秩序的‘立法者’，‘天’也必须深切地关心秩序的实现问题。”或者可以说，“‘天’决心要使人服从其秩序。在非人类的世界中，‘天’的秩序无处不在，它的运行方向确定，顺利通畅；我们所拥有的文本——就像希伯来圣经一样——主要关心的也是‘天’与人类世界的关系。”当然，“天”无法直接对人群发号施令；“天”的意志乃是“通过好的统治者作为中介，才能使规范性的秩序得到实现”。②儒家继承和发展了周文化的信仰传统，天道构成了儒家的意义背景与价值归宿。故而，儒家道德实践活动的实质是“道中庸”以“极高明”，追求“同天体道”的精神境界。

作为儒家最重要的“十三经”之一，《穀梁传》继承了儒家重视“天道”的传统。“天”是《穀梁传》整个思想体系的最高范畴。对于《穀梁传》作者而言，“天”是一切神圣性的源头；人间秩序的正当性和神圣性的根源都应追溯到“天”。③“在这里，天——‘上帝’处于整个王朝谱系的最高裁判者的位置。天成为王朝延续所依赖的最高道德意志，变成了历史之神（God of History）。”④

在《穀梁传》的思想体系里，“天”是一个统一、和谐的整体。

① 〔美〕本杰明·史华兹著，程钢译：《古代中国的思想世界》，江苏人民出版社 2004 年版，第 48 页。

② 参见〔美〕本杰明·史华兹著，程钢译：《古代中国的思想世界》，江苏人民出版社 2004 年版，第 53 页。

③ 这里的“天”不是在与“地”相对意义上的“天”，而是指囊括一切的宇宙天地之总体。

④ 〔美〕本杰明·史华兹著，程钢译：《古代中国的思想世界》，江苏人民出版社 2004 年版，第 48 页。

为了便于把握《穀梁传》“天道”的内涵，本书将《穀梁传》涉及“天”的论说细化为四个层次，即“天象”、“天秩”、“天意”和“法天”。这四个层次既相互区别，又彼此联系，共同构成了《穀梁传》的“天道”观念。

一、天象

“天象”是《穀梁传》天道观念的第一个层次，也是最基础的层次。所谓“天象”，指的是宽泛意义上的天文现象，主要包括苍穹中日月星辰的运行以及风雨云雷等现象。《穀梁传》对《春秋》中有关天文现象的观察、记录表现出浓厚的兴趣。例如：

《穀梁传·隐公九年》：**三月癸酉，大雨，震电**。震，雷也。电，霆也。**庚辰，大雨雪**。志疏数也。八日之间，再有大变，阴阳错行，故谨而日之也。雨月，志正也。[①]

《穀梁传·庄公七年》：**夏，四月辛卯，昔，恒星不见**。恒星者，经星也。日入至于星出谓之昔。不见者，可以见也。**夜中星陨如雨**。其陨也如雨，是夜中与？《春秋》著以传著，疑以传疑。中之，几也；而曰夜中，著焉尔。何用见其中也？失变而录其时，则夜中矣！其不曰恒星之陨何也？我知恒星之不见，而不知其陨也。我见其陨而接于地者，则是雨说也。著于上，见于下，谓之雨；著于下，不见于上，谓之陨。岂雨说哉！[②]

《穀梁传·僖公十六年》：**十有六年春，王正月戊申朔，**

① （晋）范宁集解，（唐）杨士勋疏：《春秋穀梁传注疏》，阮元校刻《十三经注疏》本，上海古籍出版社1997年版，第2371页。

② （晋）范宁集解，（唐）杨士勋疏：《春秋穀梁传注疏》，阮元校刻《十三经注疏》本，上海古籍出版社1997年版，第2382页。

陨石于宋五。先陨而后石，何也？陨而后石也。于宋，四竟之内曰宋。后数，散辞也，耳治也。**是月，六鶂退飞，过宋都**。是月者，决不日而月也。六鶂退飞过宋都，先数，聚辞也，目治也。子曰："石，无知之物；鶂微，有知之物。石无知，故日之；鶂微，有知之物，故月之。君子之于物，无所苟而已。石、鶂且犹尽其辞，而况于人乎！故五石六鶂之辞不设，则王道不亢矣！"民所聚曰都。①

《穀梁传·文公十四年》：**秋，七月，有星孛入于北斗**。孛之为言犹茀也。其曰入北斗，斗有环域也。②

《穀梁传·昭公十七年》：**冬，有星孛于大辰**。一有一亡曰有。于大辰者，滥于大辰也。③

从上述的引文来看，隐公九年的经传主要关注天气的异常剧烈变化，庄公七年和僖公十六年的经传则记载了"天陨石"及"鸟退飞"的异常天象，最后两条引文针对的是星辰异常运行。此外，《穀梁传》还有大量关于水旱灾害和日月食现象的解释。从这些事例中不难发现，《穀梁传》对于天象（特别是异常的天象）十分关注。

《春秋》有"志异"的传统，即对于自然界林林总总的异常现象，如日月星辰、风雨雷电、寒暑冷热乃至水旱虫灾等，只要是异乎常态，经文往往特意标注说明。《穀梁传》很重视《春秋》的这一传统，因为"志异"表明与异常状态相对应，应有所谓恒常、通常状

① （晋）范宁集解，（唐）杨士勋疏：《春秋穀梁传注疏》，阮元校刻《十三经注疏》本，上海古籍出版社 1997 年版，第 2398 页。

② （晋）范宁集解，（唐）杨士勋疏：《春秋穀梁传注疏》，阮元校刻《十三经注疏》本，上海古籍出版社 1997 年版，第 2409 页。

③ （晋）范宁集解，（唐）杨士勋疏：《春秋穀梁传注疏》，阮元校刻《十三经注疏》本，上海古籍出版社 1997 年版，第 2438 页。

态，这就是“正常”。“正常”的“正”字昭示了此类自然现象所具有的正当性与必然性。因而，人类效法自然秩序建构社会秩序，所效法的正是此恒常状态。一旦出现异乎寻常的自然现象，则人类业已形成的习惯应对方式将可能失效，是为“不正”。不过，不同于《公羊传》直接将自然界异常现象神秘化为天神意志的表现，《穀梁传》更为看重“志异”所体现的秩序意义。就此而言，《穀梁传》对于异常天象，乃至异常自然现象所持的态度，在精神上更接近于孔子。①

先秦时期的其他文献可以证明观察天象已经成为古代早期社会的一项重要活动。当我们从“天象”的角度回过头来重新审视“日、月、时、年、岁”的时间单位与结构时，会发现这些对于今天的人们而言很清晰、很客观的时间概念，在古人的眼中或许呈现出完全不同的意义。

从字面来看，“日”作为时间概念显然源于人们对于太阳视运动的观察——人们意识到太阳东升西落的过程是稳定的、重复的、必然的，它甚至不受阴晴雨雪的具体天气的影响！于是，太阳每一轮东升西落的循环就成了标志时间的基本单位——“一日”。类似地，月亮的一轮盈缺循环就成了“一月”。“时”之确定要稍稍复杂一点：在人类对身边自然现象长期观察的过程中，发现每隔一段时间都会发生一些明显的变化，例如气温、降雨、植物的生长以及动物的活动等等，会表现出巨大的差异；而这样的情形共有四种类型，并且这四种类型按照固定的顺序不断循环往复。为了便于把握，也为了方便人类顺应大自然的变化而活动，早期的人们就将这四种物候变化类型分别称为“春”、“夏”、“秋”、“冬”，这就是“四时”、“四季”的来历。

至于“年”和“岁”的来历，则存在多种说法：一种理解认为

① 如《论语·阳货》记载：“天何言哉？四时行焉，百物生焉。天何言哉？”

一“年”就是“春”、“夏”、“秋”、“冬”这四季的一次循环过程；而“岁”也是“年”，只不过称谓不同罢了，例如《尔雅·释天》就指出：“夏曰岁，商曰祀，周曰年，唐虞曰载。岁名。”[①] 宋代学者邢昺疏云：“年者，禾熟之名，每岁一熟，故以为岁名。”[②]“年”字来源于“稔”，取“庄稼成熟”之意。由于庄稼每岁成熟一次，故以“岁”名“年”。“岁”的概念可能源于古老的观测天象活动：“古人很早就认识到木星在恒星背景下大致每12年运动一周，甚至发展成一套利用木星的运动来纪年的体系，木星因而也被称做岁星，以岁在黄道上十二次的某次来表示年份。”[③] 换言之，木星运行周期的十二分之一就是一“岁”。

从《穀梁传》对天象的重视中，不难看出其背后有古人“仰观俯察”的影子。正如《周易·系辞上》所启示的，古人乃是通过“仰以观于天文，俯以察于地理”[④] 的感性形式来直观地感知和触摸自然。按照不少学者的理解，“仰以观于天文”正是古代的“占星术”。“占星术”是早期人类对于天象的观察、记录、预测和理解。尽管不同文明的“占星术”在形式与主题上会有这样或那样的不同，但是几乎所有的人类早期文明都共同地表达了对天象的关注，这显然不是偶然的巧合，它直观地说明了早期人类对于自身生存背景的关心和理解。

---

① （晋）郭璞注，（宋）邢昺疏：《尔雅注疏》，阮元校刻《十三经注疏》本，上海古籍出版社1997年版，第2608页。

② （晋）郭璞注，（宋）邢昺疏：《尔雅注疏》，阮元校刻《十三经注疏》本，上海古籍出版社1997年版，第2608页。

③ 江晓原、钮卫星：《回天——武王伐纣与天文历史年代学》，上海人民出版社2000年版，第84页。

④ （魏）王弼、韩康伯注，（唐）孔颖达正义：《周易正义》，阮元校刻《十三经注疏》本，上海古籍出版社1997年版，第77页。

二、天秩

对日月星辰运行长期观察的一个结果，就是人们产生了秩序的观念。其实，天象“正常”或“异常”的说法本身就已经蕴含了秩序观念的萌芽。所谓“秩”，可解为“次”与“常”，其具体内涵很接近今天所说的“规律”一词，都有恒常、稳定、次第、秩序的含义。对于人类而言，作为“宇宙之大全”的“天”正是通过天象运行和变化的秩序表现出来，这就是“天秩”的观念。张载《正蒙·动物》云：“生有先后，所以为天序；小大、高下相并而相形焉，是谓天秩。天之生物也有序，物之既形也有秩。知序然后经正，知秩然后礼行。”[①] 张载将天地间万物产生的时间先后顺序理解为“天序”，将万物形体和次序上的空间关系理解为“天秩”。其实，“天序”与“天秩”在更广泛的意义上是融贯一致的。

因此，日月星辰出现的时机与运行的方位都遵循着某种秩序。而且，“日”、“月”、“时”、“年”、“岁”等时间概念其实正是人类对于大地自然之秩序与节奏的归纳与模拟。例如，《尔雅·释天》明确地把“天”理解为春、夏、秋、冬四季：“春为苍天，夏为昊天，秋为旻天，冬为上天。”[②] 而所谓“天道”的实质正是自然的秩序和节奏，这一点可以从孔子下述论断看出：“天何言哉？四时行焉，百物生焉。天何言哉？”（《论语·阳货》）

正如前文所说，在《穀梁传》看来，《春秋》所遵循的年、时、月、日的书写方式并不仅仅是出于满足记事的需要，更具有独立的时间秩序的色彩；年、时、月、日的时间单位成了一个预先设置好的秩序结构，具体的历史事件只需要一个一个填进这个秩序结构中就可以

---

① （宋）张载：《张载集》，中华书局1978年版，第19页。

② （晋）郭璞注，（宋）邢昺疏：《尔雅注疏》，阮元校刻《十三经注疏》本，上海古籍出版社1997年版，第2607页。

了。从根本上讲，时序观念是天道秩序性的具体显现——所谓“合时”，其实就是合于某种“天”的秩序！

古代典籍的相关记载也印证了这一点。我们在阅读《穀梁传》以及其他先秦古典文献的过程中，可以隐约感受到有一种“自然秩序”观念存在于当时思想世界的最深层。“天”正是以“自然秩序”的形式被人们所理解和接受。这种“天秩”以大自然的客观世界为基础，但它又不完全等同于客观的自然秩序，而是从其中抽绎出来的一种带有超越性力量和神秘色彩的秩序观念。

三、天意

古人“仰观俯察”的活动所观察的正是天地的秩序与节奏。这种“仰观俯察”活动与其说是客观的、科学化的，不如说是精神的、宗教化的——因为一直有一种神秘的氛围笼罩着古人观察天地的活动。

列维·布留尔在其名著《原始思维》中的精彩论述有助于我们更全面地理解古人“仰观俯察”的行为。列维·布留尔指出，与现代人生活在一个预先理性化了的世界不同，原始人所生活于其中的自然世界是被神秘的互渗与排除的系统包围着。在这样的世界中，“没有也不可能有任何偶然的东西”。也正是在这样的思维作用下，原始人对于所谓的客观自然原因并不关心，而是赋予任何使他们惊奇的事件以超自然的神秘原因，“由于神秘力量永远被感到无处不有，所以，我们越觉得偶然的事件，在原始人看来则越重要。这里不需要对事件的解释；事件自己解释了自己，它是启示”。①

① 参见〔法〕列维·布留尔著，丁由译：《原始思维》，商务印书馆 1981 年版，第 350、359 页。

《周易》记载的古人“仰观俯察”行为当然已经超出了原始人的阶段。但是不可否认的是，古人的这种“仰观俯察”行为及其背后的观念都或多或少地保留了原始思维的某些痕迹。因此，我们无法想象古人费尽心思对日月星辰等天象所做的观察仅仅是出于对知识的兴趣；而传统的“观测天象有利于农业生产”的说法似乎也不能完全回应人们的疑问。江晓原认为：“古代中国历法中对月运动、行星运动的大量研究与农业完全无关；对太阳运动的研究，与农业生产的关系也极其有限。”对此，他得出结论：“古人对日运动之深入研讨，目的在于精确推算和预报交食——这是古代中国大多数历法中最受重视的部分。”[①] 当然，我们对于江晓原的具体结论还可以做进一步地商讨；但有一点可以肯定，那就是古人“观天察地”行为的主要目的不是服务于某种具体的现实需要，而是出于神秘甚至是神圣的动机。

如此一来，作为“仰观俯察”活动最重要成果之一的“日、月、时、年、岁”的时间秩序结构，也就相应地具有了某种神秘的色彩。其实，不仅仅时间结构具有了神秘性，上下四方这“六合”的空间结构也同样具备了超自然的意义。这样，“上下四方”、“古往今来”的宇宙[②] 就成了神性的宇宙、神性的天地。因此，完整意义上的“天”不仅包括了人类所需要面对的一切自然之物，还包括了其背后的神秘力量。“在古代中国人心目中，‘天’通常可以指整个自然界。但是这个自然界并非近代科学‘客观性假定’中那样的自然界——那是无意志、无情感，不会因人的主观意愿而改变，但可以被人类认识并通过实际行动进行改造和征服的世界。古代中国人的‘天’，是一个有意志、有情感，无法彻底认识，只能顺应其

---

① 江晓原：《天学真原》，辽宁教育出版社 1991 年版，第 144—145 页。

② 《淮南子·原道训》高诱注云：“四方上下曰宇，古往今来曰宙”，见刘文典：《淮南鸿烈集解》，第 1 页。相似提法亦见于《尸子》、《文子》等典籍。

‘道’与之和睦共处的庞大而神秘的活物。”[①]

具体以“日”、“月”为例。我们可以把自己假想为远古时期的人类，设身处地理解古人眼中的“天”。这时我们发现摆在人们面前的最大、最直观也是最重要的“天”，也许就是头顶上横行无忌的“日”和“月”了！太阳东升西落，昼夜循环更替，成为人们不得不直面的最大的生存背景。因为，“日”不仅仅意味着光明，还意味着安全、温暖；而与此相反，“月”所代表的除了黑暗，还有寒冷与恐惧。可以说，几乎所有的生产、生活的主题都必须围绕着“日”与“月”的运行来安排。不仅如此，“日”、“月”等等还代表了一种凌驾于人类之上的神秘而伟大的力量。因此，观天察地的结果是人们更加深切地感受到了“天”的神奇与伟大：日月星辰的起伏升落，春夏秋冬的循环往复，上下四方的井然分明，动植万物的生灭变幻，风雨云雷的迅疾轻飘，……这一切的一切，都似乎有无穷的伟力蕴蓄于其间。

因此，“对自然神灵的信仰和崇拜，是人类早期社会生活的重要方面，表现为一种以自然神灵的指引和关照而获得有秩序、有保障的生活的意识”[②]。从思维发展的历程来看，人类早期普遍存在着自然崇拜。在中国古代，这一自然崇拜的形式逐渐由崇拜自然界万物过渡到对自然秩序的崇拜。也就是说，人们对于超自然神秘力量的崇拜乃是通过对于自然秩序的遵从体现出来。而“在古人的意识中，自然秩序首先表现为时间的有序，以及自然事物随之所产生的各种有序的变化。他们认为，这种有序必有其主宰才能维持和延续，这就是至上神的存在，或者说，是皇天上帝意志的体现。时间上年月的划分正是古

① 江晓原、钮卫星：《回天 —— 武王伐纣与天文历史年代学》，上海人民出版社 2000 年版，第 12 页。

② 王启发：《礼学思想体系探源》，中州古籍出版社 2005 年版，第 145 页。

人以经验体会到的神（皇天上帝）的意志与安排。于是，以每一年为周期，以每一月为顺序，将人们体会和感受到的神灵的存在，全部纳入到有序的神事系统中，每一月各有其当祭之神。通过祭祀活动直接听命于神明的召唤，感应神的意旨，就成为古人最首要的生活内容”①。

很显然，在《穀梁传》作者的眼中，“天”已经不仅仅是秩序之“天”，它还有了“帝”的含义。也就是说，《穀梁传》的“天”成了有意志、有力量的宗教之“天”。这可以从传文中清晰地看出：《穀梁传·哀公元年》明确提出“上帝”的观念：“礼，与其亡也，宁有。尝置之上帝矣，故卜而后免之，不敢专也。”②郊祀之礼是人类对上天表达崇敬之情并祈求保护的神圣礼仪。因此，郊祀时是否用牲牛不应该由人来决定，而应卜问上天的意愿。而在《穀梁传·定公元年》提及的“通乎阴阳”的古之神人“应上公”，则是上帝意志的具体执行者之一。③

由此，作为宇宙天地具体表现的自然秩序与节奏，显然具有了种神秘甚至神圣的内涵。“日、月、时、年、岁”的时间秩序结构本身就成了天之神秘意志的具体展示，正如《淮南子·天文训》所言：“四时者天之吏也，日月者天之使也。”④

从这样的角度反观古代文献，我们发现在殷商甲骨文中经常出现的“帝令雨”、“帝令风”等卜辞记载似乎有了不同于以往的含义：甲骨文中的“帝令雨”、“帝令风”实际表明“帝”希望风、雨

---

① 王启发：《礼学思想体系探源》，中州古籍出版社 2005 年版，第 147 页。

② （晋）范宁集解，（唐）杨士勋疏：《春秋穀梁传注疏》，阮元校刻《十三经注疏》本，上海古籍出版社 1997 年版，第 2448 页。

③ （晋）范宁集解，（唐）杨士勋疏：《春秋穀梁传注疏》，阮元校刻《十三经注疏》本，上海古籍出版社 1997 年版，第 2443 页。

④ 刘文典：《淮南鸿烈集解》，中华书局 1989 年版，第 84 页。

这些自然的现象在它们合适的时候出现，也就是要合于统一的自然秩序。于是，天帝的意志正是通过自然的秩序性展示出来。换言之，在中国古代的思想世界里，“上帝”以及它所代表的“天道”更像是一种自然的秩序，一种具有神圣性与合理性的自然秩序。因此，《礼记·曲礼》“卜筮者，先王之所以使民信时日、敬鬼神、畏法令也”[①]的说法，《中庸》“致中和，天地位焉，万物育焉”[②]的观念，甚至包括孔子的“天何言哉？四时行焉，百物生焉”（《论语·阳货》）的思想，都共同地体现了天地秩序的神圣性和对于这种神圣自然秩序的敬畏感。在神圣自然秩序观念的作用下，人们理所当然地认为：天、地、日、月以及一切自然之物、一切自然现象，都有其存在和发生的秩序；而在这种现实的自然秩序背后，所蕴藏的正是上天的神圣意志。这就是“天意”的观念。

于是，神圣的天与自然的秩序紧密地结合在一起：自然秩序之所以能够建立，乃是因为背后蕴含有天意；而上天的意志又反过来通过自然的秩序性以显现自身，这才是孔子讲“天何言哉？四时行焉，百物生焉”（《论语·阳货》）的真实含义。

在天意的贯注下，自然秩序具有了神圣性与正当性，并因此成为价值评判的根本标准。当日月星辰、天地万物的存在、变化与这一自然秩序相符合时，就是好的、善的；否则，就是坏的、恶的。这也是《春秋》所说的“正”的原始意义。

四、法天

《穀梁传》天道观念的第四个层次表现为“法天”。所谓“法

---

① （汉）郑玄注，（唐）孔颖达疏：《礼记正义》，阮元校刻《十三经注疏》本，上海古籍出版社1997年版，第1252页。

② （宋）朱熹：《四书章句集注》，中华书局1983年版，第17页。

天”，就字面来看，是人类模仿和效法上天。传统儒家有“圣人则天”的说法，意思是说儒家的“圣人”乃是那些能够以天为则、效法天道的杰出之士。如《论语·泰伯》记载了孔子赞颂尧的言辞：“大哉尧之为君也！巍巍乎！唯天为大，唯尧则之。荡荡乎！民无能名焉。巍巍乎！其有成功也；焕乎，其有文章！”在孔子看来，尧之所以伟大，一个很重要的原因就在于他以“天”为“则”，效法了崇高而伟大的天。与此相类似，《礼记·郊特牲》有“天垂象，圣人则之”①的思想。这里的“则”就是“法”，可以有两种解释：一是作动词使用的“效法”，二是作名词使用的“被效法的对象”，即“天之则”。②

那么，圣人所努力模仿和效法的“天之则”究竟指什么？答案是：“天之则”正是天的秩序与节奏，也就是所谓的“神圣的自然秩序”！所以，“法天”的具体意思是：人间秩序的建立乃是以上天的神圣自然秩序为效法对象；自然秩序成为人间秩序的源头。对此，张载的论述十分精彩：“礼不必皆出于人，至如无人，天地之礼自然而有，何假于人？天之生物便有尊卑大小之象，人顺之而已，此所以为礼也。学者有专以礼出于人，而不知礼本天之自然。”③人类社会的秩序（“礼”）并不是人为编造出来的，而是从天地自然的等级秩序中效仿和提炼得到；天地自然的“尊卑大小之象”正是人类社会贵贱等级秩序的源头。类似的观点在《礼记》的《乐记》④等篇目中也可以找到。

---

① （汉）郑玄注，（唐）孔颖达疏：《礼记正义》，阮元校刻《十三经注疏》本，上海古籍出版社1997年版，第1453页。

② 《诗·大雅·烝民》云：“天生烝民，有物有则；民之秉彝，好是懿德。”参见（汉）毛亨传，（汉）郑玄笺，（唐）孔颖达疏：《毛诗正义》，阮元校刻《十三经注疏》本，上海古籍出版社1997年版，第568页。这里的“则”，正是作名词使用的天道法则。

③ （宋）张载：《经学理窟》，见《张载集》，中华书局1978年版，第264页。

④ （汉）郑玄注，（唐）孔颖达疏：《礼记正义》，阮元校刻《十三经注疏》本，上海古籍出版社1997年版，第1529页。

“法天”的目的和意义大体上可以分为表层和深层两个层次。

从表层来看，“法天”的目的在于更加合理有效地安排人类的活动，尤其是更好地安排与人们生活息息相关的农业生产活动。《尚书·尧典》说：“历象日月星辰，敬授人时。”① 这里的“人时”，指的就是农业生产各个环节的时机。通过观察日月星辰等天象的运行，人们把握了天地自然的秩序，进而形成了历法。所谓“历法”，其实就是人们对于自然秩序的规律化总结；有了历法，人们便可以据此来安排农业生产的具体时机。因此，中国古人之所以观察天象、总结四时规律、形成历法，一个很现实的目的就在于为合理安排农业活动提供指导。

“法天”的这种“重农”倾向与中国长期处于农业社会的客观情况分不开。中国古代社会一直是以农业为本。而这种农业社会的一个显著特点（也可以称为“局限性”）就是“靠天吃饭”，农作物的收成与自然气候的关系密切，“农业乃古代中国的立国之基础。农业生产的进行、年成的好坏，都直接地与天时的掌握、对于日月星辰运行规律及春夏秋冬四时更替规律的把握分不开”②，从而使得整个社会都必须按照自然的秩序和节拍来安排活动。

王启发以《礼记·月令》为对象，就自然秩序对人类社会生活的影响做了卓有成效的研究，可以很好地帮助我们理解《穀梁传》的“法天”思想。他说：“在古代世界，作为自然法思想的表现形式之一，是将自然秩序与人类的社会生活紧密地联系在一起，以其规律性来规范人们的社会生产和生活，它反映了古代人对自然界的认识和理解。在中国，这一思维方式特别集中地反映在如《礼记·月令》篇的

---

① （汉）孔安国传，（唐）孔颖达疏：《尚书正义》，阮元校刻《十三经注疏》本，上海古籍出版社 1997 年版，第 119 页。

② 李向平：《王权与神权——周代政治与宗教研究》，辽宁教育出版社 1991 年版，第 59 页。

记录之中。”[①] 从王启发的论述可以看出，以四时为中心的自然秩序，不仅影响到农业活动的安排和进行，而且还进一步影响到统治者的衣食住行和政令政事的各个方面。

这一观点同样可以从《穀梁传》的相关评述中得到印证。《穀梁传》继承了周初统治者“保民”的思想，主张国家事务的安排应该以“不误农时”为前提。

例如，《春秋》庄公二十九年记载：“二十有九年春，新延厩。”《穀梁传》传文对鲁庄公的行为进行了批评：“延厩者，法厩也。其言新有故也。有故则何为书也？古之君人者，必时视民之所勤。民勤于力，则功筑罕；民勤于财，则贡赋少；民勤于食，则百事废矣。冬筑微，春新延厩，以其用民力为已悉矣！”[②] 鲁庄公的错误在于他的行为严重地“违时”了：他在冬季发动民众筑微以垄断山林薮泽之利，已经是与民争利了；紧接着，又在来年春季要求老百姓为他修新马厩，严重地干扰了必须于春季进行的农业生产活动。从自然秩序来说，四时应该春生、夏长、秋收、冬藏。那么，农事活动的安排也必须严格遵循自然的秩序来进行。换句话说，一年之中的春、夏、秋三个季节都有繁重的农事活动，只有冬季才是所谓“农闲”时节，无论是征发徭役，还是兴修水利，都应该尽量集中在冬季进行。如此，才能下合农事，上应天道。另外，《穀梁传》中作为自然秩序的一个重要体现的“合时”观念，也常常以是否对农业生产有利来作为标准。

《穀梁传》“法天”思想的深层目的在于为重建人间统治秩序寻找正当性的根源。自然秩序由于蕴含有天意和天道而具有了神圣性，因此得以成为人间秩序正当性的终极保障。只有当人间的统治者努力

---

① 王启发：《礼学思想体系探源》，中州古籍出版社 2005 年版，第 143—145 页。

② （晋）范宁集解，（唐）杨士勋疏：《春秋穀梁传注疏》，阮元校刻《十三经注疏》本，上海古籍出版社 1997 年版，第 2388 页。

使人类社会也纳于自然秩序之中时，才是有德的、合于天道的。

这首先体现在周代统治者的祭祀活动中。周代最重要的祭祀仪式是郊祀，而郊祀的目的就在于“承天”，即继承上天的神圣秩序，以作为人间秩序的依据。《汉书·郊祀志》称：“帝王之事莫大于承天之序，承天之序莫重于郊祀，故圣王尽心极虑以建其制。”[①]《后汉书·祭祀志》建武元年注引《黄图》说：“帝王之义，莫大承天；承天之序，莫重于郊祀。”[②]统治者最重要的任务就是要“承天之序”、“承天之道”，这正是其统治的根基。“自然秩序成了以王权为中心的社会政治秩序神权化的基础。”[③]

《穀梁传·宣公十五年》的一段传文值得特别关注：“为天下主者，天也；继天者，君也；君之所存者，命也。”[④]根据对“为”字的不同理解，“为天下主者，天也”一句可以有两种解释：第一种解释是把“为”解作“是”，这时句子的意思就是“天是天下真正的主人”。第二种解释则把“为”解作“造就”，句子的含义就成了“造就天下之主的力量乃是天”；换言之，“天下的主人是由天决定的”。结合下文“继天者，君也”，此处应该取第一种意思。传文合起来的含义就是：天乃是天下的真正主人；君王从天那里继承和获得治理天下的权力，从而实现其治理天下的目的。这也符合《礼记·礼运》引述的孔子之语：“夫礼，先王以承天之道，以治人之

① （汉）班固：《汉书》，中华书局1962年版，第1253—1254页。

② （宋）范晔《后汉书》，中华书局1965年版，第3158页。（说明：《后汉书》“八志”出自司马彪所著《续汉书》，后为范晔《后汉书》所采）

③ 李向平：《王权与神权——周代政治与宗教研究》，辽宁教育出版社1991年版，第60页。

④ （晋）范宁集解，（唐）杨士勋疏：《春秋穀梁传注疏》，阮元校刻《十三经注疏》本，上海古籍出版社1997年版，第2415页。

情”。[①]“承天之道”构成“治人之情”的前提和根据，“治人之情”则体现为“承天之道”的展开与落实。如何“治人之情”？答案就是人伦纲纪。《礼记·乐记》子夏在回答魏文侯的询问时指出：“夫古者天地顺而四时当，民有德而五谷昌，疾疢不作，而无妖祥，此之谓大当。然后圣人作，为父子君臣，以为纪纲；纪纲既正，天下大定。”[②]“天地顺”、“四时当”正是自然之秩序性的体现；圣人以天地为则，据自然之秩序而成就君臣父子的人伦纲纪。这也是“人道”效法“天道”的最重要的成果。而宗庙祭祀活动既是对于“天之道”的追思，又可以通过这一仪式不断地强化“人之道”的正当性和神圣性基础。所以，《穀梁传》对于宗庙祭祀仪式表现出浓厚的兴趣。

“天道”（自然秩序）对于“人道”（人间秩序）的决定作用还表现为，在政治生活中人们往往让“天”来担任人间行为的至高无上的裁判者。《穀梁传》有很多这样的例子：

> 《穀梁传·僖公十年》：**晋杀其大夫里克。**……丽姬下堂而啼呼曰：“天乎！天乎！国子之国也，子何迟于为君？”[③]
>
> 《穀梁传·宣公二年》：**秋，九月乙丑，晋赵盾弑其君夷皋。**……史狐书贼曰：“赵盾弑公。”盾曰：“天乎！天乎！予无罪。孰为盾而忍弑其君者乎？”[④]

---

① （汉）郑玄注，（唐）孔颖达疏：《礼记正义》，阮元校刻《十三经注疏》本，上海古籍出版社1997年版，第1414页。

② （汉）郑玄注，（唐）孔颖达疏：《礼记正义》，阮元校刻《十三经注疏》本，上海古籍出版社1997年版，第1540页。

③ （晋）范宁集解，（唐）杨士勋疏：《春秋穀梁传注疏》，阮元校刻《十三经注疏》本，上海古籍出版社1997年版，第2396页。

④ （晋）范宁集解，（唐）杨士勋疏：《春秋穀梁传注疏》，阮元校刻《十三经注疏》本，上海古籍出版社1997年版，第2412页。

《穀梁传·昭公二十九年》：**夏，四月庚子，叔倪卒。**季孙意如曰：“叔倪无病而死，此皆无公也。是天命也，非我罪也。”[①]

无论是季孙意如和赵盾为推卸自己的罪责所做的辩解，还是丽姬为了诬陷世子申生而发出的假意悲叹，他（她）们都不约而同地搬出“天”来作为其行为的裁判者和公证人。

“人道”效法“天道”的又一典型表现，是将“君”与“日”对应起来。《穀梁传》传文呈现出“贵日”的倾向。从对于天象的观察来看，太阳（“日”）对人类无疑具有特殊的意义。所以，从远古时期起，中国的古人就有了对“日”的崇拜。“我国对日、月的崇拜在原始社会中就存在，夏商对日、月进一步神化，殷墟卜辞中有‘宾日’、‘出日’、‘入日’等早晚祭祀日神的仪式记载，也有日食、月食的占卜记录，当时将太阳看作万物的主宰，所以对日神特别崇拜，但对月神的崇仰尚不占重要地位。西周时据说对日、月的祭祀都很重视，认为它们是上帝下面的神灵，日神叫羲和，月神叫常羲，每年都有重大的祭日、月的活动。”[②]尤其是太阳，更是成为自然诸神中的最尊贵者，“日者，太阳之精，至尊之物”[③]。

太阳在自然秩序中的至尊无上地位，很容易让人们（尤其是统治者）联想到君王在人间秩序中的至尊地位。所以，孔子说：“天无二日，土无二王。”[④]而《穀梁传》传文更是有“天子朝日”的详细规定：

---

① （晋）范宁集解，（唐）杨士勋疏：《春秋穀梁传注疏》，阮元校刻《十三经注疏》本，上海古籍出版社1997年版，第2441页。

② 顾德融、朱顺龙：《春秋史》，上海人民出版社2001年版，第447页。

③ 《诗·小雅·十月之交》“日有食之”孔颖达疏，参见（汉）毛亨传，（汉）郑玄笺，（唐）孔颖达疏：《毛诗正义》，阮元校刻《十三经注疏》本，上海古籍出版社1997年版，第446页。

④ 《礼记·曾子问》，见（汉）郑玄注，（唐）孔颖达疏：《礼记正义》，阮元校刻《十三经注疏》本，上海古籍出版社1997年版，第1392页。

《穀梁传·庄公十八年》：不言日，不言朔，夜食也。何以知其夜食也？曰：王者朝日，故虽为天子，必有尊也；贵为诸侯，必有长也。故天子朝日，诸侯朝朔。①

《穀梁传·庄公二十五年》：天子救日，置五麾，陈五兵、五鼓；诸侯置三麾，陈三鼓、三兵；大夫击门，士击柝，言充其阳也。②

《穀梁传·文公十六年》：天子告朔于诸侯，诸侯受乎祢庙，礼也。③

经过《穀梁传》作者的解读与发挥，“君”与“日”之间便形成了某种神秘的对应关系。具体地说，“日尊月卑”成为“君尊臣卑”的源头，人间的等级秩序便这样“天经地义”地建立起来。

总体来看，以时序观念和天道观念为代表的自然秩序观念（亦可称之为“信仰”），被《穀梁传》作者转化为重建礼乐秩序的重要基础。在这个意义上讲，《穀梁传》从自然秩序观念那里获得了重建秩序的正当性。④

---

① （晋）范宁集解，（唐）杨士勋疏：《春秋穀梁传注疏》，阮元校刻《十三经注疏》本，上海古籍出版社1997年版，第2384页。

② （晋）范宁集解，（唐）杨士勋疏：《春秋穀梁传注疏》，阮元校刻《十三经注疏》本，上海古籍出版社1997年版，第2387页。

③ （晋）范宁集解，（唐）杨士勋疏：《春秋穀梁传注疏》，阮元校刻《十三经注疏》本，上海古籍出版社1997年版，第2410页。

④ 任剑涛对“正当性”与“合法性”两个概念做了有意义的辨析，他说：“在中国古典儒家政治哲学的论述中，天道是关于‘正当性’问题的言说。与‘合法性’论述相比，它提供的是政治论述的价值来源、价值担保问题的答案，它处于第一位阶。因此，这样的正当性论说，致力解决的是一个政治体的道德资源是不是足够的问题，它是一个政治体足以确证最深层的理据。而合法性则是指一个政治体尤其是掌管这一政治体的权力当局所设定的制度的适当性以及这一制度运行的有效性问题。相对于正当性而言，它是第二位阶的概念。”参见任剑涛：《天道、王道与王权——王道政治的基本结构及其文明矫正功能》，《中国人民大学学报》2012年第2期，第84页。

说到这里，很容易令人联想到“自然法”的概念。有学者指出，中西方都有自然法传统；不同于西欧自然法以理性为起点、强调个人意志自由和权利观念，“儒家自然法思想以天道为依托，目标在于恢复礼治秩序，维持差序格局，同时也对君主提出了很高的道德标准，以求保民而王，主张‘仁政’、‘王政’”。[①]不过，梁治平反对这种看法。在其所著《“法自然”与“自然法”》[②]一文以及稍后完成的《寻求自然秩序中的和谐——中国传统法律文化研究》[③]一书中，梁治平深入比较了中西“自然法”概念。他认为，将中国传统中的“礼”称为“自然法”是一个文化上的误解，“中国古代不仅没有西方那种有着神圣渊源的‘自然法’观念，而且根本缺乏产生这种观念的超验思维背景”。在他看来，自然法学说本质上是西方历史上的政治正义论，而“礼”则是围绕着家族伦常推衍出来的规则体系。不过，他并没有因此贬低“礼”。他主张将“礼”解读为“法自然”：“在中国人看来，运动与变化中的宇宙，没有神与人的干预本身即是完善的。完善的东西不容触及和重塑，而要任其自然。这不但是道家的学说，也是儒家和法家据以塑造其理想的思想背景。”因此，中国古代流行一种对自然的崇拜和信仰，如文学艺术作品的最高境界是“浑然天成”、“天然去雕饰”。受此信仰的影响，作为人间秩序象征的“礼”也相应地遵循和效法自然：“作为一种特殊的社会制度或规范体系，礼在本质上可说是‘自然的’。这不只是因为礼据以推衍出来的核心概念如孝、慈等都建立在自然的血亲关系之上，且被认为是人人生而有之的自然情感，更主要的

① 马勇：《儒家的自然法思想》，《西南政法大学学报》2009年第2期，第8页。
② 梁治平：《“法自然”与“自然法”》，《中国社会科学》1989年第2期，第209—223页。
③ 梁治平：《寻求自然秩序中的和谐——中国传统法律文化研究》，上海人民出版社1991年版。

是因为，它的形而上的依据纯粹是自然的，礼本身就是宇宙自然秩序的一个部分。”作为这一观念的消极表现，“悖理的行为在古人看来并不只是一般地违反社会道德或习惯，而是对于整个宇宙之自然秩序的破坏”。梁治平最后总结道：“在中国古代文化里面，礼、法以及人类社会所有的一切，最终都归根于‘自然’，在这一意义上，我们可以说，中国古代确实有某种可以被称之为‘自然法’的东西。这个‘自然法’与其说是礼，倒不如说是‘天道’、‘天理’。不管怎么说，这是中国古代文化中所特有的观念和现象，它不是西方人所熟悉的自然法，不是那种有着神圣渊源和超验思维背景的自然法。它是自然的自然法，而我们所以还勉强地称它为‘法’，也仅仅是因为，这样一种自然的宇宙观、秩序观，对于中国古代法的发展有着深刻的影响。”① 作为一位深谙法哲学的学者，梁治平对中国古代“自然法”之特征与思想渊源的揭示，有助于我们全面理解礼制，尽管我们不一定认可他将自然法概念做狭义的理解。

礼乐秩序之所以能发挥长治久安的功效，主要不是因为其制度设计如何精致，而是因为它与“天”、与“自然”保持着一致性；换言之，它共享了“天”与“自然”的神圣意义。由此，《穀梁传》将礼乐秩序与以时序观念和天道观念为代表的自然秩序贯通起来，为自己的秩序重建工作奠定了一个坚实的基础。

第三节 祖先崇拜与道义观念

史华兹十分重视中国传统文化中的祖先崇拜现象。他说：“当人

---

① 参见梁治平：《“法自然”与“自然法”》，《中国社会科学》1989 年第 2 期，第 209—223 页；《寻求自然秩序中的和谐 —— 中国传统法律文化研究》，第 306—332 页。

们考查甲骨文的时候，就会立刻为如下的现象所震惊：我们称为祖先崇拜的现象几乎无处不在。它并非一种排他性的宗教取向，跟对于河流、大山、土地、风、雨、天体以及‘高高在上的神’（‘帝’或‘上帝’）等等的关注一直存在着相互往来。然而，对于祖先崇拜的取向是如此无处不在，对于中国文明的整个发展又是如此至关重要，以至于值得对它可能具有的潜在含义作一番单独的反思。”[①] 在史华兹看来，中国的祖先崇拜反映了统治者权威背后的强大而深厚的宗教基础，并且它还以直接的和关键的方式造就了政治秩序，“祖先崇拜不仅是对于死者本身的崇拜。……他们（祖先）是这样的鬼神：继续与他们活着的后代保持着有机的联系。作为跨越生死阻隔的家族共同体的一位成员，他们在那个共同体之中继续扮演着家庭成员的角色，并在氏族中仍然保持着原有的重要地位。……氏族身份却跨越了生死之间的壕沟，并且将活人与死者结合成了一个共同的社会”[②]。祖先不是一种与现实无关的存在；恰恰相反，祖先（尤其位列宗族、家族谱系主干的祖先）对现实具有重大的影响力。对于一位王朝统治者来说，如果未能获得祖先的认同，也就意味着他获得权力的方式缺乏正当性，其统治也因此将难以为继。

联系到《论语・学而》记载的曾子的话：“慎终追远，民德归厚矣。”所谓“慎终”，就是慎其所终，敬慎地对待父辈生命的终结；而“追远”，就是追思其远，追溯祖辈乃至家族生命的源头。“慎终追远”的情感往往直观外化为隆盛的丧葬仪式以及以祭祖为中心的祖先崇拜。

---

① 〔美〕本杰明・史华兹著，程钢译：《古代中国的思想世界》，江苏人民出版社 2004 年版，第 20 页。

② 〔美〕本杰明・史华兹著，程钢译：《古代中国的思想世界》，江苏人民出版社 2004 年版，第 21 页。

一、祖先崇拜

祖先崇拜源自于人类对于自身来源的思考。《礼记·礼器》说："礼也者，反本修古，不忘其初者也。"[①]"初"，意指"源头时期"、"初始阶段"。礼的一个基本精神，就是要通过一定的仪式，提醒人们不要因为时隔久远而遗忘了自身的源头，不要忘了祖先。追溯自己的祖先，正是人类自我意识觉醒的一个重要标志。

周文化已经明显形成了祖先崇拜。[②]在周民族的早期史诗——《诗经·大雅·生民》中，生动地描绘了一个始祖诞生的故事：

> 厥初生民，时维姜嫄。生民如何？克禋克祀，以弗无子。履帝武敏歆，攸介攸止，载震载夙。载生载育，时维后稷。诞弥厥月，先生如达。不拆不副，无菑无害。以赫厥灵。上帝不宁，不康禋祀，居然生子。诞寘之隘巷，牛羊腓字之。诞寘之平林，会伐平林。诞寘之寒冰，鸟覆翼之。鸟乃去矣，后稷呱矣。[③]

---

① （汉）郑玄注，（唐）孔颖达疏：《礼记正义》，阮元校刻《十三经注疏》本，上海古籍出版社1997年版，第1439页。

② 关于夏文化的祖先崇拜，《论衡·奇怪》云："禹母吞薏苡而生禹，故夏姓曰姒。"（黄晖：《论衡校释》，中华书局1990年版，第156页）《淮南子·修务训》云："禹生于石"，高诱注："禹母感石而生"。（刘文典：《淮南鸿烈集解》，第642页）似乎表明夏代始祖神话仍停留于早期"万物有灵"的自然崇拜阶段。关于商文化的祖先崇拜，《诗经·商颂·玄鸟》云："天命玄鸟，降而生商。"（[汉] 毛亨传，[汉] 郑玄笺，[唐] 孔颖达疏：《毛诗正义》，阮元校刻《十三经注疏》本，上海古籍出版社1997年版，第622页）《史记·殷本纪》云："殷契，母曰简狄，有娀氏之女，为帝喾次妃。三人行浴，见玄鸟堕其卵，简狄取吞之，因孕生契。"（[汉] 司马迁：《史记》，中华书局1959年版，第111页）似乎表明商始祖神话仍停留在图腾崇拜阶段。当然，商文化后来已经发展出成熟的祖先崇拜信仰。从殷墟出土的大量甲骨文卜辞来看，卜问天帝之意往往是通过祖先为中介来进行的；过世的祖先仍然以祖灵的形式存在着，并侍候在上帝左右。

③ （汉）毛亨传，（汉）郑玄笺，（唐）孔颖达疏：《毛诗正义》，阮元校刻《十三经注疏》本，上海古籍出版社1997年版，第528—530页。

《史记·周本纪》沿用了《诗经》的说法，只不过描述得更通俗一些：

> 周后稷，名弃。其母有邰氏女，曰姜原。姜原为帝喾元妃。姜原出野，见巨人迹，心忻然说，欲践之，践之而身动如孕者。居期而生子，以为不祥，弃之隘巷，马牛过者皆辟不践；徙置之林中，适会山林多人，迁之；而弃渠中冰上，飞鸟以其翼覆荐之。姜原以为神，遂收养长之。初欲弃之，因名曰弃。[①]

在周族始祖神话中，姜嫄践巨人之迹怀孕而生后稷。换言之，周人的祖先不是某种具体的植物或动物，也不是普通的人。很显然，周人的祖先也不可能是“巨人之迹”，而应该是“迹”的主人——巨人。那么，巨人又是谁呢？答案只能是“天”！也就是说，周人的始祖后稷诞生的缘起，是其母踩了巨人的脚印、“感于天”而受孕。因此，在周人的宗教观念里，其始祖的生命乃是源自于天，而非源自他物。这表明周族始祖神话的思维水平已经突破了图腾崇拜阶段，而真正确立起祖先崇拜的信仰。

祖先之所以值得被崇拜，不仅在于其诞生过程的神异性，更在于其来源（亦即其父亲）所具备的神圣性。祖先在来源上的神圣性使祖先的灵魂具有了某种神秘的力量；通过崇拜仪式，这种神秘力量可以被传导和延续，恒久地发生作用。也正因为如此，祖先崇拜的一个重要功能表现为后人祈求祖先神灵的保佑以获得幸福生活。

祖先源头上的神圣性和祖灵的巨大力量只是祖先崇拜的一个部分；血缘的联系和权力的继承才是祖先崇拜的真正核心。

---

① （汉）司马迁：《史记》，中华书局1959年版，第111页。

从血缘联系的角度看，“祖先”一词本身就是一种血缘观念的产物——只有在血缘上开启了后世子孙的先人才可以被尊奉为某个氏族、宗族或家族的祖先。换言之，祖先与后人之间一定要存在血缘上的承继关系。因而，祖先崇拜乃是在血缘关系的支配下的一种信仰，崇拜者与被崇拜者之间有着亲密的血缘联系。

血缘当然是一种自然的现象，但是血缘观念却不是天生就有的。在人物无别的万物有灵时期和人兽不分的图腾崇拜时期，显然不存在血缘的观念。[①] 即便进入到人类早期的群婚阶段，人们“生而不知有其父”，血缘关系亦无从谈起。只有当人类社会进入到父系氏族阶段以后，以父系为中心的一对多、一对一的婚姻形态大致确立，血缘的观念才可能得以产生。所以，血缘关系的起点应该是人们已经明确地知道了自己的父母是谁（尤其是知道了父亲是谁）。于是，源自于人类繁衍活动的血缘继承关系，逐渐成为父子、兄弟等亲属情感的自然基石；而儒家所极力推崇的孝、悌的情感正是以血缘关系为基础而展开。

祖先崇拜是建立在血缘关系之上的先人崇拜；因此，在这个意义上，祖先崇拜也可以被称作“血族崇拜”。祖先与后世子孙之间存在的生理性血缘联系，使得子孙们在远眺本族祖先的时候，会有一种亲近的情感；同时他们相信，正是由于这种血缘联系的存在，具备了神秘力量的祖先们才会不遗余力地庇佑后世子孙。

伴随着血缘观念出现的是嫡庶的观念。从嫡庶的源头来看，它很可能源于父系社会“一夫一妻多个妾媵”的婚姻制度[②]。在这种婚

---

① 需要说明的是，这里所界定的“血缘观念”专指人与人之间的血缘关系，即家族、家庭内的血缘联系。至于万物有灵论或图腾崇拜中所说的人与物体、动物之间的血缘关系并不符合严格的血缘关系界定，所以不在此列。

② 当然，这样的婚制主要通行于社会上层；对于平民而言，只有“一夫一妻”而没有“妾媵”，正所谓“匹夫匹妇”。

姻制度下，妻与妾媵所生的孩子（尤其是男孩）尽管在血缘上是平等的——他们都继承了同一个父亲的血缘；但是，嫡庶观念却对妻之子和妾媵之子进行了人为区分。区分的结果是：妻所生的儿子被称为“嫡子”，妾媵所生的儿子被称为“庶子”；并且“嫡子”要比“庶子”更亲近于他们的父亲，因而更为尊贵。

很明显，与血缘关系建立在生理性的基础上不同，嫡庶之分则是一种典型的文化观念。或者我们引入另一个词——“血统”——会有利于把问题说清楚：“庶子”与他们父亲的联系是一种血缘的继承关系；而“嫡子”与父亲的联系则是一种血统的继承关系。“血统”一词不仅包括了自然的生理传承，还包括了精神与文化的继承。

需要特别声明，“血统”一词在本书中被赋予了全新的含义。“血”显示了这一概念的血缘性基础；“统”则有统绪的意思。“血统”与“正统”之间存在着密切的联系。饶宗颐先生对正统问题做过深入研究，他敏锐地指出：“《春秋》言‘统’之义，原本于时间，即继承以前之系绪之谓。”① 但是，饶先生将正统论的源头仅仅追溯到邹衍的五德运转说和《公羊传》的大一统论，认为正统论是与历法、统纪等密切相关的文化观念。因此，“正统”具体表现为尧、舜、禹、汤之统治的次第相传，或者是三统五德的循环轮替，又或者是后世空间上统一分合。饶先生的正统理论以史料为线索，对于“正统”的历史沿革做了全面、详尽地阐释，而且他对历代有关正统思想之资料的搜集也颇有益于后学，这都体现了饶先生作为一位史学家的严谨与渊博。但是，倘若从思想史的角度来说，饶先生的“正统说”尚有可商榷的地方，特别是他并未从“正统说”的源头上注意到正统思想与祖先崇拜及宗法制度之间的关系，因而并没有真正解答正统思想的来源问题。

---

① 饶宗颐：《中国史学上之正统论》，上海远东出版社 1996 年版，第 76 页。

其实，正统思想并不是凭空构想出来的；正统的观念与祖先崇拜的信仰之间应该存在极为亲密的关系。而“血统”观念可能正是“正统”观念的先导。换言之，正统思想是从古老的祖先崇拜和宗法观念中脱胎而来。

作为“正统”思想的前身，“血统”观念乃是将祖先崇拜的血缘性生理基础与统绪传递的文化精神过程相结合的产物。“统”的文化观念是祖先崇拜的精髓。所谓“统”，一方面表明一种时间性的前后相承，另一方面则显示出正当性的精神烙印。站在“统”的角度看，我们发现原来祖先崇拜信仰中的“祖先”并不是僵化的、固定的，而是流动的、活生生的。也就是说，除了始祖以外，历代的先人也次第地被尊奉为祖先而接受后人的祭祀崇拜。但是，并非所有逝去的先人都有资格成为列祖列宗。祖宗系列显然有它自己的“统”；只有传承其“统”的子孙才有资格加入祖先的行列。而“嫡”、“庶”之分正是能否传承祖先之“统”的关键之一。

从现实的角度讲，之所以要在血缘关系的基础之上进一步提出“血统”的观念，主要目的是为了解决权力的继承问题。无论氏族、宗族还是家族，其核心权力总是一定的；但是，潜在的有资格继承权力的儿子却可能数目众多。很显然，不可能让每一个儿子都来继承权力和财富。这就有必要形成一种制度，以对继承人的资格做出限定。而在当时，“嫡”、“庶”之分就是一个很不错的选择方案。在嫡庶观念下，嫡子得以超越血缘的关系而在血统的意义上继承祖先传承下来的权力；同时，也意味着嫡子有资格进入祖宗的“统绪”而成为祖先崇拜的一部分。

《穀梁传》在解读《春秋》之“微言大义”的过程中，对于经文中大量充斥的祭祀祖先现象表现出浓厚兴趣。《穀梁传》的有关论说为我们理解古代社会的祖先崇拜以及与之相关的更深层次信仰提供了一个新的视角。

《穀梁传·文公二年》传文提出了“祖由天生”的观念：

> **八月丁卯，大事于太庙，跻僖公。**大事者何？大是事也，著祫尝。祫祭者，毁庙之主。陈于太祖，未毁庙之主，皆升合祭于太祖。跻，升也，先亲而后祖也，逆祀也。逆祀，则是无昭穆也。无昭穆，则是无祖也。无祖，则无天也。故曰：文无天。无天者，是无天而行也。君子不以亲亲害尊尊，此《春秋》之义也。[①]

鲁文公在举行群祭鲁国先君的祫祭仪式时，出于对父亲僖公的情感，破坏了庙次的顺序，将原本位居闵公之后的僖公神主安放到闵公神主之前来祭祀。[②]《穀梁传》从昭穆制度的角度对文公的“逆祀”行为进行了批评，指出颠倒庙次的顺序会破坏左昭右穆的宗法秩序，这实际上是不尊祖的表现；而不尊重祖先，在根子上就是不尊重“天”。这是反向逆推祖先的根源。从正向来看，就是“天”—“祖”—“昭穆”，即“天”是“祖”的根源，“祖”由“天”所生。《穀梁传》的这一看法与《诗经》和《史记·周本纪》的周始祖神话相互契合。

稍后的汉代学者董仲舒继承并发展了这一思想。董仲舒指出：“天”与包括人在内的宇宙万物之间都存在血缘伦理的关系，如“天

① （晋）范宁集解，（唐）杨士勋疏：《春秋穀梁传注疏》，阮元校刻《十三经注疏》本，上海古籍出版社 1997 年版，第 2405 页。

② 鲁国闵公与僖公的情况较为特殊：二人均非嫡子，他们的父亲、上一代鲁国国君庄公在齐国意外身故，未指定世子。闵公要比僖公年幼，却被鲁国贵族们推为国君。闵公即位不到两年，被刺身亡；僖公接任国君。所以，论君臣，闵公先为国君，他与僖公是君与臣的关系；论手足，闵公年幼，僖公年长，他与僖公是弟与兄的关系。

者万物之祖。万物非天不生”①，“天地者，万物之本，先祖之所出也”②，“天亦人之曾祖父也”③。

在周人看来，他们氏族始祖的生命乃是源自于天。从祖先的血统角度来审视周族始祖神话，或许周人相信他们的始祖后稷与“天”之间存在着实质上的血统联系。此种联系，使周族的祖先通过继承或分享的方式拥有了“天”的神圣性。而源自于上天的神圣性，又经过周族的列祖列宗传承下来，成为周王朝统治的正统性根基。

二、宗法制度

血缘观念与血统观念共同作用的另一个结果是促成了宗法制度的诞生。嫡系血统成为氏族、宗族或家族的主干，某一代的嫡长子必然地成为下一代的权力核心；其他的人则依据其与权力核心在血缘关系上远近的程度而分别享有不同等级的权力与财富。血统与血缘成为社会结构的基石，权力继承和分配赖此而实现。这就是周代盛行的宗法制度。而且，周代宗法制度中用以确立统治权力秩序的昭穆制度与“血统”观念之间可能也存在着某种关系。因此，宗法制度与祖先崇拜之间有着密切联系。换言之，现实的宗法原则其实可以从神秘的祖先崇拜信仰中找到部分的根据。

不仅如此，祖先崇拜中的“血缘”与“血统”观念分别可以导出宗法制度的“亲亲”与“尊尊”原则。“亲亲”原则侧重于同宗同祖的宗族成员之间的血缘联系以及由此产生的情感纽带。“尊尊”原则侧重于宗族成员因嫡庶、长幼、亲疏等差异而形成的尊卑秩序。

---

① （清）苏舆：《春秋繁露义证》，中华书局1992年版，第410页。
② （清）苏舆：《春秋繁露义证》，中华书局1992年版，第269页。
③ （清）苏舆：《春秋繁露义证》，中华书局1992年版，第318页。

由此，作为自然崇拜之最高代表的“天”与作为祖先崇拜之起点的“始祖”最终以血统的方式联系在一起。自然崇拜与祖先崇拜就这样巧妙地融合了。这两大信仰融合的一个最重要的后果，就是“天子”观念的出现。所谓“天子”，一方面是祖先崇拜意义上的列祖列宗的正统传承者，另一方面则是自然崇拜意义上的“天”的血统继承人。拥有了这种奇特双重性的“天子”，顺理成章地成为人间宗法统治秩序的起点和顶点。这也可以从《穀梁传》的有关资料得到印证：

> 《穀梁传·庄公三年》：**五月，葬桓王。**传曰：改葬也。改葬之礼缌，举下，缅也。或曰却尸以求诸侯。天子志崩不志葬，必其时也。何必焉？举天下而葬一人，其义不疑也。志葬，故也，危不得葬也。曰：近不失崩。不志崩，失天下也。独阴不生，独阳不生，独天不生，三合然后生。故曰：母之子也可，天之子也可。尊者取尊称焉，卑者取卑称焉。其曰王者，民之所归往也。[①]

周王朝的统治者之所以具有神圣的权威，与他在来源上的神圣性分不开。不同于一般人，周王乃是由阴、阳与“天”三者相合而诞生[②]，“天”才是周王终极意义上的父亲。从世俗的角度看，可以称他为“母之子”；但从神圣的角度看，则应该称他为“天之子”。正如

---

① （晋）范宁集解，（唐）杨士勋疏：《春秋穀梁传注疏》，阮元校刻《十三经注疏》本，上海古籍出版社 1997 年版，第 2380—2381 页。

② 这与董仲舒的观点几乎一致，《春秋繁露·顺命》：“独阴不生，独阳不生，阴阳与天地参然后生。”见（清）苏舆：《春秋繁露义证》，中华书局 1992 年版，第 410 页。徐复观认为，董仲舒曾经学习过《穀梁传》，董氏所建立的“天的哲学系统”实受到《穀梁传》的影响。详见徐复观：《两汉思想史》第三卷，华东师范大学出版社 2001 年版，第 153—154 页。

《尚书·召诰》“皇天上帝，改厥元子”①，统治者为了体现其统治的神圣性和正当性，有意地将自己称为“天子”。“天子”的称呼本身，以及“天子”用以“承天之序”的“郊祀”活动，主要目的都在于向人民昭示君权神授，宣扬其统治的正当性。王朝的统治在“天子”旗号下发展到了极致。而“天子”也仰赖其天王老子的神奇力量成为人间秩序结构中最尊贵、最崇高的部分。所以，《仪礼·丧服》引《传》曰：“天子至尊也。”②《礼记·曲礼》则称：“君天下曰天子。”③

在《穀梁传》作者看来，“天子”与“天”的联系不仅仅体现在血缘上，还体现在精神上。具体地说，“祖由天生”标志着君王在血缘上对“天”的继承；而“受命”则标志了君王在精神和意志上对“天”的继承。

“命”是中国古代政治的核心观念之一。《穀梁传》认为，“命”具有两重性质：一方面，“命”乃是天意的体现；另一方面，“命”又是上天将自己的意志传递给天子的动态过程。上天正是通过“命”的形式将自己的精神情感和神圣意志传递给它的人间代表。

《穀梁传·宣公十五年》说：“为天下主者，天也；继天者，君也；君之所存者，命也。”④君王从天那里继承和获得治理天下的权力；君王承天的实质在于从天那里获得了“命”。对于统治者来说，“受命于天”成为维护现实统治的最好的理论支柱。从这个意义上讲，“天命”具有了政治信仰的色彩。“就中国古代而言，政治信仰的重要

① （汉）孔安国传，（唐）孔颖达疏：《尚书正义》，阮元校刻《十三经注疏》本，上海古籍出版社1997年版，第212页。

② （汉）郑玄注，（唐）贾公彦疏：《仪礼注疏》，阮元校刻《十三经注疏》本，上海古籍出版社1997年版，第1100页。

③ （汉）郑玄注，（唐）孔颖达疏：《礼记正义》，阮元校刻《十三经注疏》本，上海古籍出版社1997年版，第1260页。

④ （晋）范宁集解，（唐）杨士勋疏：《春秋穀梁传注疏》，阮元校刻《十三经注疏》本，上海古籍出版社1997年版，第2415页。

内容之一是‘天命’、‘天理’，其重要功能之一是为王权服务，使整个社会认同于王权。……在王权政治下，政治信仰首先反映为天命信仰。人们认为，在人类社会之上有一个绝对意志和至上理性主宰着社会，它决定着社会的基本道德和善恶观，并决定着他在人间的代理人——帝王。虽然从理论上说帝王未必是理性的代表，但历代帝王无一不把自己打扮成天命的拥有者，是所谓‘生身有命’的‘真龙天子’。”①

周初统治者在以“德”为武器革了殷商的“命”之后，进一步按照宗法分封的模式，将受自于上天的“命”又一层层的“赐”了下去。于是，“受命”再次与“血统”观念相结合。上至周王室，下到诸侯、大夫，正是由于他们在血统上具有的特殊地位使他们获得的“受命”的权力。因此，对于某一级的权力继承人来说，他所具有的血统（而非血缘）关系使得他能够获得“受命”的资格，而“受命”这一权力传递形式又反过来进一步加强了“血统”观念。可以说，“受命”不仅仅是周代统治正当性的源泉，还是周代宗法制度和政治秩序的脊髓。

三、“正义”、“道义”

通观《穀梁传》围绕秩序重建而对春秋时期典型历史事件所做的评价，我们发现其中充斥着大量“不正”、“非礼”等断语，更有“贵义而不贵惠，信道而不信邪”②、“与正而不与贤也”③、“仁不胜

① 刘泽华主编：《中国传统政治哲学与社会整合》，中国社会科学出版社 2000 年版，第 1—3 页。

② （晋）范宁集解，（唐）杨士勋疏：《春秋穀梁传注疏》，阮元校刻《十三经注疏》本，上海古籍出版社 1997 年版，第 2365 页。

③ （晋）范宁集解，（唐）杨士勋疏：《春秋穀梁传注疏》，阮元校刻《十三经注疏》本，上海古籍出版社 1997 年版，第 2369 页。

道”[①]、“不正其以恶报恶也”[②]、“不以嫌代嫌”[③]、“不以乱治乱”[④]等经典论说。这些都传递了一个信号，即《穀梁传》在评价历史事件时，似乎遵循着某种“正义”或“道义”原则。合乎此原则的行为，被称许为“正”；反之，则被贬斥为“不正”。

《穀梁传》遵循的“正义”、“道义”原则不同于今日所说的“正义”和“道义”，甚至也不同于先秦时期其他文献中的相关论述。本田成之指出，在《左传》、《周易》、《尚书》以及《论语》、《中庸》、《孟子》等书中，“正”或者“义”是动态的，与具体时间、场景联系在一起，“含有一种挂心之意味”，可归为个体的道德感受。《穀梁传》则不然，“《穀梁春秋》对于大义名分，名之曰‘正’或‘义’者，乃谓天地之大经大法，有重大之客观的意味”。换言之，《穀梁传》“正义”、“道义”观念的道德色彩相对淡漠，规则、制度的意味则比较浓厚。在本田成之看来，“《穀梁》之所谓‘正义’，近于《左传》之言‘礼经’及‘礼’之意味。……《左传》之所谓‘礼’，固谓天地之法则；然其用法，则如天地之在春夏时，生育万物，与以广大之煖感。《穀梁》之所谓‘正义’，则如天地之在秋冬时，肃杀草木，与以严霜之感。盖一则肯定春秋之时世，一则否定之，由其立说之点而发生歧异”。[⑤]《左传》侧重从正面阐释礼法原则，体现出对春

---

① （晋）范宁集解，（唐）杨士勋疏：《春秋穀梁传注疏》，阮元校刻《十三经注疏》本，上海古籍出版社 1997 年版，第 2391 页。

② （晋）范宁集解，（唐）杨士勋疏：《春秋穀梁传注疏》，阮元校刻《十三经注疏》本，上海古籍出版社 1997 年版，第 2400 页。

③ （晋）范宁集解，（唐）杨士勋疏：《春秋穀梁传注疏》，阮元校刻《十三经注疏》本，上海古籍出版社 1997 年版，第 2409、2436 页。

④ 《穀梁传·昭公四年》，见（晋）范宁集解，（唐）杨士勋疏：《春秋穀梁传注疏》，阮元校刻《十三经注疏》本，上海古籍出版社 1997 年版，第 2434 页。

⑤ 〔日〕本田成之：《春秋穀梁传考》，见江侠庵编译：《先秦经籍考》，上海商务印书馆 1931 年版，第 333—334 页。

秋社会现实的肯定和维护；《穀梁传》侧重从反面批评违犯礼法精神的僭越行为，体现出对春秋社会现实的否定和拨乱反正的旨趣。就以上引文而言，本田成之的观点颇具启发价值。但是，他接着说道："然则《穀梁》之所谓'正义'，不得不谓之超出于道德以上、圣贤以上者也。而此所谓'正义'，以何为标准而谓之'正义'乎？此即前述《穀梁》与法家一致之思想说。所谓'正义'，乃对于君主之正义。又荀子所谓对于后王之正义，即对于天下一统时代，天子大权之意味。由此立脚点而论，凡不由天子及政府之命令者，则在世间之道德上，虽善亦为不善，虽贤亦为非贤。"① 本田成之将《穀梁传》"正义"、"道义"观念与道德对立起来，主张《穀梁传》之"正义"标准乃是君主的正义、后王之正义，一切以天子及政府的命令为准，故而与法家专制精神一致，与《穀梁传》的"尊王"思想一脉相承。

本书不同意本田成之的这一论断。结合《穀梁传》的具体内容，本书认为《穀梁传》在强调"尊周"、"尊天子"的同时，亦主张对"在上位"的天子之言行做出适当约束和限制。如《穀梁传·隐公三年》批评王室派遣大夫武氏前来鲁国"求赙"的行为"不正"②；《穀梁传·隐公九年》评价天子派遣使者聘问诸侯之举"非正也"③；《穀梁传·桓公五年》谴责周天子伙同他人无故讨伐同姓之国郑国的恶行④；《穀梁传·桓公十五年》评论"天王使家父来求车"之事"非

---

① 〔日〕本田成之：《春秋穀梁传考》，见江侠庵编译：《先秦经籍考》，上海商务印书馆1931年版，第340页。

② （晋）范宁集解，（唐）杨士勋疏：《春秋穀梁传注疏》，阮元校刻《十三经注疏》本，上海古籍出版社1997年版，第2368页。

③ （晋）范宁集解，（唐）杨士勋疏：《春秋穀梁传注疏》，阮元校刻《十三经注疏》本，上海古籍出版社1997年版，第2371页。

④ （晋）范宁集解，（唐）杨士勋疏：《春秋穀梁传注疏》，阮元校刻《十三经注疏》本，上海古籍出版社1997年版，第2374页。

礼也”[①]，等等。这些均表明，《穀梁传》并不认为天子的言行和命令都是正确的、都应该肯定和遵循。[②]现实政治生活中的天子并不是“正义”的终极标准。“正义”、“道义”的标准乃是天子之权威的源头——宗法礼制。合于宗法精神、礼制原则的言行，即谓之“正”、“义”；违背宗法精神、礼制原则的言行，则谓之“不正”、“不义”。正如黄开国在研究《公羊传》之尊王观念时所言：“《公羊传》的尊王，并不仅仅是对周天子名义的尊崇，而是以周天子必须遵循文王之正为前提。……《公羊传》的尊王是以礼为内在依据的，合礼则正，反之就不正，‘王正’则从，王不正就会受到《公羊传》的讥刺。……《公羊传》的尊王有对周天子权威的维护，但从根本上说却是尊文王之法即尊礼，当周天子出现不合于礼的行为时，也会遭到《春秋》毫不留情的贬斥。”[③]这一说法同样适用于《穀梁传》。就《穀梁传》而言，“尊王”并不等同于维护某个现实统治权威。“尊王”的真正目的乃是为建构政治秩序奠定基础；“尊王”所尊的其实是“王”背后所代表的宗法精神和礼制原则，亦即宗法礼乐秩序。

本田成之认为《穀梁传》的“正义”超出于道德之上、圣贤之上，实质是将“正义”与“道德”对立起来。在这个意义上，本田成之批评《穀梁传》背弃了孔子的精神。本书认为，《穀梁传·隐公元年》提出“贵义而不贵惠，信道而不信邪”，主张“惠”、“善”等道德原则应该受到宗法礼制的节制，这一立场其实并未违背孔子的精神。孔子确实很重视道德，《论语》中对“仁爱”、“孝悌”、“忠信”、“礼让”等德目的阐发随处可见。但是，孔子从来没有脱离具体情

---

① （晋）范宁集解，（唐）杨士勋疏：《春秋穀梁传注疏》，阮元校刻《十三经注疏》本，上海古籍出版社1997年版，第2378页。

② 本书第四章第一节“五、批评天子失礼行为”对此有详细论述。

③ 黄开国：《〈公羊传〉的大一统思想》，《齐鲁学刊》2011年第3期，第7页。

境谈论绝对的、纯粹的“道德”。如《论语·八佾》记载：“子曰：‘禘，自既灌而往者，吾不欲观之矣。’”鲁国举行禘祭大典，孔子自第二个环节开始，便不愿再观看。原因就在于之后的礼仪过程中出现了“逆祀”的行为，不符合宗法精神和礼制规定。[①]再如孔子对季氏“八佾舞于庭”的僭越行为表示出极大的厌恶和愤怒（《论语·八佾》），正表明“非礼”的行为在某种意义上等同于“不善”的行为。可见，孔子畅言道德原则时，尽管对礼制原则的具体规定有所因革损益，但是在基本精神上并未否定宗法观念和礼乐秩序。相反，孔子“克己复礼”的努力正是要让礼乐秩序与道德情感贴合得更为紧密；他之所以说“人而不仁，如礼何？人而不仁，如乐何”（《论语·八佾》），并非以道德性的“仁”来否定或者压制仪式性、规范性的“礼乐”，而是希望二者内外贯通、相得益彰。所以，《穀梁传》突出宗法原则、礼乐秩序，将道德涵摄在礼制之内，乃是出于建构政治秩序的需要。我们可以将其视为孔子思想发展的一种可能性，而不是背弃。

《穀梁传》的“道义”、“正义”观念并不像本田成之所说是“后王之正义”，而是“先王之正义”，是“法先王”。一种行为是否属于“道”、“义”、“正”，关键在于它是否符合先王制定的宗法传统与礼制原则。

从总体上看，以拨乱反正、重建秩序为最高诉求的《穀梁传》，一方面通过仰望苍穹、环视四周，从以时序、天道为中心的自然秩序观念中获取精神资源；另一方面则回溯自己的源头，从古老的祖先崇拜以及由此发展而来的宗法秩序和道义观念中汲取营养。这些共同

---

① 本书第五章第一节“二、正君之行”对此有详细论述。

构成了《穀梁传》秩序重建的观念基础。在此基础上，《穀梁传》通过诠释、评述《春秋》中典型事件的方式，阐发了自己对于“理想秩序”的构想。本书认为，从创造性诠释的维度，可以将《穀梁传》所重建的政治秩序细化为“天下秩序”、“国家秩序”和“家庭秩序”。

第四章 《穀梁传》所重建的天下秩序

“天下”是古代中国人安身立命的最宏大的空间背景。“天下”这一提法本身可能与中国古代“天圆地方”的宇宙观念[①]存在密切联系。“‘天下’并非是一个属于科学认识的空间概念，而是先民源于生存体验的对世界的想象，体现着人站立在大地上时对他与万物所共有的生存境域的感受和理解。”[②]结合古代典籍的记载，生活在华夏大地上的初民们最开始是采用“仰以观于天文，俯以察于地理”[③]的直观形式来观照这个世界的。在“仰观俯察”的过程中，作为观察者的“我”自然而然成为世界的中心；而“我”头顶上的“天”，则相应地成为最高、最贵的参照物。

据张光直教授的研究，中国文化与西方文化在型态上存在根本的差异。在深入考察古代中国和古代西方向文明转进的主要型态后，张光直主张应该“将中国的叫做‘连续性’的型态，而将西方的叫做‘破裂性’的型态”。他使用“连续性”与“破裂性”的说法，关注

---

① 良渚文化遗址出土了距今5000年前的玉琮，其形制外方内圆、柱形中空、饰以动物纹样，多玉质或石质。有学者推论玉琮反映了古代“天圆地方”、上下四方的空间观念。见葛兆光著：《中国思想史》第一卷，复旦大学出版社1998年版，第85—86页。

② 李宪堂：《“天下观”的逻辑起点与历史生成》，《学术月刊》2012年第10期，第126页。

③ （魏）王弼、韩康伯注，（唐）孔颖达正义：《周易正义》，阮元校刻《十三经注疏》本，上海古籍出版社1997年版，第77页。

的重心在于两类文明转进的整体型态的不同特征。西方文明的发展集中体现为后来者对于先前者的突破与超越，体现为人类对于所处环境的克服与改造。也就是说，“新”“旧”文明是断裂开的，它们之间存在着明显的差异。而以古代中国为代表的东方文明的发展，则更多地表现出在“有机性的整体宇宙观”之下的后来者与先前者之间的联系性，尤其是文化与自然、人类与天地万物之间的连续性。[①]

三代文化在相当大程度上延续了原始初民的宇宙模式和天下观念，当然同时也伴随着因革损益。商周时期，表征中央与四方、中国与四海等与“天下”观念相关的诸多概念已经频繁出现在甲骨文、金文以及传世文献之中。如《尚书·大禹谟》云：“皇天眷命，奄有四海，为天下君。”[②]《诗经·小雅·谷风之什·北山》中的“溥天之下，莫非王土；率土之滨，莫非王臣”[③]更是耳熟能详。“到秦汉之际，与‘天下’一词覆盖的地理范围相近的词汇均已被发明了出来，它们构成了古代中国人对世界构想的空间维度。”[④]有学者指出，在先秦时期的不同典籍文献中，“天下”一词所对应的范围存在差异，“有时指‘天穹之下’，有时指‘四海之内’，有时等同于‘中国’、‘神州’”[⑤]。相反的意见则认为“‘天下’是既定的、恒定的、宿命的，是一个永恒不变的常量”[⑥]。不过，大家都基本认可先

---

① 参见张光直：《连续与破裂：一个文明起源新说的草稿》，《中国青铜时代》，第487—496页。

② （汉）孔安国传，（唐）孔颖达疏：《尚书正义》，阮元校刻《十三经注疏》本，上海古籍出版社1997年版，第134页。

③ （汉）毛亨传，郑玄笺，（唐）孔颖达疏：《毛诗正义》，阮元校刻《十三经注疏》本，上海古籍出版社1997年版，第463页。

④ 何新华：《试析古代中国的天下观》，《东南亚研究》2006年第1期，第52页。

⑤ 李宪堂：《“天下观”的逻辑起点与历史生成》，《学术月刊》2012年第10期，第127页。

⑥ 何新华：《试析古代中国的天下观》，《东南亚研究》2006年第1期，第52页。

秦时期的“天下观”所具有的一些共性特征，包括：

> （1）天是圆的，地是方的；天有极点，地有中心；大地的四周有海水环绕。
>
> （2）“天之道”是大地上意义和秩序的源泉；大地处在天的笼罩之下，是包括人类在内的万类万物居住生长的地方。万物同质同构，处在天道的支配之下。
>
> （3）华夏族居于大地的中心区，以其得自上天的文明之光照耀、感化四周的“蛮夷之地”；天下世界的文明程度由中心开始呈圈状梯次递减。
>
> （4）天子作为上天指派的唯一代表，担负着参赞化育、养护众生的责任。①

很显然，“天下”概念的最主要内涵已经不再是直观式的个体感受，而逐步演进成一种蕴含“秩序”意味的思维范型与价值框架。换言之，“天下秩序”构成了“天下观”的核心。先秦时期的“天下观”所映射的并非某种客观实指的历史存在，而是一种思维中构拟的理想；它体现了古代中国思想家对于置身于其间的宇宙秩序的安排与思考。

重建秩序是《穀梁传》作者从孔子那里“遗传”下来的使命。面对春秋战国时期上下陵替、人欲横流的混乱状况，《穀梁传》毅然将重建秩序的第一步也是至为关键的一步放在天下秩序的重建上。

何新华注意到“天下秩序”在折射出“天下一家”、“王者无外”的一元观念的同时，还体现出“严格的等级和尊卑秩序的思想，它建

① 李宪堂：《“天下观”的逻辑起点与历史生成》，《学术月刊》2012 年第 10 期，第 127 页。

构出的世界秩序是一元性等级体制”。一个明显的例子就是，共同位于“天下”范围之中的内部与外部并不是处于平等的地位，内外之别同时也意味着高下之分、优劣之分。不过，他据此得出的结论是：“天下秩序”中的内外优劣之分与华夷之辨联系在一起。[①]笔者认为，结合《穀梁传》的文本，可以明显地发现华夷之辨确实是天下秩序中的重要内容，但绝不是天下秩序的全部，甚至不是其中最核心的部分。《穀梁传》力图重新建构的天下秩序是一个由内而外、自高向低的立体式的动态结构。这很容易让人联想到儒家提出的“亲亲之杀、尊贤之等”[②]的仁爱模式。孔孟儒家明确强调爱有差等：我们对自己的父母兄弟的情感始终强过对普通亲属朋友的情感；对普通亲属朋友的情感又要强过对一般陌生人的情感。形象地讲，儒家的仁爱体系就像是一颗石子落入到静止的湖面上引起的涟漪，中间位置的波幅最大，向外围层层推扩，渐次减弱。或者将之比喻为一座喷泉，中心位置最高，向外呈同心圈层逐级降低。仁爱就像泉水，最先从中心的位置（对应家庭内的孝悌之心）喷涌而出，而且水位最高；然后，浸满紧邻的、稍低一点的同心圈层，并渐次流下，最终将所有的水池灌满。

《穀梁传》所构想的天下秩序与此很相似，它将天下的基本单位分为四个层级：周王室、鲁国、诸夏各国、夷狄之国。其中，周王室为天子所在，理所当然居于最中心、最崇高的位置，是为第一圈层，故而要“尊周”。鲁国为周公后裔，存有圣王之遗教，保有周室之礼乐，在天下秩序中仅次于周王室，而高于其他诸夏各国，排在第二圈层，故而要“内鲁”。齐、晋、卫、宋等诸夏各国俱由宗周分封而来，

---

① 何新华：《试析古代中国的天下观》，《东南亚研究》2006年第1期，第52—53页。

② 语出《中庸》，见（汉）郑玄注，（唐）孔颖达疏：《礼记正义》，阮元校刻《十三经注疏》本，上海古籍出版社1997年版，第1629页。

分享周文，平分礼乐，构成天下秩序的第三圈层，故而要“同诸夏”。夷、狄、蛮、戎等四方之民建立的楚、吴等国家经常不奉周祀、不尊周王、不守礼乐，“圣人立，必后至；天子弱，必先叛”①，它们构成了天下秩序的第四圈层，亦即最外围的一层，故而要“外夷狄而内诸夏”。由此可见，《穀梁传》所建构的天下秩序与其说是对现实中各方政治势力之地理位置的客观事实描绘，不如说是一种观念上的价值排列：“周王室—鲁国—诸夏各国—夷狄之国”的层级秩序不是平面的内与外的区分，而是立体的高与下、尊与卑的差别。

就《穀梁传》而言，决定天下秩序之内外高下的关键因素有两个：一是文化，二是道义。此处的“文化”有特指的内涵，即对于“周文”的理解与遵循。“道义”则取决于两个方面：是否尊重并维护宗法制度的主要原则，以及是否做到了敬德保民。现实中的各种政治势力在“文化”、“道义”上表现出的性质上或者程度上的差别，决定了它们在天下秩序中的不同位置。

接下来我们面临的问题是：这一天下秩序中各个部分、各个圈层之间存在什么样的关系？它们是否是凝固隔绝、“老死不相往来”的？抑或是彼此互通、开放流动的？我们可以从孔子的一句话中得到些许启发。孔子说：“齐一变，至于鲁；鲁一变，至于道。”（《论语·雍也》）对于《论语》此章，学者们的解释颇有分歧。笔者认为，钱穆先生的理解要更为平正：“齐有太公之余风，管仲兴霸业，其俗急功利，其民喜夸诈。鲁有周公伯禽之教，其民崇礼尚信，庶几仁厚近道。道，指王道。……当时齐强鲁弱，而孔子则谓齐变始能至

---

① （晋）范宁集解，（唐）杨士勋疏：《春秋穀梁传注疏》，阮元校刻《十三经注疏》本，上海古籍出版社 1997 年版，第 2383 页。类似的说法亦见于《公羊传》，如《公羊传·僖公四年》云：“有王者则后服，无王者则先叛。”见（汉）何休解诂，（唐）徐彦疏：《春秋公羊传注疏》，阮元校刻《十三经注疏》本，上海古籍出版社 1997 年版，第 2249 页。

鲁，鲁变易于至道。”[①]齐、鲁二国相比，鲁国在尊周礼、行宗法等方面要更为笃诚。因此，尽管从现实国力来看，齐强而鲁弱；但是，在文化与道义层面，鲁国却要强过齐国。孔子关注的重心在于：各国在“道”上的差异或许是客观的，却不是绝对的。齐国等诸夏之国倘若知耻而后勇，奋发图强，便可以进步到和鲁国一样的层次；鲁国倘若能扬长避短，查缺补漏，更可以进步到“合于王道”的层次。尽管此处孔子并没有将“王道”与“周王室”对等起来，也未曾涉及华夷之间的关系，但我们仍能从他所主张的这种动态的、开放的文化观中获得足够的启发。

与此相类似，赵明在反思先秦儒家政治哲学时，注意到一个看似矛盾的现象：一方面，周礼具有十分明显的等级性特征；另一方面，先秦儒家对周礼却极为赞赏推崇。站在今天的立场，或许有人会理所当然地得出一个结论：儒家维护等级制度，服务于专制统治，所以儒家是保守、落后的。赵明反对这种断章取义式的肤浅看法。他主张周礼“作为一种与秩序建构和维护相关的规范文化，与探索事物是什么的实证科学和知识体系是不同的，儒家对礼乐传统的阐释是关涉人生和政治的价值探讨”。不仅如此，儒家之维护周礼，根本原因还在于周礼的等级性在强调差异性的同时，更通过等级化的秩序向世人标示了人性培育与升华的方向和道路，“先秦儒家不像法家那样仅仅视人性为趋利避害，而是始终怀抱人性品质的等级性信念，坚信人性是朝着‘善’的培育和升华。在他们看来，对外在等级性结构秩序的守护意味着人性培育的基本条件的存在，人性品质的培育无疑是具有方向性的，而礼制秩序呈现了这种方向”[②]。周礼所体现出的等级秩序

① 钱穆：《论语新解》，生活·读书·新知三联书店2002年版，第159页。
② 赵明：《先秦儒家政治哲学引论》，北京大学出版社2004年版，第119—120页。

固然是面对现实的，它指导和规范现实生活中的人们在不同情境下的言行举止；这种等级秩序更是面向未来的，在理想状况下，高等级者对于低等级者负有教化与示范的权利和责任，低等级者对于高等级者则应当表示出服从和效法。当然，等级森严的周礼所展示出的开放性并不表明它鼓励低等级者在实际身份上向高等级者看齐；相反，它恰恰将这种现实的挑战行为视作“僭越”而加以严厉批判。因此，周礼等级秩序的方向性与开放色彩主要体现在内在道德层面上的弃恶向善。

周礼正是王道的主要载体。周礼所体现的等级秩序色彩，暗示着王道作为一种理想，其结构应该是立体的而非平面的；王道目标的实现过程是动态的，逐层上升、渐次达成。这与《穀梁传》关于天下秩序的理解不谋而合。在《穀梁传》看来，天下秩序中的四个层级之间不存在不可逾越的鸿沟。单就形式而言，《穀梁传》分列了周王室、鲁国、诸夏各国、夷狄之国四等；但是从精神实质上看，《穀梁传》之天下秩序的终极目标乃是“天下一体”、同归于王道。尽管这只是一个存在于观念中的构拟的目标，如同学术论证中的逻辑前设。这或许是一种吊诡：《穀梁传》在现实的制度层面为天下秩序设定了清晰而严格的四个层级，然而在终极价值层面却要消融层级的差异，达到齐一的王道境界。此类思维模式还可以在孔子的另一句话中得到反映——“听讼，吾犹人也。必也使无讼乎！”（《论语·颜渊》）

接下来，我们将关注点集中到“大一统”观念上。“大一统”的明确提法最早见于《公羊传》。《公羊传·隐公元年》记载：

春王正月，元年者何？君之始年也。春者何？岁之始也。王者孰谓？谓文王也。曷为先言王而后言正月？王正月也。何言乎王正月？大一统也。[①]

尽管“大一统”的正式提法出现较晚[②]，但相关的观念却颇为古老。“在《尚书·尧典》中有‘光被四表’，‘以亲九族’，‘平章百姓’，‘协和万邦’，虽然还比较松散，却已有一个中心，尧就是这个中心。这个中心之外，围绕这个中心形成不同层次的圈子，由小到大，由最亲近的‘九族’，到周围的‘百姓’，再到远方的万邦。这是一个大一统的系统。后来，这个系统一直延续下去。到了周朝，周公采取封建制度，……春秋时代，五霸率诸侯尊周室，是对大一统观念的继承。”[③]很明显，“大一统”观念所呈现出的自内而外、由近及远的圈层结构，与上文提及的《穀梁传》的天下秩序极为相似。可以说，“大一统”与“天下”原本就是两个相关度极高的概念。在一定意义上，“大一统”正是儒家“天下”理想得以实现的必要手段和动态过程。

郭伟川指出，孔子尽管没有明确地、集中地提出“大一统”的主张，但是从散见于《论语》的诸多思想资料中，我们仍可以提炼出孔子的大一统观。具体地讲，“孔子的大一统观，表现在他对周初社会之向往，倡议复兴周初制度，呼吁各侯国尊崇周天子共主的地位。为此，他强调指出：‘天下有道，则礼乐征伐自天子出。天下无道，则礼乐征伐自诸侯出。……天下有道，则政不在大夫。’

---

① （汉）何休解诂，（唐）徐彦疏：《春秋公羊传注疏》，阮元校刻《十三经注疏》本，上海古籍出版社 1997 年版，第 2196 页。

② 一般认为《公羊传》的最终文本写定于西汉中前期。鉴于先秦文献口耳相传的传统，本书主张《公羊传》的主要内容与观念应在战国中前期即已形成，与《穀梁传》相当。当然具体内容在传承中有所损益。

③ 周桂钿：《董仲舒政治哲学的核心——大一统论》，《中国哲学史》2007 年第 4 期，第 36—37 页。

他高度赞扬周初社会‘郁郁乎文哉’，反复表示‘吾从周’。他的大一统理想是希望借助和平手段而非通过战争兼并来达到目的，所以提倡‘和为贵’。他的尊礼、倡仁、忠君、爱民的理论，根本都是为达到这一目的。而‘克己复礼，天下归仁’，正好概括性地体现了孔子的这一思想”[①]。李长春则通过列举《孟子》、《荀子》书中的有关材料，得出结论：“《公羊传》书于竹帛之前，‘大一统’观念已经在儒学中确立起来。”[②]综上，我们发现学者们对于“大一统”观念的理解存在狭义和广义之分：狭义的“大一统”观念与公羊学联系在一起，“依照公羊家的看法，‘大一统’是公羊第一义，是孔子为后世所立的一王大法的根本”[③]；这个意义上的“大一统”观念是由西汉中期思想家董仲舒完善提出的。广义的“大一统”观念则要更为久远和宽广，它源于上古的天下观念，在西周时期因宗法制度、礼乐文明的确立而得到强化，并在春秋战国的混乱局面下成为人们希冀结束分裂动荡、重建和谐秩序的重要精神资源，最终由董仲舒集其大成。

这两种“大一统”观念的具体指向与内涵是不同的。

狭义的“大一统”观念所包含的今文经学色彩更为浓厚，它并不指向历史现实，“公羊学之‘大一统’，绝不能简单地指实为秦汉帝国所实现的大统一。历史世界中的统一虽然部分地实现了经典世界中的‘一统’，但历史‘实事’中的统一依然不能取代经典‘空言’中的一统”，因为“在公羊家看来，‘大一统’制是经制，是孔

① 郭伟川：《略论孔子的礼与仁及大一统观》，《两周史论》，北京图书馆出版社 2006 年版，第 323—324 页。

② 李长春：《〈春秋〉“大一统”与两汉时代精神》，《中山大学学报》2011 年第 3 期，第 134 页。

③ 李长春：《〈春秋〉“大一统”与两汉时代精神》，《中山大学学报》2011 年第 3 期，第 133 页。

子制，不是时王之制，……它既不是指殷周‘天下共主’，也不是指秦汉的‘海内混一’。它不指代任何历史事实”，它只意味着“天下‘定于一’作为一个理想被儒家树立了起来”。[①]换言之，“大一统”绝不等同于“大统一”；“大一统”观念关注的是与历史现实若即若离的价值理想。如果一定要为这种价值理想找寻线索和渊源的话，源自《尚书·大禹谟》的“人心惟危，道心惟微；惟精惟一，允执厥中”[②]的所谓“十六字心传”，以及以文王之道为典范的儒家道统，均可以看作是狭义“大一统”观念的精神源头和旨趣所在。因此，狭义的“大一统”观念最关心的不是战乱何时结束、天下何时一统，而是历史演进背后的更为深层的“正当性”：“‘大一统’就成为追溯天下一统之文教政制的合法性源头，并由此疏通和规范人类生活秩序，并为之奠定正当性根基的一种学说。”[③]在这个意义上，狭义的“大一统”观念追求的是精神或价值层面的“一”。

广义的“大一统”观念则不然。它与历史事实的关系更为紧密，“大一统理论是在总结历史经验中得出的”[④]，“《公羊传》的大一统，是面对战国七雄逐鹿的局面而提出的一统政治纲领。是希望有类似文王的圣人出现，来结束战乱，实现天下的统一。这是战国儒家对当时割据纷争的解决方案，也是其政治的理想蓝图”[⑤]。广义上的“大一统”观念将儒家的政治理想看作是在历史活动中逐渐调整与明确起来

① 李长春：《〈春秋〉“大一统”与两汉时代精神》，《中山大学学报》2011年第3期，第135页。

② （汉）孔安国传，（唐）孔颖达疏：《尚书正义》，阮元校刻《十三经注疏》本，上海古籍出版社1997年版，第136页。

③ 李长春：《〈春秋〉“大一统”与两汉时代精神》，《中山大学学报》2011年第3期，第135页。

④ 周桂钿：《董仲舒政治哲学的核心——大一统论》，《中国哲学史》2007年第4期，第37页。

⑤ 黄开国：《〈公羊传〉的大一统思想》，《齐鲁学刊》2011年第3期，第5—6页。

的，因而“大一统”的性格是务实的，它的一个直接目的就是解决现实政治的困局，“董仲舒建立的汉代新儒学，核心内容是‘大一统论’。一是反对诸侯分裂割据；二是加强中央集权，……三是要将全国思想统一于孔子儒学。这三方面也就是领土完整，统一政治，统一思想”①。可见，广义的“大一统”观念主要关注的是历史现实中的“一”。

结合《穀梁传》对天下秩序的安排，我们发现：狭义“大一统”观念与广义“大一统”观念之间的分歧，其实可以在动态的演进过程中得到化解。面对春秋战国以来礼坏乐崩的失范状态，《穀梁传》在反思天下格局时，结合历史经验与现实状况，将天下的基本单位分为周王室、鲁国、诸夏各国和夷狄之国四种类型，并确立了四者之间尊卑高下的等级序列，从而重构了一套严格的天下秩序。《穀梁传》通过反复强调礼制，扬善而罚恶，试图维护这套天下秩序的稳定性与有效性。这种意义上的天下秩序可以对应于广义上的“大一统”观念，均以面向现实、追求实效为主旨。但是，这种等级化的天下秩序并不是《穀梁传》的最终理想。无论周王室、鲁国，还是诸夏各国、夷狄之国，都应当在等级化的秩序结构中体认到尊卑贵贱之表象背后的价值内涵（亦即王道）；只有如此，才能不断提升自我，最终达到理想的“天下一体”的王道境界。《穀梁传》坚信《春秋》之中蕴含有圣人的“微言大义”；此“微言大义”正是王道的折射。而“笔则笔，削则削”的《春秋》笔法，目的在于“劝善”而“诫恶”。与“善”、“恶”相对应的是“褒进”与“贬退”。所谓“褒进”，乃是趋向“尊”、“贵”的流动；“贬退”，则是趋向“卑”、“贱”的流动。既然

---

① 周桂钿：《董仲舒政治哲学的核心——大一统论》，《中国哲学史》2007年第4期，第38页。

“善”可“劝”、“恶”可“诫”，则天下秩序结构中任何一个等级阶层均有可能向上或向下流动。哪怕贵为天子，依旧可以提升自我，向着“敬德保民”、“博施于民而能济众”（《论语·雍也》）的圣人境界靠近；即便是贱如蛮夷，倘若放任自流，恐怕还会继续堕落，甚至禽兽不如。如此一来，《穀梁传》借由阐释《春秋》之“微言大义”，使其天下秩序具有了开放性和教化功能。当然，在《穀梁传》这里，天下秩序中各阶层的流动性不是指向现实身份的，不是鼓励大家都去当周天子；天下秩序的开放性指向的是王道背景下的价值生命。这颇有点类似孟子所说的“人爵”与“天爵”之分。（详见《孟子·告子上》。）因此，《穀梁传》所设定的天下秩序的终极目标，可以对应于狭义上的“大一统”观念，均以政治的完美状态——王道——作为旨趣。

黄开国指出，“《公羊传》中的大一统的含义还比较粗糙，但以文王为理想的君王，希望天下能在文王之正的统治下实现天下一统这一思想还是很明确的”[①]。这一倾向同样体现在《穀梁传》里。狭义“大一统”理想的实现与广义“大一统”目标的达成之间存在一致性，正如《穀梁传》设定的等级化的天下秩序与其王道理想之间可以衔接一样。[②]

第一节 尊周

《穀梁传·桓公元年》在批评鲁桓公弑兄鲁隐公而即位时，针

① 黄开国：《〈公羊传〉的大一统思想》，《齐鲁学刊》2011年第3期，第6页。

② 或许可以借鉴儒家“内圣”“外王”的结构：“内圣”为“外王”提供了内在依据与不竭的力量源泉；“外王”则可以反哺“内圣”，成为“内圣”的具体落实。

对鲁桓公时期《春秋》经文大多数年份不书“王”的情况发表议论：“其曰无王，何也？桓弟弑兄、臣弑君，天子不能定，诸侯不能救，百姓不能去，以为无王之道，遂可以至焉尔。”[①] 面对鲁桓公弑兄夺位的恶行，上至周天子、其他诸侯国君，下至鲁国的平民百姓，都放之任之，未能恪守道义、尽到自己的职责。为此，《穀梁传》斥之为“无王之道”。这并不是说当时没有周天子，而是批评天子、诸侯、百姓皆失王道。黜恶的目的乃是为了扬善，《穀梁传》这一态度恰恰表明它是以实现王道为最高政治追求的。

这也很好地体现了《穀梁传》思想的儒家属性。先秦儒家的政治理想正是实现王道政治。“王道政治的经典理论形态是由古典儒家思想家精心建构起来的。……王道政治作为古典政治哲学的理论建构，具有复杂的理论结构。天道、王道、王权，是相互紧密联系在一起的王道政治的三个基本方面。”[②] 王道政治上述三方面的一个共同交集就是“天子”。“天子”不仅是王权的实际掌握者，还是王道的实践者，更是天道的象征。尽管现实政治生活中能够真正做到这些的“天子”只是凤毛麟角，但是，这并不妨碍儒家将塑造完美的“天子”从而实现王道政治作为念兹在兹的目标。

在《穀梁传》看来，王道政治的实现只能是由周王室来完成，而其中的关键又落在周天子身上。“天子”是由自然崇拜发展而来的神圣自然秩序观念和由祖先崇拜发展而来的宗法秩序观念相交汇的枢纽，是“天命”之所在。所以，“天子”的特殊地位很大部分源于笼罩在他头上的神性光辉。美国著名学者本杰明·史华兹

① （晋）范宁集解，（唐）杨士勋疏：《春秋穀梁传注疏》，阮元校刻《十三经注疏》本，上海古籍出版社 1997 年版，第 2372 页。

② 任剑涛：《天道、王道与王权——王道政治的基本结构及其文明矫正功能》，《中国人民大学学报》2012 年第 2 期，第 83 页。

指出，“从理想上讲，王权的神圣职位既是社会秩序的根源，又是规范性真理的根源”[①]，“在中国，王位作为‘政治’与‘宗教’秩序二者的顶点，既为封建制也为后代的官僚制提供了一种令人敬畏的象征性的基础”[②]。李向平认为，周王之所以称“天子”，正是以一种有别于殷商王朝的现实统治者（殷王）以及超越性的主宰（上帝）的特别方式，彰显自身沟通天人的特征。“天子”的提法表明周王将自己的政权依据根植于天神崇拜之中，进而顺理成章地承膺天命，从而大致完成了其政权的神权化过程。[③]

因此，“天子”成为《穀梁传》所努力建构的天下秩序的逻辑起点和关键环节。以周天子为顶点，《穀梁传》提出了一个“周王室—鲁国—诸夏各国—夷狄之国”的等级森严的金字塔式层级结构，“周代采行金字塔式的分封体制，天子位于金字塔的最上层，是当时地位最尊崇的人。虽然春秋时代，天子的地位下陵，权威低落，‘天子之在者，惟祭与号’（《穀梁传·昭公三十二年》），然而《穀梁传》仍坚持‘大子最尊’的观点，而在传文中多所发挥”。[④]

对于这个身处于天下秩序的金字塔最顶端的“天子”，学者们有不同的理解。例如浦卫忠认为，“《穀梁传》中的天子头上，并没有神圣的光环。……《穀梁传》中的天子是立于人间，而不是超脱于人世的神。其所说的天子，并不是要指示天子受有天命的神圣性，天子在《穀梁传》里，没有天命神授的意味，仅是一个上下尊卑的表示”。浦卫忠还举了《穀梁传·庄公三年》的一段话作为例证：“独

① 〔美〕本杰明·史华兹著，程钢译：《古代中国的思想世界》，江苏人民出版社2004年版，第34页。

② 〔美〕本杰明·史华兹著，程钢译：《古代中国的思想世界》，江苏人民出版社2004年版，第44页。

③ 李向平：《王权与神权——周代政治与宗教研究》，辽宁教育出版社1991年版，第46页。

④ 吴智雄：《穀梁传思想析论》，台湾文津出版社2000年版，第207页。

阴不生，独阳不生，独天不生，三合然后生。故曰：母之子也可，天之子也可。尊者取尊称焉，卑者取卑称焉。其曰王者，民之所归往也。”在浦卫忠看来，这段话所指的对象包括了天下所有的人，它表明每个人都是阴、阳、天三者相合而后产生的；之所以有的人被称作“母之子”，有的人被称作“天之子”，只是因为他们在现实政治结构中的尊卑地位不同，故而“尊者取尊称焉，卑者取卑称焉”罢了。[①]不过，同样是《穀梁传·庄公三年》的这段话，其实也可以有完全不同的理解：这段话所指的对象并非所有的人，而是特指“天子”。由上天所生、并接受了天命的，不可能是所有的人，只可能是个别的部族领袖（即传说中的“圣人”或者像后稷之类的部族始祖）。所以，更合理的传承关系可能是：部族、王朝的始祖乃是由阴、阳、天三者相合而后产生的，只有他才是原初意义上的“天子”；尔后，他的嫡系血亲（尤其指他的嫡长子）真正地、完全地从“血统”上继承了源自于天的“命”，而成为历代的“天之子”。至于其他民众，则只是在“血缘”上继承了始祖；所以，这些人不能算作由天所生的，而只能算作由祖所生。传文中的“尊者取尊称焉，卑者取卑称焉”只是针对少数统治者而言：从神圣的角度看，统治者继承了“上天”的血统与命，故应该被称为“天之子”；从世俗的角度看，统治者也是由其母所生，故应该被称为“母之子”。再从语法的角度看，下文紧接着讲到“其曰王者，民之所归往也”，这里的“王”应该与前文所讲的由阴、阳、天三者相合而生的“尊者”和“卑者”属同一对象。

进一步推论，为什么没有将周王朝统治者称为“父之子”呢？因为对于统治者而言，他在血缘上与父亲的联系，远远不及他在血统上与天的联系重要。在正常情况下，周王朝的统治者是以嫡长子的合

① 参见浦卫忠：《春秋三传综合研究》，台湾文津出版社 1995 年版，第 159—160 页。

法身份从他的父亲——上一代“天子”——那里继承统治的权力，他所继承的血缘关系与血统关系是一致的。此时，其父并不仅仅是以“父亲”的血缘身份出现，更是以“上天之子”的血统身份存在，这从“君父”的称呼中可以看出（先“君”后“父”）。而在非正常的情况下，周王朝统治者并不是以嫡长子的身份从上任“天子”那里继承统治权力；于是他所继承的血缘关系与血统关系出现了分离——在血缘上，他与上任天子不再是嫡子与父亲的关系，而可能是庶子与父亲的关系、兄弟关系甚或是其他关系；但在血统上，他却是从上任天子那里承继了上天之“命”！对这种特殊情形，《穀梁传·闵公元年》认为后君继先君之位应当像继承君父之位一样，因为“亲之非父也，尊之非君也，继之如君父也者，受国焉尔”①。

由此可以看出，对于周王朝的统治者而言，《穀梁传》最为看重的是其作为“天之子”的一面。换言之，统治者乃是由于他在血统的意义上承继了上天之“命”，才获得了维护其统治的神圣权力。因此，《穀梁传》天下秩序中“天子”形象所具有的神圣意味是不容抹杀的。可以说，《穀梁传》正是以这种源于上天的神圣性作为其自上而下建构天下秩序的精神源泉和终极保证。

一、王者朝日

春秋时期，“礼坏乐崩”、社会失范，天子王权衰微，其在政治、经济和军事上的现实影响力已经变得越来越无足轻重，以至于出现了“天子之在者，惟祭与号”②的无可奈何局面。这一方面显示了周王室力

---

① （晋）范宁集解，（唐）杨士勋疏：《春秋穀梁传注疏》，阮元校刻《十三经注疏》本，上海古籍出版社1997年版，第2389页。

② （晋）范宁集解，（唐）杨士勋疏：《春秋穀梁传注疏》，阮元校刻《十三经注疏》本，上海古籍出版社1997年版，第2441页。

量急遽衰落，其影响力在社会政治生活的很多重要方面几乎徒具虚名；另一方面则反过来表明“祭”与“号”对于天子所具有的特殊意义。

《穀梁传》对天子主持参加的祭祀活动十分重视。在周天子所拥有的诸多祭祀权力中，“祭日”、“朝日”无疑具有至关重要的地位。而周天子身份所具有的神圣性，也可以从“王者朝日”的观念中体现出来。这从《穀梁传》的大量表述可以看出：

> 《穀梁传·庄公十八年》：**王者朝日**。故虽为天子，必有尊也；贵为诸侯，必有长也。故天子朝日，诸侯朝朔。①
>
> 《穀梁传·庄公二十五年》：天子救日，置五麾，陈五兵、五鼓；诸侯置三麾，陈三鼓、三兵；大夫击门，士击柝，言充其阳也。②
>
> 《穀梁传·文公十六年》：天子告朔于诸侯，诸侯受乎祢庙，礼也。③

关于“朝日”之礼，《礼记·郊特牲》称：“郊之祭也，迎长日之至也，大报天而主日也。”④《史记·封禅书》引《周礼》云：“周官曰：冬日至，祀天于南郊，迎长日之至；夏日至，祭地祇。”⑤按照上述说法，“朝日”是天子于一年中白昼最短的冬至以及白昼最长的夏

---

① （晋）范宁集解，（唐）杨士勋疏：《春秋穀梁传注疏》，阮元校刻《十三经注疏》本，上海古籍出版社 1997 年版，第 2384 页。

② （晋）范宁集解，（唐）杨士勋疏：《春秋穀梁传注疏》，阮元校刻《十三经注疏》本，上海古籍出版社 1997 年版，第 2387 页。

③ （晋）范宁集解，（唐）杨士勋疏：《春秋穀梁传注疏》，阮元校刻《十三经注疏》本，上海古籍出版社 1997 年版，第 2410 页。

④ （汉）郑玄注，（唐）孔颖达等正义：《礼记正义》，阮元校刻《十三经注疏》本，上海古籍出版社 1997 年版，第 1452 页。

⑤ （汉）司马迁：《史记》，中华书局 1959 年版，第 1357 页。

至在郊外举行的郊祀之礼。从表面上看，“朝日”之礼是为了“迎长日之至”，但实质上却是“大报天而主日也”，是为了表达对上天的敬畏。由此可见，“日”在中国古代政治生活中的地位极其重要。也正因为如此，《春秋》包含了大量日食和月食的记录，并且规定天子要在日食发生时举行“救日”的仪式。[①]

从上述材料不难看出，“日”实际上成了“天”的象征。的确，从天象的意义上看，“日”可以算得上是最大的“天”，它在天的秩序中具有至尊无上的地位。所以，用“日”来指代“天”也是合情合理的。《穀梁传》在救治社会失范危机、重建秩序时，根据“法天”的思路，顺理成章地以神圣的自然秩序为效法的模范。于是，在人间政治秩序中居于最高位置的“王”，与在自然秩序中居于至尊地位的“日”对应在一起。不仅如此，“日”还成为天意和天命的具体代表，天子受天命的过程正是通过以“日”为中介来实现的。“由诸侯朝朔是受命于天子类推，则天子朝日应该也是受命于天的意思。”[②]“观日”、“祭日”、“朝日”成为天子的特权及其统治的神性保障。

因此，笔者不完全同意浦卫忠对于“王者朝日”现象的理解。浦卫忠认为：“在至尊的天子之上，再加上一个尊长的日或天，这意味着天子的地位、权力并不是不可约束的，于是这个社会秩序的最上层是天，而不是天子。”[③] 事实上，对于《穀梁传》来说，“天”与“日”或许并不仅仅意味着一种超越于王权的约束力量，而更是一种政治的信仰，是现实政治秩序的正当性根据。正如任剑涛所说，“如果说王道政治是对王政运行基本规则与法制安排的一套实践性方案的

---

① 值得注意的是，《穀梁传》在重视“日”的同时，并不像《公羊传》那样从阴阳灾异、天人感应的角度诠释日食等异常天象。这在一定程度上体现了《穀梁传》解经的平实中正的特色。

② 吴智雄：《穀梁传思想析论》，台湾文津出版社 2000 年版，第 234 页。

③ 浦卫忠：《春秋三传综合研究》，台湾文津出版社 1995 年版，第 162 页。

话，那么，‘天道’就是对王道政治提供高级法背景的理论建构。在某种意义上，天道运行的自然正当性（natural right），是‘王道’得以建构的确当性保障、制度设计大思路的源泉、设定承担王权诸要素的前提条件”[①]。浦卫忠的观点实际上是运用董仲舒的公羊学理论来解释《穀梁传》的一种尝试；但本书认为在政权的神性依据上，《穀梁传》与《公羊传》之间实质上存在着巨大的差异。

由于垄断了“朝日”和“受天命”的权力，披上神性外衣的周天子获得了在政治秩序中的独尊地位，并因此有资格奠定《穀梁传》天下秩序的起点。而“天子尊天的深层意义，在于秩序建立的要求。大夫尊诸侯，诸侯尊天子，天子尊天，形成一套由上而下的尊尊体制，这样阶级分明的统治体制，是建立秩序的唯一凭借”[②]。正如孔子所说：“天无二日，土无二王。”[③]在《穀梁传》看来，独享了“朝日”权力的天子，在现实政治秩序中的尊贵地位也是独一无二、不容挑战的。

这从传文中“为尊者讳敌”的规定可以清楚地看出。成公元年经文记载：“秋，王师败绩于贸戎。”《穀梁传》解释道：“不言战，莫之敢敌也。为尊者讳敌不讳败；为亲者讳败不讳敌。尊尊亲亲之义也。然则孰败之？晋也。”[④]周天子的军队实际上是被晋国打败的。经文只书王师之败而不言“晋师”，目的是为了避免以晋师为王师之“敌”的说法。因为在《穀梁传》看来，“敌”字有匹敌、对等的含义。而天子乃是至尊无二的，怎么能有与他相匹敌的事物存在呢！为

① 任剑涛：《天道、王道与王权 —— 王道政治的基本结构及其文明矫正功能》，《中国人民大学学报》2012 年第 2 期，第 84 页。

② 吴智雄：《穀梁传思想析论》，台湾文津出版社 2000 年版，第 235 页。

③ （汉）郑玄注，（唐）孔颖达等正义：《礼记正义》，阮元校刻《十三经注疏》本，上海古籍出版社 1997 年版，第 1392 页。

④ （晋）范宁集解，（唐）杨士勋疏：《春秋穀梁传注疏》，阮元校刻《十三经注疏》本，上海古籍出版社 1997 年版，第 2417 页。

了顾全天子的尊严，同时又不掩盖事件的真相，并对“敌”天子的晋国表示斥责，经文采取了“为尊者讳敌不讳败”的曲笔来记录。

再如《穀梁传·僖公八年》宣扬：“王人之先诸侯，何也？贵王命也。朝服虽敝，必加于上；弁冕虽旧，必加于首；周室虽衰，必先诸侯。兵车之会也。”[①]“王人”指天子使者，爵位低下，但在会盟时却列于诸侯之前。原因是王人身负王命，诸侯为了表示对天子之命的尊重，故将王人列在最前面。这也表明，尽管在当时的社会现实中，天子地位已经日渐衰微，诸侯欺凌天子的现象屡见不鲜，即所谓“朝服”已“敝”；但是，《穀梁传》坚信重建合理的天下秩序只能够采取自上而下的方式进行；而重新树立周天子不容侵犯的至尊地位、确立天下秩序的神圣基础，正是其中的关键所在。

二、天子无外

在重新确立起天子地位的至上性和神圣性之后，《穀梁传》接下来要做的就是维护周天子对于全天下的所有权。尽管春秋时代各诸侯国已经实质上拥有了自己的疆域、人口以及很大的独立性，但是《穀梁传》仍坚持“溥天之下，莫非王土；率土之滨，莫非王臣”[②]的说法，主张周天子对于包括各分封诸侯国在内的整个天下的土地和人民拥有无可质疑的所有权。

这正是先秦“天下观”的应有之义。何新华指出，“‘天下观’体现出了‘天下一家’、‘王者无外’的一元观念，使‘天下观’指导下建立的世界秩序从总体来说具有内敛、‘德化’和‘非战’特

① （晋）范宁集解，（唐）杨士勋疏：《春秋穀梁传注疏》，阮元校刻《十三经注疏》本，上海古籍出版社 1997 年版，第 2395 页。

② （汉）毛亨传，（汉）郑玄笺，（唐）孔颖达疏：《毛诗正义》，阮元校刻《十三经注疏》本，上海古籍出版社 1997 年版，第 463 页。

征”。具体地讲，“‘天下’是中国思想家建构出来的最大空间单位，是一个包含有无限空间含义的词汇。……中国思想家建构的这种‘天下’概念，之所以成为最大的空间单位，是把‘外部’包容在‘天下’空间的结果。中国古代人文世界中的‘外部’，不是指‘天下’之外的外部，而是指‘天下’之中的外部，即与中心相对的边缘部分。……中国居中，属于天下范围无疑；四夷虽居外、居偏，但仍属于天下范围。中国与四夷同属‘天下一家’。……最终形成了‘中国’和‘夷蛮戎狄’五方之民共为‘天下’、同居‘四海’的整体格局”。[①]“天子”是全天下的主人，包括夷狄地区在内的整个昊天之下的土地都是属于周天子的；所以，对于天子而言，不存在“外”于他的土地和人民。

为此，《穀梁传》提出了“天子无外”的观点。例如《穀梁传·桓公八年》在解释经文“祭公来，遂逆王后于纪”时所补充的第二个理由就是：“或曰天子无外，王命之则成矣。”范宁注云：“四海之滨，莫非王臣，王命纪女为后，则已成王后，不如诸侯入国乃称夫人。”[②]也就是说，对于诸侯而言，天下是有“内”有“外”的；娶妻尚未入其国，则仍为在外而不得称为“夫人”。但对于周天子而言，天下皆为其所有，无所谓“外”；故天子娶王后，只需“命”之即可称“王后”，而无须入王畿方可称。

《穀梁传》“天子无外”的观点在周天子遭遇政治危机而被迫出逃时表现得更为典型。春秋时期，社会动荡激烈，许多原本地位尊贵者因种种原因不得不远离故国而流亡他邦。据学者统计，《春秋》书中记载的各种“出奔”之事多达 87 次，《左传》中的记载更是达

---

① 何新华：《试析古代中国的天下观》，《东南亚研究》2006 年第 1 期，第 52 页。

② （晋）范宁集解，（唐）杨士勋疏：《春秋穀梁传注疏》，阮元校刻《十三经注疏》本，上海古籍出版社 1997 年版，第 2376 页。

到191次，“去其重复者，二书共记201次”，几乎每年一次。可见，“‘出奔’是春秋时期的一种十分普遍的社会现象”[①]。清代顾栋高《春秋大事表》统计了周天子“出居”事件3起，诸侯国君“出奔”事件12起。[②]《穀梁传》也无法回避频繁出现的“出奔”现象。但是，当“出奔”的当事人变成周天子时，《穀梁传》旗帜鲜明地提出“天子无出”的主张：

> 《穀梁传·僖公二十四年》：天子无出。出，失天下也。居者，居其所也。虽失天下，莫敢有也。[③]
>
> 《穀梁传·成公十二年》：周有入无出，其曰出，上下一见之也。言其上下之道，无以存也。上虽失之，下孰敢有之？今上下皆失之矣！[④]

即便天子因故被迫离开周王畿，经文也不能像称诸侯出逃一样书“出”。[⑤]因为既然全天下都为天子所有，那么他离开王畿之地不过是从他的一块领土进入到另一块领土。正是在这个意义上，周天子是“有入无出”的。换言之，无论天子身处何地，他对天下名义上的所有权都无法被夺走。而且，对于其他人而言，天子是至尊无二的；即使天子失掉天下，又有谁敢代替天子拥有天下呢！至于成公十二年的传文看似承认天子之“出”，其实乃是对上下皆失其道的现象表示

---

① 徐杰令：《论春秋时期的“出奔”》，《史学集刊》2000年第2期，第76页。

② 转引自张彦修：《春秋“出奔”考述》，《史学月刊》1996年第6期，第21页。

③ （晋）范宁集解，（唐）杨士勋疏：《春秋穀梁传注疏》，阮元校刻《十三经注疏》本，上海古籍出版社1997年版，第2401页。

④ （晋）范宁集解，（唐）杨士勋疏：《春秋穀梁传注疏》，阮元校刻《十三经注疏》本，上海古籍出版社1997年版，第2421页。

⑤ 《礼记·曲礼》也有相似的“天子不言出”的说法，见（汉）郑玄注，（唐）孔颖达等正义：《礼记正义》，阮元校刻《十三经注疏》本，上海古籍出版社1997年版，第1267页。

深恶痛绝，是拨乱之辞。

此外，周天子对于天下的所有权还表现为一条特殊的规定，即诸侯不得任意处置土地。例如：

> 《穀梁传·隐公八年》：**三月，郑伯使宛来归邴。**名宛，所以贬郑伯，恶与地也。**庚寅，我入邴。**入者，内弗受也。日入，恶入者也。邴者，郑伯所受命于天子而祭泰山之邑也。[①]
>
> 《穀梁传·桓公元年》：**三月，公会郑伯于垂。**会者，外为主焉尔。**郑伯以璧假许田。**假，不言以，言以非假也。非假而曰假，讳易地也。礼，天子在上，诸侯不得以地相与也。无田则无许可知矣，不言许，不与许也。许田者，鲁朝宿之邑也。邴者，郑伯之所受命而祭泰山之邑也。用见鲁之不朝于周而郑之不祭泰山也。[②]

针对隐公和桓公时期郑、鲁两国私下交换土地的行为，《穀梁传》归纳出“礼，天子在上，诸侯不得以地相与也”的义例。在《穀梁传》看来，郑、鲁两国所拥有的土地在根本意义上都归周天子所有，只是分封给各诸侯使用；现在郑、鲁之君私下交换土地，实质上侵害了天子对全天下土地的所有权。

不仅这种为了一己私利而私下交换土地的行为被《穀梁传》禁止，甚至僖公二年齐侯为了尊王攘夷、存亡续绝的正当目的而私下分封卫国城邑的行为，也遭到《穀梁传》的批评：

---

① （晋）范宁集解，（唐）杨士勋疏：《春秋穀梁传注疏》，阮元校刻《十三经注疏》本，上海古籍出版社 1997 年版，第 2370 页。

② （晋）范宁集解，（唐）杨士勋疏：《春秋穀梁传注疏》，阮元校刻《十三经注疏》本，上海古籍出版社 1997 年版，第 2372 页。

二年春，王正月，城楚丘。楚丘者何？卫邑也。国而曰城，此邑也，其曰城何也？封卫也。则其不言城卫何也？卫未迁也。其不言卫之迁焉何也？不与齐侯专封也。其言城之者，专辞也。故非天子不得专封诸侯。诸侯不得专封诸侯，虽通其仁以义而不与也。故曰仁不胜道。[①]

《穀梁传》的理由是“非天子不得专封诸侯，诸侯不得专封诸侯”。齐侯为了保护诸夏之国而分封卫邑的行为虽然具有一定的正义性，但是这一举动同时也挑战了周天子所独享的分封土地的特权，会动摇天子对天下名义上的拥有权。所以，《穀梁传》以“仁不胜道”批评之：存亡续绝为“仁”，尊尊敬周为“道”；当两者发生冲突时，应捍卫“道”的权威。这一评价的背后原因，在于“尊周”之“道”乃是整个周代政治秩序赖以确立的基础，同时也是政权之神圣性与正当性的源泉。正是在这个意义上，“尊周”得以成为天下秩序的起点。

三、大天子之命

遵奉周天子之“命”，是尊崇周王室的一个重要体现。天子之“命”源于古代的“九命之礼”。据景红艳的研究，九命礼是先秦时期国家礼乐制度的内容之一，曾经在政治生活中发挥过重要作用。具体来说，九命礼就是天子对有功大臣所做的册命活动，根据他们功劳的大小，分九个等级赏赐给他们代表身份等级的物品以及轻重不等的权力，并由此产生包括九个不同等级的官秩制度。景红艳指

① （晋）范宁集解，（唐）杨士勋疏：《春秋穀梁传注疏》，阮元校刻《十三经注疏》本，上海古籍出版社 1997 年版，第 2391 页。

出，“礼书中关于九命礼的主要内容与金文有关册命活动的主要内容基本相同。……通过比较可知，九命礼涉及赏赐的主要物品，全部包括在金文赏赐的物品中。因此，九命礼的基本内容是可信的”。景红艳还注意到春秋时期九命之礼的一些重要变化，如在册命某些势强位高的诸侯或大臣时，天子不得不派遣使者到受命者的封地去册命；随着周天子政治影响力降低，各诸侯国国君逐渐失去了对周天子之册命的热情和兴趣；天子对诸侯册命的次数越来越少。①九命礼是否在西周时期得到严格执行，就目前已有的资料而言，我们尚无法得出确切结论。九命礼的相关理论和具体规定应该不是向壁虚造，而是有其渊源和根据。不过，天子“赐命”之礼应该确有其事。杨宽认为，“按礼，‘大国三卿皆命于天子’，‘次国三卿，二卿命于天子’（《礼记·王制》）。这种制度是用来帮助天子控制诸侯的，看来曾实行过”②。从以上关于九命礼的描述可以看出，“命”在很多情境下成为天子权威的象征，它有效地联系了天子与诸侯、大夫之间的关系，并不断提醒和强化周天子对各个分封诸侯的领导权。

显然，这种意义上的“命”与孔子所言的“天命”之“命”有很大的区别，尽管二者都将“命”与“天”关联在一起。在孔子这里，“一方面保留了天的神秘性和对于天、天命的信仰、敬畏，另一方面又修正了周代关于天帝、天命只与天子、诸侯、大夫等贵族阶级有关的看法，而使每一君子直接地面对天帝，在人生的道路上去‘畏天命’进而‘知天命’，这就肯定了个人所具有的宗教性的要求”③。而九命礼中的“命”，正是被孔子所修正的西周时期的传统意义上

---

① 参见景红艳：《论先秦九命礼及其历史演变》，《山西师大学报》2011年第1期，第60—63页。

② 杨宽：《西周史》，上海人民出版社2003年版，第452页。

③ 郭齐勇：《中国儒学之精神》，复旦大学出版社2009年版，第253页。

的“命”。

《穀梁传》十分重视“命”。不过，《穀梁传》所理解的“命”更倾向于九命礼及“赐命”意义上的“命”，而有别于孔子所说的“天命”。究其根源，在于《穀梁传》亟须重建规范、重治秩序，而九命礼之“命”与王权政治之间存在密切的关系，可以为重构政治性的天下秩序提供更为直接的精神资源。

在《穀梁传》看来，“命”对于周天子具有特殊的意义。正如《穀梁传·宣公十五年》所说：“为天下主者，天也；继天者，君也；君之所存者，命也。”[①]“命”既是上天所以传于天子的天意所在，又是天子用以传达给诸侯、大夫的王权所在。也就是说，“命”乃是上承于天、下传于臣的王者之利器，是《穀梁传》政治体系的灵魂。

因此，《穀梁传》很重视“天子之命”的象征意义和实质作用，提出了“大天子之命”的思想。《穀梁传·庄公元年》说：“人之于天也，以道受命；于人也，以言受命。不若于道者，天绝之也；不若于言者，人绝之也。臣子大受命。”[②]“大”，是重视、敬重的意思。杨士勋疏云：“天之道，臣事君，子事父，妻事夫也。”[③]杨宽先生指出，“按礼，天子的命令叫做‘王命’，诸侯必须听从。诸侯的重大事件，必须听从‘王命’来办理”。[④]吴智雄认为，“‘命’指‘诏命’。天子以诏命传达旨意，诸侯尊诏命以尊天子，所以‘诏命’是维系君臣关系、建立政治秩序的纽带，因此《穀梁传》有‘大天子之命’的观

① （晋）范宁集解，（唐）杨士勋疏：《春秋穀梁传注疏》，阮元校刻《十三经注疏》本，上海古籍出版社1997年版，第2415页。

② （晋）范宁集解，（唐）杨士勋疏：《春秋穀梁传注疏》，阮元校刻《十三经注疏》本，上海古籍出版社1997年版，第2379页。

③ （晋）范宁集解，（唐）杨士勋疏：《春秋穀梁传注疏》，阮元校刻《十三经注疏》本，上海古籍出版社1997年版，第2379页。

④ 杨宽：《西周史》，上海人民出版社2003年版，第451页。

点”[①]。“命”贯穿于天道、人道之间，是天子行使其统治权的主要形式之一。诸侯、大夫尊天子，就必须首先要“大天子之命”。

（一）天子爵命诸侯、大夫

《穀梁传》认为，按照礼制的规定，各个受封诸侯国的新君在即位时，必须要得到周天子赐予的爵命。以鲁国新君即位为例，经文只记载了庄公元年天子遣使来追赐桓公命和文公元年天子使毛伯来赐文公命。但《穀梁传》主张所有诸侯大国的每一位新君即位都必须获得天子赏赐的爵命。“接受爵命，意味着对天子任命诸侯及大夫的最高权力的承认。以天子为至尊、太上，以诸侯、大夫领受爵命组成下层等级，一个官僚体系就是这样构成的。”[②]《穀梁传》的这一规定实质上与《周礼》和《礼记》的有关记载是相符合的：

> 《周礼·春官宗伯·大宗伯》：以九仪之命正邦国之位：一命受职，再命受服，三命受位，四命受器，五命赐则，六命赐官，七命赐国，八命作牧，九命作伯。[③]
>
> 《周礼·春官宗伯·典命》：典命掌诸侯之五仪、诸臣之五等之命。上公九命为伯，其国家、宫室、车旗、衣服、礼仪，皆以九为节。侯伯七命，……子男之卿再命，其大夫一命，其士不命，其宫室、车旗、衣服、礼仪，各眡其命之数。[④]
>
> 《礼记·王制》：制：三公一命卷。若有加，则赐也，不过

① 吴智雄：《穀梁传思想析论》，台湾文津出版社 2000 年版，第 215 页。

② 浦卫忠：《春秋三传综合研究》，台湾文津出版社 1995 年版，第 196 页。

③ （汉）郑玄注，（唐）贾公彦疏：《周礼注疏》，阮元校刻《十三经注疏》本，上海古籍出版社 1997 年版，第 761 页。

④ （汉）郑玄注，（唐）贾公彦疏：《周礼注疏》，阮元校刻《十三经注疏》本，上海古籍出版社 1997 年版，第 780—781 页。

> 九命；次国之君，不过七命；小国之君，不过五命；大国之卿，不过三命；下卿再命；小国之卿与下大夫一命。[①]

结合《穀梁传》、《周礼》和《礼记》来看，天子对于牧伯、诸侯拥有名义上的任命权；各国的诸侯以及州牧、方伯从天子那里接受相应的爵命，从而获得其管理封地的合法权力。周代的宗法封建制就这样以爵命封赐的方式建立起上下有序、等级分明的统治结构。可以说，“在周代的政治形态中，爵命是权力的象征，天子靠着爵命的权力形式，与诸侯建立起上尊下卑的政治纽带”[②]。尽管春秋时期天子的王权已经衰落，原本应该由诸侯朝觐天子而受享爵命的神圣仪式，也逐渐退化成天子谴使前来赐命的曲意讨好的举动；但“诸侯向周天子‘请命’和周天子向诸侯‘赐命’，仍是诸侯国新君即位后取得合法地位的必经程序”[③]。不过，《穀梁传》多次提到“微国之君，未爵命者也”[④]，似乎表明礼制对中原诸侯大国和对微国、卑国的具体规定有所不同。当然，这一现象也可以解读为周王室对天下某些地区的控制力有所下降。

不仅各诸侯国国君需要接受天子赐予的爵命，这些诸侯国的部分卿大夫也需要获得天子的赐命。以桓公、庄公时期的两处记载为例：

> 《穀梁传·桓公十一年》：**柔会宋公、陈侯、蔡叔，盟于折。**

---

① （汉）郑玄注，（唐）孔颖达疏：《礼记正义》，阮元校刻《十三经注疏》本，上海古籍出版社 1997 年版，第 1326—1327 页。

② 吴智雄：《穀梁传思想析论》，台湾文津出版社 2000 年版，第 216 页。

③ 徐杰令：《春秋邦交研究》，中国社会科学出版社 2004 年版，前言。

④ 参见（晋）范宁集解，（唐）杨士勋疏：《春秋穀梁传注疏》，阮元校刻《十三经注疏》本，上海古籍出版社 1997 年版，第 2381、2386、2402 页。

柔者何？吾大夫之未命者也。[①]

《穀梁传·庄公元年》：**夏，单伯逆王姬。**单伯者何？吾大夫之命乎天子者也。命大夫，故不名也。[②]

很显然，同样是鲁国的大夫，“柔”并未接受过天子的赐命，而“单伯”则接受了天子的赐命。这种或赐命或不赐命的现象，可以在《礼记·王制》中得到解释。《王制》云：“天子三公，九卿，二十七大夫，八十一元士。大国三卿，皆命于天子。……次国三卿，二卿命于天子，一卿命于其君。……小国二卿，皆命于其君。”[③] 根据《王制》的记载，天子不仅爵命册封自己王畿之内的公卿大夫（即所谓“内大夫”），而且还可以直接爵命册封各个诸侯国的部分卿大夫。这种特别的礼制规定，从形式上看维护了天子对全天下的名义上的所有权；从实质上讲则可以起到加强天子对分封诸侯国家直接监督管理的作用。

（二）天子赐命方伯

上引《周礼·春官宗伯·典命》和《礼记·王制》中的文字提到“九命作伯”。“伯”，也称“方伯”。周初为了加强对各个地区的管理，天子特别加命给一些德高望重的大国诸侯，任命他们为州牧和方伯，监管几个诸侯国家，这就是“伯”的来历。

方伯获得特别的赐命，相应地也应当承担特殊的使命。其中

① （晋）范宁集解，（唐）杨士勋疏：《春秋穀梁传注疏》，阮元校刻《十三经注疏》本，上海古籍出版社 1997 年版，第 2377 页。

② （晋）范宁集解，（唐）杨士勋疏：《春秋穀梁传注疏》，阮元校刻《十三经注疏》本，上海古籍出版社 1997 年版，第 2379 页。

③ （汉）郑玄注，（唐）孔颖达疏：《礼记正义》，阮元校刻《十三经注疏》本，上海古籍出版社 1997 年版，第 1325 页。

很重要的一点，就是代替天子征讨惩罚一些不尊天子、不守礼法的诸侯国君。“《穀梁传》认为：诸侯若有不臣顺的行为，或有过失，天子有权惩治之。僖公二十八年说：‘晋人执卫侯，归之于京师。此入而执，其不言入何也？不外王命于卫也。归之于京师，缓辞也，断在京师也。’《穀梁传》所反映的国家，也是一个大一统的国家，王命无所不在，天子有最高的威权，诸侯都得听命于天子，所以，‘断在京师也’。”[①]换言之，某诸侯大国征讨他国的行为应获得天子的授权，代表王室的意志；征讨的结果，同样应该将惩治肇事者的决定权交给天子。

春秋时期，伴随天子实力的下降，出现了越来越多诸侯僭越礼制、戎夷侵凌诸夏的现象。于是，以“尊王攘夷”为口号的霸主从诸侯大国中脱颖而出，成为春秋乱世的新的共主。其实，“霸”字乃是“伯”字的通假；“霸主”是由周代的“方伯”转化而来。“春秋霸主地位的取得虽然是以其所具有的政治、经济和军事实力的强弱为基础的，但其合法性必须由周天子‘赐胙’的仪式予以承认，如齐桓公、晋文公等都是在接受周天子的‘赐胙’、‘赐弓矢’后才成为霸主的。”[②]

当然，春秋时期的“霸”与西周时期的方伯也存在很大差异。“霸”不同于“伯”的一个明显的地方在于：西周时期的“伯”是先由天子加命，然后获得辖制地方的特权；春秋时期的“霸”则是先占据了政治、经济、军事的优势地位，拥有了实际的领导权后，再在形式上接受天子的加命。换言之，“伯”的决定权仍在天子，而“霸”的决定权则在霸主本人。[③]

---

① 浦卫忠：《春秋三传综合研究》，台湾文津出版社 1995 年版，第 198 页。

② 徐杰令：《春秋邦交研究》，中国社会科学出版社 2005 年版，前言第 15 页。

③ 本章第三节“二、会盟”将讨论继续讨论这一问题。

(三) 遵从王命，不敢违逆

王命是天子权威的象征。因而，无论是天子的内臣（寰内诸侯）、还是各诸侯国国君（列土诸侯），都应该以王命为重，遵从天子之命而不得违逆。正如前文所引僖公八年鲁公与各方力量会盟以商讨解决王室危机，经文将“王人”（王室使者）列于诸侯之前，《穀梁传》解释说：“王人之先诸侯，何也？贵王命也。朝服虽敝，必加于上；弁冕虽旧，必加于首；周室虽衰，必先诸侯。兵车之会也。”[①]“王人”地位虽然低微，但是由于他身负王命，故得以位列诸侯之前。又例如鲁隐公七年，发生了凡伯被虏事件。《穀梁传》认为，尽管事实上被进攻的仅仅为凡伯一人，但经文却按照攻打一个国家的书例记录为“伐”。原因是凡伯是周天子的大夫，身负天子之命，故经文“大天子之命”而书“伐”以示郑重。[②]

天子之内臣未获王命而私自与外界力量勾结，往往会对王室造成不利。为了杜绝这一隐患，《穀梁传》还特别强调了一条礼制规定：天子之大夫须奉王命方可出行。如庄公二十三年周王室的大夫祭叔来鲁国朝聘，《穀梁传》评价道：“其不言使，何也？天子之内臣也。不正其外交，故不与使也。”[③]经文不称祭叔为天子之使，表明他并非怀王命而来。《穀梁传》传文对这种天子内臣以私人名义进行的外交活动提出了批评，原因是“有至尊者，不二之也”[④]，寰内诸侯无王命而

---

① （晋）范宁集解，（唐）杨士勋疏：《春秋穀梁传注疏》，阮元校刻《十三经注疏》本，上海古籍出版社1997年版，第2395页。

② （晋）范宁集解，（唐）杨士勋疏：《春秋穀梁传注疏》，阮元校刻《十三经注疏》本，上海古籍出版社1997年版，第2370页。

③ （晋）范宁集解，（唐）杨士勋疏：《春秋穀梁传注疏》，阮元校刻《十三经注疏》本，上海古籍出版社1997年版，第2386页。

④ （晋）范宁集解，（唐）杨士勋疏：《春秋穀梁传注疏》，阮元校刻《十三经注疏》本，上海古籍出版社1997年版，第2366页。

私自外交的行为是对天子至尊地位的挑战，更会对周王室的统治权力造成现实威胁。

此外，《穀梁传》还对春秋时期大量存在的“矫天王之命”、“逆天王之命”的非礼行为进行了严厉的贬斥，体现了《穀梁传》作为一部“黜恶”之书拨乱反正的良苦用心。

四、尊周的特殊礼制规定

“礼以别异”，礼制的一个关键作用在于区分尊卑、贵贱、长幼，使社会上的每一个人都按照自己的身份与地位来立身行事。为了维护天子的权威、保障王室的地位，《穀梁传》发挥了其擅长礼制的特点，梳理和阐发了古代礼制中大量尊周、重天子的特殊礼制规定，试图通过在礼仪上对天子与诸侯、大夫做出严格区分，来保护宗法政治结构的等级性。

告朔是西周时期宗法礼制的一项重要礼仪。《公羊传·文公六年》何休注云：“礼，诸侯受十二月朔政于天子，藏于太祖庙，每月朔，朝庙，使大夫南面奉天子命，君北面而受之。”① 但是，到了春秋时期，这项礼仪实质已经被荒废。如孔子的学生子贡看到鲁国国君早已不亲自参加告朔之礼，于是建议干脆撤去告朔之礼所用的“饩羊”，被孔子批评道：“尔爱其羊，我爱其礼。”(《论语·八佾》)《穀梁传》也主张恢复告朔之礼。《穀梁传·文公十六年》说道：“天子告朔于诸侯，诸侯受乎祢庙，礼也。”② 所谓“礼也”，就是合礼的、正确的、应当如此的。“天子以每月朔政班于诸侯，诸侯受而纳之于祢庙。诸侯

① （汉）何休解诂，（唐）徐彦疏：《春秋公羊传注疏》，阮元校刻《十三经注疏》本，上海古籍出版社 1997 年版，第 2268 页。

② （晋）范宁集解，（唐）杨士勋疏：《春秋穀梁传注疏》，阮元校刻《十三经注疏》本，上海古籍出版社 1997 年版，第 2366 页。

每月朔以特牢祭告祢庙，乃北面受朔政。天子告朔，表明政由天子出；诸侯视朔，表明诸侯对天子的臣服。告朔、视朔，使诸侯国的政务在天子的直接控制下。告朔，实际上是王命下达诸侯的一条纽带。”①

朝觐，也称朝聘，是受分封的诸侯国国君及大臣晋见周天子的一系列礼仪制度。《礼记》中关于朝觐之礼的记载很多：

《礼记·曲礼》：天子当依而立，诸侯北面而见天子，曰觐；天子当宁而立，诸公东面，诸侯西面，曰朝。②

《礼记·郊特牲》：觐礼，天子不下堂而见诸侯。下堂而见诸侯，天子之失礼也，由夷王以下。③

《礼记·王制》：诸侯之于天子也，比年一小聘，三年一大聘，五年一朝。④

《礼记·聘义》：故天子制诸侯，比年小聘，三年大聘，相厉以礼。⑤

《礼记·王制》：天子无事，与诸侯相见曰朝，考礼正刑，一德以尊于天子。⑥

《礼记·乐记》：朝觐，然后诸侯知所以臣。⑦

---

① 浦卫忠：《春秋三传综合研究》，台湾文津出版社1995年版，第198页。

② （汉）郑玄注，（唐）孔颖达疏：《礼记正义》，阮元校刻《十三经注疏》本，上海古籍出版社1997年版，第1265页。

③ （汉）郑玄注，（唐）孔颖达疏：《礼记正义》，阮元校刻《十三经注疏》本，上海古籍出版社1997年版，第1447页。

④ （汉）郑玄注，（唐）孔颖达疏：《礼记正义》，阮元校刻《十三经注疏》本，上海古籍出版社1997年版，第1327页。

⑤ （汉）郑玄注，（唐）孔颖达疏：《礼记正义》，阮元校刻《十三经注疏》本，上海古籍出版社1997年版，第1693页。

⑥ （汉）郑玄注，（唐）孔颖达疏：《礼记正义》，阮元校刻《十三经注疏》本，上海古籍出版社1997年版，第1332页。

⑦ （汉）郑玄注，（唐）孔颖达疏：《礼记正义》，阮元校刻《十三经注疏》本，上海古籍出版社1997年版，第1543页。

《礼记·祭义》：朝觐，所以教诸侯之臣也。[①]

《礼记·经解》：故朝觐之礼，所以明君臣之义也。……聘觐之礼废，则君臣之位失。[②]

《礼记·中庸》：朝聘以时，厚往而薄来，所以怀诸侯也。[③]

这些记载详细规定了诸侯、人臣晋见天子的时间、地点以及朝觐的目的和作用。如此烦琐细密的礼仪规定，正是为了让诸侯国君、大臣在恭敬行礼之间明晓君臣之义，提升对王室和天子的崇慕之情。“诸侯通过朝、觐、会、同等礼仪，时刻铭记周天子天下共主的地位及自己与之的依附臣属关系。”[④]《孟子·告子下》记载：“一不朝，则贬其爵；再不朝，则削其地；三不朝，则六师移之。”说明诸侯朝觐天子的礼仪还受到强制力的保障，因而成为诸侯必须尽到的义务。

但正如孔子所感叹：“人而不仁，如礼何？人而不仁，如乐何？”（《论语·八佾》）春秋时期“礼坏乐崩”的秩序危机并不是源于礼仪本身缺失，而是由于与礼仪行为对应的恭敬虔诚的精神失落了。《礼记·郊特牲》说得很透彻：“故天子微，诸侯僭，大夫强，诸侯胁。于此相贵以等，相觌以货，相赂以利，而天下之礼乱矣。”[⑤]周王室已经丧失天下外交中心的地位，诸侯前往周王畿朝觐的次数屈指可数。周天子甚至不得不放下身段，主动派使节前往一些大的诸侯国

① （汉）郑玄注，（唐）孔颖达疏：《礼记正义》，阮元校刻《十三经注疏》本，上海古籍出版社1997年版，第1600页。

② （汉）郑玄注，（唐）孔颖达疏：《礼记正义》，阮元校刻《十三经注疏》本，上海古籍出版社1997年版，第1610页。

③ （汉）郑玄注，（唐）孔颖达疏：《礼记正义》，阮元校刻《十三经注疏》本，上海古籍出版社1997年版，第1630页。

④ 徐杰令：《春秋邦交研究》，中国社会科学出版社2004年版，第53页。

⑤ （汉）郑玄注，（唐）孔颖达疏：《礼记正义》，阮元校刻《十三经注疏》本，上海古籍出版社1997年版，第1448页。

朝聘、索取财物。据清代马骕《左传事纬》统计："春秋二百四十二年，周王来聘有七，锡命有三，归赈有四，来求有三。鲁诸公之朝齐、晋、楚三十有三，而朝周仅三，诸大夫之聘列国五十有六，而聘周仅五。"[①] 清代顾栋高《春秋大事表》则称："东迁之后，王纲不振，诸侯放恣。于是列邦不修朝觐之礼，而天王且下聘矣，归赗矣，锡命矣。终春秋之世，鲁之朝王者二，如京师者一，而如齐至十有一，如晋至二十。"[②] 而据现代学者徐杰令的统计，"《春秋》一书自襄公以后，就再无诸侯朝王的记载了"[③]。可见诸侯朝觐天子之礼崩坏的程度！

《穀梁传》对这一状况表示痛心，一方面鼓励诸侯前往朝觐天子，对此类行为进行表彰；另一方面则批评天子遣使节朝聘诸侯的行为，认为天子乃天下至尊，故不可"以上就下"，屈尊聘问诸侯。《穀梁传·隐公九年》道："聘诸侯，非正也。"[④] 浦卫忠认为，"在《穀梁传》中，只有天子归赈致禬诸侯是许可的，聘诸侯是不许可的。天子可以出行巡狩，诸侯朝王，王却不可以聘问诸侯。天子也不与诸侯谋宗庙大事"[⑤]。《穀梁传》竭力恢复诸侯朝觐天子的制度礼仪，目的并不是维护周王室形式上的尊荣，而是如孔子说"尔爱其羊，我爱其礼"（《论语·八佾》）一般的用心，希冀由形式而内容、由外而内的逐步改变"礼坏乐崩"的局面。

《礼记·礼器》指出，礼仪根据不同的情形会有不同的贵贱标准："礼有以多为贵者"，"有以少为贵者"，"有以大为贵者"，"有以

① （清）马骕：《左传事纬》，齐鲁书社 1992 年版，第 549—550 页。

② 《春秋大事表·卷十七·礼宾表叙》，见（清）顾栋高：《春秋大事表》，中华书局 1993 年版，第 1561 页。

③ 徐杰令：《春秋邦交研究》，中国社会科学出版社 2004 年版，第 65 页。

④ （晋）范宁集解，（唐）杨士勋疏：《春秋穀梁传注疏》，《十三经注疏》，第 2371 页。

⑤ 浦卫忠：《春秋三传综合研究》，台湾文津出版社 1995 年版，第 197 页。

小为贵者”，“有以高为贵者”，“有以下为贵者”，“有以文为贵者”，“有以素为贵者”。[①]《礼器》的这一总结是我们理解古代礼制规定的一个重要原则。

以《穀梁传》的论述为例。隐公五年经文云：“初献六羽”，《穀梁传》引穀梁子的话称：“舞《夏》，天子八佾，诸公六佾，诸侯四佾。初献六羽，始僭乐矣。”[②]这可以与孔子的“八佾舞于庭，是可忍也，孰不可忍也”（《论语·八佾》）之语相印证。《穀梁传·庄公二十五年》记载“救日”之礼，规定“天子救日，置五麾，陈五兵、五鼓；诸侯置三麾，陈三鼓、三兵；大夫击门，士击柝，言充其阳也”[③]；又如《穀梁传·僖公十五年》云：“天子七庙，诸侯五，大夫三，士二。故德厚者流光，德薄者流卑。是以贵始德之本也。始封必为祖”[④]，都表明天子之礼在数目上均多于诸侯、大夫。

此外，《穀梁传》还强调天子与诸侯、大夫在婚礼、葬礼等方面的差异。在《穀梁传》看来，这些在数量、程度或性质上的礼仪差异，所代表的正是处于政治秩序结构不同层级的人们在地位、权力和身份上的严格等级差别。维护以周天子为核心的等级化的礼制规定，使整个社会形成一种重礼、遵礼的价值指向，就可以促使人们各守其礼、各安其位，从根本上扭转僭礼犯上的混乱政治局面，重建西周时期结构井然、和谐有效的政治秩序。也正是出于这个原因，《穀梁传》对僖公二十八年晋侯以诸侯的身份召天子前来会盟的非礼行为表示了

---

① （汉）郑玄注，（唐）孔颖达疏：《礼记正义》，阮元校刻《十三经注疏》本，上海古籍出版社 1997 年版，第 1431—1433 页。

② （晋）范宁集解，（唐）杨士勋疏：《春秋穀梁传注疏》，阮元校刻《十三经注疏》本，上海古籍出版社 1997 年版，第 2369 页。

③ （晋）范宁集解，（唐）杨士勋疏：《春秋穀梁传注疏》，阮元校刻《十三经注疏》本，上海古籍出版社 1997 年版，第 2387 页。

④ （晋）范宁集解，（唐）杨士勋疏：《春秋穀梁传注疏》，阮元校刻《十三经注疏》本，上海古籍出版社 1997 年版，第 2397 页。

强烈的愤慨[①]，而对隐公十一年“天子无事，诸侯相朝”的尊王行为表示了嘉许[②]。

五、批评天子失礼行为

不少《穀梁传》研究者认为《穀梁传》强调天子的至尊地位，只尊王、不限王。如蒲卫忠注意到《穀梁传》所理解的“天子”与孔、孟心目中的“天子”有很大的差异，而是与荀子所论述的君主存在一致性，主要表现在：《穀梁传》反复申言“天子”无可匹敌的至尊地位，以及天子之“命”的不可抗拒性；这与荀子主张的君主是“‘尊无上’、‘执（势）至重’（《荀子·君子》）的，是国家政权的中心”，颇为接近。[③]宋艳萍则通过齐鲁文化的差异来对比《公羊传》和《穀梁传》，认为“在尊王方面，《穀梁传》与《公羊传》不同，它只尊王而不限王。……《穀梁传》处处维护周天子的利益，……可见在尊王方面，《穀梁传》甚于《公羊传》”。《穀梁传》之所以一味尊王，是因为它属于鲁国文化，“鲁国以周礼为国本，尊王是鲁文化的一大特色”。[④]

笔者认为这种看法是不全面的。《穀梁传》虽然没有《公羊传》“屈君而伸天”[⑤]的谴告模式，但是这并不意味天子就可以为所欲为。《穀梁传》的作者意识到春秋政治结构的崩坏并不仅仅是下位者僭

① （晋）范宁集解，（唐）杨士勋疏：《春秋穀梁传注疏》，阮元校刻《十三经注疏》本，上海古籍出版社 1997 年版，第 2402 页。

② （晋）范宁集解，（唐）杨士勋疏：《春秋穀梁传注疏》，阮元校刻《十三经注疏》本，上海古籍出版社 1997 年版，第 2371 页。

③ 参见浦卫忠：《春秋三传综合研究》，台湾文津出版社 1995 年版，第 191—192 页。

④ 参见宋艳萍：《从〈公羊传〉、〈穀梁传〉的主要区别浅探齐鲁文化的差异》，《管子学刊》1998 年 4 期，第 47—48 页。

⑤ （清）苏舆撰：《春秋繁露义证》，中华书局 1992 年版，第 32 页。

上所造成的。正所谓“上下皆失之”[1]、“君不君，臣不臣，此天下所以倾也”[2]，居于上位的天子更应对此负有重要的责任。所以，重建王室和天子的政治权威不仅需要对诸侯、大夫等“在下位者”的行为进行规整，还必须对“在上位”的天子之言行做出适当约束和限制。只有这样，才能做到“君君”、“臣臣”，上下皆得其位，为政治秩序的建立提供全面保障。

为此，《穀梁传》对天子的失礼行为进行了揭露：

> 《穀梁传・桓公五年》：**秋，蔡人、卫人、陈人从王伐郑。**举从者之辞也。其举从者之辞何也？为天王讳伐郑也。郑，同姓之国也，在乎冀州。于是不服，为天子病矣。[3]
>
> 《穀梁传・桓公十五年》：**十有五年春，二月，天王使家父来求车。**古者诸侯时献于天子，以其国之所有；故有辞让而无征求。求车非礼也，求金甚矣。[4]

《穀梁传・桓公五年》对周天子伙同他人无故讨伐同姓之国郑国的恶行表示反对，认为这一行为有害宗法情谊，会造成诸侯离心离德。[5]《穀梁传・桓公十五年》批评周王室在举行葬礼时，派使者向诸侯索取财物（“求金”、“求车”）的行为，认为这一行为“非礼”。

---

① （晋）范宁集解，（唐）杨士勋疏：《春秋穀梁传注疏》，阮元校刻《十三经注疏》本，上海古籍出版社 1997 年版，第 2421 页。

② （晋）范宁集解，（唐）杨士勋疏：《春秋穀梁传注疏》，阮元校刻《十三经注疏》本，上海古籍出版社 1997 年版，第 2415 页。

③ （晋）范宁集解，（唐）杨士勋疏：《春秋穀梁传注疏》，阮元校刻《十三经注疏》本，上海古籍出版社 1997 年版，第 2374 页。

④ （晋）范宁集解，（唐）杨士勋疏：《春秋穀梁传注疏》，阮元校刻《十三经注疏》本，上海古籍出版社 1997 年版，第 2378 页。

⑤ 关于伐同姓，我们将在本章第三节进一步讨论。

无独有偶，隐公三年，周天子驾崩；同年秋，王室派遣大夫武氏前来鲁国“求赙”。所谓“赙”，指的是办理天子丧葬活动所需的钱财物品。《穀梁传》对这一行为提出了批评：“曰归之者，正也；求之者，非正也。周虽不求，鲁不可以不归；鲁虽不归，周不可以求之。”[①] 普天之下的财富都属于周天子；因此，鲁国有为天子助丧的义务。鲁国上交的助丧财物名义上乃是“归还”给天子，而非天子向鲁国求得。

有学者指出，“随着春秋进入铁器时代，生产工具的进步，促使各国农业和手工业日益发展，各诸侯国不断扩大自己的势力和领土，周王的统治范围日趋缩小。平王初迁洛邑时，尚有方六百里的土地，比列国大得多，后来有的送人，有的被诸侯吞没，有的被戎狄侵占，有的封给公卿大夫作采邑，‘王畿’紧缩，最后仅剩下一二百里的土地。国境北、西、南三面被晋、秦、楚包围，国内又有扬拒、泉皋、伊雒之戎和大夫采邑分割，天子自有的土地和人民实已无几。诸侯定期朝聘贡献本是王室的重要收入，但东周时诸侯不常来。朝聘日益废弛，天子失却了这个重要收入，因此周王非常贫穷”[②]。这或许反映了当时的实际情形。然而，尽管天子在经济上出现困厄，但《穀梁传》认为天子并不能以此为借口向诸侯索要财物，因为这实质上等于承认了天子并不能拥有整个天下。在《穀梁传》作者的眼中，最适宜的方式应该是天子不待求而已得，诸侯不待索而已献，也就是天子、诸侯各尽其职。

《穀梁传》还对天子派使者聘问诸侯国和赐予诸侯爵命的做法表示了反对。因为在理想的政治结构中，各诸侯国新君即位后，需及时

---

① （晋）范宁集解，（唐）杨士勋疏：《春秋穀梁传注疏》，阮元校刻《十三经注疏》本，上海古籍出版社 1997 年版，第 2368 页。

② 顾德融、朱顺龙：《春秋史》，上海人民出版社 2001 年版，第 53 页。

赴周王畿朝拜周天子，并从天子那里获得赐命。然而春秋时期，天子的权威几乎荡然无存。各诸侯国新君即位，很少再主动去朝拜天子。天子只得反过来派遣使者聘问诸侯国并予以赐命。周天子的这种尴尬行为，尽管可以在某种程度上显示王权的存在，但正所谓"欲盖弥彰"，其中曲意讨好的意味已无法掩饰。

总之，在《穀梁传》看来，只要天子能够修养德性、端正行为、依礼而行，就可以赢得诸侯、大夫的尊敬，并最终恢复自己的权威。因此，"敬德保民"仍然是《穀梁传》重构天下秩序所必须依凭的道德资源。

六、尊周与"变之正"

无论《穀梁传》作者如何努力恢复周代的种种礼制规定，春秋以来社会关系各方面所发生的深刻变化，都不以人的意志为转移、真实而又残酷地存在着，甚至愈演愈烈。尽管《穀梁传》渴望重建西周的宗法礼乐秩序，但它仍不得不在潜移默化中承认并接受一些现实的状况。因此，《穀梁传》在提出尊崇周天子和周王室的同时，也被迫承认了一些权宜措施的价值。这集中体现在《穀梁传》的"变之正"思想中。

所谓"变"，是与合理的常态相对的特殊状况。《穀梁传》认为《春秋》所记载的"变"可以分为"正"与"不正"两类。

"变之不正"是那些形式和精神都严重违背宗法礼制的现象，如"初献六羽"和"往而赐命"等等。对这类"变"，《穀梁传》旗帜鲜明地给予了谴责。

而"变之正"则指在形式上存在违礼的现象，但在精神上仍有可取之处的行为。例如僖公五年诸侯各国在齐桓公的召集下盟于首戴，天子之王世子也参加了会盟。会盟仪式上，齐桓公和其他诸侯国国君均对王世子表达了尊崇之意。《穀梁传》认为最理想的情况当然是齐桓公率众诸侯入王畿朝觐天子；但是就春秋时期的实际状况来看，“天子微，诸侯不享觐。桓控大国，扶小国，统诸侯不能以朝天子，亦不敢致天王”[1]。由于周天子式微，以齐国为代表的诸侯势大，原本的诸侯朝觐之礼仪变得十分微妙：一方面，天子对齐桓公心存忌惮，担心齐桓公率众前往周王畿可能会不利于自己；另一方面，齐桓公同样担心自己亲赴周王畿，会被周天子所软禁甚至除掉。在这种缺乏必要互信的情形下，让齐桓公入王畿朝觐天子显然不现实。于是，齐桓公所采取的尊崇王世子的行为，既可以表达对周王室的尊重，又可以避免双方的猜忌，不失为一种灵活变通的权宜措施。《穀梁传》对此举表示了嘉许之意。又如襄公二十九年诸侯之大夫为杞国筑城和昭公三十二年诸侯之大夫城成周两次事件，《穀梁传》均许以为“变之正”，并予以认可。[2] 在天子式微、无能为力的情况下，诸侯甚至诸侯之大夫代行天子之责筑城护民，也是没有办法的办法。

由此可以看出，《穀梁传》一方面努力从西周以来的传统礼制与观念中汲取思想资源，以图自上而下地重新确立起周王室和周天子的神圣权威，作为整个天下秩序的坚实基础；另一方面，它也注意到春秋时代社会关系所发生的一些不可逆转的变化，并采取了现实的、可行的态度以应对这种变化。这既体现了《穀梁传》“劝善”主张的宽容性，也反映了作者灵活、务实的变通精神。

---

① （晋）范宁集解，（唐）杨士勋疏：《春秋穀梁传注疏》，阮元校刻《十三经注疏》本，上海古籍出版社 1997 年版，第 2394 页。

② （晋）范宁集解，（唐）杨士勋疏：《春秋穀梁传注疏》，阮元校刻《十三经注疏》本，上海古籍出版社 1997 年版，第 2432 页、第 2441 页。

第二节 内鲁

《春秋》与鲁文化的关系颇为密切。《春秋》据信为孔子据鲁国旧史修订而来[①]，而作为“三传”之一的《春秋穀梁传》的主要作者穀梁赤据信亦为鲁人[②]，所以“鲁国”在《春秋》和《穀梁传》的思想体系和政治秩序中均占有不同于其他诸侯国的特殊地位。这反映到《穀梁传》的天下秩序中，就集中表现为所谓的“内鲁”观念。

其实《穀梁传》并未明确提出过“内鲁”的说法，明确提出这一说法的是《公羊传》。《春秋》成公十五年云：“冬，十有一月，叔孙侨如会晋士燮、齐高无咎、宋华元、卫孙林父、郑公子鳝、邾娄人，会吴于钟离。”《公羊传》解释道：“曷为殊会吴？外吴也。曷为外也？《春秋》内其国而外诸夏，内诸夏而外夷狄。”[③]这里“国”指的就是“鲁国”；因此“内其国”就是“内鲁”、以鲁国为内。考察《春秋》和《穀梁传》的文本，的确可以发现其中有很浓厚的“内鲁”情结。但是《穀梁传》的“内鲁”观念与《公羊传》存在很大的不同，更不像后世如董仲舒等的公羊学者所称的有所谓“王鲁”、“当

---

① 如《孟子·离娄下》云：“孟子曰：‘王者之迹熄而《诗》亡，《诗》亡然后《春秋》作。晋之《乘》，楚之《梼杌》，鲁之《春秋》，一也。’其事则齐桓、晋文，其文则史。孔子曰：‘其义则丘窃取之矣。’”前文已提及。

② 如《汉书·艺文志》在著录“《穀梁传》十一卷”后称“穀梁子，鲁人”，见（汉）班固：《汉书》，中华书局1962年版，第1713页。范宁《春秋穀梁传序》之杨士勋疏云：“穀梁子名淑，字元始，鲁人，一名赤。”见（晋）范宁集解，（唐）杨士勋疏：《春秋穀梁传注疏》，阮元校刻《十三经注疏》本，上海古籍出版社1997年版，第2358页。亦见前文。

③ （汉）何休解诂，（唐）徐彦疏：《春秋公羊传注疏》，阮元校刻《十三经注疏》本，上海古籍出版社1997年版，第2297页。

新王”的微言大义。[①]

笔者认为，《穀梁传》的“内鲁”观念首先是对《春秋》书写记录的技术方式的客观反映；其次，“内鲁”也体现了宗法秩序下血缘性的亲疏情感；最后，“内鲁”还与鲁国始封君周公及周礼之间存在着密切的联系，因此“内鲁”的观念包含了一种政治秩序的意味。

一、“内鲁”是客观记录的需要

纵观《春秋》，不难发现其中所记载的历史事件有相当大的比例都是与鲁国有关的。无论是朝聘、战争、会盟、娶妇、嫁女等各国交往事件，还是祭祀、天灾、民事等一国之内的事件，与鲁国存在直接或者间接关系的不在少数。

《穀梁传》对《春秋》记事的这一特点进行了分析。在《穀梁传》作者看来，这首先是由《春秋》的性质和来源决定的。与其他的经典不同，《春秋》原本就是由鲁国旧史修订而来。从它所获得的史料来源看，当时周王室和各国发生的重大事件可能是以册书的形式通报给他国的。以鲁国史书来说，只有当鲁国史官在接到他国的册书通报后才能据以记入鲁史。也就是说，如果某国发生一事件但并未通报鲁国，那么鲁国史书对于该事件的记载就可能出现语焉不详甚至暂付阙如的情况。我们可以推测，在春秋时期社会失序的状况下，王室和诸侯国向他国通报重大事件的制度会受到各方冲击而断断续续甚至难以为继。记录鲁国国内发生的事情则不存在这种局限。因此，《春秋》中充斥着大量与鲁国有关的史实，一个基本的原因就是鲁国史官所获

---

① 董仲舒《春秋繁露·三代改制质文》云：“故《春秋》应天作新王之事，时正黑统。王鲁，尚黑。”《奉本》云：“今《春秋》缘鲁以言王义。”参见（清）苏舆：《春秋繁露义证》，中华书局 1992 年版，第 187、279 页。其后的公羊学者何休亦承“王鲁”之说。

得的国内信息要远比他国信息更加丰富和详尽。

但说到根子上，“以鲁史为主”的现象牵涉到《春秋》在记录史料时对于记事支点的选择。任何史书都不可能是乱糟糟的、毫无章法的，而必须要有取舍，有自己的主线、结构和条理。如孟子所提到的“晋之《乘》，楚之《梼杌》，鲁之《春秋》”等史书，正是晋、楚、鲁等国的史官站在各自国家的观察视角和记事支点上对于所知历史的记载。因此，《春秋》所依据的鲁国旧史乃是以鲁国作为观察视角和记事支点所完成的史书。《穀梁传》指出，由于《春秋》继承了这种记事的支点，所以倾向于记载与鲁国有关的事件。例如：

《穀梁传·隐公三年》：尹氏者，何也？天子之大夫也。外大夫不卒，此何以卒之也？于天子之崩为鲁主，故隐而卒之。①

《穀梁传·桓公五年》：外相如不书，此其书，何也？过我也。②

《穀梁传·僖公元年》：莒无大夫，其曰莒拏，何也？以吾获之目之也。③

《穀梁传·襄公五年》：外不言如，而言如，为我事往也。④

根据《春秋》的书例，天子的大夫去世、他国的诸侯或大夫相互朝聘、聘问之类的事件原本是不需要记载的。但是，上述这些事

---

① （晋）范宁集解，（唐）杨士勋疏：《春秋穀梁传注疏》，阮元校刻《十三经注疏》本，上海古籍出版社 1997 年版，第 2368 页。

② （晋）范宁集解，（唐）杨士勋疏：《春秋穀梁传注疏》，阮元校刻《十三经注疏》本，上海古籍出版社 1997 年版，第 2374 页。

③ （晋）范宁集解，（唐）杨士勋疏：《春秋穀梁传注疏》，阮元校刻《十三经注疏》本，上海古籍出版社 1997 年版，第 2391 页。

④ （晋）范宁集解，（唐）杨士勋疏：《春秋穀梁传注疏》，阮元校刻《十三经注疏》本，上海古籍出版社 1997 年版，第 2426 页。

件由于与鲁国发生了某种间接的联系，不再是与鲁国无关的了。因此，站在鲁国的观察角度上，按照鲁史的记事支点，这些事情就有了记录的必要。所以，在这个意义上，“内鲁”的记事方式其实是一种客观的技术性的需要，是鲁国史官选择“与鲁国相关的事件”为记事的支点所决定的。

二、“内鲁”是亲亲宗法情谊的体现

尽管以“客观的技术性记事方式”为理由可以解释《春秋》中一部分“内鲁”的情况，但是《春秋》与《穀梁传》中仍然有相当多的“内鲁”现象并不能由此得到很好解释。换言之，“内”与“外”的划分不仅仅是由记事的支点决定，它还蕴含有价值的差别。“因此，‘内外’有两层含义，一是事实上之内外，二是有价值因素介入之内外。”[①]

具体地讲，“内鲁而外诸夏”的观念很可能源自于一种血缘上的亲近感。周代分封建国的政治制度是由其宗法伦理的宗族结构发展、推广而来。鲁、齐、卫、宋等诸侯国家的区分既是政治上的，也是宗法上的。因此，对于鲁国的人民来说，除了共同地尊崇以周文王为象征的周王室之外，鲁国的国君成为他们在血缘上、在情感上最亲近的人。因而《穀梁传》认为，《春秋》的“内鲁”观念实际上体现了宗法秩序下亲疏远近的血缘性关系。也就是说，“内鲁”观念显示了宗法的“亲亲”之情；“内鲁”正是“以鲁为亲”。

这种“内鲁”的亲亲之情的第一个显著表现，是《穀梁传》所揭示的“为内讳”观念。仅以鲁桓公时期的三处传文为例：

---

① 许雪涛：《从〈公羊传〉看〈春秋〉之“隐微”》，载于“孔子2000网”，2004年2月22日。见 www.confucius2000.com/confucian/cgyzkcqzyw.htm。

《穀梁传·桓公十年》：来战者，前定之战也。内不言战，言战则败也。不言其人，以吾败也。不言及者，为内讳也。[①]

《穀梁传·桓公十二年》：非与所与伐战也。不言与郑战，耻不和也。于伐与战，败也。内讳败，举其可道者也。[②]

《穀梁传·桓公十七年》：内讳败，举其可道者也。不言其人，以吾败也。不言及之者，为内讳也。[③]

“内不言战”当然有《穀梁传》作者反对以战争的方式解决纠纷的含义；但是从“亲亲”的角度看，“内不言战”实际上是不希望“内”（鲁国、鲁君）与战争联系在一起，更何况《穀梁传》认为这里所言的“战”均指鲁国被打败的战争。这种“讳战”、“讳败”的“内鲁”书写方式，显然不能用虚荣、爱面子的简单理由来做解释。其中的真实原因，《穀梁传·成公元年》的一段话讲得很清楚：“为尊者讳敌不讳败，为亲者讳败不讳敌，尊尊亲亲之义也。”[④]“为尊者讳敌”的理由，是为了避免有与至尊无二的天子相匹敌的力量存在。可见，讳言天子之“敌”的目的是彰显并强化“尊”与“卑”的等级区别，是谓“尊尊”。那么为什么要“为亲者讳败不讳敌”呢？此处的“亲者”显然指鲁君和鲁国。鲁国与其他诸侯国地位对等，存在与鲁国匹敌者是毋庸置疑的事实。但为什么要为鲁君讳败呢？因为一旦战败，伤亡总是难免的；为人臣子，当然不希望伤亡之类的不祥事件与

① （晋）范宁集解，（唐）杨士勋疏：《春秋穀梁传注疏》，阮元校刻《十三经注疏》本，上海古籍出版社1997年版，第2376页。

② （晋）范宁集解，（唐）杨士勋疏：《春秋穀梁传注疏》，阮元校刻《十三经注疏》本，上海古籍出版社1997年版，第2377页。

③ （晋）范宁集解，（唐）杨士勋疏：《春秋穀梁传注疏》，阮元校刻《十三经注疏》本，上海古籍出版社1997年版，第2378页。

④ （晋）范宁集解，（唐）杨士勋疏：《春秋穀梁传注疏》，阮元校刻《十三经注疏》本，上海古籍出版社1997年版，第2714页。

自己的君父联系在一起，所以要在记载此类事件时“为亲者讳败”。显然，这是为了成全“亲亲”之义。《穀梁传·成公九年》所讲到的“为亲者讳疾”[①]，也是出于类似的目的，不希望疾病与君父联系在一起。

此外，《穀梁传》“内鲁”观念的亲亲之情还表现在“不使危难近鲁国”上。《穀梁传》认为，无论是戎狄侵扰边疆，还是其他诸侯国武力来犯，《春秋》在记录这些威胁时总是会采用一些委婉的方式，以示“不使戎迩于我也”[②]、“不以难迩我国也”[③]。又如庄公二十八年鲁国发生严重粮食短缺，被迫派人去齐国借粮。《春秋》不言鲁国借粮，却委婉地说“臧孙辰告籴于齐”[④]。《穀梁传》认为这是以鲁国大臣个人的名义来承担国家的不幸，体现了一种典型的“不使饥馑近鲁国”的观念。

对鲁国公室已经嫁出的女儿表示出格外关注，是“内鲁”的又一体现。庄公四年鲁国公室嫁到纪国的女儿伯姬去世，《春秋》对此做了记载。《穀梁传》认为：“外夫人不卒，此其言卒，何也？吾女也。适诸侯则尊同，以吾为之变，卒之也。”[⑤]按照惯例，鲁国以外的诸侯国君夫人去世是不用记录的。现在经文记录了纪国国君夫人伯姬的去世，是“以吾为之变”，是因为她为鲁国公室之女的特殊身份而变通了常例，这也鲜明地体现了儒家仁爱思想的“爱有差等”观念。

---

① （晋）范宁集解，（唐）杨士勋疏：《春秋穀梁传注疏》，阮元校刻《十三经注疏》本，上海古籍出版社 1997 年版，第 2421 页。

② （晋）范宁集解，（唐）杨士勋疏：《春秋穀梁传注疏》，阮元校刻《十三经注疏》本，上海古籍出版社 1997 年版，第 2384 页。

③ （晋）范宁集解，（唐）杨士勋疏：《春秋穀梁传注疏》，阮元校刻《十三经注疏》本，上海古籍出版社 1997 年版，第 2385 页。

④ （晋）范宁集解，（唐）杨士勋疏：《春秋穀梁传注疏》，阮元校刻《十三经注疏》本，上海古籍出版社 1997 年版，第 2388 页。

⑤ （晋）范宁集解，（唐）杨士勋疏：《春秋穀梁传注疏》，阮元校刻《十三经注疏》本，上海古籍出版社 1997 年版，第 2381 页。

值得注意的是，这种依据宗法血缘关系之亲疏远近而形成的“内外”观念，在伦理与政治相融合的周代社会里，必然会从自然的亲亲情感推而广之，表现为政治秩序的高下尊卑与道德的是非善恶。庄公三十一年齐桓公打败山戎，派使者来鲁国献戎捷。《穀梁传》认为经文采用了描述鲁国自己人的书例来记载此事，表明《春秋》对齐桓公涉险千里讨伐山戎的“尊王攘夷”义行的嘉许，故而“内齐侯也”[①]，以齐侯为“内”，像对待鲁国自己人一样对待齐侯。又例如闵公元年鲁公子庆父杀害鲁庄公之子子般，《春秋》称庆父为“齐仲孙”。《穀梁传》认为这是“外之也”[②]，是按称呼鲁国以外之人的方式来称呼他，以体现对庆父弑君恶行的贬斥；而冠之以“齐”，则表示对齐桓公接纳庆父的非礼行为一并批判。由此不难发现，《穀梁传》实质上已经将这种源于宗法血缘的“内外”观念，作为具有尊卑秩序感和道德善恶感的价值评判标准使用。

三、“内鲁”是一种文化的认同

我们在理解《春秋》和《穀梁传》“内鲁”观念的深层根源时，还有必要对鲁国的政治和文化源头进行一下回溯。鲁国的始封君为周公。周公在周初的历史中有着特殊重要的地位。据《史记·周本纪》记载：“成王少，周初定天下，周公恐诸侯畔周，公乃摄行政当国。”[③]武王在灭商两年后就病逝，其时武王之子成王尚年幼，而天下形势仍然险峻复杂。于是周公毅然承担起重任，履天子之籍，听断天下之事。正如《史记·鲁周公世家》所说：“周公乃践阼代成王摄行

---

① （晋）范宁集解，（唐）杨士勋疏：《春秋穀梁传注疏》，阮元校刻《十三经注疏》本，上海古籍出版社 1997 年版，第 2389 页。

② （晋）范宁集解，（唐）杨士勋疏：《春秋穀梁传注疏》，阮元校刻《十三经注疏》本，上海古籍出版社 1997 年版，第 2389 页。

③ （汉）司马迁：《史记》，中华书局 1959 年版，第 132 页。

政当国”[①]，周公实际上已经正式登上了天子之位。其实这也很容易理解：所谓“名正”方能“言顺”，“在其位”才能“谋其政”。因而周公的做法在道义上原本是无可厚非的，而且在七年后他也将一个稳定而强大的国家交还给长大的成王。然而，这些都不能改变周公曾经“践阼”当过天子的事实。也正是因为这个原因，周公去世后，成王并未依从周公的遗愿将其葬于成周以表示周公对成王的效忠，而是将其葬在文王墓所在的毕之地，以示周公乃是效忠于文王的。《史记·鲁周公世家》记载成王所说的“予小子不敢臣周公”[②]并不是一句客套话，而是有着实实在在的含义，即因为周公事实上已经做过天子，所以从周公手中接过天子之位的成王是不能以周公为臣的；而且由于周公曾经“践阼”，所以他应以天子身份被迎入周王室的太庙，并依昭穆之制从祀文王。[③]因此，成王特许鲁国可以举行天子才能享有的郊祭文王的权力，以及允许鲁国在祭祖时采用天子的礼乐规格，可能并不完全如司马迁所说的是“以褒周公之德”[④]，而是因为鲁国始封君周公曾经践阼为天子的特殊身份地位。

只有承认这一点，才能够解释为什么成王会给予周公和鲁国如此多的特权，要知道这些特权原本都是只有周天子才有权享受的！并且，这也可以从一个方面解释鲁国在保存周礼方面的特殊地位。《礼记·明堂位》称：“成王以周公为有勋劳于天下，是以封周公于曲阜，地方七百里，革车千乘。命鲁公世世祀周公以天子之礼乐。是以鲁君孟春乘大路，……言广鲁于天下也。”[⑤]只是后世学者担心承认周公践

---

① （汉）司马迁：《史记》，中华书局 1959 年版，第 1518 页。
② （汉）司马迁：《史记》，中华书局 1959 年版，第 1522 页。
③ 从昭穆的秩序看，文王与周公同昭穆，武王与成王同昭穆。
④ （汉）司马迁：《史记》，中华书局 1959 年版，第 1523 页。
⑤ （汉）郑玄注，（唐）孔颖达疏：《礼记正义》，阮元校刻《十三经注疏》本，上海古籍出版社 1997 年版，第 1488—1489 页。

阼的史实会有损圣人的形象，造成不良影响，所以尽量淡化甚至讳言此事。

鲁国部分享有天子之礼乐的特权，其直接的后果就是鲁国拥有了较齐、晋等其他诸侯国多得多的周礼资源。加之周公本人就是那个时代最有远见、最杰出的政治家和制礼作乐者（在上古时代这两者是不可分的），使他成为周代礼乐文化最重要的奠基人。因此，周公对周礼的精熟程度可能无人能出其右。这些都被以周公为骄傲的鲁国后人所继承。

从史料记载来看，鲁国的历代国君都以秉承周代的礼乐制度和宗法秩序为职志，并将此视为鲁国的文化优越性所在。《淮南子·齐俗训》记载周公治鲁以“尊尊亲亲”①，《史记·鲁周公世家》称鲁公之子伯禽以“变其俗”、“革其礼”（尊崇周礼以变革当地的礼俗）为立政之基②。而西周灭亡、平王东迁的事件对周王室所掌控的礼乐资源造成了致命的伤害。于是，春秋时期在王室疲敝、天子衰微的时代背景下，由周天子所代表的周礼已经无以为继。此时，鲁国所拥有的周礼就越发显示出其重要的地位。《左传·昭公二年》云：“二年春，晋侯使韩宣子来聘，……观书于太史氏，见《易象》与鲁《春秋》，曰：‘周礼尽在鲁矣。吾乃今知周公之德与周之所以王也。’”③鲁国甚至成为周代礼乐制度仅存的完整活化石，这也奠定了鲁国超越其他诸侯国的优势文化地位。孔子说：“齐一变，至于鲁；鲁一变，至于道。”（《论语·雍也》）“道”指王道、天子之道；“齐”指齐国等诸夏之国。鲁国凭借其独特的礼乐资源，获得了仅次于周王室而高于诸

① 刘文典：《淮南鸿烈集解》，中华书局1989年版，第346页。

② 参见（汉）司马迁：《史记》，中华书局1959年版，第1524页。

③ （晋）杜预注，（唐）孔颖达疏：《春秋左传正义》，阮元校刻《十三经注疏》本，上海古籍出版社1997年版，第2029页。

夏之国的文化地位。

所以，“内鲁”的现象在文化意义上是对周礼精神和内容的抢救与尊重，体现了人们对于周代礼乐文化的认同。换言之，鲁国之所以值得“内”，甚至孔子之所以选择鲁国旧史作为原本来修订《春秋》，都与鲁国所享有的周礼是分不开的。而前文提及的鲁国对于亲亲之谊的重视，正是鲁国重视礼乐制度和宗法情谊的一个表现。

鲁国所特有的周礼资源不仅仅具有文化的意义，还蕴含着重要的政治价值。因为周礼的实质就是一种秩序。本杰明·史华兹在《古代中国的思想世界》一书中说道：“使得礼成为整个规范性社会秩序之粘合剂的原因在于：‘礼’的主要内容涉及人们的行为，在一个结构化的社会之内，人们依据角色、身份、等级以及地位而相互联系在一起。”[①] 由周公为代表的周初统治者们所确立起的礼乐文明绝不是附庸风雅、点缀宴乐、铺陈仪式，而是具有实实在在的规范约束效能，是当时人们社会行为的基本准则，“依靠礼而把它们凝聚到一起的秩序并不只是一种仪式性的秩序，还是地地道道的社会政治秩序，它包括等级制、权威与权力在内”[②]。正是由于礼乐本身蕴含着神圣的意义与现实的力量，所以，通过这样一整套烦琐细致的礼乐规范，周人得以建构起一种糅合了宗法结构的、尊卑贵贱分明的等级秩序。从这个意义上讲，如果说“天命”的观念是周代宗法政治秩序的灵魂，那么周代的礼乐制度就是宗法政治秩序的骨骼和血液。

因此，倘若要在一定意义上恢复西周的社会政治结构，重构合理的天下秩序，除了要在王权的意义上重新确立起天子因享有“天

① 〔美〕本杰明·史华兹著，程钢译：《古代中国的思想世界》，江苏人民出版社 2004 年版，第 68 页。

② 〔美〕本杰明·史华兹著，程钢译：《古代中国的思想世界》，江苏人民出版社 2004 年版，第 69 页。

命”而具有的政治神圣性之外，还要努力从西周的宗法礼乐资源中获取养料。时势所趋，鲁国顺理成章地成为关注的焦点。这才是《穀梁传》“内鲁”观念的深刻根源！

于是我们发现，与《公羊传》以“王鲁”来解释“内鲁”，并将“内鲁”与“尊周”实质上对立起来不同[①]，在《穀梁传》所建构的天下秩序中，“内鲁”与“尊周”是统一的、一致的。“内鲁”的根源在于周公的特殊地位和鲁国所享有的天子之礼，“内鲁”的目的在于建构以周天子为顶点与核心的有序政治结构。因此，“内鲁”可以统摄到“尊周”的观念之下。

第三节　同诸夏

诸夏各国的共性在于它们都是由周王室分封而形成。杨宽认为，早在周文王时期，就已经开始重视通过分封制来扩展周人占有土地和扩张势力，“周武王克商后，在原来商的王畿内分封邶、鄘、卫而设三监，同时分封给同姓亲属、身具要职的如召公、毕公、荣伯等人的封邑，也都在王畿之内”。而到了周成王时期，周公东征胜利后，更是进一步扩大分封制的规模，不仅分封建国更多，而且封邑的位置也扩展到王畿以外。周初的分封制“既是巩固和扩大周朝统治的手段，又是贵族内部对财产和权力进行再分配的一种方式”。[②]杨先生所说的分封制“巩固和扩大周朝统治”的作用，主要体现为《左传·定公

① 不过，许雪涛等学者指出，《公羊传》本身并没有明确的“王鲁”观念；将“王鲁”与“尊周”对立乃是后世董仲舒、何休等公羊学者的发挥。详见许雪涛：《从〈公羊传〉看〈春秋〉之“隐微”》，载于“孔子2000网”，2004年2月22日。见www.confucius2000.com/confucian/cgyzkcqzyw.htm。

② 参见杨宽：《西周史》，上海人民出版社2003年版，第374、385页。

四年》所云的"选建明德，以藩屏周"[①]。诸侯被分封到周王畿外围建立属国，充当周王室与散居边远地区的夷狄之间的一道屏障，达到拱卫周王室的作用。

西周时期的分封活动主要集中在周初的文、武、周公、成王、康王时期，成康之后新建的属国非常少。周天子的分封对象以同姓诸侯为主，据《左传·昭公二十八年》记载："武王克商，光有天下，其兄弟之国十有五人，姬姓之国四十人。"[②]《荀子·儒效》说道："周公……听天下之断，……兼制天下，立七十一国，姬姓独占五十三人。"[③]不过，周灭商乃是依靠各方盟友的协助才实现的，为了安抚异姓贵族，"周天子分封同姓诸侯之时，又封异姓诸侯，诸侯也分封同姓和异姓卿大夫。由于实行同姓不婚制和贵族的等级内婚制，异姓贵族都成为姬姓贵族的姻亲。周天子称同姓诸侯为伯父、叔父，称异姓诸侯为伯舅、叔舅，诸侯也称异姓卿大夫为舅。周天子与诸侯，诸侯与卿大夫，固然有着政治上的组织关系，同时也存在着宗法和姻亲的关系，以加强彼此之间的团结和联合"[④]。

与杨宽看重分封制中"封者"与"受封者"的宗法情谊不同，王国维《殷周制度论》更关注分封制所确立的君臣关系：

> 自殷以前，天子诸侯君臣之分未定也。故当夏后之世，而殷之王亥、王恒，累叶称王；汤未放桀之时，亦已称王；当商

---

① （晋）杜预注，（唐）孔颖达疏：《春秋左传正义》，阮元校刻《十三经注疏》本，上海古籍出版社 1997 年版，第 2134 页。

② 参见杨宽：《西周史》，上海人民出版社 2003 年版，第 451 页。《左传》语见（晋）杜预注，（唐）孔颖达疏：《春秋左传正义》，阮元校刻《十三经注疏》本，上海古籍出版社 1997 年版，第 2119 页。

③ （清）王先谦：《荀子集解》，中华书局 1988 年版，第 114 页。

④ 杨宽：《西周史》，上海人民出版社 2003 年版，第 451 页。

之末，而周之文、武亦称王。盖诸侯之于天子，犹后世诸侯之于盟主，未有君臣之分也。周初亦然，于《牧誓》、《大诰》，皆称诸侯曰“友邦君”，是君臣之分亦未全定也。逮克殷践奄，灭国数十，而新建之国皆其功臣、昆弟、甥舅，本周之臣子；而鲁、卫、晋、齐四国，又以王室至亲为东方大藩。夏、殷以来古国，方之蔑矣！由是天子之尊，非复诸侯之长而为诸侯之君。其在丧服，则诸侯为天子斩衰三年，与子为父、臣为君同。盖天子诸侯君臣之分始定于此。此周初大一统之规模，实与其大居正之制度相待而成者也。①

王国维主张天子与诸侯之间的君臣关系乃是分封制的结果。在分封制出现之前，殷商以及西周最初期的天子与诸侯之间并非严格的君臣关系，而是较为松散的盟主与成员的关系；双方虽然在权力大小、财富多寡上有所差异，但不存在依附与被依附的从属关系。分封制出现后，经过周天子分封建国而产生的这批诸侯国君，身份则转换为天子的附庸；他们与天子之间的关系是严格的臣与君的关系。

学者们其实都承认西周时期存在分封建国的事实，但是对分封建国的内涵却有不同理解；这也直接影响到对于周王室与诸侯国之间关系的定性。可以说，周王室与诸侯国之间的关系，一直是研究西周、春秋时期社会政治结构的关键问题。这一问题的答案既取决于学者对于“国家”概念的界定，也取决于大家对当时诸多社会特征的理解与取舍。

田昌五、臧知非所著《周秦社会结构研究》一书对西周时期周王室与诸侯国之间的关系做了研究。该书不认为西周是统一王朝，并

---

① 王国维：《观堂集林》第二册，中华书局 1959 年版，第 466—467 页。

列出了若干条主要依据："第一，周王无权干涉诸侯国内政，侯国内的设官分职、组建军队、营建宫室宗庙社稷、采取各种方式治民，均由诸侯自行决定。第二，就周王之于诸侯国君来说，周王无权干涉诸侯国君的废立，诸侯以国君的身份代表自己的国家与周王处理双方关系。第三，赋税收入均归各诸侯国，周王不能享有，周王的一切财政收支均来自于周邦，或者说是王畿，而不是来自于诸侯国。周王只有权享有诸侯国君所交纳的'职贡'（或称为贡纳，又单称职）。但是'职贡'不是赋税，反映不出国家的主权关系。"[①] 日本学者石井宏明赞同田昌五、臧知非的看法。[②] 按照这一观点，即便是在西周时期，周王室与各个诸侯国之间也只是存在着松散的联系，不存在严格的统治与被统治关系，诸侯国拥有实质意义上的独立性；而到了春秋时期，周王室更是沦落到连诸侯国都不如的地步，王室与各诸侯国之间的关系更加淡漠，天子连名义上的"共主"都算不上了。

杨宽在《西周史》中则坚持认为在西周时期周天子对诸侯国拥有明显的控制权。西周王朝的强大不仅仅建立在强大的军队基础上，还由于"周天子能够控制和使用诸侯，从而控制四边的夷狄部族"。通过分析西周时期的金文，杨宽认为周王室对诸侯国的实际掌控表现在："诸侯的卿出于周王的派遣、选拔和任命"；天子有权兼管诸侯的军事行动、掌管诸侯的司法工作；西周王朝的执政大臣和"师"、"史"有权统帅诸侯出征。[③] 这一观点继承了《诗经·小雅·谷风之什·北山》中的"溥天之下，莫非王土；率土之滨，莫非王臣"的传统看法，主张周天子是西周时期真正意义上的天下"共主"，诸侯国只具有相对意义上的独立性。倘若这

① 参见田昌五、臧知非：《周秦社会结构研究》，西北大学出版社 1996 年版，第 11—13 页。
② 参见〔日〕石井宏明：《东周王朝研究》，中央民族大学出版社 1999 年版，第 28 页。
③ 参见杨宽：《西周史》，上海人民出版社 2003 年版，第 392—394 页。

一观点能够成立，就可以为春秋时期的失序状况设定一个健康而稳定的参照坐标，使得“拨乱反正”的工作变得有迹可循。[①]

若要评判上述两种观点，首先必须跳出现代意义上的“国家”观念的窠臼。否则，任何论断都将是非历史性的。

田昌五、臧知非的观点似乎很有道理，周天子好像确实无权干涉诸侯国内政，例如《史记》记载周宣王干涉鲁国的继承人选，要求鲁国废嫡立庶，结果引起了各诸侯国的强烈不满，严重损害了周王室的威望。[②]然而，当我们将此问题回放到西周宗法礼制的背景之下，将发现不一样的答案：倘若诸侯国的内政事务均遵循宗法礼制，那么周天子确实没有权力干涉诸侯国的内政，否则就是扰乱宗法秩序；但是如果某个诸侯国的行为违背了宗法礼制，周天子就有权力自行对该国进行征伐，甚至可以命令其他诸侯国一同加入征伐行动。文、武、周公等前王制定的宗法礼制，既可以看成是约束、限制后世周天子不得妄言妄行的制度保障，也可以成为周天子掌控、管理各诸侯国的无上理据。至于任命官吏，周王室虽然不直接掌管诸侯国的人事任免，但可以通过“命士”、“爵命”制度施加一定的影响。当然，西周王朝确实不能算作是现代意义上的“国家”，王室对诸侯国的控制也谈不上严密和高效。但问题是，此时的各诸侯国同样不能算作是现代意义上的“国家”。

因此，本书较为认可杨宽先生的观点，认为西周时期周王室对诸侯国确实拥有一定的掌控权，周天子是天下政治的“共主”。同时我们也承认，周王室与各诸侯国的关系很松散，并不是现代“国家”概念里“中央”与“地方”的关系。不过，在宗法观念依然浓

---

① 打一个不太恰当的比方：这就像是电脑中设定的系统备份，一旦电脑系统出现故障后，可以通过系统还原，重新返回到这一健康、稳定的起点。

② 参见（汉）司马迁：《史记》，中华书局1959年版，第1527—1528页。

厚（尽管已遭到挑战）的春秋时期，周王室其实为诸夏各国提供了一种向心力。不论东周王室的现状如何，各个诸侯国“俱出于宗周”这一点总是不能否认的。

宗周的宗法分封构成诸夏各国尊周的基本背景，并为各国之间的交往提供了一个亲切、宽松和平等的平台。而在礼乐文明滋润下形成的趋同的生活习惯与文化意识，则成为诸夏各国彼此认同、往来联系的现实基础。“诸夏”、“华夏”的说法来源于一种文化上的自觉。《尚书·武成》云：“华夏蛮貊，罔不率俾。”孔安国传曰：“冕服采章曰华，大国曰夏。”[①]《左传·定公十年》孔颖达正义：“中国有礼仪之大故称夏，有服章之美谓之华。”[②]“华夏”俨然成了文明、文化的象征。春秋时期的各个诸侯国自居“华夏”、“诸夏”，既体现了对自身文化的肯定，也反映出他们对于“华夏”这一共同体的认同。

在确立了周天子神圣至尊的政治核心地位并整合了鲁国所继承的周礼精神之后，《穀梁传》下一步关注的重心落到诸夏各国之间的关系上。为了重建和谐有序的天下秩序，就必须对诸夏国家处理相互之间关系的原则做出必要的规定。

《穀梁传》很重视诸夏各国在宗法情感上的联系以及他们在制度与文化上的共性。我们可以从《穀梁传》所建构的诸夏各国秩序中感受到“同诸夏”的诉求。所谓“同诸夏”，一是要维护诸夏各国在文化上的一致性，二是主张各国在交往过程中的平等性，三是强调诸夏各国之间的宗法情谊，尤其要同情彼此所遭受的天灾人祸。

---

① （汉）孔安国传，（唐）孔颖达疏：《尚书正义》，阮元校刻《十三经注疏》本，上海古籍出版社 1997 年版，第 185 页。

② （晋）杜预注，（唐）孔颖达疏：《春秋左传正义》，阮元校刻《十三经注疏》本，上海古籍出版社 1997 年版，第 2148 页。

一、朝聘与聘问

朝聘、聘问之礼与朝觐之礼形式上有相似之处，只不过朝聘、聘问活动主要发生在各个诸侯国家之间。周代宗法制规定，各诸侯国之间应按照一定时节、频率开展礼仪性的邦交活动，有时诸侯国君会亲自参加，称之为“朝聘”；有时则由国君委派卿大夫充当使节（宾介）前往他国作礼节性的问候，称之为“聘问”。至于具体的要求，不同典籍的记载略有不同。《大戴礼记·朝事》说：“使诸侯世相朝，交岁相问，殷相聘。”[①]《周礼·秋官·大行人》记录：“凡诸侯之邦交，岁相问，殷相聘也，世相朝也。”郑玄认为：“小聘曰问。殷，中也。”[②]不过《仪礼·聘礼》贾公彦疏引郑玄的话却与此相左：“大问曰聘，诸侯相于久无事，使卿相问之礼。小聘使大夫。”[③]至于聘问之礼的目的，《礼记·经解》说得很明确：“聘问之礼，所以使诸侯相尊敬也。”[④]

《春秋》记载了大量诸侯国之间朝聘和聘问的事件；当然，其中相当一部分与鲁国相关。《穀梁传·隐公十一年》解释经文“滕侯、薛侯来朝”时，指出“天子无事，诸侯相朝，正也。考礼修德，所以尊天子也。诸侯来朝，时，正也，特言同时也，累数皆至也”[⑤]。据此可知，各诸侯国之间开展朝聘与聘问的前提是“天子无事”，“只有在天子无戎、祀及巡狩之事时，诸侯才可以互相朝聘，

---

① （汉）郑玄注，（唐）贾公彦疏：《周礼注疏》，阮元校刻《十三经注疏》本，上海古籍出版社 1997 年版，第 893 页。

② （清）王聘珍：《大戴礼记解诂》，中华书局 1983 年版，第 232 页。

③ （汉）郑玄注，（唐）贾公彦疏：《仪礼注疏》，阮元校刻《十三经注疏》本，上海古籍出版社 1997 年版，第 1046 页。

④ （汉）郑玄注，（唐）孔颖达疏：《礼记正义》，阮元校刻《十三经注疏》本，上海古籍出版社 1997 年版，第 1610 页。

⑤ （晋）范宁集解，（唐）杨士勋疏：《春秋穀梁传注疏》，阮元校刻《十三经注疏》本，上海古籍出版社 1997 年版，第 2371 页。

处理自己的政务”[①]。因此，诸侯们开展朝聘、聘问活动并不是为了抱成团来对抗周天子，而应该以尊天子为基本精神。在此基础上，再来增进诸夏各国之间的联系和宗法情谊。

然而，春秋时期以“礼坏乐崩”为特征的宗法制危机，严重干扰了诸夏各国之间朝聘、聘问的进行。这并不是说各国不开展朝聘和聘问活动。有学者统计，“春秋时期共有聘问 139 次，其中，鲁受聘 41 次，晋 37 次，齐 22 次，周、宋各 6 次……”[②]春秋时期各国之间的交往频繁，朝聘、聘问活动丰富。究其原因，是因为“天子地位下降。诸侯国林立，国与国之间斗争激烈，朝聘是当时相互交往，拉拢关系的重要外交手段，所以各国间聘问频繁，与战争相辅相成，交错进行，逐渐形成一种相对固定的制度”[③]。但是，这一时期的朝聘和聘问在很大程度上已经“不正”、“非礼”了。正如《礼记·郊特牲》所说：“故天子微，诸侯僭，大夫强，诸侯胁。于此相贵以等，相觌以货，相赂以利，而天下之礼乱矣。”[④]诸夏各国的朝聘、聘问活动逐渐变成利益交换的平台，不仅抛开了对周天子的尊重，而且也舍弃了朝聘、聘问礼仪背后的道义原则。

《穀梁传》对这些不正当的朝聘与聘问活动进行了严厉的斥责：

《穀梁传·桓公二年》：**夏，四月，取郜大鼎于宋，戊申纳于太庙。**桓内弑其君，外成人之乱，受赂而退，以事其祖，非

① 浦卫忠：《春秋三传综合研究》，台湾文津出版社 1995 年版，第 197 页。

② 徐杰令：《春秋邦交研究》，中国社会科学出版社 2004 年版，第 78 页。需要指出的是，该书所说“聘问”与本书理解的有所不同：该书的“聘问”包括春秋时期所有的邦交活动，对象包含周王室、吴、楚等；本书此处讨论的“覲问”活动集中于诸夏各国之间，不包括与周天子之间的“朝覲”，也不包括吴、楚等戎狄之邦的外交活动。

③ 顾德融、朱顺龙：《春秋史》，上海人民出版社 2001 年版，第 456 页。

④ （汉）郑玄注，（唐）孔颖达疏：《礼记正义》，阮元校刻《十三经注疏》本，上海古籍出版社 1997 年版，第 1448 页。

礼也。其道以周公为弗受也。郜鼎者，郜之所为也。曰宋，取之宋也，以是为讨之鼎也。孔子曰：名从主人，物从中国，故曰郜大鼎也。[①]

桓公二年正月，宋国发生内乱，宋国大夫华督弑其君宋殇公与夷，同时被害的还有宋国大夫孔父嘉（也就是孔子的六世祖）。同年四月，鲁桓公派遣使节聘问宋国，从宋国得到了尊贵的礼器郜大鼎，并放置在鲁国祭祀周公的太庙之中。《穀梁传》将这一事件理解为：宋国的华督犯下弑君的重罪，害怕被鲁国等兄弟之国讨伐，于是利用宋国的贵重物品来贿赂各国，希望逃脱惩罚；鲁桓公见利忘义，收受宋国的贿赂，实质上是成全了宋国华督的叛乱行径。加之鲁桓公自己的即位过程便有很大的弑兄夺位的嫌疑，因此，《穀梁传》放弃了“为尊者、亲者讳”的通则，直斥桓公“非礼也”！并且指出，即便这所谓的礼之重器进到鲁国的太庙中，周公的英魂也不会接受的，因为周公本人极为讲礼仪、重道义。

再如《穀梁传·桓公九年》对曹伯派遣世子射姑来鲁国朝聘之事提出批评：“朝不言使，言使非正也。使世子伉诸侯之礼而来朝，曹伯失正矣。诸侯相见曰朝。以待人父之道待人之子，以内为失正矣。内失正，曹伯失正，世子可以已矣，则是放命也。”[②]《穀梁传》指出经文在记录此事时的矛盾：既言“使”，又言“朝”。而按照礼制，“朝”指的是曹国国君亲自前往鲁国；倘若派遣使节前往，则不能称“朝”，只能称“聘”。矛盾的根源在于曹国国君曹伯让他的世

① （晋）范宁集解，（唐）杨士勋疏：《春秋穀梁传注疏》，阮元校刻《十三经注疏》本，上海古籍出版社 1997 年版，第 2373 页。

② （晋）范宁集解，（唐）杨士勋疏：《春秋穀梁传注疏》，阮元校刻《十三经注疏》本，上海古籍出版社 1997 年版，第 2376 页。

子按照国君之礼出访，这显然是曹伯的失礼。① 鲁国竟然同意了这种不伦不类的“朝聘”，因而鲁国也失礼了。

春秋时期朝聘、聘问的“不正”、“非礼”还常常体现在出席礼仪活动的人员不能做到谨言慎行、循礼尊德，反而忘乎所以、为所欲为。《穀梁传·成公元年》详细描述了鲁、晋等四国大夫聘问齐国时，所遭受的侮辱对待：

> **冬，十月。**季孙行父秃，晋郤克眇，卫孙良夫跛，曹公子手偻，同时而聘于齐。齐使秃者御秃者，使眇者御眇者，使跛者御跛者，使偻者御偻者。萧同姪子处台上而笑之。闻于客。客不说而去，相与立胥闾而语，移日不解。齐人有知之者，曰：“齐之患，必自此始矣！”②

鲁国大夫季孙行父、晋国大夫郤克、卫国大夫孙良夫和曹国公子手皆前往齐国聘问，四人几乎同时到达。巧合的是，四位使节形象上都有些异于常人之处：季孙行父的头是秃的，郤克的一只眼睛是瞎的，孙良夫的腿脚有些跛，而公子手的背是驼的。聘问活动原本只看使节的身份是否合适、才能是否足够，至于使节身体上有所残缺，只要不辱使命，本来是无可厚非的。而且从厚道的角度看，对别人的隐疾应该表示同情才对。可是齐国的表现可谓缺德无礼：齐国派人驾车迎接各国使节，竟然故意派一个秃子为季孙行父驾车，派一个独眼龙为郤克驾车，派一个跛子为孙良夫驾车，派一个驼背为公子手驾车。齐国的举动故意给别人难堪，绝对算不上友好。四国使节为了国家的

① 关于天子、诸侯与其世子之间的关系定性，本书将在第五章第二节详细论述，此处略过。

② （晋）范宁集解，（唐）杨士勋疏：《春秋穀梁传注疏》，阮元校刻《十三经注疏》本，上海古籍出版社1997年版，第2417页。

使命，只得忍辱负重，装作不知道。然而，齐国国君齐顷公同母异父的哥哥萧同侄子在台上“欣赏”到这一幕，居然笑出声了！这不是摆明了打别人的脸吗？！这不仅是对四位使节本人的欺辱，更是对他们各自代表的国家的侮辱。于是，四国使节相约报仇。不到一年时间，鲁国大夫季孙行父、晋国大夫郤克、卫国大夫孙良夫和曹国公子手就分别率领本国军队联合起来挑战齐国军队，并将其打败。《穀梁传》虽然没有直接对这一事件做出评价，但是，只看它如此详尽地描绘事件的来龙去脉，便可反映出《穀梁传》的态度了。

就《穀梁传》而言，批评和斥责诸夏各国在朝聘、聘问活动中“失礼”、“不正”之处并不是目的。《穀梁传》的用意在于“矫枉”而“归正”，希望恢复朝聘、聘问礼仪的“礼”与“正”，进而促使诸夏各国的交往回归到宗法制度所规定的理想状态。因此，“《穀梁传》设计的诸侯国之间的关系，是一种平等往来、和平共处的关系。天子无事，则诸侯相朝，以交好邻国”[1]。这可以理解为《穀梁传》为重建天下秩序所作的一种重要努力。

二、会盟

会盟是春秋时期各国之间极为常见的外交活动。它源自于西周时期的会同之礼。据钱玄、钱兴奇编著《三礼辞典》云：“诸侯以事来朝天子曰会。众诸侯朝天子曰同。”[2] 清代学者金鹗著有《求古录》，对“会同”之礼有精当的研究：“会同之礼有四：一是王将有征讨，会一方之诸侯。……一是王不巡守，四方诸侯皆会京师。……一是王巡守诸侯，会于方岳。……一是王不巡守，而殷国诸侯毕会于近

① 浦卫忠：《春秋三传综合研究》，台湾文津出版社 1995 年版，第 200—201 页。

② 钱玄、钱兴奇编著：《三礼辞典》，江苏古籍出版社 1998 年版，第 912 页。

畿。”[①] 可见，会同是由周天子主导、相关诸侯参加的重要礼仪活动。东汉郑玄引《春秋传》曰：“有事而会，不协而盟，是也。”[②] 天子、诸侯遇到重大事件时举行会同；如果与会各方在会同活动中无法达成共识，仍然存在分歧，甚至藏有不和的隐患，则需要通过盟誓来增加会同的神圣性与约束力，以保证会同结果为各方所遵守。“杀牲歃血誓于神曰盟。凡王与诸侯，诸侯之间，君主与臣，有不协则盟。”[③] 因为会同与盟誓经常同时举行，故合称“会盟”。

会盟属于五礼之宾礼，渊源较为古老。有学者指出，“会盟作为一种零星的社会现象固然出现得很早，但作为一种政治制度，势必形成于国家形成之后。……至西周时期，会盟已成为国家的政治制度，历代周王都举行过会盟”[④]。西周时期的会盟是以周王室为中心展开的，会盟的目的可以从《左传·昭公十三年》记载晋国大夫叔向的一段话中看出：“明王之制，使诸侯岁聘以志业，间朝以讲礼，再朝而会以示威，再会而盟以显昭明。志业于好，讲礼于等，示威于众，昭明于神。”[⑤] 与朝觐相似，天子召集会盟的目的在于宣示周王室的强大实力，加强周王室对各方诸侯的控制和联系，维护周王室的权威，并汇聚各方力量解决一些重大难题。“西周时，会盟的召集和主持权掌握在王室手中。如果发生了诸侯背弃盟约的现象，周王就会利用其强

① （清）金鹗：《求古录礼说·会同考》，转引自钱玄、钱兴奇编著：《三礼辞典》，江苏古籍出版社 1998 年版，第 912 页。

② 《周礼·春官·大宗伯》“时见曰会，殷见曰同”句郑玄注，见（汉）郑玄注，（唐）贾公彦疏：《周礼注疏》，阮元校刻《十三经注疏》本，上海古籍出版社 1997 年版，第 759 页。

③ 钱玄、钱兴奇编著：《三礼辞典》，江苏古籍出版社 1998 年版，第 923 页。

④ 徐杰令：《春秋邦交研究》，中国社会科学院出版社 2004 年版，第 85 页。

⑤ （晋）杜预注，（唐）孔颖达疏：《春秋左传正义》，阮元校刻《十三经注疏》本，上海古籍出版社 1997 年版，第 2071 页。

大的军事力量进行讨伐。”[①] 显然，西周时期的会盟秩序是建立在强干弱枝的政治军事格局基础之上，即与各诸侯国相比，周王室在政治、军事、经济、文化等几乎所有方面都拥有压倒性的优势。这是西周会盟秩序的刚性保障。当时仍然较为浓厚的宗法情谊则为会盟秩序提供了柔性的保障。为了维护周王室的统治地位，礼制规定：各诸侯国之间不得私自会盟，“天下太平之时，则诸侯不得相与盟。唯天子巡守至于方岳之下，会毕然后乃与诸侯相盟”[②]。但礼制是否禁止两个诸侯国之间的会盟，仍值得商榷。我们将在下文进一步讨论。

春秋时期，整个社会进入失范状况，原本强干弱枝的政治军事格局被打破，宗法情谊也逐渐淡漠，周王室对全天下的掌控影响已经衰落到极致。相应地，原本只有周王室才具有的召集和主持会盟的特权，也逐渐被某些崛起的诸侯国所获得。会盟渐渐从周天子约束各诸侯国的礼仪，演变成为各诸侯国之间会同盟誓的形式，参与者往往是各诸侯国的国君，而其中的某个国君则以霸主的身份充当会盟的召集人、主持人以及盟约的保障者。“频繁的会盟成为春秋时期邦交中特有的现象，仅《春秋》、《左传》所记载的会盟就达246次。”[③] 按照这个统计，整个春秋时期各诸侯国之间会盟的次数超过了每年一次的频率。

在春秋前期，各诸侯国在会盟过程中，依然表示出对天子与王权的足够尊重，这主要体现在以齐桓公为主导的一系列会盟活动中。但是自晋文公开始主导会盟后，天子与王权在其中的影响和地位已微乎其微。进入到春秋中后期，伴随着“礼乐征伐自大夫出”、“陪臣执国命”的权力下移，会盟的实际参与者也从各诸侯国国君变为掌握

---

① 徐杰令：《春秋邦交研究》，中国社会科学院出版社2004年版，第89页。

② 《礼记·曲礼》：“涖牲曰盟”句孔颖达疏，见（汉）郑玄注，（唐）孔颖达疏：《礼记正义》，阮元校刻《十三经注疏》本，上海古籍出版社1997年版，第1266页。

③ 徐杰令：《春秋邦交研究》，中国社会科学院出版社2004年版，第90页。

各诸侯国实权的卿大夫。

徐杰令的《春秋邦交研究》一书对春秋时期的会盟做了专门的研究，创见颇多。不过，他认为“隐公元年，鲁隐公与邾仪父盟于蔑，开诸侯私相会盟的先河”[①]，似乎有待商榷。结合《春秋》三传对此次会盟的记载评述，我们尚无法得出“开诸侯私相会盟的先河”的结论：

《春秋·隐公元年》：三月，公及邾仪父盟于蔑（《公》、《穀》作“眛”）。

《左传·隐公元年》：邾子克也。克，仪父名。未王命，故不书爵。曰“仪父”，贵之也。公摄位而欲求好于邾，故为蔑之盟。解所以与盟也。[②]

《公羊传·隐公元年》：及者何？与也。会、及、暨，皆与也。曷为或言会，或言及，或言暨？会，犹最也。及，犹汲汲也。暨，犹暨暨也。及，我欲之暨，不得已也。仪父者何？邾娄之君也。何以名？字也。曷为称字？褒之也。曷为褒之？为其与公盟也。与公盟者众矣，曷为独褒乎此？因其可褒而褒之。此其为可褒奈何？渐进也。眛者何？地期也。[③]

《穀梁传·隐公元年》：及者何？内为志焉尔。仪，字也。父，犹傅也，男子之美称也。其不言邾子何也？邾之上古微，未爵命于周也。不日，其盟渝也。眛，地名也。[④]

---

① 徐杰令：《春秋邦交研究》，中国社会科学院出版社 2004 年版，第 89 页。

② （晋）杜预注，（唐）孔颖达疏：《春秋左传正义》，阮元校刻《十三经注疏》本，上海古籍出版社 1997 年版，第 1715 页。

③ （汉）何休解诂，（唐）徐彦疏：《春秋公羊传注疏》，阮元校刻《十三经注疏》本，上海古籍出版社 1997 年版，第 2197—2198 页。

④ （晋）范宁集解，（唐）杨士勋疏：《春秋穀梁传注疏》，阮元校刻《十三经注疏》本，上海古籍出版社 1997 年版，第 2365 页。

三传对隐公元年的这次会盟均有所评述，且侧重点各不相同。《左传》着重解释会盟举行的原因：鲁隐公摄政之后，需要营造良好的外部环境；此时邾国国君前来会盟，可谓帮了鲁国一个大忙。因此，经文记录此事，并借对邾国国君改称字以表示嘉许之意。[①]《公羊传》除了《左传》所说的这层意思之外，还解释了经文在记录会盟时分别采用“会”、“及”、“暨”等不同书例的原因。《穀梁传》一方面点出会盟的提议者为鲁隐公，另一方面特别强调了经文之所以没有具体记录此次会盟的日期[②]，是因为“其盟渝也”，鲁国几年后就背叛了盟约——隐公七年，鲁国讨伐邾国；因此经文通过不书具体日期的方式，对鲁国背弃盟约的错误行为表示谴责。三传均未对此次会盟的正当性提出质疑。换言之，三传作者并不认为鲁国和邾国这两个诸侯国不能进行会盟。

《春秋·隐公八年》记载：“秋，七月庚午，宋公、齐侯、卫侯盟于瓦屋。”对于此次宋、齐、卫三国会盟，《穀梁传》却明确提出批评：“外盟不日，此其日何也？诸侯之参盟于是始，故谨而日之也。诰誓不及五帝，盟诅不及三王，交质子不及二伯。”[③]《穀梁传》抨击的焦点在于“参盟”，即三国共同结盟。清代钟文烝《春秋穀梁经传补注》称：“《曲礼》曰：‘离坐离立，毋往参焉。’两谓之离，三谓之参，三以上皆为参。王元杰曰：‘前犹两国交盟，今三国合党，

① 前文已提及，按当时礼制习惯，称呼越具体则越显得尊贵，故称字尊于称名。邾国国君来访，本应称名为“克”，经文却改而称其字“仪父”，显然有褒奖嘉许之意。

② 按《春秋》常例，有鲁国参加的会盟均应详细记录日期。

③ 《左传》对此次三国会盟表示认同，说道：“齐人卒平宋、卫于郑。秋，会于温，盟于瓦屋，以释东门之役，礼也。”见（晋）杜预注，（唐）孔颖达疏：《春秋左传正义》，阮元校刻《十三经注疏》本，上海古籍出版社 1997 年版，第 1733 页。《公羊传》对此事未发表看法。

驯致列国同盟矣。前此会盟，各于其竟，今在王畿，驯致翟泉抗盟矣'。"[①]《穀梁传》并未明确说三国会盟之地瓦屋位于周王畿之内；传文反对的是“参盟于是始”——未经周天子授权，三个以及三个以上的诸侯国之间的会盟从此开始，并愈演愈烈。

对比《穀梁传》关于隐公元年与隐公八年两次会盟的态度，我们发现《穀梁传》其实并不反对两个诸侯国之间举行的会盟；某种意义上，这种会盟只不过是两国国君朝聘礼仪的深化而已，并没有太大的破坏性。《穀梁传》反对的是未经周天子许可，三个以及更多的诸侯国共同举行的会盟，因为这样的会盟必定会形成一个中心（即“盟主”），而且容易发展成为与周王室分庭抗礼的政治军事同盟集团，挑战和削弱周王室的权威。如果《穀梁传》的观点有其礼制上的依据，则《穀梁传》这一理解对于补充和修正前文提及的“天下太平之时，则诸侯不得相与盟”的说法，具有重要的价值。因为我们可以由《穀梁传》反过来推知，西周时期会盟之礼并不严格禁止两个诸侯国之间的会盟活动，而是坚决反对三个或三个以上诸侯国所举行的“参盟”。

然而，面对春秋时期越来越频繁的“参盟”现象，《穀梁传》在“首恶”之后，也不得不采取务实态度，对春秋时期不同阶段的“参盟”活动做了性质分析和种类划分，进而给出不同的评价。

（一）同盟以尊周

春秋时期的社会失范是一个动态的、渐次加剧的过程。在春秋前期，西周宗法制的影响作为一种惯性还在各个诸侯国发生作用，礼乐文化遭受挑战的程度与频率还不如后来之甚。此时，尽管周天子所

---

① （清）钟文烝：《春秋穀梁经传补注》，中华书局2009年版，第56页。

拥有的实际权势已大大缩水，但是，“尊崇周王室”的观念依然存在。这也集中表现在本时期诸侯国之间的会盟活动中。《穀梁传》注意到鲁庄公至鲁僖公时期，由齐桓公主导的一系列会盟均高举了“尊王攘夷”的旗帜。《穀梁传》以乐见其成的态度看待这一时期的会盟，并对齐桓公进行了表彰。

《穀梁传》关注到齐桓公时期会盟的一个基本精神就是“同盟以尊周”。《穀梁传·庄公二十七年》评论齐、鲁、宋、陈、郑等国所举行的幽之盟，说道：“同者有同也，同尊周也，于是而后授之诸侯也。其授之诸侯何也？齐侯得众也。桓会不致，安之也。桓盟不日，信之也。信其信，仁其仁。衣裳之会十有一，未尝有歃血之盟也，信厚也。兵车之会四，未尝有大战也，爱民也。”[①] 齐桓公所召集的这一次会盟，基本精神之一便是“尊周”。正是因为齐桓公能够尊崇周天子、维护宗法秩序，所以他赢得了各诸侯国的拥护，成为“霸主”。正如有学者指出的，“在称霸过程中，齐桓公利用自己掌握的对诸侯的控制权，力图挽救日益衰败的周王室，恢复王室昔日的声威和周礼对诸侯的约束”[②]。不过，齐桓公这个“霸主”并不是称霸天下、威压四方意义上的“霸主”，而是更接近于西周九命礼中的“方伯”，主要作用是协助周天子管理各诸侯国。严格地讲，此次会盟并未得到周王室的同意，仍旧属于不合礼的“参盟”。但是，齐桓公能自始至终保持对周王室的尊重，在处理各诸侯国纷争时，又做到了坚持道义。因此《穀梁传》对齐桓公以及此次会盟表示了赞许：齐桓公有信誉，有仁德，他召集和主持的会盟很令人放心，以致《春秋》不需要按例记录鲁庄公返回鲁国后告至于宗

---

① （晋）范宁集解，（唐）杨士勋疏：《春秋穀梁传注疏》，阮元校刻《十三经注疏》本，上海古籍出版社 1997 年版，第 2387 页。

② 徐杰令：《春秋邦交研究》，中国社会科学院出版社 2004 年版，第 123 页。

庙（报平安）的事情；《春秋》也无须记录齐桓公之盟的日期，因为这类的盟约绝对会得到各方信守。《穀梁传》最后总结：齐桓公先后共主持了十一次会盟，每次都不需要通过歃血誓于神的形式来加强盟约的约束力，这是因为与会各诸侯国均相信齐桓公的信誉；齐桓公主持过四次诸侯联军参加的兵车之会，却没有发动过一次大的战争，这是因为齐桓公有爱民之心，不忍轻启战端而置民于危殆之中。《论语·宪问》记载孔子评价管仲："桓公九合诸侯，不以车兵，管仲之力也。如其仁！如其仁！"虽然被赞许的人是管仲，但齐桓公亦与有荣焉！

接下来的僖公五年、八年、九年，齐桓公又连续召集多次会盟，《穀梁传》均表示了认可。如《穀梁传·僖公五年》肯定了会盟仪式对周天王世子的尊崇，并花费大量笔墨解释齐桓公尊王攘夷却不能朝天子的原因：

> 桓，诸侯也，不能朝天子，是不臣也。王世子，子也，块然受诸侯之尊己而立乎其位，是不子也。桓不臣，王世子不子，则其所善焉何也？是则变之正也。天子微，诸侯不享觐。桓控大国，扶小国，统诸侯，不能以朝天子，亦不敢致天王。尊王世子于首戴，乃所以尊天王之命也。世子含王命会齐桓，亦所以尊天王之命也。世子受之可乎？是亦变之正也。天子微，诸侯不享觐。世子受诸侯之尊己，而天王尊矣，世子受之可也。[①]

正如前文中说到的，"由于周天子式微，以齐国为代表的诸侯势

① （晋）范宁集解，（唐）杨士勋疏：《春秋穀梁传注疏》，阮元校刻《十三经注疏》本，上海古籍出版社1997年版，第2393—2394页。

大，原本的诸侯朝觐之礼仪变得十分微妙：一方面，天子对齐桓公心存忌惮，担心齐桓公率众前往周王畿可能会不利于自己；另一方面，齐桓公同样担心自己亲赴周王畿，会被周天子所软禁甚至除掉。在这种缺乏必要互信的情形下，让齐桓公入王畿朝觐天子显然不现实。于是，齐桓公所采取的尊崇王世子的行为，既可以表达对周王室的尊重，又可以避免双方的猜忌，不失为一种灵活变通的权宜措施”①。《穀梁传》显然也考虑到当时各方关系的微妙以及彼此的不得已之处，对这种形式上不合礼的现象给予了充分的理解。

春秋时代霸主所主持的会盟其实是建立新的诸侯国家之间关系的尝试。《穀梁传》承认霸主的出现是无法避免的，但它主张周天子通过“赐胙”、“赐弓矢”的形式将霸主统摄到天子的领导之下，哪怕只是名义上的。因此，《穀梁传》提出各诸侯国家在霸主的号召下举行会盟时，应以“尊周”为“同盟”的前提。

“朝服虽敝，必加于上，弁冕虽旧，必加于首，周室虽衰，必先诸侯。”②《穀梁传·僖公八年》中的这段话被广为引述，作为《穀梁传》“尊王”的突出标志。在这次由齐桓公召集的洮之会盟上，周天子派来的使者受到特别礼遇，被列在各诸侯国国君之前。《穀梁传》的解释是：天子使者虽然爵位不高，但是他身负王命，代表周天子，因而要位列在前。《穀梁传》还运用比喻加以说明：“譬如天子诸侯临朝时的礼服虽然已经破了，却一定要加在普通衣服的外面；礼帽虽然已经旧了，却一定要戴在头上；如今周王室虽然已经势力衰微，却一定要列名在诸侯的前面。”③《穀梁传·僖公九年》评价葵丘之盟“美

① 参见本章第一节第六部分。

② （晋）范宁集解，（唐）杨士勋疏：《春秋穀梁传注疏》，阮元校刻《十三经注疏》本，上海古籍出版社1997年版，第2395页。

③ 周何：《新译春秋穀梁传》，台湾三民书局2000年版，第359页。

之也”，同样是因为此次会盟以周天子的名义重新强调了一系列禁令，有助于维护宗法秩序、提升周王室的权威。[①]

（二）同盟以定诸夏之间的秩序

“尊周”固然是诸夏各国会盟的一个基调，而解决各国之间的具体问题、化解矛盾则更是会盟的现实目的。春秋时期，“霸主之国代替宗周成为诸侯邦交的中心和邦交秩序的维护者。诸侯国之间、诸侯国与周王室之间的冲突和纠纷由霸主来审理、解决。诸侯之‘会’，有时成为小国、弱国诉苦之处，而霸主以‘执行人’、‘执诸侯’作为对破坏邦交秩序之国的惩罚，也往往在‘会’时进行”[②]。可以说，春秋时期以霸主为中心的诸夏各国的会盟，已经逐渐成为确立诸夏之间秩序的一种有效途径。

上文提到僖公九年的葵丘之盟，便以天子名义重申了五条禁令：“毋雍泉，毋讫籴，毋易树子，毋以妾为妻，毋使妇人与国事。”[③]所谓“毋雍泉”，就是面临旱灾的时候，位于河流上游的国家不要随意堵塞水源，以致河流下游的国家无水可用。所谓“毋讫籴”，就是当邻国发生饥荒时，不要限制或阻碍对方来本国买米运粮，以致邻国饿殍满地。所谓“毋易树子”，就是国君不要随意改换已经立好的世子，以免招致政治上的动荡。所谓“毋以妾为妻”，就是国君不要任凭自己的喜好把侍妾变为正妻，以免扰乱纲常名分和嫡庶秩序。所谓“毋使妇人与国事”，就是国君不要让母亲或者妻妾等妇女参与国家大事的决策，以免内外不分、扰乱朝政。这些

① 参见（晋）范宁集解，（唐）杨士勋疏：《春秋穀梁传注疏》，阮元校刻《十三经注疏》本，上海古籍出版社 1997 年版，第 2396 页。

② 徐杰令：《春秋邦交研究》，中国社会科学院出版社 2004 年版，第 54 页。

③ （晋）范宁集解，（唐）杨士勋疏：《春秋穀梁传注疏》，阮元校刻《十三经注疏》本，上海古籍出版社 1997 年版，第 2396 页。

规定当然带有明显的时代烙印和纲常色彩，站在今天的角度看，自然问题多多。但是，放在礼坏乐崩的春秋时期，这些规定却可以有效地遏止一些典型的违背宗法礼制、破坏传统秩序的行为。《穀梁传》肯定这样的会盟，就是因为相关的盟约能够起到约束诸夏各国行为的作用，并有助于合理秩序的重建。

（三）同盟以外楚

春秋时期传统秩序结构遭遇挑战的一个重要表现就是夷狄国家的兴起，其中尤其以楚国的崛起最为突出。早在西周中期，周昭王南征楚国，结果死于汉江之中，便已显示了楚国的威胁。到了春秋时期，楚国的进攻性更明显。据顾栋高《春秋大事表·楚疆域》记载："楚在春秋吞并诸侯凡四十有二"[①]，是所有国家中灭国最多的。

面对咄咄逼人的楚国，除了少数时期个别诸侯国能够与之抗衡外，春秋时期的大多数时间里，楚国都成为诸夏各国心头的一片阴影。尤其是与楚国相邻的蔡国、宋国、邓国、庸国等大大小小的诸侯国，更是长期处在被楚国侵扰甚至亡国的威胁中。

因此，春秋时期诸夏各国会盟的一个重要主题就是"同盟以抗夷狄"，特别是"同盟以外楚"。《穀梁传·文公十四年》评价新城之盟："同者，有同也，同外楚也。"[②]同样的说法还出现在《穀梁传·襄公三年》鸡泽之盟[③]、《穀梁传·昭公十三年》平丘之盟[④]中。

① （清）顾栋高：《春秋大事表》，中华书局1993年版，第524页。

② （晋）范宁集解，（唐）杨士勋疏：《春秋穀梁传注疏》，阮元校刻《十三经注疏》本，上海古籍出版社1997年版，第2409页。

③ 参见（晋）范宁集解，（唐）杨士勋疏：《春秋穀梁传注疏》，阮元校刻《十三经注疏》本，上海古籍出版社1997年版，第2425页。

④ 参见（晋）范宁集解，（唐）杨士勋疏：《春秋穀梁传注疏》，阮元校刻《十三经注疏》本，上海古籍出版社1997年版，第2436页。

《穀梁传》对这类的会盟也表示了认可，如《穀梁传·昭公十三年》解释经文记录平丘之盟的具体日期，原因正是“善是盟也”[①]。站在重建天下秩序的角度看，诸夏各国“同盟以外楚”一方面体现了诸夏之间的宗法联系，另一方面也维护了传统政治格局的稳定。

（四）谴责恶盟

如果说上面所列的三种会盟因其所具有的正面价值和积极意义而被《穀梁传》认可的话，那么春秋时期还出现了大量的“恶盟”，遭到《穀梁传》的猛烈抨击。

《穀梁传》最无法忍受的“恶盟”，就是晋文公“以臣召天子”的践土之盟。这件事情发生在僖公二十八年。《春秋》记载：“冬，公会晋侯、宋公、蔡侯、郑伯、陈子、莒子、邾子、秦人于温。天王守于河阳。”《穀梁传》认为，经文如此描述其实在为周天子避讳，因为事件的真相是晋文公以霸主身份召集诸夏各国会盟于温之地；在会盟过程中受到各国国君迎奉讨好的晋文公感觉过于良好，头脑发热，觉得少了周天子的捧场，未免不够完美。于是，晋文公派出使者前往周王畿，“邀请”周天子前来一会！而迫于形势的周天子还真就应召而来！鉴于此事过于离谱，《春秋》的修订者孔子实在不忍直书，只好说是周天子主动到河阳地区巡守，“顺便”接受了晋文公等诸侯国君的朝觐。《穀梁传》则很干脆地扯下了这层遮羞布，说“河阳”就是“温之地”，周天子根本就是被胁迫而来的；晋文公“以臣召天子”，他的行为可以用一个“傎”字来形容！所谓“傎”，就是“颠倒”的“颠”；简言之，晋文公以臣召天子，颠倒上下，罪莫大

① （晋）范宁集解，（唐）杨士勋疏：《春秋穀梁传注疏》，阮元校刻《十三经注疏》本，上海古籍出版社 1997 年版，第 2436 页。

焉。[①]徐杰令指出，“晋文公在称霸过程中，虽然也以‘尊王攘夷’号召诸侯，但其在实质上已发生了变化。其‘尊王’的目的，并不是为了恢复王室的地位，而是为了使诸侯信服，增加自己的政治资本，从而使自己在争霸中取得先机”[②]，可谓确论。

史书经常将齐桓、晋文合称，好像他们作为春秋的霸主，都是差不多的。但是，站在《穀梁传》的立场看，这两个人却是有着天壤之别。理解了这一点，我们才能够明白孔子为什么会说“晋文公谲而不正，齐桓公正而不谲”（《论语·宪问》）了。

《穀梁传》很重视道义，故而对见利忘义的行为极为鄙薄。与此相应，《穀梁传》针对春秋时期一些违背道义的会盟现象，提出了尖锐的批评。例如襄公十九年诸夏各国为了讨伐齐国而在祝柯会盟，结果作为盟主的晋国没有去攻打齐国，反而拘捕了一同参加此次会盟的盟友邾国国君，并且瓜分了邾国的土地。晋国的举止可谓背信弃义、贪婪无耻。因此，《穀梁传》称之为“恶盟也”以示谴责。[③]

此外，《穀梁传》还批评了襄公十六年的溴梁之会。在这次会盟上，尽管参加者有诸夏各国的国君，但实际约定盟约的人却是各国的卿大夫。《穀梁传》指出：“诸侯会而曰大夫盟，正在大夫也。诸侯在而不曰诸侯之大夫，大夫不臣也。”[④]这表明诸夏各国的实权已经被卿大夫所窃取，卿大夫们早已有了不臣之心。其实，在稍早发生于襄公三年的鸡泽之会上，即已出现大夫“相与私盟”的情形，暗示了“诸

① 参见（晋）范宁集解，（唐）杨士勋疏：《春秋穀梁传注疏》，阮元校刻《十三经注疏》本，上海古籍出版社1997年版，第2402页。

② 徐杰令：《春秋邦交研究》，中国社会科学院出版社2004年版，第126页。

③ 参见（晋）范宁集解，（唐）杨士勋疏：《春秋穀梁传注疏》，阮元校刻《十三经注疏》本，上海古籍出版社1997年版，第2429页。

④ （晋）范宁集解，（唐）杨士勋疏：《春秋穀梁传注疏》，阮元校刻《十三经注疏》本，上海古籍出版社1997年版，第2429页。

侯始失正矣，大夫执国权”[①]的危机。

由《穀梁传》对“善盟”的嘉许和对“恶盟”的斥责，我们可以很清楚地感受到《穀梁传》试图重建诸夏各国秩序的努力。《穀梁传》所昭示的这一秩序，既保留了西周宗法制度的很多价值理想和具体规定，又在相当大的程度上考虑到现实的因素而有所调整和变通。这一特征不仅体现在诸夏各国的秩序上，还体现在更为广阔的天下秩序上，甚至可以视作《穀梁传》全部秩序建构的一条基本原则。也正是在这层意义上，《穀梁传》所做的秩序建构工作，并不是恢复原有的秩序结构，而是重建。

三、战争

与会盟密切相关的一个重要现象就是战争。由于齐桓公的约束有力，他主导的十余次会盟（包括兵车之会）均尽量避免发动大规模的战争。但是春秋时期的大多数会盟都或多或少具有军事色彩，与战争联系在一起。无怪乎有不少研究者认为春秋时期的诸侯们通过会盟结成了一个个军事集团。[②]除此之外，还有很多未经会盟而发动的战争，尤其是一些爆发在两个诸侯国之间的规模稍小的战争。据范文澜先生统计，《春秋》所记的 242 年中，共发生各类战争 483 次。[③]几乎达到每年两次的频率。或许这一时期的战争在规模、强度和破坏性上与战国时期相比，略有逊色；但是毋庸讳言，战争也同样是构成春秋社会的核心主题之一，成为各国解决矛盾纠纷的主要手段。

孟子曾经形容这一时期的战争：“争地以战，杀人盈野；争城以

---

① （晋）范宁集解，（唐）杨士勋疏：《春秋穀梁传注疏》，阮元校刻《十三经注疏》本，上海古籍出版社 1997 年版，第 2425 页。

② 参见徐杰令：《春秋邦交研究》，中国社会科学院出版社 2004 年版，第 90 页。

③ 参见范文澜：《中国通史简编》第一卷，人民出版社 1955 年版，第 179 页。

战，杀人盈城。”（《孟子·离娄上》）最后他得出结论：“春秋无义战”（《孟子·尽心下》）——春秋时期的战争都是坏的，没有好的！但这是不是意味着，在春秋时期之前，曾经存在过“义战”，也就是合乎道义的好的战争呢？否则，孟子的这句话就没有了意义——既然所有时代的战争都“不义”，孟子又何必专门指责春秋时期的战争呢？！

孟子的话启发人们追溯战争的渊源。战争军旅之事，古代称作“戎”。《左传·成公十三年》云：“国之大事，在祀与戎。”[①] 战争与祭祀一同成为攸关社稷存亡的国之大事。这恰可以与孔子的观点相呼应——《论语·述而》记载：“子之所慎：斋、战、疾。”而在《论语·颜渊》中，孔子在回答学生子贡问政时，指出治理国政的三大要素：“足食”、“足兵”、“民信”。尽管孔子将“足兵”的重要性排在末位，但亦可见其在国家政治生活中的突出地位。

在西周时期，战争原本是“礼”的一种，属于“五礼”中的军礼。既然是礼，必然讲究度量分界。由此可见，西周时期被纳入到礼乐规范体系之中的战争行为，绝不是毫无节制的，而应有其底线与边界。

“礼”有一个重要原则——礼尚往来，所谓“往而不来，非礼也；来而不往，亦非礼也”[②]。正常的礼仪活动强调有来有往，表现出相互性与对等性。在早期的战争行为中，同样体现出明显的礼尚往来特色。我们以春秋初期周、郑交恶的例子来看：郑国在平王东迁之事上功劳很大；东迁之后，几任郑国国君都受到周平王的重用，担任平

---

① （晋）杜预注，（唐）孔颖达疏：《春秋左传正义》，阮元校刻《十三经注疏》本，上海古籍出版社1997年版，第1911页。

② （汉）郑玄注，（唐）孔颖达疏：《礼记正义》，阮元校刻《十三经注疏》本，上海古籍出版社1997年版，第1231页。

王的卿士。后来，周平王不希望受制于郑国，便逐渐分化郑国国君在周王朝的权力。此举引起郑国不满，进而引发周王室与郑国之间的矛盾。双方互派质子，但无济于事，遂至周、郑交恶。这一事件本身即已反映了春秋时期王纲失坠、天下失序的危机。不过，交恶双方的表现却值得品味：

> 《左传·隐公三年》：四月，郑祭足帅师取温之麦。秋，又取成周之禾。[①]
>
> 《左传·隐公四年》：秋，诸侯复伐郑。……诸侯之师败郑徒兵，取其禾而还。[②]

郑国惩罚周王室的方式是派遣军队割了周王畿某块土地上的小麦和禾苗；而诸侯各国帮助周天子报复的方式如出一辙——“取其禾而还”！双方的举动给人们一种错觉，他们不像是在进行战争，而更像是在举行某种互动性的礼仪表演！尽管彼此的行为谈不上优雅和友善，但绝对是规规矩矩、有板有眼，不越雷池一步。从这个例子可以看出，春秋初期还保留着西周礼乐文明的遗风，战争大体还遵循着一定的原则和限度，可以用一个成语概括——“不为已甚”！也就是说，凡事不要太过分，哪怕是打仗，也要遵循“适度”、“对等”的原则。你来抢我田里的小麦，我就抢你的禾苗；你攻我的城，我就围你的邑。尽管还是战争，但并不是肆无忌惮、穷追猛打。整个战争行为，无论在规模上，还是在形式上，都还在遵循着一定的战争道

① （晋）杜预注，（唐）孔颖达疏：《春秋左传正义》，阮元校刻《十三经注疏》本，上海古籍出版社1997年版，第1723页。

② （晋）杜预注，（唐）孔颖达疏：《春秋左传正义》，阮元校刻《十三经注疏》本，上海古籍出版社1997年版，第1725页。

德，这就是所谓的“周礼”。[①]

然而，随着礼坏乐崩程度的加重，战争的性质发生了改变，数量、规模、破坏程度等各项记录不断被突破。可以说，旧有的统治秩序和社会结构遭受各方挑战而摇摇欲坠之时，必然会促成大量战争的爆发；而愈演愈烈的战争反过来又会进一步摧毁原有的规范、秩序和价值观念。春秋时期的社会失序状况就是在这样的恶性循环中逐渐加重。

《穀梁传》继承了《春秋》“拨乱反正”的社会理想，自然要打破这个恶性循环的怪圈，让战争重新回到“礼”与“正”的轨道上来。为此，《穀梁传》对《春秋》经文所记载的各类战争行为做出有针对性的批评，试图在一定程度上恢复西周时期的战争观，规范各国处理争执、解决矛盾的方法手段，并进而建构良性的诸夏关系。[②]

（一）反对诸夏各国之间相互侵伐

《穀梁传》对春秋时期诸夏各国之间的战争基本持否定态度。究其根源，不仅在于战争会对民众的生命财产造成致命伤害，还因为它破坏了诸夏各国之间的宗法情谊。正是由于这个缘故，《穀梁传》极为厌恶“灭同姓”的战争行为：

《穀梁传·隐公二年》：**无侅帅师入极。**入者，内弗受也。

① 宋襄公在泓之战中的举止，也可以看作是早期战争道德的余韵。

② 需要特别说明的是：春秋时期的战争从参与者看，主要包括三种类型：一是周王室与某个诸侯国之间的战争；二是诸夏各国之间的战争；三是诸夏国家与夷狄国家之间的战争。第一种类型的战争数量较小，第三种类型的战争涉及华夷关系，我们将在下一节集中讨论。因此，我们在这里讨论的主要是第二种类型的战争，即发生在诸夏国家之间的战争。原因有二：一是因为此类战争数量多，具有典型性；二是因为从建构诸夏各国秩序的角度而言，此类战争对于诸夏秩序影响最大。

极，国也。苟焉以入人为志者，人亦入之矣。不称氏者，灭同姓，贬也。①

《穀梁传·僖公二十五年》：**二十有五年春，王正月丙午，卫侯毁灭邢**。毁之名，何也？不正其伐本而灭同姓也。②

隐公二年鲁国大夫无侅率领鲁国军队攻入极国国都，灭掉极国。《穀梁传》先是解读“入”字，指出这表明当地的人民都不愿意接受这种强行进入的行为；接着解释说：经文之所以只记录无侅的名而不称其氏，就是在谴责他灭掉了与鲁国同姓的极国。《左传·隐公二年》杜预注云：“极，附庸小国。”③《穀梁传》则认为极为姬姓之国，与鲁国同姓，本为兄弟之邦。鲁国大夫无侅灭同姓之国，严重破坏宗法秩序，故经文以“不称氏”的方式表示贬斥。僖公二十五年卫国派军队攻灭邢国。《穀梁传》认为，经文之所以直书卫侯之名“毁”，是为了谴责卫国“伐本”而“灭同姓”的恶行。所谓“灭同姓”，指的是“邢国的始封国君是周公旦之子，卫国的始封国君为周武王弟康叔，同为姬姓”④。所谓“伐本”，“《范注》曰：‘绝先祖支体。’大戴《礼记·礼三本》曰：‘先祖者类之本。’灭绝同先祖的后裔，如同砍伐同根本的枝干一样，大违周尚亲亲之义”⑤。《穀梁传》的观点可以从《礼记·曲礼》中找到依据，《礼

① （晋）范宁集解，（唐）杨士勋疏：《春秋穀梁传注疏》，阮元校刻《十三经注疏》本，上海古籍出版社 1997 年版，第 2367 页。

② （晋）范宁集解，（唐）杨士勋疏：《春秋穀梁传注疏》，阮元校刻《十三经注疏》本，上海古籍出版社 1997 年版，第 2401 页。

③ （晋）杜预注，（唐）孔颖达疏：《春秋左传正义》，阮元校刻《十三经注疏》本，上海古籍出版社 1997 年版，第 1718 页。

④ 承载：《春秋穀梁传译注》，上海古籍出版社 1999 年版，第 278 页。

⑤ 周何：《新译春秋穀梁传》，台湾三民书局 2000 年版，第 436 页。

记·曲礼》云："诸侯失地，名；灭同姓，名。"[①]诸侯如果发动战争攻灭同姓之国，应当将国君之名记录于史册之中，以遗恶于后世。同姓之国是诸夏国家中与自己宗法关系最亲密的。据杨宽先生的研究，"西周、春秋间贵族，很讲究同姓、同宗、同族之间的关系。举行宗教仪式时要讲究这些，例如'凡诸侯之丧，异姓临于外，同姓于宗庙，同宗于祖庙，同族于祢庙'（《左传·襄公十二年》）。政治活动也要讲究这些，例如'周之宗盟，异姓为后'（《左传·襄公十一年》）"[②]。因此，灭杀同姓之国的行为显得更加恶劣，《穀梁传》要特别提出并严加斥责。

《穀梁传》还反对大国恃强凌弱，在一定意义上主张各国平等。因此，《穀梁传·庄公八年》指责鲁国、齐国攻打同姓之国郕国，认为齐国军队没有资格"加威于"郕国。[③]《穀梁传·庄公二十八年》对齐桓公提出委婉的批评，认为齐桓公作为盟主负责协调各国关系，结果不久就有了一次侵伐行动，确实不太妥当。[④]《穀梁传·僖公二十八年》明言晋文公帅军队攻打曹国卫国是出于晋文公本人忌恨私怨的用心，并谴责晋文公活捉曹国国君将其交给宋国的行为，斥之为"恶"。[⑤]既然同为诸夏之国，彼此在地位上是平等的，那么就不存在某一国君有权力命令他国之君的问题。因此，桓公三年经文以诸侯"相互命令"（"胥命"）的说法来描述"齐侯命卫侯"的客观事

---

① （汉）郑玄注，（唐）孔颖达疏：《礼记正义》，阮元校刻《十三经注疏》本，上海古籍出版社1997年版，第1267页。

② 杨宽：《西周史》，上海人民出版社2003年版，第451页。

③ 参见（晋）范宁集解，（唐）杨士勋疏：《春秋穀梁传注疏》，阮元校刻《十三经注疏》本，上海古籍出版社1997年版，第2382页。

④ 参见（晋）范宁集解，（唐）杨士勋疏：《春秋穀梁传注疏》，阮元校刻《十三经注疏》本，上海古籍出版社1997年版，第2388页。

⑤ 参见（晋）范宁集解，（唐）杨士勋疏：《春秋穀梁传注疏》，阮元校刻《十三经注疏》本，上海古籍出版社1997年版，第2402页。

实，正是通过隐讳的方式批评了齐国恃强凌弱的霸权外交。[①]

在肯定各诸侯国的平等地位后，《穀梁传·僖公二年》也承认各国在实力上存在客观差异，指出大国对待小国的方式与小国对待大国的方式应有所不同。[②]这是对当时社会状况的如实反映，体现了《穀梁传》作者面对社会现实所不得不做的权宜变通。

春秋时期的一些战争已经开始出现兼并战争的萌芽。兼并战争的一个显著特征是大国欺凌小国，通过掠夺土地和人口来壮大自己。为此，《穀梁传》特别发明了“言伐言取，所恶也”的传例：

> 《穀梁传·隐公四年》：**四年春，王二月，莒人伐杞，取牟娄。**《传》曰：“言伐言取，所恶也。”诸侯相伐取地于是始，故谨而志之也。[③]
>
> 《穀梁传·宣公四年》：**四年春，王正月，公及齐侯平莒及郯。莒人不肯。**及者，内为志焉尔。平者，成也。不肯者，可以肯也。**公伐莒，取向。**伐犹可。取向，甚矣！莒人辞不受治也。伐莒，义兵也。取向，非也，乘义而为利也。[④]

诸夏各国有些摩擦、有些矛盾是可以理解的。当某个诸侯国违背道义时，其他国家以正当的理由对其进行讨伐，也是宗法制度允许甚至鼓励的。如宣公四年莒国和郯国发生纠纷，鲁国和齐国进行

① 参见（晋）范宁集解，（唐）杨士勋疏：《春秋穀梁传注疏》，阮元校刻《十三经注疏》本，上海古籍出版社 1997 年版，第 2373 页。

② 参见（晋）范宁集解，（唐）杨士勋疏：《春秋穀梁传注疏》，阮元校刻《十三经注疏》本，上海古籍出版社 1997 年版，第 2392 页。

③ （晋）范宁集解，（唐）杨士勋疏：《春秋穀梁传注疏》，阮元校刻《十三经注疏》本，上海古籍出版社 1997 年版，第 2369 页。

④ （晋）范宁集解，（唐）杨士勋疏：《春秋穀梁传注疏》，阮元校刻《十三经注疏》本，上海古籍出版社 1997 年版，第 2412 页。

调解，但莒国拒绝接受和平调解，行为失当。鲁国因此讨伐莒国，此举合乎道义。但是，鲁国却趁机占取了莒国的向这个地方，这就不对了。《穀梁传》认为鲁国的行为就变成借正义之名而为自己谋私利。《大戴礼记·主言》有云：“明主之所征，必道之所废者也。彼废道而不行，然后诛其君，致其征，吊其民而不夺其财也。”[1] 正可以与《穀梁传》相互发明。

（二）战争行为应遵守一定规范

在反对诸夏各国互相侵伐的总前提之下，《穀梁传》还针对战争中的一些具体问题发表意见，主张即使不得不进行战争，也应该让战争行为遵守一定的规范，不能为所欲为、肆无忌惮。

例如，随着战争规模的扩大，战争延续的时间也越来越长，有些战争甚至会持续长达一年以上。这样的战争，对双方都是沉重的负担：占优势的一方将不得不投入大量人力物力，占劣势的一方则更是要承受生命财产的重大损失。《穀梁传·隐公五年》对宋国伐郑的战争提出批评：这年冬季，宋国军队包围了郑国的长葛，这一围就是一年多时间——直到第二年冬季，宋国军队才攻破长葛。那么，在一年多的围困时间里，孤立无援的长葛究竟会付出什么样的代价？有多少老弱病残的民众会因为缺衣少食而命丧黄泉？甚至是否会出现人吃人的惨剧？这都是《穀梁传》的作者所关心的。因此，《穀梁传》反复再三地反对长期围城，并借此宣布一些基本的战争原则：“伐不逾时，战不逐奔，诛不填服。”攻伐他国不应该超过三个月；在战场上已经打败了对方，就不要再追杀那些四处逃窜的敌人；杀戮敌人也不应该杀那些放弃抵抗

① （清）王聘珍：《大戴礼记解诂》，中华书局 1983 年版，第 8 页。

的人。传文还对“侵”和“伐”这两种战争形式做出明确区分：“苞人民，殴牛马，曰侵。斩树木，坏宫室，曰伐。”[①]“侵”，指的是在攻打他国时，俘虏其人民，驱赶其牛马，亦即掠夺对方的人口、财富。“伐”，指的是在战争中砍伐斩绝对方的树木，焚毁破坏对方的房屋，亦即摧毁那些带不走的东西。在《穀梁传》看来，这两种战争形式都是不可取的；而相比较来说，“伐”所造成的破坏更是长久的、致命的。[②]

《穀梁传》还反对在战争中为了获得胜利而不择手段的做法，并特别提到火攻。《穀梁传·桓公七年》云：**“七年春，二月己亥，焚咸丘**。其不言邾咸丘何也？疾其以火攻也。”[③]对此，《公羊传·桓公七年》的说法相近：“焚之者何？樵之也。樵之者何？以火攻也。何言乎以火攻？疾始以火攻也。”何休的解释十分精彩：“征伐之道，不过用兵，服则可以退，不服则可以进。火之盛炎，水之盛冲，虽欲服罪，不可复禁，故疾其暴而不仁也。”[④]《穀梁传》、《公羊传》的立场显然与《孙子兵法》所代表的兵家主张相左。尽管孙武也主张“兵者，国之大事，死生之地，存亡之道，不可不察也”，并宣扬“上

---

① 参见（晋）范宁集解，（唐）杨士勋疏：《春秋穀梁传注疏》，阮元校刻《十三经注疏》本，上海古籍出版社 1997 年版，第 2369—2370 页。

② 《穀梁传》的上述主张可以在先秦至汉代的典籍中找到同声相应者，如《荀子·议兵》曰：“不杀老弱，不猎禾稼，服者不擒，格者不舍，奔命者不获。凡诛，非诛其百姓也，诛其乱百姓者也。”（[清] 王先谦：《荀子集解》，中华书局 1988 年版，第 278 页）《司马法·仁本》曰：“入罪人之地，无暴神祇，无行田猎，无毁土功，无燔墙屋，无伐林木，无取六畜、禾黍、器械。”（《司马法直解》，见《中国兵书集成》编委会编：《中国兵书集成》第十册《武经七书直解》[一]，解放军出版社、辽沈书社 1990 年版，第 494 页）《淮南子·兵略训》曰：“毋伐树木，毋抉坟墓，毋烧五谷，毋焚积聚，毋捕民虏，毋收六畜。’”（刘文典：《淮南鸿烈集解》，第 491 页）

③ （晋）范宁集解，（唐）杨士勋疏：《春秋穀梁传注疏》，阮元校刻《十三经注疏》本，上海古籍出版社 1997 年版，第 2375 页。

④ （汉）何休解诂，（唐）徐彦疏：《春秋公羊传注疏》，阮元校刻《十三经注疏》本，上海古籍出版社 1997 年版，第 2218 页。

兵伐谋”、“屈人之兵而非战也”；但是，《孙子兵法》中却专门列有“火攻篇”，大谈火攻的种类、方法、应具备的条件，等等。[①]《穀梁传》与《孙子兵法》对待火攻态度的差异，也体现了儒家敬德保民的理想主义与兵家注重功利的现实主义之间的分歧。

（三）复仇观念

“复仇”是与战争紧密联系的一种现象，也是春秋时期诸夏各国交往的重要内容之一。“复仇”是古代社会的一个重要观念。如《礼记·曲礼》记载：“父之仇，弗与共戴天；兄弟之仇，不反兵；交游之仇，不同国。”[②]而在《礼记·檀弓》介绍得更仔细：“子夏问于孔子曰：‘居父母之仇，如之何？’夫子曰：‘寝苫，枕干，不仕，弗与共天下也。遇诸市朝，不反兵而斗。’曰：‘请问居昆弟之仇，如之何？’曰：‘仕弗与共国。衔君命而使，虽遇之不斗。’曰：‘请问居从父昆弟之仇，如之何？’曰：‘不为魁，主人能，则执兵而陪其后。”[③]可见，复仇的观念与血缘亲情的观念是紧密联系在一起的。

《公羊传》对“复仇”观念十分重视。蒋庆在《公羊学引论》中详细论述了“春秋大复仇”之说。蒋庆认为，《春秋》对复仇之事必大书特书，以张复仇之义。“大复仇说”是公羊学中独特的学说，“充满着对不义的愤怒与热血的报复”。在他看来，“在春秋、战国及秦汉之际，天下无道，政治失序，诸侯相灭，君臣相杀，社会生活中缺乏最基本的公义，故灭人之国，绝人之世，杀人之父，残人之子者比

---

① 参见赵国华、刘项、刘国建主编：《孙子兵法辞典》，湖北人民出版社 1994 年版，第 597、599、609—610 页。

② （汉）郑玄注，（唐）孔颖达疏：《礼记正义》，阮元校刻《十三经注疏》本，上海古籍出版社 1997 年版，第 1250 页。

③ （汉）郑玄注，（唐）孔颖达疏：《礼记正义》，阮元校刻《十三经注疏》本，上海古籍出版社 1997 年版，第 1284—1285 页。

比皆是，社会中的怨毒仇恨极深。在这种情况下，周天子已丧失庆让诛绝的公权，不能通过合法的政治力量来解除社会中的怨毒仇恨，而社会中的怨毒仇恨如果不化解，人们即不堪在此极度不公的社会中生活。为解决此一问题，公羊家提出了大复仇说，赞同通过复仇的方式来恢复社会中的正义，使人类历史不致因为政治失序而陷入完全的不义与邪恶”[①]。蒋庆的观点视角独特、激情澎湃，的确给人以启发。但是，笔者认为他对大复仇观念出现背景的理解还可以再商榷。具体地讲，春秋时代的大复仇观念与其说是春秋“礼坏乐崩”、王纲解纽之后个体正义的勃兴，不如说是上古时代原始的公平、正义观念的遗存。而西周以来的社会变迁并不是刺激复仇观念产生的土壤；相反地，正是这种变迁使人们更加真切地意识到礼乐文明的价值，从而对原有的复仇观念做出了重大的修订和调整。

这在《穀梁传》中显示得很清楚。《穀梁传》的“复仇”观念没有《公羊传》那么强烈，而且《穀梁传》的“复仇”观念已经出现了一个明显的转向，那就是：复仇所关注的主题已经不再是个人或家庭的“私仇”，而是国与国之间的“国仇”。

以“私仇”来看，宣公九年至十一年陈国出现夏征舒之乱：陈灵公与大夫公孙宁、仪行父淫乱夏征舒之母，衣其内衣相戏于朝并调笑夏征舒。夏征舒怒而弑其君灵公。如果按照“报私仇”的原则，夏征舒的做法情有可原。但传文却书夏征舒之罪以斥之，表明《穀梁传》不主张“报私仇”。[②] 又如襄公三十年，蔡景公夺世子之妻而妻之，世子杀其父。对于这种“弑父报私仇”的举动，《穀梁传》贬斥

---

① 参见蒋庆：《公羊学引论》，辽宁教育出版社 1995 年版，第 315 页。

② 参见（晋）范宁集解，（唐）杨士勋疏：《春秋穀梁传注疏》，阮元校刻《十三经注疏》本，上海古籍出版社 1997 年版，第 2414 页。

之为夷狄之行。[1]

与反对“报私仇”形成鲜明的对比，《穀梁传》十分看重“复国仇”。这主要集中体现在鲁、齐两国的恩怨上：

> 《穀梁传·庄公三年》：**三年春，王正月，溺会齐师伐卫。**溺者何也？公子溺也。其不称公子何也？恶其会仇雠而伐同姓，故贬而名之也。[2]
>
> 《穀梁传·庄公四年》：**冬，公及齐人狩于郜。**齐人者，齐侯也。其曰人何也？卑公之敌，所以卑公也。何为卑公也？不复仇而怨不释，刺释怨也。[3]
>
> 《穀梁传·庄公二十四年》：**八月丁丑，夫人姜氏入。**入者，内弗受也。曰入，恶入者也。何用不受也？以宗庙弗受也。其以宗庙弗受何也？娶仇人子弟，以荐舍于前，其义不可受也。[4]

传文反映的是鲁国与齐国之间的仇怨。事情起于鲁桓公：桓公十八年，鲁桓公前往齐国与齐襄公会盟，桓公夫人文姜同行。文姜是齐襄公的妹妹，在嫁到鲁国之前便与襄公有私情。或许是受姜族风俗残留的影响，抑或者是出于齐侯自身的放荡不羁，春秋时期多次出现齐国国君与姐妹私通的事件。《汉书·地理志》云：“始桓

① 参见（晋）范宁集解，（唐）杨士勋疏：《春秋穀梁传注疏》，阮元校刻《十三经注疏》本，上海古籍出版社1997年版，第2432页。

② （晋）范宁集解，（唐）杨士勋疏：《春秋穀梁传注疏》，阮元校刻《十三经注疏》本，上海古籍出版社1997年版，第2380页。

③ （晋）范宁集解，（唐）杨士勋疏：《春秋穀梁传注疏》，阮元校刻《十三经注疏》本，上海古籍出版社1997年版，第2381页。

④ （晋）范宁集解，（唐）杨士勋疏：《春秋穀梁传注疏》，阮元校刻《十三经注疏》本，上海古籍出版社1997年版，第2386页。

公兄襄公淫乱，姑姊妹不嫁。”[①] 顾德融、朱顺龙《春秋史》引《新语·无为》记载：“齐桓公好妇人之色，妻姑姊妹，而国中多淫于骨肉”，认为“这表明齐国同姓兄弟姊妹之间可发生性关系，甚至不出嫁”。[②] 文姜利用此次会盟机会，再次与襄公私会乱伦，奸情败露，被鲁桓公知道。鲁桓公大怒，指责二人。齐襄公于是心生歹念，派大力士彭生抱杀鲁桓公。鲁、齐二国就此交恶结仇。鲁桓公之子庄公即位之后没有为君父报仇，《穀梁传》认为这还可以用“迫于敌强我弱的形势”做解释。但是接下来，庄公三年鲁国大夫溺率领鲁国军队配合仇敌齐国去攻打同姓之国卫国，庄公四年鲁庄公与仇敌齐襄公一同在郜这个地方行猎，庄公二十四年鲁庄公迎娶齐国宗室之女哀姜为夫人，则表明鲁庄公根本没有把君父之仇放在心上，完全不顾道义和责任，却卑身事敌。《穀梁传》对此表示谴责。当然，《穀梁传》也不建议鲁国不顾一切地讨伐齐国来报君父之仇。结合《穀梁传·僖公二十三年》所提出的“不正其以恶报恶也”[③] 的原则，《穀梁传》对复仇的态度是：依据仇怨的性质、程度，在自己力所能及的范围内，采取必要手段以宣示对于仇敌的怨恨、疏远以及不合作的态度。

《穀梁传》对“国仇”的重视，表明原始的复仇精神经过周代礼乐文化的调治，已经上升为一种政治的尊严和国家的荣誉，而这也反映了“国家意识”逐渐加强。

本书认为，与《公羊传》所持的较为激进的复仇主张相比，《穀梁传》的复仇观念显得平正许多；《穀梁传》对于仇怨的态度与孔

---

① （汉）班固：《汉书》，中华书局 1962 年版，第 1661 页。

② 顾德融、朱顺龙：《春秋史》，上海人民出版社 2001 年版，第 477 页。

③ （晋）范宁集解，（唐）杨士勋疏：《春秋穀梁传注疏》，阮元校刻《十三经注疏》本，上海古籍出版社 1997 年版，第 2400 页。

子更为接近。面对仇怨，孔子不赞同老子“报怨以德”（《老子·第六十三章》）的主张，而是坚持“以直报怨、以德报德”（《论语·宪问》）的原则。孔子的理由很简单：如果对待“怨”和“德”都以“德”来回报之，那么如何才能体现出对待二者态度的差别？甚至于，这种不分是非的所谓“高姿态”会不会削弱“德”的行为、而助长“怨”的行为？当然孔子也不赞同“以怨报怨”，因为这种态度可能会让不理智的情绪支配自己的报复行为，采用极端、失控的手段打击对方，导致“冤冤相报何时了”的恶行循环。在他看来，最合适的方式是“以直报怨”。所谓“直”，《荀子·修身》云：“是谓是、非谓非曰直。”[①]《韩非子·解老》云：“所谓直者，义必公正，心不偏党也。”[②]可见，“以直报怨”就是按照对方所施加之“怨”的性质、程度，给予对等的、恰如其分的回击。如此，既可以令对方的“怨行”遭受惩罚，又不至于将矛盾扩大化。孔子的这一主张实际继承了西周礼制“礼尚往来”的对等原则，同时完美地体现了他的中庸精神。《穀梁传》的复仇观念很可能受到了孔子的影响，这也从一个角度体现了“《穀梁》善于经”的特点。

四、救患、分灾、讨罪

《左传·僖公元年》记载：“凡侯伯，救患、分灾、讨罪，礼也。”[③]反映了诸夏各国之间互助共存的善意交往原则，充分体现了宗法情谊在诸夏邦交中的影响。

在当时的生产力条件下，各诸侯国仍然停留在靠天吃饭的阶

---

① （清）王先谦：《荀子集解》，中华书局1988年版，第24页。

② （清）王先慎：《韩非子集解》，中华书局1998年版，第137页。

③ （晋）杜预注，（唐）孔颖达疏：《春秋左传正义》，阮元校刻《十三经注疏》本，上海古籍出版社1997年版，第1791页。

段，单个国家承受水旱等灾害的能力很有限。于是，一旦发生大规模的灾害，就需要其他国家伸出援助之手才能渡过难关。《穀梁传》认为诸夏各国之间的互助乃是当时的一条通例，集中体现了国家关系中的宗法情感。

浦卫忠指出，“发生灾荒等，各诸侯国也有义务互相帮助。庄公二十八年鲁国‘大无麦禾’，臧孙辰告粜于齐。《穀梁传》曰：‘诸侯无粟，诸侯相归粟，正也。’这与《周礼》基本上是相同的。《周礼·大司徒》曰：‘大荒大札，则令邦国移民通财，舍禁、弛力、薄征、缓刑。’救荒，主要是由各诸侯国互相‘通财’。从《左传》所记秦晋两国饥荒互相借粮，以及‘京师来告饥，公为之请粜于宋、卫、齐、郑’（隐公六年）的记录来看，诸侯国之相归粟，以及诸侯国归粟于京师，是春秋时代普遍的社会现象”。浦卫忠的看法有助于我们了解《穀梁传》所体现的诸夏各国互助现象。当一国出现饥荒时，其他诸侯国都尽其所能提供帮助，这已经成为合乎道义、合乎情理的行为准则了。不过，他紧接着说道：“天子对于诸侯的饥荒，并没有赈济的责任。也就是说，只有诸侯向天子时献、贡职，而天子无须顾恤诸侯，这似乎也是遵循天子不聘诸侯的原则，天子与诸侯之间的经济联系通道，只是单向的，由诸侯而向天子。”[①] 笔者认为，浦氏的这一看法稍显偏颇。《中庸》在谈论到“朝聘”时，讲到一个原则——“厚往而薄来，所以怀诸侯也”。孔颖达疏：“厚往，谓诸侯还国，王者以其材贿厚重往报之。薄来，谓诸侯贡献使轻薄而来。如此，则诸侯归服。”[②] 朱熹解释道：“厚

① 浦卫忠：《春秋三传综合研究》，台湾文津出版社 1995 年版，第 200—201 页。

② （汉）郑玄注，（唐）孔颖达疏：《礼记正义》，阮元校刻《十三经注疏》本，上海古籍出版社 1997 年版，第 1630 页。

往薄来，谓燕赐厚而纳贡薄。”[①] 联系到“礼尚往来”的精神，本书认为周王室与诸侯国之间的经济联系并非是单向的；周天子对于前来朝觐纳贡的诸侯国君多有封赐。至于诸侯国发生饥荒，则最及时有效的援助当来自于其临近的国家；要求周天子不顾千山万水来赈灾，不仅于理不合，而且于事也无补。出于上述考虑，宗法礼制只规定了诸侯国之间存在相互赈济的责任。

除了饥馑之外，在其他一些重大灾害上也可以看到各国彼此帮助的情况。如襄公三十年五月，宋国王宫发生特大火灾（《穀梁传》所特别赞颂的宋伯姬就是死于这场大火）；同年冬季，多个诸侯国在澶渊会盟，主题之一就是商讨救灾事宜。《穀梁传》云：“会不言其所为，其曰‘宋灾故’，何也？不言灾故，则无以见其善也。其曰人，何也？救灾以众。何救焉？更宋之所丧财也。”[②] 可见，“救灾以众”成为当时各国团结起来抵御灾害的重要手段，这也反映出各诸侯国在彼此交往中所珍视的“亲亲”宗法情谊。

“讨罪”不仅是周天子控制诸侯国的重要手段，也是诸夏各国相互之间所享有的权利和承担的义务。当某个诸侯国由于内部乱臣贼子叛逆或者外部武力侵犯，而导致君位、社稷岌岌可危时，作为兄弟之邦的其他诸侯国应当采取行动，帮助受难国的君主恢复秩序、平息动乱。原因很简单，谁也无法保证自己不会沦落为那个受难之国；既然如此，不如大家达成共识，一同维护既有的统治秩序。从积极的方面看，这体现了诸夏国家之间的宗法情谊；从消极的方面看，这可以理解为“唇亡齿寒”或者“同病相怜”。《论语·宪问》就曾经记载：“陈成子弑简公。孔子沐浴而朝，告于哀公曰：‘陈恒弑其君，请讨

① （宋）朱熹：《四书章句集注》，中华书局 1983 年版，第 30 页。

② （晋）范宁集解，（唐）杨士勋疏：《春秋穀梁传注疏》，阮元校刻《十三经注疏》本，上海古籍出版社 1997 年版，第 2432 页。

之。’公曰：‘告夫三子！’孔子曰：‘以吾从大夫之后，不敢不告也。君曰告夫三子者！’之三子告，不可。孔子曰：‘以吾从大夫之后，不敢不告也。’”陈国内乱，大夫陈成子弑君。孔子郑重其事，依礼禀告鲁哀公，要求哀公出兵讨罪。最后虽然不了了之，但孔子显然认为诸侯之间有扶危救难讨罪之责。

上文说到《穀梁传》谴责灭同姓之国的恶行，这是就当事方而言。对于当事方之外的其他诸侯国，则应当对同姓之国、诸夏之邦的灭亡表示出哀戚、同情的态度，并采取行动“兴灭国，继绝世”（《论语·尧曰》），亦即“存亡续绝”。在这方面，《穀梁传》有大量的评述：

> 《穀梁传·僖公十二年》：**夏，楚人灭黄**。贯之盟，管仲曰：“江、黄远齐而近楚。楚，为利之国也。若伐而不能救，则无以宗诸侯矣。”桓公不听，遂与之盟。管仲死，楚伐江灭黄，桓公不能救，故君子闵之也。[①]
>
> 《穀梁传·昭公十三年》：**蔡侯庐归于蔡。陈侯吴归于陈**。善其成之，会而归之，故谨而日之。此未尝有国也，使如失国辞然者，不与楚灭也。[②]
>
> 《穀梁传·庄公六年》：**六年春，王三月，王人子突救卫**。王人，卑者也。称名，贵之也。善救卫也。救者善，则伐者不正矣。[③]

---

① （晋）范宁集解，（唐）杨士勋疏：《春秋穀梁传注疏》，阮元校刻《十三经注疏》本，上海古籍出版社 1997 年版，第 2397 页。

② （晋）范宁集解，（唐）杨士勋疏：《春秋穀梁传注疏》，阮元校刻《十三经注疏》本，上海古籍出版社 1997 年版，第 2437 页。

③ （晋）范宁集解，（唐）杨士勋疏：《春秋穀梁传注疏》，阮元校刻《十三经注疏》本，上海古籍出版社 1997 年版，第 2381 页。

《穀梁传·庄公二十八年》：**秋，……公会齐人、宋人救郑。**善救郑也。[①]

《穀梁传·僖公元年》：**夏，六月，邢迁于夷仪。**迁者，犹得其国家以往者也。其地，邢复见也。**齐师、宋师、曹师城邢。**是向之师也，使之如改事然，美齐侯之功也。[②]

《穀梁传·闵公元年》：**元年春，……齐人救邢。**善救邢也。[③]

《穀梁传·庄公三年》：**冬，公次于郎。**次止也，有畏也。欲救纪而不能也。[④]

《穀梁传·庄公三十年》：**夏，师次于成。**次，止也，有畏也。欲救鄣而不能也。不言公，耻不能救鄣也。[⑤]

上面摘录的《穀梁传》中的八则传文分为三类：前三则主要表现出对被灭之国的哀矜、怜悯之情，和对肇事国的斥责；第四、五、六三则则着重褒奖救助被伐灭之国的善行；最后两则对欲救而不敢的迟疑行径表示耻辱。《穀梁传》之所以不厌其烦地罗列了种种攻伐灭国的事件，是因为这些事件本身对于宗法情谊和旧有秩序的伤害最大。反过来看，诸夏国家之间救患讨罪、存亡续绝的善行，对于拨乱反正、恢复秩序具有极其重要的价值。这些无疑可以转化成为《穀梁传》重建诸夏秩序，乃至重构天下秩序所需的宝贵资源。

---

① （晋）范宁集解，（唐）杨士勋疏：《春秋穀梁传注疏》，阮元校刻《十三经注疏》本，上海古籍出版社 1997 年版，第 2388 页。

② （晋）范宁集解，（唐）杨士勋疏：《春秋穀梁传注疏》，阮元校刻《十三经注疏》本，上海古籍出版社 1997 年版，第 2391 页。

③ （晋）范宁集解，（唐）杨士勋疏：《春秋穀梁传注疏》，阮元校刻《十三经注疏》本，上海古籍出版社 1997 年版，第 2389 页。

④ （晋）范宁集解，（唐）杨士勋疏：《春秋穀梁传注疏》，阮元校刻《十三经注疏》本，上海古籍出版社 1997 年版，第 2381 页。

⑤ （晋）范宁集解，（唐）杨士勋疏：《春秋穀梁传注疏》，阮元校刻《十三经注疏》本，上海古籍出版社 1997 年版，第 2388 页。

诸侯国之间的交往还体现在不少国家以婚姻的形式结为兄弟之国。据《史记·张仪列传》记载："秦欲伐齐，齐楚从亲，……使秦女得为大王箕帚之妾，秦楚娶妇嫁女，长为兄弟之国。"[①]从这段话里可以看出，两个国家可以相互通婚而成为兄弟之国。《穀梁传·宣公十年》的话证实了这一点：

> **十年春，公如齐。公至自齐。齐人归我济西田。**公娶齐，齐由以为兄弟，反之，不言来。公如齐受之也。[②]

由于鲁宣公娶了齐国公室之女为夫人，所以齐、鲁结为兄弟之国。齐国也因为这个原因将先前鲁国送给齐国的济西之地送还给鲁国。可见，正如孔子所说的"合二姓之好，以继万世之后"[③]，诸侯各国之间的通婚成为协调关系、缓和矛盾、巩固友谊的重要手段。

此外，作为诸侯国"尊周"的一个补充，同时也是"内鲁"观念的延续，《穀梁传》在评论鲁国与其他诸侯国交往时，表现出"因鲁而贵"的倾向。这主要集中在对与鲁国交往的国家采用"进之"、"贵之"的书例上。如：

> 《穀梁传·隐公二年》：逆女，亲者也。使大夫，非正也。以国氏者，为其来交接于我，故君子进之也。[④]

---

① （汉）司马迁：《史记》，中华书局1959年版，第2287页。

② （晋）范宁集解，（唐）杨士勋疏：《春秋穀梁传注疏》，阮元校刻《十三经注疏》本，上海古籍出版社1997年版，第2414页。

③ （晋）范宁集解，（唐）杨士勋疏：《春秋穀梁传注疏》，阮元校刻《十三经注疏》本，上海古籍出版社1997年版，第2374页。

④ （晋）范宁集解，（唐）杨士勋疏：《春秋穀梁传注疏》，阮元校刻《十三经注疏》本，上海古籍出版社1997年版，第2367页。

《穀梁传·隐公七年》：诸侯之尊，弟兄不得以属通。其弟云者，以其来接于我，举其贵者也。[①]

从上面的例子可以看出，《穀梁传》认为经文在记载鲁国与其他诸夏之国交往时，往往会采用提高对方尊卑级别的方式来称谓诸夏的使者。鉴于春秋时期各国交往活动中存在着严格的“匹敌”、“对等”的等级观念，鲁国以对方为“贵”的书例背后所体现的其实是对鲁国自身的尊显。这也是《穀梁传》所建构的诸侯国家关系的一个特点。

第四节　华夷之辨

华夏与夷狄的区分与融合是中国文化的核心主题之一，也是中华民族确立和发展的内在机制。在先秦的天下观念中，夷狄虽然居于外部，但这个外部仍然被纳入到“天下”的范围之内。因此，华夏与夷狄其实共同生活在天之下。“权力中心与周边虽有等级尊卑之分，但二者不是征服与被征服的关系，也不是宗主国与殖民地之间的关系。”[②]华夷关系不同于现代意义上的国与国之间的关系，也不同于近代意义上的宗主国与殖民地的关系。正如前文所说，华夷关系体现出浓郁的文化价值色彩，具有开放性和流动性。

《穀梁传》试图重建合理的天下秩序，自然绕不开夷狄国家。为此，《穀梁传》对华夷关系做了大量的评说。在很大程度上，《穀梁传》所蕴含的丰富的华夷思想，既全面展示了春秋时代民族冲突与融

① （晋）范宁集解，（唐）杨士勋疏：《春秋穀梁传注疏》，阮元校刻《十三经注疏》本，上海古籍出版社 1997 年版，第 2370 页。

② 何新华：《试析古代中国的天下观》，《东南亚研究》2006 年第 1 期，第 53—54 页。

合的历史画卷，又体现出一种独特而开放的文化视角。所以，《穀梁传》的华夷思想既构成《穀梁传》建构天下秩序的一个重要组成部分，同时也成为中华民族夷夏观念发展的重要一环。

一、华夷之辨源于自然差异

从源头上看，华夏与夷狄的区分首先应该来自于双方的自然差异。“夷狄”是一个泛称，泛指与华夏族在种族、地域和风俗习惯等方面存在明显不同的族类。可以说，在这个意义上讲的“夷狄”称谓并不带有歧视的色彩，而只是一种近乎客观的描述。

例如，《礼记·王制》云：

> 中国戎夷，五方之民，皆有性也，不可推移。东方曰夷，被发文身，有不火食者矣；南方曰蛮，雕题交趾，有不火食者矣；西方曰戎，被发衣皮，有不粒食者矣；北方曰狄，衣羽毛穴居，有不粒食者矣。中国、夷、蛮、戎、狄，皆有安居、和味、宜服、利用、备器。五方之民，言语不通，嗜欲不同。达其志、通其欲，东方曰寄，南方曰象，西方曰狄鞮，北方曰译。[①]

从《王制》的这段话可以看出，中原之国与四方夷狄确实存在明显的差异，但这种差异主要体现为它们在生活方位、服饰居所、饮食习惯及言语嗜欲的不同上。同时，《王制》承认夷、蛮、戎、狄与中原诸国一样，也有着自己的衣食住行用等方面的制度规定。当然，《王制》对夷、蛮、戎、狄生活习惯的描述不一定完全客观，

---

① （汉）郑玄注，（唐）孔颖达等正义：《礼记正义》，阮元校刻《十三经注疏》本，上海古籍出版社 1997 年版，第 1328 页。

但大体上它对中原之国与四方夷狄差异的论述是不带有明显的褒贬色彩的。至于“中原”、“中国”与“东夷”、“西戎”、“北狄”、“南蛮”等称呼在方位上的差别，是华夏之人从自己的视角对不同族群生活地域的简单化概括。

在《穀梁传》中，也有不少对华夏与夷狄之间自然差异的描述。传文多次提到中原与夷狄对某一事物的称谓不同，如《穀梁传·昭公元年》云：“中国曰大原，夷狄曰大卤”①；《穀梁传·昭公五年》云“戊辰，叔弓帅师败莒师于贲泉；狄人谓贲泉失台”②，表明华夷之间存在语言习惯上的客观差异。此外，《穀梁传》还常常用“内外”的观念来形容“华夷”。《穀梁传》所使用的“内外”观念几乎都具有血缘宗法的背景；换言之，“内”与“外”往往是由血缘关系的亲疏远近决定的。因此，“以华夏为内、以夷狄为外”的思想最早的源头可以追溯到它们各自的宗法血缘上。③无论是饮食服饰、语言居所上的不同，还是种族血缘上的差别，都可以看作是一种自然的、客观的差异。这说明华夏与夷狄之别最初是由它们各自的自然特征决定的。

二、华夏为尊，夷狄为卑

但是华夷的区分终究不会仅仅停留在自然差异的程度上。华夏与四方之民在文化、经济、生活方式和社会发展上的差异不可避免地会带来文明优劣和情感认同上的差别，并最终形成“华夏为尊，夷狄

① （晋）范宁集解，（唐）杨士勋疏：《春秋穀梁传注疏》，阮元校刻《十三经注疏》本，上海古籍出版社 1997 年版，第 2433 页。

② （晋）范宁集解，（唐）杨士勋疏：《春秋穀梁传注疏》，阮元校刻《十三经注疏》本，上海古籍出版社 1997 年版，第 2434 页。

③ 《公羊传·成公十五年》“内诸夏而外夷狄”所反映的观念也是源于宗法血缘上的亲疏远近，参见（汉）何休解诂，（唐）徐彦疏：《春秋公羊传注疏》，阮元校刻《十三经注疏》本，上海古籍出版社 1997 年版，第 2297 页。

为卑”的文化等级观念。

(一）华夏文明守礼、温文尔雅，夷狄野蛮无礼、近于禽兽

《穀梁传》认为华夏与夷狄之间除了存在自然的差异外，还存在着礼法和文明程度的不同。简单说来，就是诸夏之国文明守礼、温文尔雅，夷狄之邦野蛮无礼、近于禽兽。如北宋理学家程颐曾经说过："礼一失则为夷狄，再失则为禽兽。圣人初恐人入于禽兽也，故于《春秋》之法极谨严。"[①] 于是，人们认为华夏与夷狄在生活习惯、伦理关系、社会制度等方面的差别恰恰体现了“礼”的差异。在诸夏各国看来，周礼乃是他们立身行事之本。因此，“断发文身”、“茹毛饮血”不再只是一种自然生活状态的描述，而成了野蛮的代名词，是近乎禽兽的象征。如此一来，华夷之辨转化为人禽之别。正如刘泽华所指出的，“华夷之辨发端于华夏族的自我意识，它最初的意义是依据血缘亲疏辨析族类。……这种观点认为，华夷属于不同族类，有先天注定的优劣之别。以禽兽之名称谓其他民族是这种种族观念的具体体现”[②]。因而，“中原”之国口中的“东夷”、“西戎”、“北狄”、“南蛮”的称谓也就顺理成章地显露出华夏族的优越感。

华夷之间的这种礼法文明上的差异，不仅是诸夏之国的普遍认识，甚至连一些所谓蛮夷之邦也承认。据《史记·楚世家》记载，楚君熊渠就曾经自称“我蛮夷也”[③]，以为周礼管不到楚国，索性自称为王并立其子为王；而楚武王也曾自称“我蛮夷也”[④]，遂讨伐随国，并要求周王室尊楚。他们毫不掩饰地以“蛮夷”自诩，并以

---

① （宋）程颢、程颐：《河南程氏遗书》，《二程集》，中华书局1981年版，第43页。

② 刘泽华主编：《中国传统政治哲学与社会整合》，中国社会科学出版社2000年版，第129页。

③ （汉）司马迁：《史记》，中华书局1959年版，第1692页。

④ （汉）司马迁：《史记》，中华书局1959年版，第1695页。

之作为不遵周礼、为所欲为的借口。因此，华夷的优劣之别首先体现为礼法上的差异。《春秋》在讲到楚国的时候往往称楚为“荆”，《穀梁传》认为这是对楚国的贬称，因为楚王自称为“王”，而且“圣人立，必后至；天子弱，必先叛”[①]，楚国是不守周礼的野蛮禽兽之邦。孔子所说的“夷狄之有君，不如诸夏之亡也”（《论语·八佾》）也可以在这个意义上来理解。

（二）华夏亲近，夷狄疏远

华夏与夷狄在血缘上客观的亲疏远近很容易转化成一种情感上的亲近与疏远。对于诸夏各国来说，建立在血缘基础上的宗法分封制度加强了彼此间的亲密关系，而“长期的交往和联姻，使春秋诸侯在文化和民族观念等方面形成了‘诸夏’的认同感。而这种社会心理方面的认同感，导致了‘凡今之人，莫如兄弟’、‘兄弟阋于墙，外御其务’（《诗经·小雅·常棣》）和‘非我族类，其心必异’（《左传·成公四年》）的思想”[②]。

于是，“内诸夏而外夷狄”的观念不再仅仅是客观的描述；它已经成了蕴含强烈情感色彩的等级秩序。宣公十一年晋侯与狄会于欑函，《穀梁传》认为经文言“会”不言“及”[③]，是为了表现对夷狄之邦的疏远。这在襄公十年的记载中表现得更加明显：

《穀梁传·襄公十年》：**十年春，公会晋侯、宋公、卫侯、曹伯、莒子、邾子、滕子、薛伯、杞伯、小邾子、齐世子光，**

---

① （晋）范宁集解，（唐）杨士勋疏：《春秋穀梁传注疏》，阮元校刻《十三经注疏》本，上海古籍出版社 1997 年版，第 2383 页。

② 徐杰令：《春秋邦交研究》，中国社会科学出版社 2004 年版，前言第 18 页。

③ （晋）范宁集解，（唐）杨士勋疏：《春秋穀梁传注疏》，阮元校刻《十三经注疏》本，上海古籍出版社 1997 年版，第 2414 页。

会吴于柤。会又会，外之也。[①]

经文先书鲁公“会”诸夏各国诸侯、世子，再书“会”吴国。《穀梁传》认为两个“会”其实是在同一次会盟中进行的，但《春秋》却分两次书写，目的是为了将诸夏各国与属于夷狄之邦的吴国区别对待。这正是“内诸夏而外夷狄”的鲜明写照。从这个意义上来看哀公十四年的“西狩获麟”，我们发现《穀梁传》所言的“不外麟于中国也”[②]同样有“内诸夏而外夷狄”的情感考虑。

（三）华夏尊贵，夷狄卑贱

华夷在礼法和情感上的差异，促使中原各国的人们形成了一种“华夏为尊、夷狄为卑”的观念。《穀梁传》对于华夷之间的尊卑贵贱的秩序十分重视，并从多个方面进行阐释。

从僖公二十二年宋、楚两国泓之战来看，《穀梁传》认为经文书“宋师败绩”是对《春秋》“未有以尊败乎卑、以师败乎人者也”[③]的一贯书例的违背。传文进而解释了其中的原因。由此可以发现，《穀梁传》实质上承认宋、楚二国地位并非平等，宋国要尊贵于楚国，原因就在于宋为诸夏、楚为夷狄。正是由于华夏与夷狄存在着尊卑的不同，所以《穀梁传》多次说道“中国不言败”，“中国与夷狄不言战，皆曰败之”，“不使夷狄之民加乎中国之君

---

① （晋）范宁集解，（唐）杨士勋疏：《春秋穀梁传注疏》，阮元校刻《十三经注疏》本，上海古籍出版社 1997 年版，第 2427 页。

② （晋）范宁集解，（唐）杨士勋疏：《春秋穀梁传注疏》，阮元校刻《十三经注疏》本，上海古籍出版社 1997 年版，第 2451 页。

③ （晋）范宁集解，（唐）杨士勋疏：《春秋穀梁传注疏》，阮元校刻《十三经注疏》本，上海古籍出版社 1997 年版，第 2400 页。

也”，“不以中国从夷狄也”等等，[1]都从各个角度强调了华夏相对于夷狄的尊贵地位和不容侵犯的权威。

三、尊王攘夷

然而具有讽刺意味的是，正是这些为华夏所鄙视的夷狄之邦却给周王室和诸夏各国带来了严重的威胁。先是犬戎在申侯的指引下攻陷周都、杀害幽王，迫使周都东迁，西周灭亡；[2]尔后，四方戎夷不断侵略扩张，进犯王畿及诸侯之地，燕、卫、陈、郑等国屡屡告急。因此，原本趾高气扬的“华夏为尊、夷狄为卑”观念，很快地变成了团结诸夏、共御夷狄的忧患意识，这就是《穀梁传》所一再强调的“尊王攘夷”。这一点，前文已多次提及。所以，“作为一种民族的自我意识，华夷之别的观念可能很早就产生了，而作为一种政治理论，华夷之辨却是适应‘尊王攘夷’的需要创造的”[3]。

在《穀梁传》看来，完整意义上的“尊王攘夷”表现在以下几个方面：

（一）不正夷狄侵伐华夏

春秋中期以后，对中原国家造成最大威胁的是号称“南蛮”的楚国。据清人顾栋高统计，楚国在春秋时期吞并的诸侯国“凡四十有二”[4]。因此，《穀梁传》集中对楚国侵犯中原的行为提出批评。例如庄公二十八年秋楚国攻打郑国，《穀梁传》认为《春秋》以“荆”称

---

① 参见（晋）范宁集解，（唐）杨士勋疏：《春秋穀梁传注疏》，阮元校刻《十三经注疏》本，上海古籍出版社 1997 年版，第 2383、2421、2426、2427 页。

② 参见（汉）司马迁：《史记》，中华书局 1959 年版，第 149 页。

③ 刘泽华主编：《中国传统政治哲学与社会整合》，中国社会科学出版社 2000 年版，第 128 页。

④ （清）顾栋高：《春秋大事表》，中华书局 1993 年版，第 524 页。

"楚"，是采用贬称。正所谓"州不如国，国不如名，名不如字"[①]，用"荆州"之名来称呼楚国，乃是对它侵伐华夏之国的严厉贬斥。又如昭公八年楚国灭陈，抓获陈公子招，并将他流放到越地。《穀梁传》对楚国的暴行十分不满，对陈国的不幸表示了深切的同情和怜悯。[②]此外，传文中还多处评论道"不与楚杀也"[③]、"不与楚灭"[④]，均表明对以楚国为代表的夷狄之邦侵略华夏诸国行为的抗议和批判。

不仅如此，《穀梁传》还反对诸夏之国与夷狄相勾结来侵略中原国家的行为。僖公二十七年陈、蔡、郑、许四国会同楚国围攻宋国。《穀梁传》认为经文将"楚子"贬称为"楚人"，是为了贬斥与楚国一同的陈、蔡、郑、许等国之君，因为他们"信夷狄而伐中国"的举动是不正当的。[⑤]与此相类似，昭公十二年晋国伐中原之国鲜虞，《穀梁传》认为晋国"与夷狄交伐中国"（即与夷狄交替侵伐诸夏之国鲜虞），故经文按照描述"狄"的方式来描述"晋"，以示对晋国的讥讽。[⑥]

（二）褒奖尊王攘夷

既然夷狄侵伐华夏为"不正"，那么尊王攘夷、存亡续绝就理所

---

① （晋）范宁集解，（唐）杨士勋疏：《春秋穀梁传注疏》，阮元校刻《十三经注疏》本，上海古籍出版社1997年版，第2383页。

② 参见（晋）范宁集解，（唐）杨士勋疏：《春秋穀梁传注疏》，阮元校刻《十三经注疏》本，上海古籍出版社1997年版，第2435页。

③ （晋）范宁集解，（唐）杨士勋疏：《春秋穀梁传注疏》，阮元校刻《十三经注疏》本，上海古籍出版社1997年版，第2436页。

④ （晋）范宁集解，（唐）杨士勋疏：《春秋穀梁传注疏》，阮元校刻《十三经注疏》本，上海古籍出版社1997年版，第2437页。

⑤ 参见（晋）范宁集解，（唐）杨士勋疏：《春秋穀梁传注疏》，阮元校刻《十三经注疏》本，上海古籍出版社1997年版，第2401页。

⑥ 参见（晋）范宁集解，（唐）杨士勋疏：《春秋穀梁传注疏》，阮元校刻《十三经注疏》本，上海古籍出版社1997年版，第2436页。

当然地成为正义之举。因此，《穀梁传》对诸侯相救、共抗夷狄的义举十分嘉许。上一节我们主要是从诸夏各国同情、互助的角度来解析“尊王攘夷”；在本节，我们将观察的视角转换为华与夷之间的紧张与对抗。

例如庄公二十八年楚国伐郑，鲁、齐、宋三国联合出兵伐楚救郑，《穀梁传》评价“善救郑也”[①]。而对于当时尊王攘夷的主力齐桓公，《穀梁传》更是浓墨重彩地加以表彰。诸夏之一的燕国地处北方，长期受到山戎的侵犯，甚至连朝觐王室、纳贡述职也无法保障。于是庄公三十年，齐桓公率孤军越千里之险拯救燕国、讨伐山戎。《穀梁传》对此大加赞赏，甚至在第二年齐侯派人来鲁国献戎捷时，干脆称齐侯为“自己人”（“内”），以显示对齐侯的亲热与尊敬。[②] 正因为齐桓公有尊王攘夷、存亡续绝之功，《穀梁传》特地将他视作“贤者”。于是，僖公元年在记载齐桓公杀死由鲁国逃往齐国的同姓之女哀姜时，经文只称“夫人氏”而不言“姜”[③]；僖公十七年在记载齐桓公灭诸夏之国项时，经文只书“夏，灭项”而不言“桓公”[④]。《穀梁传》认为这都是《春秋》按照“为贤者讳过”[⑤] 的讳例对经文所做的修饰：“君子恶恶疾其始，善善乐其终。桓公尝有存亡继绝之功，故君子为之讳也。”[⑥]

---

① （晋）范宁集解，（唐）杨士勋疏：《春秋穀梁传注疏》，阮元校刻《十三经注疏》本，上海古籍出版社 1997 年版，第 2388 页。

② 参见（晋）范宁集解，（唐）杨士勋疏：《春秋穀梁传注疏》，阮元校刻《十三经注疏》本，上海古籍出版社 1997 年版，第 2388 页。

③ 参见（晋）范宁集解，（唐）杨士勋疏：《春秋穀梁传注疏》，阮元校刻《十三经注疏》本，上海古籍出版社 1997 年版，第 2391 页。

④ 参见（晋）范宁集解，（唐）杨士勋疏：《春秋穀梁传注疏》，阮元校刻《十三经注疏》本，上海古籍出版社 1997 年版，第 2398 页。

⑤ （晋）范宁集解，（唐）杨士勋疏：《春秋穀梁传注疏》，阮元校刻《十三经注疏》本，上海古籍出版社 1997 年版，第 2421 页。

⑥ （晋）范宁集解，（唐）杨士勋疏：《春秋穀梁传注疏》，阮元校刻《十三经注疏》本，上海古籍出版社 1997 年版，第 2398 页。

为了保护华夏各国的利益免遭夷狄侵害，《穀梁传》还主张各诸侯国应该团结一致、共御外敌。昭公十三年诸侯同盟于平丘，《穀梁传》对此次会盟表示赞许，因为同盟的目的是“同外楚也”[①]，即诸侯国团结起来共同对付日渐强大、侵略成性的楚国。到后来，原本属于蛮夷之国的吴国以“尊王”旗号来讨伐楚国，《穀梁传》赞扬了吴国“信中国而攘夷狄”的行为。[②]

（三）崇尚华夷和平

倘若仅仅从上面所介绍的夷狄侵夏、诸夏攘夷的材料看，华夷之间似乎是你死我活、针锋相对的敌对关系，似乎战争就是华夷关系的永恒主题。其实不然。当我们仔细分析“尊王攘夷”的主张时，发现这个“攘”字很值得咀嚼。“攘”字从本义上讲应该是“却”、“排斥”；所以，“攘夷”并不等于“灭夷”、“亡夷”，而只是一种防御性的应对措施。笔者认为包括《穀梁传》在内的典籍在讨论华夷关系时选用“攘夷”而非“灭夷”、“亡夷”，并不能用诸夏已弱、无力灭夷的所谓现实力量对比来解释。因为即使是在华夏十分强大的时候也没有想到过去征服戎狄、消灭蛮夷，而最多是主张“修政以服人”、“敬德以来人”。因此，华夏各国提出“攘夷”的主张，其目的并不在于削弱和灭亡夷狄，而在于不使夷狄伤害和改变“中国”。同样地，“尊王”也不是让夷狄都来尊王（虽然人们也鼓励夷狄这样做），而是不能让夷狄的侵犯破坏诸夏国家“尊王”的基础。

于是，我们发现“尊王攘夷”的主张本身就已经逻辑地包含了

① 参见（晋）范宁集解，（唐）杨士勋疏：《春秋穀梁传注疏》，阮元校刻《十三经注疏》本，上海古籍出版社 1997 年版，第 2436 页。

② 参见（晋）范宁集解，（唐）杨士勋疏：《春秋穀梁传注疏》，阮元校刻《十三经注疏》本，上海古籍出版社 1997 年版，第 2444 页。

华夷双方在底线上的平等——华夏不能凭武力征服夷狄，夷狄也不能以暴力侵犯华夏。可以说，这一底线的平等肯定了彼此存在的权力，也进而成为双方和平相处的基础。在此，我们可以引用《穀梁传·襄公三十年》的一段话："澶渊之会，中国不侵伐夷狄，夷狄不入中国，无侵伐八年，善之也。晋赵武、楚屈建之力也。"[①] 通过澶渊之会，在华夷双方的共同努力下，彼此不相侵伐、和平共处长达八年之久。这对于国家和老百姓来说，无疑都是一件好事，所以《穀梁传》"善之也"。很显然这里的"善"不仅仅是就华夏各国来说的，同样也是对夷狄之国而言的。因此，华夷之间的和平相处应该是"尊王攘夷"思想的应有之义；这也体现了《穀梁传》作者所一贯主张的"贵仁义，而贱勇力"[②] 的崇尚和平的宗旨。

四、华夷之辨是一种文化差异

正如钱穆先生所指出的，"在古代观念上，四夷与诸夏实在另有一个分别的标准，这个标准，不是'血统'而是'文化'。所谓'诸侯用夷礼则夷之，夷狄进于中国则中国之'，此即是以文化为'华'、'夷'分别之明证"[③]。这与《论语·子罕》所记载的"子欲居九夷。或曰：'陋，如之何！'子曰：'君子居之，何陋之有？'"可以相互发明。可见，华夷的差别主要不再是种族、血缘或者居处方位的不同，而是双方在文化上的相对差异。如此一来，《穀梁传》的华夷之辨就从种族的观念上升为文化的观念。在这个意义上，华夏和夷狄的身份不再是稳定不变的了，而是依据各国的文化表现而有所进退改

① （晋）范宁集解，（唐）杨士勋疏：《春秋穀梁传注疏》，阮元校刻《十三经注疏》本，上海古籍出版社 1997 年版，第 2432 页。

② （晋）范宁集解，（唐）杨士勋疏：《春秋穀梁传注疏》，阮元校刻《十三经注疏》本，上海古籍出版社 1997 年版，第 2435 页。

③ 钱穆：《中国文化史导论》（修订版），商务印书馆 1994 年版，第 41 页。

变。《穀梁传》从两个方面对此作了论述。

（一）诸夏若为夷狄之行则退而贬之为夷狄

《春秋》隐公七年记载："冬，天王使凡伯来聘，戎伐凡伯于楚丘以归。"对于经文中的"戎"的理解成为《穀梁传》与《左》、《公》二传争论的一个焦点：《左传》和《公羊传》都主张应该依字面将"戎"解释为"戎狄"[①]；但《穀梁传》却提出了一个完全不同的看法，认为此处的"戎"其实指的是诸夏之一的卫国[②]。在这里我们不讨论双方理解的对与错。仅就《穀梁传》的理解本身看，其中体现了一种非常重要的文化观念，即诸夏之国若为夷狄之行则退而贬之为夷狄。

在《穀梁传》看来，"华夏"或"夷狄"的称谓不仅仅是对中原诸国和四方之民的客观描述，有些时候它还是一种行之有效的褒贬的武器。就像"凡伯被抓"的事件，攻打、抓获凡伯的卫国真实身份是华夏之国，但是由于它违背礼仪、公然侵伐身负周天子之命的王室使臣，其行为简直与不懂礼法的夷、蛮、戎、狄之民一样。所以，为了显示对卫国失礼行为的贬责，《春秋》故意以"戎"代"卫"。又如僖公三十三年秦、晋发生殽之战。《穀梁传》认为经文以书"狄"的方式书"秦"之"败"，就是为了"狄秦也"。秦国本为华夏之邦，但它"越千里之险，入虚国，进不能守，退败其师徒，乱人子女之教，无男女之别"，其行为与夷狄无二，所以《穀

① 参见（晋）杜预注，（唐）孔颖达疏：《春秋左传正义》，阮元校刻《十三经注疏》本，上海古籍出版社 1997 年版，第 1732 页；（汉）何休解诂，（唐）徐彦疏：《春秋公羊传注疏》，阮元校刻《十三经注疏》本，上海古籍出版社 1997 年版，第 2209 页。

② 参见（晋）范宁集解，（唐）杨士勋疏：《春秋穀梁传注疏》，阮元校刻《十三经注疏》本，上海古籍出版社 1997 年版，第 2370 页。

梁传》认为秦国又退回到夷狄的程度了。[①]

从此，“华夏”的身份不再是天生铁定的招牌，而随时有了失去的危险。这种“贬夏为夷”的开放的华夷思想显示出一种文化的忧患意识，正如苏轼所说，“《春秋》之疾戎狄者，非疾纯戎狄者，疾夫以中国而流入于戎狄者也”[②]。《春秋》和《穀梁传》所担心的正是一些华夏国家自甘堕落、沦为夷狄的现象。同时，它也表明华夏诸国只有“尊天王”、“重周礼”、贵德慕义，才能真正永久地保有“华夏”的文化身份。

（二）夷狄若为诸夏之行则进而褒之为华夏

与“贬夏为夷”相对应，《穀梁传》还主张“进夷为夏”，即夷狄之国若行诸夏之礼则进而褒之为华夏。“进夷为夏”的规定是对“华夷文化观”的补充和完善；它与“贬夏为夷”一起共同组成了《穀梁传》“华夷文化观”的有机整体，并赋予《穀梁传》华夷之辨以无限的活力。

从“进夷为夏”的具体规定来看，它鼓励夷、蛮、戎、狄之邦学习周礼、遵行王化，如《穀梁传·庄公二十三年》称赞楚国派人来鲁国朝聘为“善”[③]，《穀梁传·哀公十三年》通过褒进的书例表彰吴子学鲁礼而冠袭、藉成周以尊天王的上进之举。[④]此外，《穀梁传》还褒奖了夷狄国家“信中国而攘夷狄”的尊王攘夷义举，如《穀

① 参见（晋）范宁集解，（唐）杨士勋疏：《春秋穀梁传注疏》，阮元校刻《十三经注疏》本，上海古籍出版社 1997 年版，第 2403 页。
② （宋）苏轼：《苏轼文集》，中华书局 1986 年版，第 44 页。
③ 参见（晋）范宁集解，（唐）杨士勋疏：《春秋穀梁传注疏》，阮元校刻《十三经注疏》本，上海古籍出版社 1997 年版，第 2386 页。
④ 参见（晋）范宁集解，（唐）杨士勋疏：《春秋穀梁传注疏》，阮元校刻《十三经注疏》本，上海古籍出版社 1997 年版，第 2451 页。

梁传·僖公十八年》评价狄人伐卫救齐为“功近而德远”，《穀梁传·定公四年》又因吴君救蔡伐楚而进之为“子”。[①]《穀梁传》同时肯定了夷狄的成绩与进步，如《穀梁传·宣公十五年》以潞子婴儿为“贤”，《穀梁传·襄公二十九年》因吴国延陵季子之贤而进吴君为“子”。[②]

《穀梁传》“进夷为夏”的相关规定当然是以华夏的文化和价值观念为标准的。但是在这种“进夷为夏”的观念中，我们却几乎看不到对夷狄之民的任何生理上的蔑视；相反，从中却可以体会出“举道不待再”[③]（意为不计前嫌、不过分苛责，劝人为善）的宽容劝善的精神。

所以，“以中华文化作为判定华夷的主要标准，显然是文化优越感的产物，却又颇有一点礼义面前人人平等、文化相通则一视同仁的意味。这种思路既可能由于过分张扬文化的、民族的优越感，而鄙视其他民族与文化，进而导向绝对排斥一切非华夏的族类和文化，又有可能由于对民族文化的自信，导向主张兼容并包、遐迩一体”[④]。这种由自然生活习惯和血缘亲疏的不同所形成的华夷之辨，尽管不可避免地带有尊卑贵贱的优劣等级意识和种族歧视倾向，并容易导向彼此的对立；但是，《穀梁传》巧妙地赋予“华”、“夷”概念以文化的内涵，并进而通过“贬夏为夷”和“进夷为夏”的双向流动，从根源上消解了华夷对立的基础，为华、夷在更广阔意义上的融合提供了

---

① 参见（晋）范宁集解，（唐）杨士勋疏：《春秋穀梁传注疏》，阮元校刻《十三经注疏》本，上海古籍出版社 1997 年版，第 2399、2444 页。

② 参见（晋）范宁集解，（唐）杨士勋疏：《春秋穀梁传注疏》，阮元校刻《十三经注疏》本，上海古籍出版社 1997 年版，第 2415、2432 页。

③ （晋）范宁集解，（唐）杨士勋疏：《春秋穀梁传注疏》，阮元校刻《十三经注疏》本，上海古籍出版社 1997 年版，第 2386 页。

④ 刘泽华主编：《中国传统政治哲学与社会整合》，中国社会科学出版社 2000 年版，第 137 页。

契机。于是，“尊王攘夷”的主张被赋予了全新的含义：“尊王”所尊显、崇尚的乃是周代的礼乐文化，“攘夷”所抵御、排斥的则是夷狄的野蛮落后的文化。“尊王攘夷”的目的正是要在更高的文化层次中融合华夷、变夷为夏。所以，“到春秋后期华夏和夷狄之间的界限已很难区分，大国争霸最初以‘攘夷’为口号，但到中后期属于‘夷’的楚、吴、越却成了中原诸夏的霸主国”[①]。从这个意义上可以说，《榖梁传》对华夷之辨层层分析的结果，恰恰是消解了华、夷之间的差异。这不仅深化了《榖梁传》政治思想的内涵，并且为中华民族的形成与发展输送了丰沛的血液。

《榖梁传》以文化而非种族为标准来看待华夷问题；其“贬夏为夷”、“进夷为夏”的主张很好地体现了《春秋》“褒贬进退”、拨乱反正的匡正价值，并赋予天下秩序以开放、动态的特质。

① 顾德融、朱顺龙：《春秋史》，上海人民出版社 2001 年版，第 270 页。

第五章 《穀梁传》所重建的国家秩序

首先需要说明，本章所讨论的“国家”不是现代意义上的国家，而是西周宗法分封制基础上建立的诸侯国。上一章“《穀梁传》所重建的天下秩序”，主要是从全局的视角勾勒天下各种政治力量的关系网络。本章则以某个诸侯国作为范例，具体解析诸侯国政治体系运作的各个关键环节。

之所以选择“诸侯国”作为研究“国家秩序”的范例，本书主要出于两方面考虑：

一方面，从宗法分封制的渊源来看，诸侯国与周王朝之间存在某种同质性；因而，诸侯国内部的政治秩序在相当大程度上可以被视为天下秩序具体而微的范本。这突出体现在西周直至春秋时期社会结构所呈现的“家—国—天下”一体的特征之中。

需要特别辨析的是，“家—国—天下”的结构在西周宗法制建立过程中的不同阶段，有着不同的内涵。在“小邦周灭大国殷”之后的西周初期，统治集团面临的一个重要挑战是：原来的地方政权（周国）怎样才能有效地接管天下？这已经不是“打天下”的问题，而是如何“坐天下”的问题。周国作为地方政权有一个很显著的特征，就是看重宗法关系与政治关系的融合。据杨宽先生的研究，“周族从开始建立国家起，君统和宗统就是合一的。一国的君长，确是一国的大宗。国君与所属大臣，既有君臣关系，又有宗法关系。国内同姓贵族的小宗，应该从属于国君的大宗”[1]。因此，攻灭殷商之后，文、武、周公等领袖决定推广周国的经验，在天下范围内推行宗法制度。在这层意义上，“家—国—天下”中的“家”指的是“周族”，“国”指的是“周国”，“天下”指的是“周王朝”。意即以周族内部的宗法关系为摹本，建立起周国的政治结构，进而将周国的宗法政治模式推广到全天下。这是周王朝建立初期宗法制的主要任务，其核心就是“宗统”与“君统”合一，实现宗族统治和政权统治的一体化。周公东征胜利后，宗法制的主要侧重点转为分封诸侯。受封的诸侯国固然会因地制宜制定政策，但是它们同宗周之间的紧密联系，使得诸侯国在建国过程中必然会继承、参照、模仿周王朝的制度与文化。因此，在这层意义上，“家—国—天下”的内涵发生变化：“家”指的是被周王室分封的宗族、姻亲或者功臣，“国”指的是由这些宗族、姻亲、功臣建立的诸侯国，“天下”指的是这些诸侯国拱卫在周王畿周围，共同组成的周王朝。

为了说明这一点，我们可以举《礼记·大学》为例：

> 古之欲明明德于天下者，先治其国；欲治其国者，先齐其家；欲齐其家者，先修其身；……身修而后家齐，家齐而后国治，国治而后天下平。……
>
> 所谓平天下在治其国者：上老老而民兴孝，上长长而民兴悌，上恤孤而民不倍，是以君子有絜矩之道也。所恶于上，毋以使下；所恶于下，毋以事上；所恶于前，毋以先后；所恶于后，毋以从前；所恶于右，毋以交于左；所恶于左，毋以交于右。此之谓絜矩之道。……

---

① 杨宽：《西周史》，上海人民出版社 2003 年版，第 36 页。

> 有国者不可以不慎，辟则为天下僇矣。《诗》云："殷之未丧师，克配上帝；仪监于殷，峻命不易。"道得众则得国，失众则失国。[①]

《大学》提出德性修养的"八条目"，其中包括"修身、齐家、治国、平天下"，同样呈现了"家一国一天下"的结构。那么，这里的"家"和"国"分别意指何者？我们还是从《大学》之中找答案：《大学》紧接着举了一系列例子来说明"治国"的重要性，这些例证分别来自《尚书·康诰》、《国语·楚语》、晋国大夫舅犯之言和《尚书·秦誓》。其中，《尚书·康诰》对应的是卫国，《国语·楚语》对应的是楚国，晋国大夫舅犯之言对应的是晋国，《尚书·秦誓》对应的是秦国，全部都是诸侯国！由此可见，《大学》所言之"国"应为诸侯国。《大学》还说道："一家仁，一国兴仁；一家让，一国兴让；一人贪戾，一国作乱。"很明显，其所言之"家"应为诸侯国君所在的家庭、家族。[②]

当然，《大学》关注的中心是德性修养。但是，其"内圣外王"的诉求决定了"家一国一天下"的结构不会仅仅停留在道德层面，而必然指向某种政治理想。正如孟子所说的"七十里、百里而王"[③]，诸侯国的政治实践对于全天下具有重要意义。当然，孟子的思想具有革命性，不反对、甚至鼓励拥有道德优势的诸侯国取天子而代之，让天下分享其道德成果。在《穀梁传》中则看不到这样的观念。《穀梁

---

① （汉）郑玄注，（唐）孔颖达疏：《礼记正义》，阮元校刻《十三经注疏》本，上海古籍出版社 1997 年版，第 1673—1675 页。

② 参见（汉）郑玄注，（唐）孔颖达疏：《礼记正义》，阮元校刻《十三经注疏》本，上海古籍出版社 1997 年版，第 1673—1675 页。

③ 《孟子·公孙丑上》云："以力假仁者霸，霸必有大国；以德行仁者王，王不待大。汤以七十里，文王以百里。"

传》仍坚持在宗法礼制的意义上确定诸侯国的地位与职权，它所看重的是诸侯国在尊周前提下所表现出的内部事务的秩序感。

本章之选择“诸侯国”作为标本来研究“国家秩序”的另一个原因，是因为春秋时期社会结构变化剧烈，政治权力的中心已经由周王室下移到各个诸侯国。换言之，各大诸侯国已经成为春秋这个大舞台的主角。在西周时期，受封的各个诸侯国在天下的背景下，受周王室节制和控制；同时在一定意义上，又具有相当的独立性。进入到春秋时期，诸侯国所具有的独立性空前扩大。这从上一章所讨论的诸侯国朝聘与会盟活动即可看出。因此，诸侯国内部的政治运行与组织构架对于全天下而言都是举足轻重的。

基于上述考虑，本章将从“国家秩序”的视角考察《穀梁传》有关诸侯国内部事务的评述。而从宏观上看，重建诸侯国内部的“国家秩序”，可以理解为《穀梁传》重建“天下秩序”之工作的细化与落实。

浦卫忠对《穀梁传》所反映的社会和国家政治制度专门做了研究，指出“《穀梁传》认为，一个国家的建立，不仅要有土、有民，还应该设官职民。建立各级官吏来处理国家事务，使人民各务其业以事奉其上。‘古者立国家，百官具，农工皆有职以事上。古者有四民，有士民，有商民，有农民，有工民’，民各有其事（成公元年）。所谓百官具，就是任命各级主事之官。很清楚，《穀梁传》的国家结构是君处于民之上，而民的管理是由各级官吏具体负责，各级官吏又是听命于君的”[①]。浦卫忠将“国家”理解为“周王朝”，不同于我们将“国家”界定为“诸侯国”。但是，他所揭示的《穀梁传》的国家结构，对于理解诸侯国的内部结构和秩序仍有所帮助。浦卫忠认

---

① 浦卫忠：《春秋三传综合研究》，台湾文津出版社 1995 年版，第 199 页。

为，《穀梁传》所设定的国家结构包括三级，即君—臣—民。“君”，就是位于国家结构顶端的君王；“臣”，就是听命于君王的各级官吏，亦即“百官”；“民”，就是位于社会基层的“四民”。

《穀梁传·成公元年》提出了“士、商、农、工”四民之说。范宁集解：“士民，学习道艺者；商民，通四方之货者；农民，播殖耕稼者；工民，巧心劳手以成器物者。”[①]在《穀梁传》的“四民”中，“商民”的地位要高于“农民”，而作为手工业者的“工民”排在末位。“四民”的说法亦见于《国语·齐语》，不过“四民”的排列顺序已经是后世所习惯的“士、农、工、商”。《国语·齐语》“桓公自莒反于齐”记载：“桓公曰：‘成民之事若何？’管子对曰：‘四民者勿使杂处，杂处则其言咙，其事易。’公曰：‘处士、农、工、商若何？’管子对曰：‘昔圣王之处士也，使就闲燕；处工，就官府；处商，就市井；处农，就田野。’”[②]人数众多的“四民”构成社会的基础，他们各从其业，又都接受百官的管理。

笔者不完全接受浦卫忠所主张的“君—臣—民”三级国家结构。关键的分歧在于对于“世子”的理解不同。浦卫忠主张从君臣的角度定性天子与王世子、诸侯与世子的关系，认为：“在《穀梁传》里，君的至尊地位是以君臣的截然划分而突出的。它虽然认为‘天子世子世天下’（僖公五年），承认世子的嗣君地位及其尊贵，却仍然把世子划入臣的行列之中。在《穀梁传》构拟的国家机构中，一方面是天下一人的天子，一方面是以世子为首的臣。毫无疑问，这种将世子划入臣的行列的作（按：应为“做”）法，是为了突出天下一人、天下至尊的

① （晋）范宁集解，（唐）杨士勋疏：《春秋穀梁传注疏》，阮元校刻《十三经注疏》本，上海古籍出版社1997年版，第2417页。

② 徐元诰：《国语集解》，中华书局2002年版，第219页。

天子，宣扬举天下而奉一人。”[①] 出于上述考虑，浦卫忠认为“世子”并不构成独立的一级，而只能划到“臣”的行列，作为群臣之首。

本书承认天子与王世子之间、诸侯与世子之间是君与臣的关系。但是，王世子和世子作为“臣”，又与周王朝、诸侯国的其他“臣”之间存在明显的区别。《穀梁传》引述了大量礼制规定，旨在保障“世子”的特殊地位。[②] 因此，本书不同意浦卫忠将国家机构分为“君—臣—民”的三级模式，而是主张应将国家机构分为四级，即：“君—世子—臣—民”。[③] 因为王世子（世子）在担任“臣”的同时，还是“储天子”（“储君”）的身份；他是今日之“臣”、明日之“天子”（“国君”）。

因此，在《穀梁传》所重建的国家秩序中，实质上包含了四个层次：第一，对国君之身份、行为等诸多方面的规定，即“正国君”；第二，对权力传承方式的规定，即“世子制度”；第三，对君臣关系的具体要求；第四，对民众的管理，即“保民”、“养民”、“重民”。

第一节　正国君

在古代中国社会，建构良好国家秩序的起点是要有一个好的国君。不过，除了墨家之外，很少有学派主张利用选举的形式来树立一个优秀的君主。对儒家而言，通过“匡正”的方式或许能够达到同样的效果。所谓“匡正”，就是利用道德教育提升国君的德性，利用

---

① 浦卫忠：《春秋三传综合研究》，台湾文津出版社 1995 年版，第 192 页。

② 本章第二节将详细论述这方面内容。

③ 体现在周王朝，则为“天子—王世子—臣—民”；体现在诸侯国，则为“国君—世子—臣—民”。

制度规范约束国君的言行，从而使国君由内而外符合“正”的要求。“匡正”发挥效用的前提是性善论，即孟子所说的“以不忍人之心，行不忍人之政”（《孟子·公孙丑上》）。

在孔子看来，执政者做到“正”，是实现良好政治的关键。《论语·颜渊》多次记录旁人向孔子问政，我们特别关注其中两次诸侯国执政者向孔子请教政治的基本精神：一次是齐景公问政，孔子的回答是：“君君，臣臣，父父，子子。”另一次是鲁国季康子问政，孔子的回答是：“政者正也。子帅以正，孰敢不正？”孔子的答案看上去很不一样，但仔细推敲，两个答案的内涵其实颇有一致之处。“君君，臣臣，父父，子子”句邢昺疏：“言政者正也，若君不失君道乃至子不失子道，尊卑有序，上下不失，而后国家正也。”“政者正也。子帅以正，孰敢不正”句邢昺疏则云：“言为政在乎修己。”[①]可见，两个答案都是在讲国君以身作则、修己正人的重要性。作为这一主张的补充，孔子又说道：“其身正，不令而行；其身不正，虽令不从”，“苟正其身矣，于从政乎何有？不能正其身，如正人何？”（《论语·子路》）执政者自身做到方正而不偏邪，那么无须明文政令，百姓便会自觉按照方正的原则去做。反之，执政者自身做不到方正，却妄图依靠各种政令要求民众做到方正，结果只能是徒劳无功。所以，儒家十分看重有德有位之君子的表率作用，认为这是“德化”的根本。《礼记·大学》说道：“尧、舜率天下以仁，而民从之。桀、纣率天下以暴，而民从之。其所令反其所好，而民不从。是故君子有诸己而后求诸人，无诸己而后非诸人”[②]，可以看作是对孔子这些话的注解。

---

① （魏）何晏集解，（宋）邢昺疏：《论语注疏》，阮元校刻《十三经注疏》，上海古籍出版社 1997 年版，第 2504 页。

② （汉）郑玄注，（唐）孔颖达疏：《礼记正义》，阮元校刻《十三经注疏》本，上海古籍出版社 1997 年版，第 1674 页。

张德胜从社会学的角度对春秋战国时期的社会动荡做了颇有新意的研究。他指出，“中国当时的乱，主要是社会上层的乱，是统治阶层内部的乱，与希腊的情况有所不同。从典籍的记载中，我们可以觉察到春秋战国时代的一般人民可能有逃荒及归附的趋向，但没有大规模的造反和民变”[①]。张德胜的看法从另一个角度说明了“正”国君之言行的必要性。春秋时期的失范状况是自上而下引发的，社会动荡的根源在统治阶层内部。具体到诸侯国，其国家秩序崩坏的一个重要原因，是国君出了问题，他们不愿遵循原来的规则，而是想要自行制定规则。“自定规制，是失范社会的另一主要特征。”[②]正如上引孔子的“君君，臣臣，父父，子子”，“君君”被放在首位；“君不君”，将会引发一连串的恶性后果。

在《穀梁传》看来，国君是国家秩序的最上层。在失范的春秋战国时代，若要建构良好的国家秩序，首要的任务便是“正”国君。

一、继正即位

《穀梁传》认为，国君统治国家权力的合法性，首先应源于其获得权力的方式的正当性。只有通过正常渠道（即以合乎礼制的方式）获得国君之位，其统治国家的权力才是不受质疑的。否则，其统治权力将不会得到认可。

这一点充分体现在《穀梁传》反复强调的“继正即位”观念上。《春秋》是按照鲁国十二公的顺序排列的。而在记录鲁国新君登位时，经文有时书了“公即位”，有时则没有书。《穀梁传》认为，通常情形下，鲁国新君登位时，《春秋》一定会书“公即位”；而如

① 张德胜：《儒家伦理与社会秩序：社会学的诠释》，上海人民出版社 2008 年版，第 13—14 页。

② 张德胜：《儒家伦理与社会秩序：社会学的诠释》，上海人民出版社 2008 年版，第 12 页。

果某位新君登位的元年没有书“公即位”，必定会有原因。大体上看，书“公即位”或不书“公即位”，与上一任国君的死亡性质直接相关。为此，《穀梁传》专门总结了《春秋》关于新君继位的几种书例：

第一种情况：“继正即位，正也。”这是说当先君正常死亡时，新君继承先君而登位，故应书“公即位”，以显示其获取统治权力方式的正当性。这是新君即位最正常的情形。

第二种情况：“继弑君不言即位，正也。”这是说当先君意外死亡（主要指被弑）时，新君即位则不应书“公即位”，以显示新君对上一任国君意外去世的哀痛、惋惜之情，亦表明新君有责任和义务为被害的上一任国君复仇。此种新君登位情况虽然伴随有意外，但是新君本人没有弑君嫌疑，而且新君的继承人资格也没有疑问，因而也属于正常的情形。

第三种情况：“继故而言即位，则是与闻乎弑也。”这是说当先君由于意外死亡（被弑），倘若新君即位时经文书了“公即位”，则表明新君对先君的意外死亡根本没有哀戚之情，甚至新君与先君的被弑之间存在某种关系。也就是说，新君其实事先已经知晓了弑先君的阴谋，乃至参与了弑先君的篡逆活动。

《穀梁传》共提到九位鲁国新君继位的情形，分别是：桓公、庄公、闵公、僖公、文公、宣公、襄公、昭公和定公，分别如下：

> 《穀梁传·桓公元年》：**正月，公即位。**继故不言即位，正也。继故不言即位之为正何也？曰先君不以其道终，则子弟不忍即位也。继故而言即位，则是与闻乎弑也。继故而言即位，是为与闻乎弑何也？曰先君不以其道终，己正即位之道而即位，

是无恩于先君也。[①]

《穀梁传·庄公元年》：**元年春，王正月。**继弑君不言即位，正也。继弑不言即位之为正何也？曰先君不以其道终，则子不忍即位也。[②]

《穀梁传·闵公元年》：**元年春，王正月。**继弑君不言即位，正也。亲之非父也，尊之非君也，继之如君父也者，受国焉尔。[③]

《穀梁传·僖公元年》：**元年春，王正月。**继弑君不言即位，正也。[④]

《穀梁传·文公元年》：**元年春，王正月，公即位。**继正即位，正也。[⑤]

《穀梁传·宣公元年》：**元年春，王正月，公即位。**继故而言即位，与闻乎故也。[⑥]

《穀梁传·襄公元年》：**元年春，王正月，公即位。**继正即位，正也。[⑦]

《穀梁传·昭公元年》：**元年春，王正月，公即位。**继正即

---

① （晋）范宁集解，（唐）杨士勋疏：《春秋穀梁传注疏》，阮元校刻《十三经注疏》本，上海古籍出版社 1997 年版，第 2372 页。

② （晋）范宁集解，（唐）杨士勋疏：《春秋穀梁传注疏》，阮元校刻《十三经注疏》本，上海古籍出版社 1997 年版，第 2379 页。

③ （晋）范宁集解，（唐）杨士勋疏：《春秋穀梁传注疏》，阮元校刻《十三经注疏》本，上海古籍出版社 1997 年版，第 2389 页。

④ （晋）范宁集解，（唐）杨士勋疏：《春秋穀梁传注疏》，阮元校刻《十三经注疏》本，上海古籍出版社 1997 年版，第 2391 页。

⑤ （晋）范宁集解，（唐）杨士勋疏：《春秋穀梁传注疏》，阮元校刻《十三经注疏》本，上海古籍出版社 1997 年版，第 2404 页。

⑥ （晋）范宁集解，（唐）杨士勋疏：《春秋穀梁传注疏》，阮元校刻《十三经注疏》本，上海古籍出版社 1997 年版，第 2411 页。

⑦ （晋）范宁集解，（唐）杨士勋疏：《春秋穀梁传注疏》，阮元校刻《十三经注疏》本，上海古籍出版社 1997 年版，第 2425 页。

位，正也。[①]

《穀梁传·定公元年》：**元年春，王。**不言正月，定无正也。定之无正何也？昭公之终非正终也，定之始非正始也。昭无正终，故定无正始。不言即位，丧在外也。……**夏，六月癸亥，公之丧至自乾侯。**戊辰，公即位。殡然后即位也。定无正，见无以正也。逾年不言即位，是有故公也；言即位，是无故公也。即位，授受之道也。先君无正终，则后君无正始也；先君有正终，则后君有正始也。戊辰，公即位，谨之也。定之即位，不可不察也。公即位，何以日也？戊辰之日，然后即位也。癸亥，公之丧至自乾侯，何为戊辰之日然后即位也？正君乎国，然后即位也。沈子曰："正棺乎两楹之间，然后即位也。"内之大事日，即位，君之大事也，其不日，何也？以年决者，不以日决也。此则其日何也？著之也。何著焉？逾年即位，厉也，于厉之中又有义焉。[②]

其中，文公、襄公、昭公的继位属于上述第一种情况，即"先君正常死亡，新君登位书'公即位'"；此外《穀梁传》未明确说到的成公和哀公也属此列。庄公、闵公、僖公三位国君的继位属于第二种情况，即"先君意外死亡，新君登位不书'公即位'"。桓公、宣公两位国君的继位则属于第三种情况，即"先君意外死亡，新君登位书'公即位'"[③]。这三种新君继位的书例，是《穀梁传》对《春秋》

① （晋）范宁集解，（唐）杨士勋疏：《春秋穀梁传注疏》，阮元校刻《十三经注疏》本，上海古籍出版社 1997 年版，第 2433 页。

② （晋）范宁集解，（唐）杨士勋疏：《春秋穀梁传注疏》，阮元校刻《十三经注疏》本，上海古籍出版社 1997 年版，第 2442—2443 页。

③ 定公登位的情况比较特殊：先君昭公被鲁大夫季孙如意驱逐出国，客死齐国；次年六月定公即位。《穀梁传·定公元年》云："先君无正终，则后君无正始"，即此之谓。

记事规律归纳的结果。《穀梁传》认为，“《春秋》在这种书不书即位的差别之间，寄寓着深一层的褒贬之意”[①]。这是《穀梁传》对于《春秋》的“微言大义”进行阐释的一个典型表现。

鲁闵公登位的情况较为特殊，《穀梁传》对此的评论更值得关注：闵公实际上不是继承父亲庄公的君位，而是继承哥哥子般的君位。子般之所以未称“君”，是因为他立未满一年就被公子庆父派人所弑，还不能正式称为国君。如此一来，对于闵公来说，子般既非其父，又非其君（即位未满一年，尚不得正式为君）。那么经文对闵公登位的记录，为什么还要与正常的继君继父即位一样呢？《穀梁传·闵公元年》的解释是：“亲之非父也，尊之非君也，继之如君父也者，受国焉尔。”[②]闵公乃是从子般那里接受了国家的统治权，也就是“受命”。

从《穀梁传》对新君继位的评论可以看出，它将《春秋》关于后君继位的情况分为“继正即位，正也”、“继弑君不言即位，正也”、“继故而言即位，则是与闻乎弑也”三种书例，表现了《穀梁传》努力发掘《春秋》的固有义例、阐释其“微言大义”的“解经”的工夫。

“即位”的实质是权力的授受之道。为了维护“即位”的秩序，保护权力的神圣性与正当性，《穀梁传》十分看重继承人的名分资格。换言之，“即位”本身也是“正名”思想的一种体现。“位”者，名也；“即”者，就也。“即位”有“合于名”之义，亦即“名符其实，实称其名”。从宗法制的角度看，“即位”之所以会存在“正”与“不正”的情形，主要取决于两点：第一，新君是否具有正当的身份

---

① 吴智雄：《穀梁传思想析论》，台湾文津出版社2000年版，第172页。

② （晋）范宁集解，（唐）杨士勋疏：《春秋穀梁传注疏》，阮元校刻《十三经注疏》本，上海古籍出版社1997年版，第2389页。

资格？从这层意义上讲，每一次“即位”事件中，有且只有一位继承人拥有此资格；只有当他“即位”时，整个权力授受的行为过程才具有正当性。第二，针对先君不同的死亡情形，新君的登位过程是否合于礼法规定？从这层意义上讲，相应于先君的某种死亡方式，有且只有一种新君登位过程是合乎情与礼的。换言之，必须是恰当的人以恰当的方式即位，其权力授受过程的正当性才被认可。

在此，“即位”过程所完成的统治权力授受，不仅指事实上的政权转移仪式，更是标志着政权的神圣性被传递下去。而政治生活中的神圣性应建立在政治活动正当性的基础之上。“中国古典政治哲学的核心问题之一是思考了政治权力来源的正当性、政治权力行使的道德合理性的基础问题以及政治活动的目的性三个主要问题。而对政治权力如何运用的方法论问题、政治权力的制约问题没有过多思考。”[①]

由此，《穀梁传》借评论经文书写鲁君即位方式的差异，阐述了国君获取统治权力的正当性原则。这也为诸侯国国家秩序的确立奠定了重要基础。

二、正君之行

然而，一位国君在继承资格与即位过程等方面合乎礼法，并不能保证这位国君在即位之后就能做到敬德保民、循礼而为。尤其是在春秋时期，“旧的标准搞乱了，新的尺度未能即时形成。这时候，人的欲望就缺乏节制，在可能与不可能之间，在公平与不公平之间，在合理要求与异想天开之间，这一切的界限，都变得模糊起来”[②]。旧有秩序逐渐崩坏，人的欲望就像挣脱了牢笼的巨兽，蠢蠢欲动，尝试着

① 吴根友：《在道义论与正义论之间 —— 比较政治哲学诸问题初探》，武汉大学出版社2009年版，序言第2页。

② 张德胜：《儒家伦理与社会秩序：社会学的诠释》，上海人民出版社2008年版，第5页。

各种过去想都不敢想的可能性，整个社会呈现出失范的状况。

诸侯国的国君们也惊喜地发现：套在他们颈项之间的宗法礼制的束缚力正在显著衰退；那些在过去看上去不敢越雷池一步的禁区，现在变得似乎不那么遥远了，甚至触手可及。哈耶克在《自由秩序原理》一书中讨论了“习惯的强制力”发挥效用直至逐渐失效的过程，对我们理解春秋时期的失范状态极有启发。哈耶克指出，人的社会生活（或者社会动物的群体生活）之所以可能，是因为每一个个体都在依照某些规则行事。这些规则最初也许是一种无意识的习惯，到后来逐渐发展成为一般性的陈述，亦即某种有意识的习惯或者规则。某个一般性习惯或者规则被人群所普遍遵循，并非是由于权威的力量，而是因为规则或者习惯自身具有某种强制力。“习惯的强制力”发挥效用有一个前提，即这些一般性的习惯或者规则是人们所知道的唯一的可能方式。一旦“在做某一事情的习惯方式已不再是某个行动者所知道的唯一方式的时候，而且只有在该行动者能思考以其他方式去实现这个可欲的目标的时候”，“习惯的强制力”就会转变成该行动者的一种障碍。最终，不再具有强制力的一般性习惯或者规则，便被打破了。[①]哈耶克在这里讲到的“习惯的强制力”，与孟子所说的“行之而不著焉，习矣而不察焉”[②]以及《周易·系辞上》所说的“百姓日用而不知”[③]的“道”有相通之处。哈耶克认为，当人们已经认识到行为的可能性不止一个时，原本的“唯一可能性”所具有的约束力就会遭到

---

① 参见〔英〕弗里德利希·冯·哈耶克著，邓正来译：《自由秩序原理》（上册），生活·读书·新知三联书店 1997 年版，第 184—188 页。

② 《孟子·尽心上》云：“行之而不著焉，习矣而不察焉，终身由之而不知其道者，众也。”

③ 《周易·系辞上》云：“一阴一阳之谓道。继之者善也，成之者性也。仁者见之谓之仁，知者见之谓之知。百姓日用而不知，故君子之道鲜矣。”见（魏）王弼、韩康伯注，（唐）孔颖达正义：《周易正义》，阮元校刻《十三经注疏》本，上海古籍出版社 1997 年版，第 78 页。

人们的质疑和挑战。而春秋时期的失范状态，正好给人们提供了更多的可能性。就国君而言，原本的“唯一可能性”的生活方式（即符合宗法礼制的生活方式）不再是必须遵循的了。于是，早已厌倦了这种无趣生活方式的国君们，便兴高采烈地挑选着自己喜欢的活法。

以今日的眼光看，春秋时期发生的这一切或许不是坏事。正如尼采所说的，“我们时代最大的长处，难道不是在于没有真理存在吗？一切都被允许”①。但是，对于身处春秋、战国时期的人们来说，由失范所导致的失重感并不像坐过山车那样刺激，而是令人不安、眩晕甚至呕吐，因为“规范的作用不光是节制行为，而且赋予生活意义。人失去了规范，也失去了生活的成法，往往感到惶然无着，焦灼不安”②。尤其是儒家，他们将自己的价值理想根植于传统规则的土壤之上；一旦这些传统规则被颠覆，儒家的价值理想也将变成无根之木。因此，儒家才会大力主张拨乱反正，《穀梁传》才会不遗余力重建秩序。

为此，《穀梁传》要对国君的任意行为说“不”！

《穀梁传》首先针对的是国君主导的祭祀活动。《左传·成公十三年》云：“国之大事，在祀与戎。”③祭祀是当时国家生活的核心内容，关涉到政权的神圣性与正当性，意义重大。《穀梁传·成公十七年》明确提出了祭祀活动应遵循的基本原则：“宫室不设，不可以祭；衣服不修，不可以祭；车马器械不备，不可以祭；有司一人不备其职，不可以祭。祭者，荐其时也，荐其敬也，荐其美也，

---

① 转引自张德胜：《儒家伦理与社会秩序：社会学的诠释》，上海人民出版社 2008 年版，第 24 页。

② 张德胜：《儒家伦理与社会秩序：社会学的诠释》，上海人民出版社 2008 年版，第 11 页。

③ （晋）杜预注，（唐）孔颖达疏：《春秋左传正义》，阮元校刻《十三经注疏》本，上海古籍出版社 1997 年版，第 1911 页。

非享味也。"[1]意即："斋戒的宫室没有收拾干净，是不可以从事祭礼的；祭祀时所需穿着的衣服没有修整好，是不可以从事祭礼的；应用的物品如车马器械等没有准备齐全，是不可以从事祭礼的，这些都在说明祭礼必须以诚敬为主，不可随便。祭礼的目的，主要是呈献于其适当的时刻，呈献其虔诚的敬意，呈献其美好的事功成果，目的不是在借用盛大典礼可以让神明享受到美好滋味的。"[2]

《穀梁传》认为，"合时"是举行祭祀礼仪的最基本要求。是否在适当的时刻举行祭礼，在很大程度上反映了"与祭者"的态度是否虔敬。正如《礼记·礼器》所说："礼，时为大，顺次之，体次之，宜次之，称次之。"[3]而虔敬正是祭祀活动的关键。"据人类学家布朗的观察，人做出一些宗教仪式，虽然未必达到预期目标（如求雨得雨），却可以获得意外效果，这就是默顿所说的隐性功能。他认为参与仪式，可以产生维系社会团结的情操，并将之代代相传。他特别推许孔子和荀子，指出他们早已体悟出礼仪与社会秩序的关系了。"[4]按照这一说法，不合时的祭祀活动由于缺乏必要的虔诚，因而无法发挥祭祀活动的隐性功能而获得意外效果。这一视角可以启发我们重新理解孔子的一句名言："吾不与祭，如不祭。"（《论语·八佾》）

因此，《穀梁传》对一些不合时的祭祀活动提出批评。如《穀梁传·桓公八年》批评鲁国在春季、夏季两次举行本应在冬季举行的烝祭之礼，认为这表明鲁国对于祭祀活动亵慢不敬，故《春秋》特别加

---

① （晋）范宁集解，（唐）杨士勋疏：《春秋穀梁传注疏》，阮元校刻《十三经注疏》本，上海古籍出版社 1997 年版，第 2423 页。

② 周何：《新译春秋穀梁传》，台湾三民书局 2000 年版，第 763 页。

③ （汉）郑玄注，（唐）孔颖达等正义：《礼记正义》，阮元校刻《十三经注疏》本，上海古籍出版社 1997 年版，第 1431 页。

④ 张德胜：《儒家伦理与社会秩序：社会学的诠释》，上海人民出版社 2008 年版，第 39 页。

以记载，以斥责鲁君之过。[①]《穀梁传·僖公三十年》云：**“夏，四月，四卜郊，不从，乃免牲，犹三望。**夏，四月，不时也。四卜，非礼也。”[②]正常举行郊祭之礼的时间应该在每年春季的正月到三月之间，行礼之前要通过“卜”来确定郊祭之正日，每旬一卜，三卜为限。[③]但鲁国的这次郊祭之礼却卜了四次，第四次卜问时已经是四月了。就时间看，超过了郊祭之礼的正常下限；就卜郊的次数看，也超出了三卜的上限。所以，《穀梁传》用“不时”、“非礼”以示斥责。

举行宗庙祭祀活动需要有合适的祭品，为此礼制规定了“四时之田”：“春曰田，夏曰苗，秋曰蒐，冬曰狩。”据晋代范宁的注释，春季的“田”指“取兽于田”，夏季的“苗”指“为苗除害”，秋季的“蒐”指“舍小取大”，冬季的“狩”指“围狩”。[④]周何认为，“田”指春季采用田野猎兽；“苗”指夏季行猎时应注意不要误伤怀孕的母兽；“蒐”指秋季可蒐索肥壮的动物；“狩”指冬季寒冷，适合采用伺守而猎取的方式。[⑤]可见即便是为宗庙祭祀猎取祭品，不同季节的捕猎活动，在主题和强度上也都应该有所区别。桓公四年，鲁国国君在春季的正月举行了本应在冬季举行的“狩”猎。《穀梁传》虽没有明确批评，但是却详细说明了各个季节应采用的捕猎活动的种类。这实质上是在用委婉的方式提出批评。[⑥]

---

① 参见（晋）范宁集解，（唐）杨士勋疏：《春秋穀梁传注疏》，阮元校刻《十三经注疏》本，上海古籍出版社 1997 年版，第 2376 页。

② 参见（晋）范宁集解，（唐）杨士勋疏：《春秋穀梁传注疏》，阮元校刻《十三经注疏》本，上海古籍出版社 1997 年版，第 2403 页。

③ 参见周何：《新译春秋穀梁传》，第 474 页。

④ （晋）范宁集解，（唐）杨士勋疏：《春秋穀梁传注疏》，阮元校刻《十三经注疏》本，上海古籍出版社 1997 年版，第 2374 页。

⑤ 参见周何：《新译春秋穀梁传》，台湾三民书局 2000 年版，第 95 页。

⑥ 参见（晋）范宁集解，（唐）杨士勋疏：《春秋穀梁传注疏》，阮元校刻《十三经注疏》本，上海古籍出版社 1997 年版，第 2374 页。

尽管当时各种宗庙礼仪还在举行，但是国君的虔敬之心已经淡漠，行为也就相应变味。以庄公、文公时期的事例为证：

《穀梁传·庄公二十三年》：**秋，丹桓宫楹。**礼，天子、诸侯黝垩，大夫仓，士黈，丹楹，非礼也。[①]

《穀梁传·庄公二十四年》：**二十有四年春，王二月，刻桓宫桷。**礼，天子之桷，斫之礲之，加密石焉。诸侯之桷，斫之礲之。大夫斫之。士斫本。刻桷，非正也。夫人，所以崇宗庙也。取非礼与非正而加之于宗庙，以饰夫人，非正也。刻桓宫桷，丹桓宫楹，斥言桓宫以恶庄也。[②]

《穀梁传·文公二年》：**丁丑，作僖公主。**作，为也。为僖公主也。立主，丧主于虞，吉主于练。作僖公主，讥其后也。作主、坏庙有时日，于练焉坏庙。坏庙之道，易檐可也，改涂可也。**八月丁卯，大事于大庙，跻僖公。**大事者何？大是事也，著祫、尝。祫祭者，毁庙之主，陈于大祖，未毁庙之主，皆升合祭于大祖。跻，升也，先亲而后祖也，逆祀也。逆祀，则是无昭穆也。无昭穆，则是无祖也。无祖，则无天也。故曰：文无天。无天者，是无天而行也。君子不以亲亲害尊尊，此《春秋》之义也。[③]

庄公二十三年到二十四年，鲁庄公两次下令对桓公之庙进行装

---

① （晋）范宁集解，（唐）杨士勋疏：《春秋穀梁传注疏》，阮元校刻《十三经注疏》本，上海古籍出版社 1997 年版，第 2386 页。

② （晋）范宁集解，（唐）杨士勋疏：《春秋穀梁传注疏》，阮元校刻《十三经注疏》本，上海古籍出版社 1997 年版，第 2386 页。

③ （晋）范宁集解，（唐）杨士勋疏：《春秋穀梁传注疏》，阮元校刻《十三经注疏》本，上海古籍出版社 1997 年版，第 2404—2405 页。

饰：第一次是将桓公之庙的大柱漆成红色，第二次是在桓公之庙中檐前的方桷上刻上纹饰。《穀梁传》认为这两次行为有一个共同目的，即为迎娶夫人做准备工作。因为按照礼制，国君夫人迎娶回来后，首先要“临宗庙”“荐于舍前”[①]，看看列祖列宗是否接受。桓公是鲁庄公的君父，桓公之庙在此环节最为重要，故庄公要先行装饰。庄公此举的目的并非为了讨新夫人的欢心，而是在讨好桓公之神，希望桓公之神能接纳新夫人。庄公为什么要煞费苦心呢？因为这个新夫人来自齐国，是齐国的公室之女；而鲁桓公正是死在齐国人的手上。也就是说，庄公要迎娶仇人之女，又希望被仇人害死的父亲能接纳这个新夫人，于是便试图通过装饰桓公之庙的行动来讨好、说服桓公之神。《穀梁传》直斥庄公一错再错：第一，不应该迎娶仇人之女；第二，庄公对桓公之庙的两次装饰均违背礼制规定，属“非礼”、“非正”。因此，经文记载两次饰庙之事，以表示对庄公的嫌恶和不满。

文公二年“作僖公主”、“跻僖公”之事，影响更加恶劣深远：鲁文公二年，鲁国举行禘祭，其间需要遵照昭穆秩序排列先君的神主之位。在文公之前的几位先君即位的顺序是：庄公—闵公—僖公。他们的具体关系是：庄公去世后，庄公之子子般即位，但不久便被公子庆父派人杀害；因子般即位未满一年，依礼不得称“君”。庄公之子闵公即位；两年后，闵公被弑；闵公之兄（亦即庄公的另一个儿子）僖公即位。僖公去世后，国君之位顺利地传给他的儿子文公。就僖公和闵公的关系看，僖公虽然是闵公之兄，但同时也是闵公之臣，因此按昭穆顺序应排在闵公之后。但是僖公之子文公为了彰显父亲之名，强行将僖公之昭穆顺序提到闵公之前。此举看似符合兄弟之序，

---

① （晋）范宁集解，（唐）杨士勋疏：《春秋穀梁传注疏》，阮元校刻《十三经注疏》本，上海古籍出版社 1997 年版，第 2386 页。

实则破坏了君臣尊卑之义。因此，《穀梁传》认定文公此举“以亲亲害尊尊”，是“逆祀”，并谴责文公“无祖无天”。文公的这一错误举动被后世的鲁君继承，此后鲁国举行禘祭时，均将僖公的神主之位列于闵公之前。为此，孔子特别说道：“谛，自既灌而往者，吾不欲观之矣。”（《论语·八佾》）鲁国的禘祭从既灌仪式之后，就不能看了。因为此后的流程便进入到按昭穆顺序由尊而卑地排列先君神主，然而这个顺序从文公时期开始就已经淆乱了。

的确，制度与情感是一对永恒的冤家，恩怨纠缠，却谁也离不开谁。荀子说过：“人生而有欲，欲而不得，则不能无求，求而无度量分界，则不能不争。争则乱，乱则穷。先王恶其乱也，故制礼义以分之，以养人之欲，给人之求。使欲必不穷乎物，物必不屈于欲，两者相持而长，是礼之所起也。”[①] 情感、欲望正是催生制度的根源；但是，制度一经确立后，又会经常压制情感、欲望。一旦制度出现松动的迹象，人的情感、欲望就会趁势占据上风。春秋时期，宗法礼制的约束力锐减，国君心中那些原本被压制的情感和欲望有了宣泄的机会。于是，很多国君都会放任个人情感上的偏好，随意破坏规则、挑战宗法礼制。

如《穀梁传·哀公十二年》指责昭公娶同姓之女，违背了“同姓不婚”的礼制规定。[②] 这一事件在《论语》中也得到反映。《论语·述而》记载：“陈司败问：‘昭公知礼乎？’孔子曰：‘知礼。’孔子退，揖巫马期而进之，曰：‘吾闻君子不党，君子亦党乎？君取于吴为同姓，谓之吴孟子。君而知礼，孰不知礼？’巫马期以告。子曰：‘丘也幸。苟有过，人必知之。’”鲁国公室是姬

① （清）王先谦：《荀子集解》，中华书局 1988 年版，第 346 页。

② 参见（晋）范宁集解，（唐）杨士勋疏：《春秋穀梁传注疏》，阮元校刻《十三经注疏》本，上海古籍出版社 1997 年版，第 2450 页。

姓，吴国为泰伯之后，也是姬姓。昭公娶吴国同姓之女的行为不符合礼制，当时已遭到人们的批评。又如桓公六年，鲁国举行盛大的阅兵礼仪。《穀梁传》认为平居无事时举行阅兵仪式属于“非礼”之举，有穷兵黩武之嫌，抑或者像周幽王“烽火戏诸侯”一般，是为了取悦于鲁君夫人。[①] 再如同年秋陈国国君被蔡国人杀死，《穀梁传》没有谴责蔡国人，而是贬斥陈君如“匹夫”。原来陈君非常热爱打猎，这次竟然过于放纵，跑到蔡国境内打猎，还同蔡国人争抢猎获的禽兽，蔡国人不知道他是陈国国君，争执之下把他杀了。《穀梁传》认为陈君的行为确实不像一国之君，倒像是没有涵养的普通庶民一般。[②] 与此类似，《穀梁传·隐公五年》批评鲁隐公跑到棠地去看捕鱼。捕鱼属于很卑微的活动，观看捕鱼不符合国君的尊贵身份。为此《穀梁传》特意重申了一条礼制规定：“礼，尊不亲小事，卑不尸大功。”[③] 综上可知，《穀梁传》所作的很多批评都是针对国君的一些日常行止。在今天看来，很多都是无伤大雅、甚或鸡毛蒜皮的小事。可是，为什么《穀梁传》要揪住这些“小事”不放呢？这是因为“小”中可以见“大”，“小事”不仅反映了国君们的喜好偏向，更体现出他们对于礼制规范的态度；从国君对待小事的方式，往往能够看出他们对待大事时的方式方法。正因为如此，刘备在给儿子的遗诏中才会说：“勿以恶小而为之，勿以善小而不为。”[④]

---

① 参见（晋）范宁集解，（唐）杨士勋疏：《春秋穀梁传注疏》，阮元校刻《十三经注疏》本，上海古籍出版社 1997 年版，第 2375 页。

② 参见（晋）范宁集解，（唐）杨士勋疏：《春秋穀梁传注疏》，阮元校刻《十三经注疏》本，上海古籍出版社 1997 年版，第 2375 页。

③ （晋）范宁集解，（唐）杨士勋疏：《春秋穀梁传注疏》，阮元校刻《十三经注疏》本，上海古籍出版社 1997 年版，第 2369 页。

④ （晋）陈寿撰，（宋）裴松之注：《三国志》，中华书局 1982 年版，第 891 页。

《穀梁传》还反对国君僭越礼制、挑战天子权威的做法。襄公十一年鲁国建立三军，《穀梁传》认为这违背了古代“天子六师，诸侯一军”的制度，会威胁到周王室的威望，故以“非正也”斥之。[①]另外，《穀梁传·僖公五年》批评晋献公杀世子申生的行为[②]，原因是这将严重伤害宗法情感，并对国家统治权力的传递造成直接破坏。

此外，《穀梁传》还对国君“疲民”、“劳民”、“与民争利”的行为表示贬斥。这方面的具体内容，我们将在本章第四节详细论述。

三、正君之言

国君的言论是其身份权威的外化表现，因此需要格外注意。中国古代一直有“君无戏言”的说法，还流传有“桐叶封弟”[③]的故事，都说明统治者说话要特别谨慎，因为话一旦说出，就再也无法收回了；即便是一些不情不愿的承诺，也只得硬着头皮兑现。其实，国君谨言不仅表现为不要轻易许诺，还体现在国君的口要紧，要能为臣子保守秘密，不能“漏言”。这一点，集中反映在《穀梁传·文公六年》中：

> **冬，十月，公子遂如晋。葬晋襄公。晋杀其大夫阳处父。**称国以杀，罪累上也。襄公已葬，其以累上之辞言之何也？君漏言也，上泄则下暗，下暗则上聋。且暗且聋，无以相通。射姑杀者也。射姑之杀奈何？曰：晋将与狄战，使狐射姑为将军，赵盾佐之。阳处父曰：“不可！古者君之使臣也，使仁者佐

① 参见（晋）范宁集解，（唐）杨士勋疏：《春秋穀梁传注疏》，阮元校刻《十三经注疏》本，上海古籍出版社1997年版，第2427页。

② 参见（晋）范宁集解，（唐）杨士勋疏：《春秋穀梁传注疏》，阮元校刻《十三经注疏》本，上海古籍出版社1997年版，第2393页。

③ （汉）司马迁：《史记》，中华书局1959年版，第1635页。

贤者，不使贤者佐仁者。今赵盾贤，夜姑仁，其不可乎！”襄公曰：“诺！”谓夜姑曰：“吾始使盾佐女，今女佐盾矣。”夜姑曰：“敬诺！”襄公死，处父主竟上事，射姑使人杀之。君漏言也，故士造辟而言，诡辞而出，曰：“用我则可，不用我则无乱其德。”晋狐射姑出奔狄。[①]

事件的详情是：当初晋国将要与狄人发生战争，晋襄公需要选任主将。他原本的打算是任命狐射姑为统领中军的主将，而任命赵盾为副将来辅佐他。这时，大夫阳处父提出晋襄公的安排不妥，因为赵盾是一位非常有才干的大臣，狐射姑则是一位很仁厚的大臣；自古以来，都是安排仁厚的人去辅佐有才干的人，因此晋襄公的做法有违常理。晋襄公采纳了阳处父的意见，任命赵盾为主将，狐射姑为副将。这本来是很正常的。但是，晋襄公或许是为了安抚狐射姑，竟然把其中的曲折向狐射姑和盘托出。狐射姑口里表示“没问题”，但是心里却恨透了阳处父。晋襄公去世后，狐射姑便趁机派人杀了阳处父。《穀梁传》认为，尽管杀死阳处父的人是狐射姑，但实质上他是因晋襄公而死。因而，《穀梁传》对晋襄公“漏言”之过提出批评，并分析了国君“漏言”可能导致的恶果：如果国君经常泄露臣下的进言，致使臣下受到打击报复，那么久而久之，就没有人敢于进言了；而一旦言路堵塞，在上的国君便会像聋子一般听不到真实的话了。最后《穀梁传》对国君提出建议：国君如果能采纳臣下的建议，那当然很好；但是如果不采纳臣下的建议，也请不要将这些建议泄露出去，以免造成他人的误解。

---

① （晋）范宁集解，（唐）杨士勋疏：《春秋穀梁传注疏》，阮元校刻《十三经注疏》本，上海古籍出版社 1997 年版，第 2406 页。

《穀梁传》的这一观点与孔子颇为投契。《周易·系辞上》在评价节卦“初九”爻辞“不出户庭，无咎”时，引述孔子的话：“乱之所生也，则言语以为阶。君不密则失臣，臣不密则失身，几事不密则害成。是以君子慎密而不出也。”孔颖达正义：“‘君不密则失臣’者，臣既尽忠，不避危难为君谋事，君不慎密乃彰露臣之所为，使在下闻之，众共嫉怒，害此臣而杀之，是失臣也。‘臣不密则失身’者，言臣之言行，既有亏失，则失身也。‘几事不密则害成’者，‘几’谓几微之事，当须密慎，预防祸害。若其不密而漏泄，祸害交起，是害成也。‘是以君子慎密而不出’者，于《易》言之，是身慎密不出户庭，于此义言之，亦谓不妄出言语也。”[①] 身为大臣，当然要依据自己的理解向国君进言，有些建议尽管对事不对人，但还是会有人因此而受到损失。国君作为总揽全局的决策者，可以权衡利弊，决定采纳或者不采纳某个大臣的进言；却不可以泄露出去，否则就会陷臣下于不义与危殆之中。当然，孔子的话涉及的内容更广泛一些，还包括臣子应慎密、谋事需慎密等。[②] 了解这些，或许会有助于我们换个角度理解《论语》中孔子关于“慎言”的一系列论说，如“巧言令色，鲜矣仁”(《论语·学而》)，“成事不说，遂事不谏，既往不咎”(《论语·八佾》)，“君子欲讷于言而敏于行”(《论语·里仁》)。

四、正君之终

与正君之始（继正即位）相呼应，《穀梁传》对国君之终也表示出高度的关注。由此联想到《论语·学而》记载的曾子之言：

---

① （魏）王弼、韩康伯注，（唐）孔颖达正义：《周易正义》，阮元校刻《十三经注疏》本，上海古籍出版社 1997 年版，第 80 页。

② 韩非亦论及慎言之义，可作参考。《韩非子·说难》云：“夫事以密成，语以泄败。未必其身泄之也，而语及所匿之事，如此者身危。”见（清）王先慎：《韩非子集解》，第 87 页。

“慎终追远，民德归厚矣。”通常“慎终”被解释为“丧尽其哀”。[①]不过，结合《论语·泰伯》所记曾子临终前召集门弟子说：“启予足！启予手！云：‘战战兢兢，如临深渊，如履薄冰。’而今而后，吾知免夫，小子”，以及《礼记·檀弓》所载的“曾子易箦”[②]的故事，则“慎终”似乎还包含了另一层含义，即慎其所终——君子对自己的死亡怀有敬畏之情，并遵循一定的礼仪以做到善终。这与今天的“临终关怀”有些相似。此种礼制规定恐怕是当时贵族阶层通行的惯例，并对国君之终产生影响。

《穀梁传》一个非常独特的地方，是它专门讨论了国君去世的地点，认为与国君去世的不同地点相对应，对国君之终的评价存在“正”与“不正”的区别。以传文为例：

《穀梁传·庄公三十二年》：**八月癸亥，公薨于路寝。**路寝，正寝也。寝疾居正寝，正也。男子不绝于妇人之手，以齐（斋）终也。[③]

《穀梁传·宣公十八年》：**冬，十月壬戌，公薨于路寝。**正寝也。[④]

《穀梁传·成公十八年》：**己丑，公薨于路寝。**路寝，正也。男子不绝妇人之手，以齐（斋）终也。[⑤]

---

① 参见（晋）何晏集解，（宋）邢昺疏：《论语注疏》，阮元校刻《十三经注疏》本，上海古籍出版社1997年版，第2458页。

② （汉）郑玄注，（唐）孔颖达疏：《礼记正义》，阮元校刻《十三经注疏》本，上海古籍出版社1997年版，第1277页。

③ （晋）范宁集解，（唐）杨士勋疏：《春秋穀梁传注疏》，阮元校刻《十三经注疏》本，上海古籍出版社1997年版，第2389页。

④ （晋）范宁集解，（唐）杨士勋疏：《春秋穀梁传注疏》，阮元校刻《十三经注疏》本，上海古籍出版社1997年版，第2415页。

⑤ （晋）范宁集解，（唐）杨士勋疏：《春秋穀梁传注疏》，阮元校刻《十三经注疏》本，上海古籍出版社1997年版，第2424页。

庄公、宣公、成公三位国君均薨于路寝。《穀梁传》解释“路寝，正寝也”。根据钱玄、钱兴奇编著的《三礼辞典》：“路寝，天子、诸侯之正寝，治事之处。《周礼·天官·宫人》：‘掌王之六寝之修。’郑玄注：‘六寝者，路寝一，小寝五。……路寝以治事，小寝以时燕息焉。’贾公彦疏：‘天子六寝，则诸侯当三寝，亦路寝一，燕寝一，侧室一，《内则》所云者是也。’《礼记·玉藻》：‘朝服以日视朝于内朝，朝，辨色始入。君日出而视之。退适路寝听政。使人视大夫，大夫退，然后适小寝，释服。’是每日视朝在寝门外之内朝，朝后于路寝听政治事，毕，退至燕寝休息。”[①] 尽管典籍的说法存在分歧，但大体上都认为天子、诸侯所居有“路寝”和“小寝”。“路寝”是听政治事的场所，故为“正寝”；“小寝”是休息睡觉的地方，有“燕寝”、“侧室”之分，也是国君夫人和妾媵所居之处。《穀梁传》认为，在正常的、合礼的情形下，国君应死于路寝。言外之意，在国君弥留之际，应将其迁至路寝，以做到善终。《穀梁传》为此特意归纳了一条义例：“男子不绝于妇人之手，以齐（斋）终也。”“小寝”为君夫人和妾媵所在，国君死于“小寝”意味着绝于妇人之手，不是正终。《礼记》有类似说法。《礼记·丧大记》云：“男子不死于妇人之手，妇人不死于男子之手。”郑玄注：“君子重终，为其相亵。”[②]《礼记·丧大记》又言：“君夫人卒于路寝”[③]，按国君与夫人一体、同尊同卑，可推知国君亦当薨于路寝，即郑玄所云“言死者必皆于正处也”[④] 之意。《穀梁传》之说

---

① 钱玄、钱兴奇编著：《三礼辞典》，江苏古籍出版社 1998 年版，第 961 页。

② （汉）郑玄注，（唐）孔颖达疏：《礼记正义》，阮元校刻《十三经注疏》本，上海古籍出版社 1997 年版，第 1571 页。

③ （汉）郑玄注，（唐）孔颖达疏：《礼记正义》，阮元校刻《十三经注疏》本，上海古籍出版社 1997 年版，第 1572 页。

④ （汉）郑玄注，（唐）孔颖达疏：《礼记正义》，阮元校刻《十三经注疏》本，上海古籍出版社 1997 年版，第 1572 页。

可与《礼记》互证。

《穀梁传》还列举了国君不死于“路寝”的事例：

> 《穀梁传·僖公三十三年》：**十有二月，公至自齐。乙巳，公薨于小寝。**小寝，非正也。[①]
>
> 《穀梁传·文公十八年》：**十有八年春，王二月丁丑，公薨于台下。**台下，非正也。[②]
>
> 《穀梁传·襄公三十一年》：**夏，六月辛巳，公薨于楚宫。**楚宫，非正也。[③]

僖公死于小寝，属“不正”。文公死于台下，周何认为，“台下”就是高台之下。[④]顾宝田具体分析道：“台下，宫中某台下。台下非养病之所，死于台下或为急病发作，或为跌死，俱不得而知。死于此，非正所也。”[⑤]总之，死于台下也不属于正死。襄公死于楚宫，范宁注：“楚宫，别宫名，非路寝。”[⑥]《公羊传·襄公三十一年》何休注：“公朝楚，好其宫，归而作之，故名之云尔。”[⑦]“楚宫”是鲁襄公因羡慕楚国宫室而兴建的别宫，也不属于正寝。《穀梁传》认为以上

---

① （晋）范宁集解，（唐）杨士勋疏：《春秋穀梁传注疏》，阮元校刻《十三经注疏》本，上海古籍出版社 1997 年版，第 2403 页。

② （晋）范宁集解，（唐）杨士勋疏：《春秋穀梁传注疏》，阮元校刻《十三经注疏》本，上海古籍出版社 1997 年版，第 2410 页。

③ （晋）范宁集解，（唐）杨士勋疏：《春秋穀梁传注疏》，阮元校刻《十三经注疏》本，上海古籍出版社 1997 年版，第 2432 页。

④ 参见周何：《新译春秋穀梁传》，台湾三民书局 2000 年版，第 582 页。

⑤ 顾宝田：《新译穀梁传》，台湾三民书局 1998 年版，第 318 页。

⑥ （晋）范宁集解，（唐）杨士勋疏：《春秋穀梁传注疏》，阮元校刻《十三经注疏》本，上海古籍出版社 1997 年版，第 2432 页。

⑦ （汉）何休解诂，（唐）徐彦疏：《春秋公羊传注疏》，阮元校刻《十三经注疏》本，上海古籍出版社 1997 年版，第 2314 页。

三公均非死于“路寝”，其死亡地点不合礼制，故论之以“非正”。

《穀梁传》关于国君应死于“路寝”的规定，显示了在临终的重要时刻，国君的政治身份（君）要重于其伦理身份（夫），这可以看作是“不以亲亲害尊尊”的礼制精神之扩展。

第二节 世子制度

统治权力的传承一直是古代中国社会政治的核心，这在春秋时期表现得尤为典型。从春秋时期的相关记录中，可以发现为维护正常统治权力传承秩序所做的大量努力。但是，春秋时代又是一个统治权力继承出现重大混乱的时代，“《春秋》之中，弑君三十六，亡国五十二，诸侯奔走不得保其社稷者不可胜数”[①]。正常的统治权力传承秩序遭到破坏，正是春秋时期“礼坏乐崩”、社会失序的最突出表现之一；它反过来又会对春秋社会政治产生深远影响。自民国以来，学者们纷纷从社会组织破坏与宗法制度解体、社会经济发展与礼乐文明遭遇挑战等等宏大视角对这一现象展开研究，成果斐然。

结合《穀梁传》的有关记载，本书注意到在西周、春秋的宗法制度中，存在一种特殊的世子制度，它与春秋时期统治权力的传承秩序之间关系极其紧密。甚至可以这样认为：世子的确立、维护与变更，正是春秋社会统治权力传承秩序的关键所在；世子制度的变化直接影响着春秋社会政治的走向。以世子制度为研究视角，对于分析春秋时期大量存在的统治权力传承秩序的维护与破坏现象，以及通过这一缩影反观春秋社会政治的内在发展脉络，都不无裨益。

---

① （汉）司马迁：《史记》，中华书局1959年版，第3297页。

对于诸侯国来说，世子是国家政治生活中一个十分关键的环节。世子兼具“臣”与“君”的双重身份，在宗法制度和政治秩序中发挥着承先启后的重要作用。就《穀梁传》而言，解析春秋时期世子制度遭遇挑战的根源、谴责破坏世子制度的种种错误行为进而维护和强化世子制度的正常运作，也构成其保障统治权力正当传承、重构国家秩序的相当重要的一个部分。

一、世子的产生

何谓“世子”？《穀梁传·僖公五年》云：“王世子云者，唯王之贰也。……天子世子，世天下也。”[①] 可见，“世”是世袭、继承的意思；“王世子”和“世子”分别是周天子和各诸侯国国君的儿子。但是，“王世子”、“世子”不同于天子、诸侯的其他儿子；他们通常是所谓的“嫡长子”，是宗法礼制规定的天子、国君世系君统的合法继承人。

前文提到，春秋时期社会政治的权力中心已经由周王室下移到各个诸侯国。因此，诸侯国的统治权力继承问题更能反映整个社会的政治权力转移状况；而且，“世子”继承诸侯国国君的统治权，正是“王世子”继承周天子统治权的宗法继承模式的一种下贯和延伸。所以，本书选择诸侯国的“世子”作为讨论春秋时期统治权力继承问题的具体对象。

《公羊传·隐公元年》在评论“隐让桓弑”事件时，提出了中国古代统治权力继承的一个重要原则：“立嫡以长不以贤，立子以贵不以长。”[②] 这一原则牵涉到中国古代宗法制中最重要制度之一的嫡长子

① （晋）范宁集解，（唐）杨士勋疏：《春秋穀梁传注疏》，阮元校刻《十三经注疏》本，上海古籍出版社1997年版，第2393页。

② （汉）何休解诂，（唐）徐彦疏：《春秋公羊传注疏》，阮元校刻《十三经注疏》本，上海古籍出版社1997年版，第2197页。

继承制。嫡长子继承制，就是王国维在其《殷周制度论》中所介绍的周人三大制度中的“立子立嫡之制”[①]；其在诸侯国的表现，就是国君将会把自己的统治权力完整地传承给他的嫡长子。

古代统治者为什么要把统治权力和财产集中的传承给一个继承人？这里面其实有一个很现实的考虑。周谷城先生认为，“含有爵与土的权力，如欲其有很大的统治效力，最不宜于分散”[②]。怎样才可以保证不分散呢？这就要靠立嫡立长之制的确定。周先生说道：“立嫡立长之制一定，此权力是不至于分散的。再者如欲维持此权力的神圣尊严，则传授之时，最忌争持攘夺。如何而后可以避免争攘？亦曰：靠立嫡立长之制的确定。立嫡立长之制一定，争攘是可以避免的。”[③]

不过，周先生对于立嫡立庶原则的理解似可以再商榷。周先生认为：“周人有两个不成文的原则，……即：一、立子以贵不以长，那就是说，只要品质好的，不一定要年纪大的；二、立嫡以长不以贤，那就是说只要年纪大的，不一定拘于品质。”[④]其实，“立子以贵不以长”的“贵”，并不牵涉到个人的品质问题，而主要是由个人出身地位的高低贵贱决定的，也就是由“嫡”、“庶”决定。

作为嫡长子继承制的重要原则，“立子以贵不以长”与“立嫡以长不以贤”二句的关系并不是平列的，而是有递进层次。“立子以贵不以长”是宗法继承制的第一关，也是第一次淘汰选择，即将国君所有的儿子按照出身分为“嫡子”和“庶子”，正夫人所生的为“嫡子”，妾、媵等所生的为“庶子”。天子、诸侯国君在选择统治权力

① 王国维：《观堂集林》第二册，中华书局 1959 年版，第 453—454 页。

② 周谷城：《中国通史》（上），上海人民出版社 1957 年版，第 72 页。按：现今一般通史，甚至一般政治制度史都未讨论世子问题，倒是前辈学者周谷城先生注意到世子问题，且有自己的看法。

③ 周谷城：《中国通史》（上），上海人民出版社 1957 年版，第 72 页。

④ 周谷城：《中国通史》（上），上海人民出版社 1957 年版，第 72 页。

继承人时，首先只会在出身地位尊贵的众嫡子中挑选；至于庶子，无论其是否年长于嫡子，都会因为出身相对低微而被排除在候选人的行列之外。“立嫡以长不以贤”则是在第一关基础上的第二次淘汰选择。国君会在众嫡子中，选择其中最年长者（嫡长子）作为自己政治权力和财富的合法继承人，这就是“世子”。而其他的嫡子也被排除出候选人的行列。

可见，嫡、庶之分是古代统治权力继承的一个关键。前文曾经说过，庶子与嫡子的区分与祖先崇拜中血缘与血统观念相关，即庶子仅仅在血缘的意义上继承了家族的血脉，嫡子则在血统的意义上继承了家族的神圣性；尤其是其中的嫡长子，更是家族神圣统绪的第一继承者。

嫡、庶之分的具体操作可以用“子以母贵，母以子贵”[①]来概括：“子以母贵”所说的是在正常情况下，国君的正夫人和妾、媵等都生有子，则正夫人所生之子因其母地位尊贵，得以成为嫡子。嫡子的地位要高于妾、媵等所生的庶子。因此，这句话的完整表达应该是“嫡子以母贵而贵”。而“母以子贵”似乎指的是一种非常的情况，即国君的正夫人无子或其子早殇，国君没有嫡子，只能从妾、媵等所生的庶子中选择权力继承人。而一旦某位庶子最终成为“世子”，其生母就可以反过来依靠其子的尊贵地位，享有较其他妾、媵更加尊贵的地位身份。所以，“母以子贵”可以表述为“庶母以其子贵而贵”。

二、“世子”的保障

嫡长子的身份仅仅是成为世子的一个关键因素。除此之外，当时的宗法制度围绕着世子的确立和培养制定了一系列的保障措施。

---

① （汉）何休解诂，（唐）徐彦疏：《春秋公羊传注疏》，阮元校刻《十三经注疏》本，上海古籍出版社 1997 年版，第 2197 页。

首先，是生理上的保障，即成为世子的公子必须是生理上健全的人。

《春秋》昭公二十年记载："秋，盗杀卫侯之兄辄。""辄"是卫侯同父同母的兄长。倘若卫侯是嫡子，辄就是嫡长子，应该更有资格被立为"世子"并即位成为新的卫侯。而实际上却是辄的同母之弟被立为"世子"，并最后成为卫国国君。这是什么原因呢？《穀梁传》对此的解释是："有天疾者，不得入乎宗庙。辄者何也？曰：两足不能相过。"① 原来辄天生就是瘸子（"两足不能相过"），而宗法制度规定天生残疾的后代没有资格进入宗庙祭祀并最终被列入宗庙。"世子"作为日后的国君，一项很重要的使命正是入宗庙主祀；所以，卫国的这位"天疾"的嫡长子不仅被剥夺了成为"世子"的机会，甚至连名字都必须起带侮辱性的"辄"。

周代宗法制的这一特殊规定，体现了古人在选择继承人时的一种现实的理性精神。"嫡长子"固然是成为"世子"的一个关键条件，但首先这位嫡长子必须是一个生理健全的人；"天残"、"天疾"的嫡长子是没有资格被立为"世子"的。原因很简单：一方面，"天残者"、"天疾者"由于生理上的先天不足，或者容易夭折，或者即使成年也健康不佳，这对于一个国家所必需的相对持久的稳定来说是致命的；另一方面，"天残者"、"天疾者"因生理上的不便，很难承担一些国家大事，例如指挥战争、参与外交等等。所以，"天疾者"不得成为"世子"，是古代统治者保障继承人素质的一项重要特殊规定。

其次，是从教育上来保障世子。先秦时期的统治者十分看重教

① （晋）范宁集解，（唐）杨士勋疏：《春秋穀梁传注疏》，阮元校刻《十三经注疏》本，上海古籍出版社 1997 年版，第 2439 页。

育对于培养继承人的作用。《大戴礼记·保傅》详细记载了周代对太子的教育：

> 青史氏之记曰："古者胎教，王后腹之，七月而就宴室，太史持铜而御户左，太宰持斗而御户右。比及三月者，王后所求声音非礼乐，则太师缊瑟而称不习，所求滋味者非正味，则太宰倚斗而言曰：不敢以待王太子。太子生而泣，太师吹铜曰：声中其律。太宰曰：滋味上某。"……
>
> 周后妃任成王于身，立而不跛，坐而不差，独处而不倨，虽怒而不詈，胎教之谓也。……
>
> 故孩提，三公三少固明孝仁礼义以导习之也。逐去邪人，不使见恶行。于是比选天下端士孝悌闲博有道术者，以辅翼之，使之与太子居处出入；故太子乃目见正事，闻正言，行正道，左视右视，前后皆正人。……
>
> 及太子少长，知妃色，则入于小学，小者所学之宫也。……
>
> 及太子既冠成人，免于保傅之严，则有司过之史，有亏膳之宰。太子有过，史必书之。①

该篇从王后孕育太子时所受的胎教，到太子出生后的三公三少之教，再到小学，直至既冠成人后接受的"司过之史"、"亏膳之宰"的规劝、监督，均有详细规定，已经形成了一整套规范的培养教育体系。《大戴礼记》为汉代人辑录，难免有理想之辞、溢美之处。但是，引文中描述的周代对太子的教育恐怕并不都是虚构，而应该有其渊源

① （清）王聘珍：《大戴礼记解诂》，中华书局1983年版，第49—52页。

和根据。

这一点可以从先秦其他典籍的记载中得到间接印证。与周王朝对太子的特殊教育相呼应，《国语·楚语》中的一段话显示了当时各个诸侯国对世子们也同样采取了特殊的教育措施。楚庄王请士亹做太子箴的老师，并向申叔时请教教育太子的方法，申叔时详细描述了当时各诸侯国对世子的特殊教育，从教育所使用的教材，到教育的方式、教育的内容，乃至教育的效果，都有明确的规定。[①] 从中不难看出周公、孔子以来德养教育的影子，敬德保民、修己安人、忠孝节义等具有浓厚德性、伦理色彩的内容已经成为此类教育的共同主题。

这些材料表明，无论是周王朝还是各诸侯国，对于其选定的合法继承人（“王世子”或“世子”），都采取了特殊的、不同于一般贵族、公室子弟（甚至不同于天子、诸侯的其他儿子）的教育形式。这种特殊的教育有两个特点：第一是针对性强，即教育的目的就是要向未来的天子、国君传授治国平天下的政治技巧，培养与之相配的道德素质。第二是具有垄断性，只有已经被确定为未来的统治者，才有资格接受这样的教育；其他的王孙贵族都被排除在此类教育的范围之外。这一措施确保了未来统治者享有垄断的特殊教育，是维护世子地位的一个重要手段。

在国家的政治事务中锻炼世子，是对世子特殊教育的又一种重要形式。在不少诸侯国的政治实践中，世子们都参与国政的治理，涉及军政外交等诸多重要领域。如晋献公的世子申生就被任命为晋国二军之一的下军的统帅，曾多次领兵出征，又屡屡代表晋国参加各种会盟，在治理国家的政治实践中锻炼政治才能，同时树立政治威望。[②]

---

① 徐元诰：《国语集解》，中华书局 2002 年版，第 483—487 页。

② 参见（汉）司马迁：《史记》，中华书局 1959 年版，第 1641—1643 页。

《穀梁传·桓公九年》记载曹国世子射姑来鲁国朝聘之事：“朝不言使，言使非正也。使世子伉诸侯之礼而来朝，曹伯失正矣。诸侯相见曰朝。以待人父之道待人之子，以内为失正矣。内失正，曹伯失正，世子可以已矣，则是放命也。”[①]《穀梁传》对曹国世子的此次朝聘提出批评。但是，《穀梁传》所批评的是朝聘的方式而非朝聘的人选。换言之，《穀梁传》并不反对曹国世子前来鲁国；只不过他不能按照曹国国君之礼来鲁国“朝”，而只能按照卿大夫之礼来鲁国“聘”。由此可见，诸侯世子以卿大夫身份赴其他诸侯国聘问是合乎礼制规定的。春秋时期这类聘问并不少见。

最后，对世子的制度保障还表现为在丧服制度和宗庙祭祀中突出世子的尊贵地位。

根据《仪礼·丧服》的有关规定：嫡长子“正体于上，又乃将所传重也”[②]，只有嫡长子才是宗法之“体”的唯一传承者。所以，倘若嫡长子意外身亡（不包括未成年即夭折的情形），父亲反过来要为嫡长子服最重的三年斩衰之服。而世子身兼国之储君和家之嫡长子的双重身份，他的夭亡对于国与家而言都是非常严重的事件。所以，在丧服制度中，世子与其兄弟（即国君的其他儿子）所享受的待遇也应该有很大的不同；世子若亡故，国君为世子所服的丧服当远重于为其他众子所服的丧服。

世子地位的特殊性在宗庙祭祀中表现得更加明显。根据周代宗法礼制规定，国君的所有儿子中，只有世子才有主祭宗庙的权力。而宗子与别子的区分也使世子的宗法特权进一步加强。通过宗子与别子

---

① （晋）范宁集解，（唐）杨士勋疏：《春秋穀梁传注疏》，阮元校刻《十三经注疏》本，上海古籍出版社 1997 年版，第 2376 页。

② （汉）郑玄注，（唐）贾公彦疏：《仪礼注疏》，阮元校刻《十三经注疏》本，上海古籍出版社 1997 年版，第 1100 页。

的划分，国君的众子之中，只有身为嫡长子的世子才能以未来“宗子”的身份在国家宗庙中主祭；至于其他的公子们，则只能作为“别子”、“支子”，是没有资格列入宗庙的。所以，“别子”、“支子”们只能“尊祖”，只能敬“宗子”，也就是敬诸侯国君和世子。这样一来，就分别从君统和宗统两个方面凸显世子的特权，使世子在众子中的独尊地位得到进一步的巩固。

三、世子制度的特点

从以上的介绍中，我们发现周代世子制度具有两个显著特点。

第一，世子的身份在形式上表现出某种先天性和神圣性，但在实质上则具有很强的现实性和功利性。

从宗法制度的有关规定来看，世子所具有的合法继承权在形式上体现出某种先天性。因为不论他是贤明还是不肖，也不论他在国君的所有儿子中排行第几，只要他是生理上健全的嫡长子，就能名正言顺地成为世子。换言之，国君正夫人所生的第一个生理上健康的儿子先天地具有了某种特权，使他一出生将必然会被立为世子，成为国君之位的合法继承人。在嫡庶之分的前提下，长幼之别显得极为重要。《穀梁传·隐公元年》在谈及隐公与桓公的关系时，说道：“兄弟，天伦也。”[①] 兄与弟的关系是天然的，是按照出生时间的先后自然排定的，因而属于一种天生的伦常秩序。这里所说的“天”，既指自然意义上的时间先后，也包含着“天定”、“不可更改”的必然性。正如本书第三章说过的，自然秩序本身即可昭示某种神圣的必然性。

因此，世子在继承权上的先天性，背后体现的乃是一种神圣性

---

① （晋）范宁集解，（唐）杨士勋疏：《春秋穀梁传注疏》，阮元校刻《十三经注疏》本，上海古籍出版社 1997 年版，第 2365 页。

的观念。《仪礼・丧服》“斩衰”章云：“父为长子。”传曰：“何以三年也？正体于上，又乃将所传重也。庶子不得为长子三年，不继祖也。”[①]古人认为，只有嫡长子才是宗族血统的最纯正、最正宗的合法传承者；同样，“世子与国君一体”，只有身为国君之嫡长子的世子，才是诸侯国君君统和宗统的具有神圣性的合法继承人。

然而，世子身份的先天性和神圣性的形式之下，其实还潜含了一种现实的、功利性的考虑。世子制度确立的目的之一是为了避免因统治继承权的不确定性而造成纷争与内耗。正如丁鼎所说，“宗法制度的社会意义就在于既将宗统内部的血缘关系等级化，又将宗统与君统分离，从而避免了宗人对王（或诸侯）之嫡长子（世子）的王位（或君位）继承权可能发生的侵犯。也就是《礼记・大传》所谓的‘族人不得以其戚戚君位也’与《左传・文公二年》所谓的‘不以亲亲害尊尊’”[②]。丁先生可能没有注意到，《穀梁传》在这方面的相关规定要更加丰富和详细。《穀梁传・隐公七年》说道：“诸侯之尊，弟兄不得以属通”[③]，严格区别国君与其兄弟，认为此时政治关系（君臣）要重于伦理关系（兄弟）。《穀梁传》也多次强调“不以亲亲害尊尊”[④]，反对宗法伦理关系和情感干涉甚至扰乱政治秩序和原则。

因此，世子制度试图通过在形式上赋予世子身份以某种先天性和神圣性，以确保嫡长子对世子身份的垄断状态。换言之，国君的嫡长子是诸侯国君世系君统唯一的、神圣的合法继承人，从而断绝了国

① （汉）郑玄注，（唐）贾公彦疏：《仪礼注疏》，阮元校刻《十三经注疏》本，上海古籍出版社1997年版，第1100页。

② 丁鼎：《〈仪礼・丧服〉考论》，社会科学文献出版社2003年版，第262页。

③ （晋）范宁集解，（唐）杨士勋疏：《春秋穀梁传注疏》，阮元校刻《十三经注疏》本，上海古籍出版社1997年版，第2370页。

④ （晋）范宁集解，（唐）杨士勋疏：《春秋穀梁传注疏》，阮元校刻《十三经注疏》本，上海古籍出版社1997年版，第2405页。

君其他儿子觊觎世子之位的一切可能性，在很大程度上消除了因争夺储君之位而带来的灾难。这与法家的“名分”思想颇有契合之处。《商君书·定分》说道：“一兔走，百人逐之，非以兔可分以为百，由名分之未定也。夫卖兔者满市，而盗不敢取，由名分已定也。故名分未定，尧、舜、禹、汤且皆如鹜焉而逐之。名分已定，贪盗不取。”[①]只不过法家的主张单纯依靠制度，而消解了行为背后的神圣性和道德性。

第二，世子享有崇高的地位，国君立黜世子的行为受到宗法制度的制约。

前文介绍过，浦卫忠主张从君臣的角度定性天子与王世子、诸侯与世子的关系，认为《穀梁传》强调君臣的截然划分，以突出君的至尊地位；《穀梁传》虽然承认世子尊贵的嗣君地位，却仍然把世子划入臣的行列之中，“在《穀梁传》构拟的国家机构中，一方面是天下一人的天子，一方面是以世子为首的臣。毫无疑问，这种将世子划入臣的行列的作（做）法，是为了突出天下一人、天下至尊的天子，宣扬举天下而奉一人”[②]。本书则主张天子与王世子之间、诸侯与世子之间的君臣关系，与天子、诸侯与大臣之间的君臣关系存在很大区别。这不仅表现在王世子、世子地位的尊贵上，还表现在其权力得到宗法制度的保护。

王世子（世子）地位的这种特殊性，充分体现在宗法制度的许多规定中。

就诸侯国而言，与国君的其他公子不同，世子在诸侯国享有十分尊贵的地位。世子出访他国，被访国应按照上卿的标准给予接待。

---

① 《商君书新注》编辑组：《商君书新注》，陕西人民出版社1975年版，第239页。

② 浦卫忠：《春秋三传综合研究》，台湾文津出版社1995年版，第192页。

《穀梁传・僖公十年》更是明确指出“臣莫尊于世子”[①]，世子是国君所有臣民中最为尊贵的，可谓是“一人之下，万人之上”。

与此同时，国君立黜世子的行为也受到制约。僖公九年，在齐桓公所主持的葵丘之会上，颁布了以天子的名义制定的各诸侯国行为准则：“毋雍泉，毋讫籴，毋易树子，毋以妾为妻，毋使妇人与国事。”[②]在全部的五条禁令中，“毋易树子”规定国君不要随意改换已经立好的世子，以免招致政治上的动荡；“毋以妾为妻”规定国君不要任凭自己的喜好把侍妾变为正妻，以免扰乱纲常名分和嫡庶秩序；“毋使妇人与国事”规定国君不要让母亲或者妻妾等妇女参与国家大事的决策，以免内外不分、扰乱朝政。这三条均有一个共同目的，即从根源上切断废黜世子的祸根。

从春秋时期的史实来看，当时人们对于破坏世子继承法、以次代长、以庶替嫡的行为是坚决反对的。例如，晋献公因宠幸骊姬，引发动乱，世子申生被逼自杀，公子重耳、夷吾出逃。针对此事，《春秋》僖公九年特书“晋侯杀其世子申生”来斥责晋献公杀嫡立庶的糊涂行为。[③]《穀梁传・隐公元年》专门归纳出一条义例——“杀世子母弟，目君”[④]，凡是国君杀害世子或者同母之弟的事件，都要直称国君以贬斥之。

周代宗法制度中的种种保证世子享有崇高地位，并限制国君废黜储君、妄杀世子的规定，实质上体现了宗法制对于诸侯国最高统治

① （晋）范宁集解，（唐）杨士勋疏：《春秋穀梁传注疏》，阮元校刻《十三经注疏》本，上海古籍出版社 1997 年版，第 2396 页。

② （晋）范宁集解，（唐）杨士勋疏：《春秋穀梁传注疏》，阮元校刻《十三经注疏》本，上海古籍出版社 1997 年版，第 2396 页。

③ 参见（晋）范宁集解，（唐）杨士勋疏：《春秋穀梁传注疏》，阮元校刻《十三经注疏》本，上海古籍出版社 1997 年版，第 2396 页。

④ 参见（晋）范宁集解，（唐）杨士勋疏：《春秋穀梁传注疏》，阮元校刻《十三经注疏》本，上海古籍出版社 1997 年版，第 2365 页。

者行为的约束机制。这也是通过一种制度的力量对最高权力进行的制约。从这个意义上讲，一个诸侯国家确立世子，不再只是国君个人的事情，更不能因国君私人的喜好任意立黜。尽管国君有宠幸或者疏远某个妻妾的自由，但是，一旦这种喜好危及国家统治权力的继承时，国君的个人行为同样会受到来自宗法制度内部的约束。由此可以看到，周代宗法制度中也隐含着对诸侯国（乃至王室）最高权力进行制约的现实力量。

四、世子制度的破坏及其对春秋社会的影响

尽管周代宗法礼制为了维护正常的统治权力继承秩序，对世子的合法继承权做了很多具体的规定，但世子制度还是在历史的演进中不断受到挑战，并逐渐遭到破坏。

世子制度遭到破坏是一个自上而下的过程。

首先是周王室内部的王世子继承出现了危机。西周中期懿王时代，周王室呈现衰落趋势。周懿王死后，王位并没能根据周代宗法制度传给懿王的儿子，而是传给了懿王的叔叔孝王。孝王死后，继承问题再次出现。最后，在诸侯的拥立下，懿王之子即位为夷王。夷王借助诸侯的力量成为周王，反过来又受制于诸侯，于是，“下堂而见诸侯，天子之失礼也，由夷王以下”[①]。从此，废立事件层出不穷，最严重的要算周幽王。据《史记》记载，周幽王以申侯之女申后为王后，立申后子宜臼为王世子。后来，幽王宠幸褒姒，欲废申后与太子宜臼，改立褒姒为后、褒姒之子伯服为太子。由于幽王的倒行逆施，申后之父申侯引缯、西夷犬戎攻杀幽王，迫使周都东迁，西周灭亡。[②]

---

① （汉）郑玄注，（唐）孔颖达等正义：《礼记正义》，阮元校刻《十三经注疏》本，上海古籍出版社 1997 年版，第 1447 页。

② 参见（汉）司马迁：《史记》，中华书局 1959 年版，第 147—149 页。

破坏世子制度的现象逐渐波及诸侯国。鲁武公带着长子括和次子戏朝见周宣王。宣王喜爱鲁武公次子戏，要求鲁国废嫡长子而立戏为鲁国世子。结果，导致鲁国内乱，“自是后，诸侯多畔王命”[①]。这是诸侯国家的世子继承制遭到破坏的开始。自此，诸侯国君上行下效，春秋时代世子被废、被杀现象屡见不鲜，整个社会的统治权力继承出现了混乱局面。

从根本上看，世子制度遭到破坏的原因是它无法适应西周晚期以来出现的社会关系的重大变化。西周晚期至春秋时期，社会关系出现重大调整，其中一个显著变化就是宗法制度的衰落。周天子权力地位的下降直接削弱了维系宗法制度的现实力量，而各个分封国与其宗法源头在时空上的隔膜也使得宗法情谊日渐淡漠，这势必严重损坏宗法制度的精神凝聚力。与此同时，竞争的加剧也使宗亲与尚贤的分歧变得愈发明显，尚贤日益成为大势所趋。世子制度所规定的尊嫡重长越来越难以发挥统治效能。因为在原有的世子制度的框架内，未来统治者的素质并不能得到真正的保证。

世子制度受到挑战的另一个原因是这一制度与国君的私人情感之间存在潜在的冲突。世子制度制约了国君任意立黜世子的行为。然而，这一制度的约束与国君个人的喜好之间经常会出现矛盾。随着宗法制度的衰落，相对于国君任性的立黜行为，世子制度的制约力量显得越来越苍白。

所以，作为周代正常的统治权力传承秩序的世子制度遭到破坏是西周晚期至春秋社会历史发展的一个必然结果。而这又反过来进一步影响了春秋社会政治的走向。

首先，世子制度遭到破坏，世子本人被废、被杀，进一步动摇

---

① （汉）司马迁:《史记》，中华书局1959年版，第1527—1528页。

了嫡长子继承制的神圣性基础。而嫡长制的神圣性正是周代宗法制背后的精神支柱之一。世子身份一旦不再具有神圣性，则任何王孙公子都可以利用自己的力量争立为储君，宗法制度赖以生存的上下尊卑的等级秩序被破坏殆尽，整个宗法社会必然面临崩溃的命运，其后果即是“礼坏乐崩”。

其次，在诸公子争立储君的过程中，很可能会出现社会权力的下移。以上文引述的周夷王争立为例：孝王死后，懿王之子借助诸侯的力量即位为夷王，势必会受制于辅助过他的诸侯，甚至“下堂而见诸侯”。鹬蚌相争，渔翁得利。周天子之争的结果是不少诸侯国地位趁机上升。同样，当诸侯国的内部出现储君之争时，争立的各方必然会千方百计争取国内公卿贵族的支持（甚至外部力量的支持）；其一旦获胜，作为新任的诸侯国君自然会回报支持他们的公卿贵族。久而久之，在各个诸侯国，公卿贵族的力量逐渐强大，并成为可以左右国家命运的决定力量，这就是“礼乐征伐……自大夫出”、“陪臣执国命”（《论语·季氏》），社会政治的重心不断下移。

最后，世子制度的破坏所引发的储君之争，常常会带来激烈的社会和政治动荡。如上文提到的晋世子申生事件，引发了晋国内乱，不仅出现了一系列的篡逆、弑君行为，还使得晋国失去霸主地位长达 20 余年。又例如昭公八年发生在陈国的弑世子偃师的事件，也导致了陈国国内的政治危机，并招来了楚国的干涉。所以，世子继承制的破坏成为春秋内乱和战争的一条重要导火索。

通过以上的分析，我们发现，以嫡长子继承制为核心的世子制度作为春秋时代统治权力继承的典型模式，体现了周代宗法制度在解决储君问题上的良苦用心。在这一制度中，世子身份的先天性和神圣性是一个关键，它确保了嫡长子对世子身份的垄断状态，在现实中起到了断绝国君其他儿子觊觎世子之位的作用。可以说，这一制度在其产生后的相当长一个时期内是行之有效的，是具有历史合理性的，它体现了一种政治的智慧和制度的力量。然而，西周晚期直至春秋以来社会关系的重大调整对世子制度带来严重冲击，而世子教育及保障体系内在的局限性使得它面对冲击无能为力。于是，世子制度解决统治权力继承问题的效能逐渐丧失，并由此引发了春秋时代一系列的社会、政治动荡。

就《穀梁传》而言，世子制度遭到冲击、破坏是不得不直面的现实。但是，《穀梁传》并不认为作为统治权力传承重要方式的世子制度就真的没有存在之必要了。恰恰相反，《穀梁传》注意到世子制度是落实宗法嫡长子继承制的关键，更是恢复宗法精神、重建国家秩序的必经环节。正是出于上述考虑，《穀梁传》才会竭力分析批评春秋时期种种破坏世子制度的错误现象，试图从制度和精神两个层面恢复世子制度的宗法意义与实际效能。

第三节　君臣关系

君臣关系是一个相对而言的概念。就诸侯来说，在他与天子的关系中，天子为君、诸侯为臣；在他与国内卿大夫的关系中，诸侯为君、卿大夫为臣。对于前者，本书上一章已有所提及。所以，本节着重从国家秩序的角度介绍诸侯国内部的君臣关系，即“诸侯—大夫”的君臣关系。

吴智雄提出，在《穀梁传》里“君臣身份、地位、对象不同，因此彼此对待方式的要求也随之不同。就君而言，国君是国中政治、社会地位最高者，对于臣子的权利多、义务少，因此国君对待群臣的方式，多半是道义上的要求。就臣而言，臣子必须听从国君的领导，权利少，义务多，因此对于臣子的要求也多，多半要求尽忠、尊君，甚至为君难而丧命。如此看来，君臣之间存在着绝对的不平等，对君的要求少，对臣的要求多，这是一般君主体制下的君臣关系”[①]。的确，“君尊臣卑”是《穀梁传》所理解与建构的君臣关系的基调。

一、臣受命于君

“受命”的思想是《穀梁传》重建政治秩序的灵魂。就天子而言，是受命于天才得以王；就诸侯而言，是受命于天子才得以封。同样，就大夫而言，也必须受命于诸侯才得以成其为大夫。[②]“受命”是《穀梁传》所构想的政治秩序的神性保障，是金字塔式等级化政治结构的正当性依据。因此，在建构国家秩序、落实君臣关系之际，“臣受命于君”的观念成为联系君与臣的重要前提。

（一）臣子大受命

仅以隐公时期为例，从《穀梁传》的相关评述看，它实际主张诸侯应享有爵命大夫的权力。例如：

> 《穀梁传·隐公五年》：**冬，十有二月辛巳，公子彄卒。**隐不爵命大夫，其曰公子彄，何也？先君之大夫也。[③]
>
> 《穀梁传·隐公八年》：**冬，十有二月，无侅卒。**无侅之名，未有闻焉。或曰隐不爵大夫也，或说曰故贬之也。[④]

① 吴智雄：《穀梁传思想析论》，台湾文津出版社2000年版，第236页。

② 当然，周代的礼制规定：诸侯国中的一部分卿大夫是直接受命于周天子的。但这其实并未破坏“臣受命于君”的格局。

③ （晋）范宁集解，（唐）杨士勋疏：《春秋穀梁传注疏》，阮元校刻《十三经注疏》本，上海古籍出版社1997年版，第2369页。

④ （晋）范宁集解，（唐）杨士勋疏：《春秋穀梁传注疏》，阮元校刻《十三经注疏》本，上海古籍出版社1997年版，第2371页。

> 《穀梁传·隐公九年》：**侠卒**。侠者，所侠也。弗大夫者，隐不爵大夫也。隐之不爵大夫，何也？曰：不成为君也。[1]

后两条引文中的“无侅”、“侠”均为鲁隐公时期的鲁国大夫。依礼制，内大夫卒当书其爵，然而经文却直书其名而不称“大夫”。《穀梁传》认为这是因为鲁隐公以摄政为志，不愿意像正式即位的国君一样爵命大夫。因此，在他执政的十一年间，从未给鲁国任何一位大夫赐予爵命。至于隐公五年的“公子彄”之所以有资格书“公子”，是因为他曾经由鲁国先君惠公赐予爵命。根据鲁隐公“不爵大夫”的异常情况，可以反过来推知：各诸侯国国君在正常情况下是应该要爵命其大夫的。而且，一国的大夫正是以得到天子或诸侯所赏赐的爵命作为其身份的象征。

为此，《穀梁传·庄公元年》提出“臣子大受命”的观点：“人之于天也，以道受命；于人也，以言受命。不若于道者，天绝之也。不若于言者，人绝之也。臣子大受命。”[2]“臣子大受命”中的“命”，既指大臣由国君赐予的形式上的爵命，也指国君以诏命的方式发布的政治意愿。从根源上看，这两种“命”有不同的地方，也存在相合之处。《穀梁传》认为对于臣子来说，第二种类型的“命”更加普遍、也更加重要。以定公十三年晋国大夫赵鞅归晋阳之地为例：

> 《穀梁传·定公十三年》：**秋，晋赵鞅入于晋阳以叛**。以者，不以者也。叛，直叛也。**冬，晋荀寅、士吉射入于朝歌，以叛**。

---

① （晋）范宁集解，（唐）杨士勋疏：《春秋穀梁传注疏》，阮元校刻《十三经注疏》本，上海古籍出版社 1997 年版，第 2371 页。

② （晋）范宁集解，（唐）杨士勋疏：《春秋穀梁传注疏》，阮元校刻《十三经注疏》本，上海古籍出版社 1997 年版，第 2379 页。

晋赵鞅归于晋。此叛也，其以归言之，何也？贵其以地反也。贵其以地反，则是大利也？非大利也，许悔过也。许悔过，则何以言叛也？以地正国也。以地正国，则何以言叛？其入无君命也。[1]

对于这段经传，范宁认为：晋国的真正叛逆者是荀寅、吉射；大夫赵鞅为二贼所伐，逃到晋阳之地保存实力，后以晋阳的力量平息荀寅、吉射之乱。[2] 换言之，正如传文所评价的，赵鞅乃“以地正国”的护国功臣。那么，经文为什么还称赵鞅秋季逃往晋阳之事为“叛”呢？《穀梁传》给出了答案：原来是因为当初赵鞅逃往晋阳时“无君命”，没有得到晋君的正式同意。无论赵鞅有多大的理由，未获君命就擅入晋阳之地的行为都是要受到贬斥的。可见，是否有“君命”成为诸臣大夫行为是否合理、合法的根本标志。如此一来，通过“臣子大受命”，国君加强了对大臣思想和行为的控制，维护了其政权的权威性。

此外，还有一种特殊的“受命”情况值得特别关注，那就是新君受先君之命而即位为君。《穀梁传》认为，在正常情况下诸侯国的新君即位必须获得先君的授命。因为“即位，授受之道也”[3]，国君的即位实际上是一个先君授予国命、新君接受国命的过程。尽管不可能存在一个事实上的授受仪式，但新君仍然需要以某种方式表明自己才是先君国命之所托，拥有合法的继承资格。在《穀梁传》中，这种

① （晋）范宁集解，（唐）杨士勋疏：《春秋穀梁传注疏》，阮元校刻《十三经注疏》本，上海古籍出版社 1997 年版，第 2446 页。

② 参见（晋）范宁集解，（唐）杨士勋疏：《春秋穀梁传注疏》，阮元校刻《十三经注疏》本，上海古籍出版社 1997 年版，第 2446 页。

③ （晋）范宁集解，（唐）杨士勋疏：《春秋穀梁传注疏》，阮元校刻《十三经注疏》本，上海古籍出版社 1997 年版，第 2442 页。

新君“受命”的观念是很常见的。如《穀梁传·隐公元年》称鲁隐公“为子受之父，为诸侯受之君”，乃是合法的“受命”之君，所以其让国的举动不合于正道。[①] 又如《穀梁传·闵公元年》记载鲁闵公继其兄子般而立。对于闵公来说，子般于他“亲之非父也，尊之非君也”（子般为闵公之兄，即位未足一年被弑，故不得称君），但闵公仍“继之如君父”，原因就在于站在“命”的角度而言，他是从子般那里“受国”的。[②]

现在的问题是：先君与新君之间是君臣关系吗？我们认为从“国命”授受的角度看，他们仍应该是君臣的关系。新君视先君为“君父”，那么作为“君父”的对应，新君自然是先君的“臣子”了。更加明显的理由是《穀梁传·僖公十年》提出的“臣莫尊于世子”。世子的身份本身就体现了“受命”的思想，《穀梁传·僖公五年》云：“‘王世子’云者，唯王之贰也。……天子世子，世天下也。”[③] 世子是法定的“受命者”。如今承认“世子”也是“臣”（尽管是地位最高的臣），表明受命之新君在即位之际与先君之间乃是一种君臣关系。

（二）臣不专君命，不废君命

《穀梁传》认为，臣子“不专君命、不废君命”是“臣受命于君”的另一个表现。

所谓“不专君命”，指不得自作主张、擅自改变国君的命令。如襄公十九年晋国大夫士匄受晋侯之命率师进攻齐国，行军途中士匄听

---

① 参见（晋）范宁集解，（唐）杨士勋疏：《春秋穀梁传注疏》，阮元校刻《十三经注疏》本，上海古籍出版社 1997 年版，第 2365 页。

② 参见（晋）范宁集解，（唐）杨士勋疏：《春秋穀梁传注疏》，阮元校刻《十三经注疏》本，上海古籍出版社 1997 年版，第 2389 页。

③ （晋）范宁集解，（唐）杨士勋疏：《春秋穀梁传注疏》，阮元校刻《十三经注疏》本，上海古籍出版社 1997 年版，第 2393 页。

到齐侯去世的消息，于是班师回国。对于这件事情，《穀梁传》作了详细解说：

> 还者，事未毕之辞也。受命而诛生，死无所加其怒，不伐丧，善之也。善之，则何为未毕也？君不尸小事，臣不专大名。善则称君，过则称己，则民作让矣！士匄外专君命，故非之也。然则为士匄者宜奈何？宜墠帷而归命乎介。[1]

从正面来讲，士匄受晋侯之命是要率师讨伐齐侯，现在齐侯死了，晋师“无所加其怒”，没了讨伐的对象，只能回国；而且，这也符合“不伐丧”的礼制规定。但从反面来看，士匄本受君命而行，却擅自做主改变君命，这是他的违礼之处。那么士匄应该怎么做呢？《穀梁传》认为，他应该原地驻扎，并派使者火速回国请示国君的新指令（新的“君命”），然后依命而行。从这种微妙的处理方式可以看出，“不专君命”是臣子应有的行为规范；类似“将在外，君命有所不受”的说法在《穀梁传》中是不可能找到的。

所谓“不废君命”，指怀君命而行者不能半途而废，应努力完成君命。文公八年，鲁大夫公孙敖受鲁君命赴京师吊周之丧，结果走到半路上擅自转道去了莒国办私事。《穀梁传》认为经文“未如而曰如”、“未复而曰复”，是为了表明君命不可“专”（更改）、更不可“废”（废弃）。[2]

---

① （晋）范宁集解，（唐）杨士勋疏：《春秋穀梁传注疏》，阮元校刻《十三经注疏》本，上海古籍出版社 1997 年版，第 2429—2430 页。

② （晋）范宁集解，（唐）杨士勋疏：《春秋穀梁传注疏》，阮元校刻《十三经注疏》本，上海古籍出版社 1997 年版，第 2407 页。

二、君臣相对待之道

《穀梁传》主张君臣关系应在礼制的规范下展开。史华兹指出，“也有些人在研究孔子‘礼’概念的时候，总是十分强调其相互性而不是其等级制。的确存在这种礼的关系，在那里，平等的相互性占据主导的地位，比如朋友之间的关系。可以肯定，等级制并不能排除相互性的存在。儿女对父母有尽孝的义务，父母对于儿女有慈爱的义务。臣子对其统治者有服从与忠诚的义务，因而统治者在对待他的臣子时，也‘应该接受礼的规章的指导’（君使臣以礼）”[①]。就君臣关系而言，其在本质上是一种双向的、相互的关系。《论语·八佾》记载：“定公问：‘君使臣，臣事君，如之何？’孔子对曰：‘君使臣以礼，臣事君以忠。’”从孔子的回答可以看出，君臣之间存在着相互的权利和义务，而不只是一方对另一方的单向要求。受孔子的影响，《穀梁传》认为君臣关系乃是一种“君臣相对待之道”，它包括“臣事君”和“君待臣”两个方面。

（一）臣事君

君臣相待的第一个方面是“臣事君”，这也是君臣关系中的主要方面。比孔子“臣事君以忠”的思想更为极端，《穀梁传》主张臣子应该死君之难，即倘若君主遇难，身为臣子应该以死与君主同赴难。这种“臣死君难”的思想有着古老的传统，如《论语·宪问》子路和子贡都对管仲不死公子纠之乱表示质疑。尽管孔子以管仲辅佐桓公尊王攘夷、造福于民为理由做了辩解，但从中亦可看出“为人臣者死君之难”是当时社会普遍接受的价值观念。因此，《穀梁传·桓公十一

① 〔美〕本杰明·史华兹著，程钢译：《古代中国的思想世界》，江苏人民出版社 2004 年版，第 71 页。

年》明确规定“死君难，臣道也”，将“为君赴死”列为大臣的基本道义和行为规范，并以郑国大夫祭仲为例作了分析：

> 《穀梁传·桓公十一年》：**九月，宋人执郑祭仲。**宋人者，宋公也。其曰人，何也？贬之也。**突归于郑。**曰突，贱之也。曰归，易辞也。祭仲易其事，权在祭仲也。死君难，臣道也，今立恶而黜正，恶祭仲也。[1]

事情的大致经过是这样的，桓公十一年五月，郑庄公去世；宋国为了控制郑国，抓住了郑国的权臣祭仲，以死相胁，要求祭仲废黜郑庄公的嫡子忽，改立郑庄公与宋国之女所生的庶子突为君；祭仲屈从照办。对于祭仲的行为，《穀梁传》与《公羊传》的看法截然相反。《公羊传》认为祭仲答应宋国的要求，乃是为了避免宋国杀害公子忽、灭亡郑国而不得已采取的权变之举，是为了国家的根本利益所做的妥协；公子忽后来返国复位也证明了祭仲的良苦用心。故而《公羊传》褒奖祭仲为知权变的“贤者”。[2]但《穀梁传》则认为祭仲身为一国的主政大臣，在国家面临外来威胁、国君（公子忽）遭遇废黜危险的情况下，不能坚守“死君之难”的臣道，反而贪生怕死、屈服妥协、废嫡立庶，实在是卖国之奸臣、祸国之佞臣，何“贤”之有？！暂且不讨论二传谁是谁非，单就《穀梁传》的观点来看，它坚决主张“臣子为君难舍生赴死”是大臣应尽的义务。

《穀梁传》所提倡的“臣事君”之道中另一个特殊的规定是臣

---

① （晋）范宁集解，（唐）杨士勋疏：《春秋穀梁传注疏》，阮元校刻《十三经注疏》本，上海古籍出版社 1997 年版，第 2376—2377 页。

② 参见（汉）何休解诂，（唐）徐彦疏：《春秋公羊传注疏》，阮元校刻《十三经注疏》本，上海古籍出版社 1997 年版，第 2219—2220 页。

“事君犹事父”：

> 《穀梁传·定公四年》：子胥父诛于楚也，挟弓持矢而干阖庐。阖庐曰：“大之甚，勇之甚！”为是欲兴师而伐楚，子胥谏曰：“臣闻之：君不为匹夫兴师。且事君犹事父也。亏君之义，复父之仇，臣弗为也。”于是止。[①]

这实际上是将君臣关系一定程度上等同于父子关系。中国古代政治与伦理关系密切，“中国古典政治是伦理政治。古典思想家大都是伦理政治思想家。在古典思想史中，伦理与政治是相互同化的。伦理政治化，政治伦理化，体现出古典政治与古典思想的特质。”[②]作为政治之核心的君臣关系与作为伦理之核心的父子关系有着密切的联系。如《论语·学而》孔子的弟子有子说道：“其为人也孝悌，而好犯上者，鲜矣；不好犯上，而好作乱者，未之有也。”子弟对父兄的孝悌之情，可以推及到臣子对国君的忠诚上。《礼记·祭统》更是说“忠臣以事其君，孝子以事其亲，其本一也”[③]，指出忠、孝在本原上是一致的。那么，忠、孝究竟哪一点相通呢？那就是“敬”。《礼记·丧服四制》云：“资于事父以事君，而敬同。”[④]因此，《穀梁传》所提出的“事君犹事父”乃是对前人思想的继承和发挥；而《穀梁传》这一将君臣关系与父子关系相贯通的思想倾向又进一步影响了后

① （晋）范宁集解，（唐）杨士勋疏：《春秋穀梁传注疏》，阮元校刻《十三经注疏》本，上海古籍出版社1997年版，第2444页。

② 任剑涛：《伦理与政治的内在关涉——孔子思想的再诠释》，《孔子研究》1998年第3期，第13页。

③ （汉）郑玄注，（唐）孔颖达疏：《礼记正义》，阮元校刻《十三经注疏》本，上海古籍出版社1997年版，第1602页。

④ （汉）郑玄注，（唐）孔颖达疏：《礼记正义》，阮元校刻《十三经注疏》本，上海古籍出版社1997年版，第1695页。

来的《白虎通义》。

但是，值得注意的是《穀梁传》并未走上“臣子以国君为绝对权威而盲目遵从”的愚忠路线；相反，它主张臣子应该“以道事君”，并且鼓励臣子对国君之过进行劝谏。《穀梁传·襄公二十三年》记载蘧伯玉之言：“不以道事其君者，其出乎！”[①]宣公九年陈灵公与大臣荒淫失德，大夫泄冶听说此事入朝进谏，灵公羞怒而杀泄冶。《穀梁传》在鞭挞陈灵公行为的同时，对大夫泄冶忠言直谏的举动表示了赞许。[②]《穀梁传》“以道事君”、鼓励劝谏的君臣关系模式带有明显的儒家思想的印记[③]，体现了它在处理君臣关系时的道德理想性的一面。但是，在《穀梁传》所提倡的“死君之难”、“事君犹事父”的君臣关系模式与“臣以道事君”之间存在一定的内在矛盾，这也是我们在理解《穀梁传》的君臣思想时应该注意到的。

臣子事君之道的最后一个表现是反对“臣弑君”现象。春秋时期社会权力结构出现重大调整，王权失坠、诸侯疲敝、附庸蔚为大国、“陪臣执国命”的现象屡见不鲜。上下阶层权力失衡所导致的一个直接后果就是以下犯上、以臣弑君。《穀梁传》对此类现象进行了严厉甚至苛刻地批评。隐公四年鲁国公子翚帅师伐郑，《穀梁传》认为经文直称其名“翚”而不书“公子”，是为贬责他后来参与了杀害鲁隐公的叛逆行为。至于宣公二年“晋赵盾弑其君夷皋”的事件就更加典型：

---

① （晋）范宁集解，（唐）杨士勋疏：《春秋穀梁传注疏》，阮元校刻《十三经注疏》本，上海古籍出版社 1997 年版，第 2430 页。

② 参见（晋）范宁集解，（唐）杨士勋疏：《春秋穀梁传注疏》，阮元校刻《十三经注疏》本，上海古籍出版社 1997 年版，第 2414 页。

③ 《论语·泰伯》说：“子曰：‘笃信好学，守死善道。危邦不入，乱邦不居。天下有道则见，无道则隐。邦有道，贫且贱焉，耻也；邦无道，富且贵焉，耻也。’”《礼记·曲礼》说：“为人臣之礼，不显谏，三谏而不听，则逃之。”

> 《穀梁传·宣公二年》：**秋，九月乙丑，晋赵盾弑其君夷皋。**穿弑也，盾不弑，而曰盾弑，何也？以罪盾也。其以罪盾，何也？曰：灵公朝诸大夫而暴弹之，观其辟丸也。赵盾入谏，不听。出亡，至于郊，赵穿弑公，而后反赵盾。史狐书贼曰："赵盾弑公。"盾曰："天乎！天乎！予无罪。孰为盾而忍弑其君者乎？"史狐曰："子为正卿，入谏不听。出亡不远，君弑，反不讨贼，则志同。志同则书重，非子而谁？"故书之曰"晋赵盾弑其君夷皋"者，过在下也。曰：于盾也，见忠臣之至；于许世子止，见孝子之至。[①]

晋灵公无德，上朝时竟然用弹弓打大夫，以看大夫们慌忙躲避的样子为乐。大臣赵盾入朝劝谏，但晋灵公不予理睬。赵盾只好准备离开晋国。结果赵盾离开国都、接近边境之际，赵穿杀死晋灵公，然后派人接赵盾回来。赵盾并未参与弑君之事，经文却书"晋赵盾弑其君夷皋"以罪赵盾，原因是"子为正卿，入谏不听。出亡不远，君弑，反不讨贼，则志同"。《春秋》为"诛心"之书，故依据"志同则书重"的原则以赵盾为元凶。从《穀梁传》这种苛刻得近乎蛮不讲理的说法中，可以显示出"臣事君"之道的"谨"与"严"。

（二）君待臣

"君待臣"是《穀梁传》君臣关系的又一个方面。它首先表现在国君对大夫的重视上。"在当时政治结构中，大夫是非常重要的一环，

---

① （晋）范宁集解，（唐）杨士勋疏：《春秋穀梁传注疏》，阮元校刻《十三经注疏》本，上海古籍出版社 1997 年版，第 2412 页。

从对内辅佐诸侯治理国家，到对外的会盟外交，无一不见卿大夫的影响；尤其春秋后期，天子、诸侯式微，各国大夫专政的情形随处可见，最后大夫窜起，战国争霸的局面于是产生。《穀梁传》也体认到卿大夫阶层的重要，所以有‘大夫，国体也’的观点。……《穀梁传》尊君的同时，也重视大夫在政治结构中所扮演的角色。”[①]

《穀梁传》多次指出“大夫，国之体也”。国君应视大夫为其股肱，并予以一定的尊重。例如：

《穀梁传·庄公二十四年》：觌，见也。礼：大夫不见夫人，不言及不正，其行妇道，故列数之也。男子之贽，羔雁雉腒；妇人之贽，枣栗锻修。用币，非礼也。用者，不宜用者也。大夫，国体也，而行妇道，恶之，故谨而日之也。[②]

《穀梁传·宣公八年》：为若反命而后卒也。此公子也，其曰仲，何也？疏之也。何为疏之也？是不卒者也。不疏，则无用见其不卒也，则其卒之，何也？以讥乎宣也。其讥乎宣，何也？闻大夫之丧，则去乐卒事。[③]

《穀梁传·昭公十五年》：**二月癸酉，有事于武宫，籥入，叔弓卒，去乐卒事。**君在祭乐之中，闻大夫之丧，则去乐卒事，礼也。君在祭乐之中，大夫有变，以闻可乎？大夫，国体也。古之人重死，君命无所不通。[④]

① 吴智雄：《穀梁传思想析论》，台湾文津出版社 2000 年版，第 237—238 页。

② （晋）范宁集解，（唐）杨士勋疏：《春秋穀梁传注疏》，阮元校刻《十三经注疏》本，上海古籍出版社 1997 年版，第 2386 页。

③ （晋）范宁集解，（唐）杨士勋疏：《春秋穀梁传注疏》，阮元校刻《十三经注疏》本，上海古籍出版社 1997 年版，第 2413 页。

④ （晋）范宁集解，（唐）杨士勋疏：《春秋穀梁传注疏》，阮元校刻《十三经注疏》本，上海古籍出版社 1997 年版，第 2438 页。

所谓“国体”，范宁注：“君之卿佐是谓股肱，故曰国体。……死者不可复生，重莫大焉。是以君虽在祭乐之中，大夫死，以闻可也。”杨士勋疏：“大夫与君一体，情无疑二，祭祀虽重，以卒告君，君当哀其丧而止祭，不得以轻废重，故死可以闻也。”① 大夫犹如国君之臂膀，虽有尊卑，实为一体。因此，大夫亡故，对于国君来说，如断手足，应痛彻哀戚。所以《穀梁传》强调，即便国君正在宗庙里配乐祭祀，如果听到本国大夫去世的消息，也必须撤除音乐完成祭祀，以示对大夫之卒的哀戚。由此推知，国君在其他情境下听闻本国大夫去世的噩耗，更应减撤礼仪、变更言行，以示哀悼之意。

上一节说到国君有为臣子保守秘密的义务，这也是《穀梁传》特别看重的国君对大臣应尽的义务。此外，《穀梁传》还规定国君不得任意杀害无辜的大臣。为此，《穀梁传》特地归纳出一条义例：“称国以杀大夫，杀无罪也”：倘若经文称“某国杀其大夫某某”，如僖公七年“郑杀其大夫申侯”②、宣公九年“陈杀其大夫泄冶”③，均以国家的名义来杀大夫，则表明被杀害的大夫是无罪的；这也反过来说明国君杀害该大夫的行为是错误的。通过这种隐微的书例，《穀梁传》表达了对国君任意杀害无辜大臣这一暴行的谴责。

三、“君尊臣卑”是君臣关系的关键和实质

尽管《穀梁传》指出君臣关系是双向的“相对待之道”，但这绝

---

① （晋）范宁集解，（唐）杨士勋疏：《春秋穀梁传注疏》，阮元校刻《十三经注疏》本，上海古籍出版社 1997 年版，第 2438 页。

② （晋）范宁集解，（唐）杨士勋疏：《春秋穀梁传注疏》，阮元校刻《十三经注疏》本，上海古籍出版社 1997 年版，第 2395 页。

③ （晋）范宁集解，（唐）杨士勋疏：《春秋穀梁传注疏》，阮元校刻《十三经注疏》本，上海古籍出版社 1997 年版，第 2414 页。

不意味君臣之间的关系是平等的。恰恰相反，《穀梁传》认为“君尊臣卑”才是君臣关系的关键和实质。这可以从以下几个方面体现出来。

（一）书尊及卑

“及”在《穀梁传》中有特殊的意义。有时它表明了一种内外之别，如《穀梁传·隐公元年》云：“及者何？内为志焉尔。”[①]但更多情况下，“及”字体现了一种尊卑贵贱的秩序性。这集中体现在《穀梁传》特有的“书尊及卑”观念上。例如桓公二年宋大夫督弑其君与夷，同时遇难的还有大夫孔父。对此《穀梁传》作了深入地分析，指出：实际的情况是大夫孔父先被杀害，宋君与夷的被害在其后；经文之所以先书宋君之死，再书大夫遇难，是为了保全“书尊及卑”的“《春秋》之义”。[②]换言之，与夷为君，孔父为臣，君尊而臣卑，所以经文要先君而后“及”臣。为了维护这种先尊后卑的秩序，经文不惜改变事实。而正是在这种非客观的记录中，更能够体现出圣人的苦心孤诣。

类似的还有成公十七年的例子：

> 《穀梁传·成公十七年》：**十有一月，公至自伐郑。壬申，公孙婴齐卒于狸蜃。**十一月无壬申，壬申乃十月也。致公而后录，臣子之义也。其地，未逾竟也。[③]

---

① （晋）范宁集解，（唐）杨士勋疏：《春秋穀梁传注疏》，阮元校刻《十三经注疏》本，上海古籍出版社 1997 年版，第 2365 页。

② （晋）范宁集解，（唐）杨士勋疏：《春秋穀梁传注疏》，阮元校刻《十三经注疏》本，上海古籍出版社 1997 年版，第 2372—2373 页。

③ （晋）范宁集解，（唐）杨士勋疏：《春秋穀梁传注疏》，阮元校刻《十三经注疏》本，上海古籍出版社 1997 年版，第 2423 页。

《穀梁传》认为成公十七年的十一月并没有“壬申”这一天，“壬申”实际上应该是十月份的日子。因此，经文这里其实是先书十一月发生的事情，再书十月的事情。推究其原因，原来十一月份所记录的乃是鲁成公由伐郑前线返国而在宗庙里行告祭之礼的重大事件，十月份记录的则是臣子去世之事。因为君尊臣卑，所以经文先君而后臣。在《穀梁传》看来，这才符合君臣道义原则。

“及”字另一种表尊卑的用法体现为“可言公及人，不可言公及大夫”[①]。“及”可以解释为与、和，不过《穀梁传》认为“及”字两边的地位应该是大致匹敌、对等的。倘若一方为诸侯、另一方为大夫，则尊卑不匹敌，此时言“及”是对诸侯的侮辱。而如果一方为诸侯、另一方为“人”，则可以言“及”；因为“人”是“众辞”，泛指一国之人，可以与诸侯相匹敌。可见，君与臣是尊卑悬殊的，不可以相提并论。

（二）臣不可以抗君

“君尊臣卑”的第二个表现是“臣不可以伉君”。“伉”，当如“分庭抗礼”之“抗”，在这里指下位者逾礼与上位者相匹敌；范注将之解释为“骄伉”[②]也有一定道理——臣子骄伉，才会逾礼与君匹敌。

《穀梁传》指出一国的臣子不能与其君相匹敌行礼。如桓公十八年《春秋》经文云：“公会齐侯于泺。公与夫人姜氏遂如齐。”《穀梁

---

① （晋）范宁集解，（唐）杨士勋疏：《春秋穀梁传注疏》，阮元校刻《十三经注疏》本，上海古籍出版社 1997 年版，第 2371 页。

② 《穀梁传·桓公十八年》“以夫人之伉，弗称数也”句范宁注，参见（晋）范宁集解，（唐）杨士勋疏：《春秋穀梁传注疏》，阮元校刻《十三经注疏》本，上海古籍出版社 1997 年版，第 2378 页。

传》称："泺之会，不言及夫人，何也？以夫人之伉，弗称数也。"①相对于国君而言，夫人也是臣。而桓公夫人私通齐侯，违背"妇人不言会"②的礼法规定，强行参加会盟，实际上以臣子的身份伉国君之礼。因此经文言"与"不言"及"，以示她没有资格与会。

在一国之君与他国之臣的交往中，"臣不可以伉君"的现象显示得更加清楚。例如：

> 《穀梁传·庄公二十二年》：**秋，七月丙申，及齐高傒盟于防。**不言公，高傒伉也。③
>
> 《穀梁传·文公二年》：**三月乙巳，及晋处父盟。**不言公，处父伉也，为公讳也。何以知其与公盟？以其日也。何以不言公之如晋？所耻也。出不书，反不致也。④

两国会盟，如果一方为君、另一方为臣，则为臣的一方"伉"礼不敬，经文会以不书国君的方式对这种逾礼而"伉"的行为进行批评。而昭公十二年，高偃以齐国之臣的身份抓获燕国之君更是一种严重的"伉"礼举动，《穀梁传》对高偃的行为也提出了批评。⑤

---

① （晋）范宁集解，（唐）杨士勋疏：《春秋穀梁传注疏》，阮元校刻《十三经注疏》本，上海古籍出版社1997年版，第2378页。

② （晋）范宁集解，（唐）杨士勋疏：《春秋穀梁传注疏》，阮元校刻《十三经注疏》本，上海古籍出版社1997年版，第2380页。

③ （晋）范宁集解，（唐）杨士勋疏：《春秋穀梁传注疏》，阮元校刻《十三经注疏》本，上海古籍出版社1997年版，第2385页。

④ （晋）范宁集解，（唐）杨士勋疏：《春秋穀梁传注疏》，阮元校刻《十三经注疏》本，上海古籍出版社1997年版，第2404页。

⑤ （晋）范宁集解，（唐）杨士勋疏：《春秋穀梁传注疏》，阮元校刻《十三经注疏》本，上海古籍出版社1997年版，第2436页。

(三) 君不尸小事，臣不专大名

《穀梁传·襄公十九年》云："君不尸小事，臣不专大名。"[①]这是《穀梁传》为了维护君尊臣卑的等级秩序，而对君臣双方行为所做的特殊规定。隐公五年鲁君观鱼于棠，《穀梁传》对鲁君的轻率行为提出批评。因为"鱼"是"卑者之事"，鲁君为一国之尊，尊卑不相及，故鲁君违背了"尊不亲小事，卑不尸大功"的"礼"。[②]从这一规定可以看出，《穀梁传》主张位于政治结构不同层次的人们应该有着各自不同的行事范围和限度，即尊者专尊事，卑者行卑事，各依其秩，不得越等。"尊君思想中有一种要求是，臣子必须修养自己的德行，以衬托出国君的地位。(襄公二十九年)吴延陵季子来聘，'吴其称子何也？善使延陵季子，故进之也。身贤，贤也，使贤，亦贤也。延陵季子之贤，尊君也。'"[③]正如何怀宏所指出的，"古代统治者与其说是通过不断的斗争和压制，毋宁说是试图通过拉开距离来消弭矛盾于萌芽，化解冲突于无形"[④]。襄公十九年的传文更是提出"善则称君，过则称己"[⑤]的极端主张，不惜夺臣之善以归于君。可见为了巩固君臣之间的这种尊卑差别，《穀梁传》可谓是不遗余力、煞费苦心。《穀梁传》所奉行的"尊不亲小事，卑不尸大功"主张，在稍晚于它的《春秋繁露》和《白虎通义》中也能找到近似的提法，如《春秋繁

① (晋) 范宁集解，(唐) 杨士勋疏：《春秋穀梁传注疏》，阮元校刻《十三经注疏》本，上海古籍出版社1997年版，第2429—2430页。

② (晋) 范宁集解，(唐) 杨士勋疏：《春秋穀梁传注疏》，阮元校刻《十三经注疏》本，上海古籍出版社1997年版，第2369页。

③ 吴智雄：《穀梁传思想析论》，台湾文津出版社2000年版，第239页。

④ 何怀宏：《世袭社会极及其解体：中国历史上的春秋时代》，生活·读书·新知三联书店1996年版，第97页。

⑤ (晋) 范宁集解，(唐) 杨士勋疏：《春秋穀梁传注疏》，阮元校刻《十三经注疏》本，上海古籍出版社1997年版，第2429—2430页。

露·阳尊阴卑》云："是故《春秋》君不名恶，臣不名善，善皆归于君，恶皆归于臣。"[①]《白虎通·五行》则解释说："臣有功归于君，何法？法归月于日也。"[②]没有证据证明《穀梁传》的这一主张直接影响了后两者。我们以为，很可能此类主张是战国至秦汉时期的主流看法，被普遍接受。

君臣关系中还有一种比较独特的类型，那就是国君与他的弟兄之间的关系。在《穀梁传》看来，国君与其弟兄虽为兄弟，但更是君臣。因此，《穀梁传》多次提到"诸侯之尊，弟兄不得以属通"的原则和"不以亲亲害尊尊"的基本政治精神。对此，我们将在下一章第三节详细讨论。

最后需要稍作补充的是，《穀梁传》在理解君臣关系时，似乎并未对"士"阶层表现出特别的关注，这与很多现代学者将"士"阶层的崛起视作春秋战国时期社会政治和思想发生重大变化的基本原因之一的观点有一定距离。[③]从《穀梁传·成公元年》对"作丘甲"的评论来看，它实际上是把"士"看作"四民"之一。换言之，"士"阶层已经下降为"民"，已无法成为君臣结构中的一级。因此，单纯从统治体系来看，"士"阶层在《穀梁传》中几乎不占有任何重要地位；而从"民"的角度看，在《穀梁传》以"重农"为核心的重民思想中，"士"也无特出之处。这一点，是我们在理解《穀梁传》思想时应该注意到的。

---

① （清）苏舆：《春秋繁露义证》，中华书局 1992 年版，第 325 页。

② （汉）班固等：《白虎通》，中华书局 1985 年版（丛书集成初编本），第 95 页。

③ 对"士"阶层兴起的意义和作用阐发得最详尽的是余英时先生的《士与中国文化》一书。此后，许多学者在研究先秦社会变革时都采用了余氏的观点。详见余英时：《士与中国文化》，上海人民出版社 2003 年版。

第四节 重民

“重民”[①]思想是中国古典政治哲学的一大特色。早在周族崛起之际，以周文王为代表的有识之士以“德”作为变革殷商天命的武器，“民”已成为“德”的最重要指标。在周人看来，殷商的失德正表现在对人民的暴虐上，所谓“咨女殷商，如蜩如螗，如沸如羹”[②]，“纣有臣亿万人，亦有亿万之心”[③]。而“天视自我民视，天听自我民听”(《尚书·泰誓》佚文，见《孟子·万章上》)，上天赐命所依据的“德”正是民众的疾苦。周族之所以能够以“小邦”的身份灭“大国”，根本上就在于它能“顺乎天而应乎人”[④]，以“保民”为务、以“敬德”为志，并取代殷商而享有了天命。周王朝建立后，“殷鉴不远”[⑤]，以周公为代表的统治集团明智地将“敬德保民”作为基本的政治纲领。这可以从《尚书》和《诗经》的众多篇目里得到充分的反映。

春秋时期政衰道微，上至周天子，下至诸侯、大夫，均以竞争为务，崇尚霸道力行。不过，为了在乱世中站稳脚跟、扩充实力，各方力量或出自真心，或源于假意，都不得不将“重民”、“保民”作为施政的纲领之一。

---

① 中国古代政治哲学中包含有丰富的论及民生的资源，但学者对此的定性存在较大分歧，分别冠之以“民本”、“早期民主萌芽”的多种说法，未能取得一致。本书绕开争论，以“重民”这一较宽泛的说法指代《穀梁传》中与民生相关的内容。

② (汉)毛亨传，郑玄笺，(唐)孔颖达疏：《毛诗正义》，阮元校刻《十三经注疏》本，上海古籍出版社1997年版，第553页。

③ 《管子·法禁》，黎翔凤：《管子校注》，中华书局2004年版，第275页。

④ (魏)王弼、韩康伯注，(唐)孔颖达正义：《周易正义》，阮元校刻《十三经注疏》本，上海古籍出版社1997年版，第60页。

⑤ (汉)毛亨传，郑玄笺，(唐)孔颖达疏：《毛诗正义》，阮元校刻《十三经注疏》本，上海古籍出版社1997年版，第554页。

《穀梁传》作者以补救时弊、匡正天下为理想，试图依据周礼与宗法原则，重建一套合理有效的政治秩序。具体到诸侯国内部，就是要让国君、世子、大臣、四民各安其位、各司其职，纠正社会的失范状况，建构一套尊卑分明、井然有序的国家秩序。而“士、商、农、工”这“四民”构成了国家秩序的最基础的一层，因而成为《穀梁传》关注的又一个焦点。

周初“敬德保民”的观念成为可资借鉴的重要资源。在梳理《春秋》经文的过程中，《穀梁传》根据经文中较为丰富的与民有关的资料，提炼出系统的重民、恤民思想。《穀梁传》的重民思想是对西周以来“敬德保民”传统的继承，并且从一个侧面体现和发展了孔孟儒家的仁政学说。

一、民者，君之本

《穀梁传》“重民”思想的第一个表现，就是它提出了“民者，君之本也”的重要观念。“民者，君之本也”，所谓“本”，可以解作“根”、“基”；“民者，君之本也”的意思是：民众乃是君主统治的根基；换言之，如果失去了民众，国家的政治就没有了根基，君主也就不再成其为君主。这与孟子的“民为贵，社稷次之，君为轻”（《孟子·尽心下》）的思想有相近之处，都表明“民”在国家政治体系中的基础地位。浦卫忠认为，这一观念体现了《穀梁传》作者对春秋战国社会发展的清楚认识，即君居于民之上、制约民，民又可以反制约其君；民不仅对夺取政权、延续君位有极大的重要性，而且也是战争胜负、霸业兴替的决定力量，“得民者得天下，失民者失天下，因此，提出‘民者，君之本’，正是其对历史经验的深刻总结”。[1] 除了浦

① 浦卫忠：《春秋三传综合研究》，台湾文津出版社 1995 年版，第 210 页。

卫忠讲到的原因之外，《穀梁传》这一观念实际上还继承了西周以来“敬德保民”的传统，发展了孔子的“民以君为心，君以民为体”[①]的思想。

在《穀梁传》看来，“君以民为本（体）”首先应该珍惜人民的生命，不能将自己的国民任意借给他国用作战争工具。例如：

> 《穀梁传·桓公十四年》：**宋人以齐人、蔡人、卫人、陈人伐郑。**以者，不以者也。民者，君之本也。使人以其死，非正也。[②]
>
> 《穀梁传·僖公二十六年》：**公以楚师伐齐，取穀。**以者，不以者也。民者，君之本也。使民以其死，非其正也。[③]

身为一国之君，应该保护国人的安全；而齐、蔡、卫、陈等国君却让自己的人民听命于他国的操纵，充当他国发动战争的牺牲品，这与“驱民而之死地”又有什么区别呢！所以，《穀梁传》对这种荒唐的行为提出批评。

不仅让民众为他国打仗是不道义的，就连为自己的国家作战时，也不能随意驱使未接受过军事训练的民众上前线打仗，这就是“不以不教之民战”。[④]僖公二十三年宋襄公兹父去世，《春秋》以不书“葬”的方式来表示对他的斥责。《穀梁传》解释说，这是因

① （汉）郑玄注，（唐）孔颖达疏：《礼记正义》，阮元校刻《十三经注疏》本，上海古籍出版社1997年版，第1650页。

② （晋）范宁集解，（唐）杨士勋疏：《春秋穀梁传注疏》，阮元校刻《十三经注疏》本，上海古籍出版社1997年版，第2378页。

③ （晋）范宁集解，（唐）杨士勋疏：《春秋穀梁传注疏》，阮元校刻《十三经注疏》本，上海古籍出版社1997年版，第2401页。

④ 《穀梁传》的这一思想明显受到孔子的影响，如《论语·子路》云：“子曰：‘善人教民七年，亦可以即戎矣’。子曰：‘以不教民战，是谓弃之’。”

为宋襄公在上一年与楚国的泓之战中，“以其不教民战，则是弃其师也。为人君而弃其师，其民孰以为君哉”[①]。当然，泓之战的具体情况并不只是宋襄公带领未经训练的军队作战，而是他拘执古礼、不明形势、轻率用师。郑玄的理解比较合理：“教民习战而不用，是亦不教也。”[②]宋襄公为报私怨，率宋师以寡敌众；又拘于古礼，不用平日训练的战争方法，结果师溃君伤，徒为天下耻笑。这不正是一种“以不教民战”的“弃师”之道吗！

民众对于君王的意义，还表现为民心在一定程度上可以决定君王的命运。《穀梁传·庄公三年》对“王”有一个经典的定义：“其曰王者，民之所归往也。”[③]“王”乃是民心之所归向。也就是说，“得民心与否”乃是天子是否有资格为“王”的关键之一。与此相类似，僖公十五年秦、晋之战，晋师尚未溃败而晋侯已被秦军抓获，原因就在于“晋侯失民矣”，军队不愿为晋侯卖命。[④]再如鲁昭公悖德失民，当他被大臣季氏驱逐时，人民不仅不起来保卫他，反而“如释重负”。[⑤]

可见，春秋时期社会结构的大调整所带来的一个直接后果就是“民”的实际地位上升。与西周初期“敬德保民”观念倾向于将“民”的作用做抽象化、形式化的理解不同，在《穀梁传》所描绘的政治世

① （晋）范宁集解，（唐）杨士勋疏：《春秋穀梁传注疏》，阮元校刻《十三经注疏》本，上海古籍出版社 1997 年版，第 2400 页。

② （晋）范宁集解，（唐）杨士勋疏：《春秋穀梁传注疏》，阮元校刻《十三经注疏》本，上海古籍出版社 1997 年版，第 2400 页。

③ （晋）范宁集解，（唐）杨士勋疏：《春秋穀梁传注疏》，阮元校刻《十三经注疏》本，上海古籍出版社 1997 年版，第 2381 页。

④ （晋）范宁集解，（唐）杨士勋疏：《春秋穀梁传注疏》，阮元校刻《十三经注疏》本，上海古籍出版社 1997 年版，第 2398 页。

⑤ （晋）范宁集解，（唐）杨士勋疏：《春秋穀梁传注疏》，阮元校刻《十三经注疏》本，上海古籍出版社 1997 年版，第 2441 页。

界里，“民众”的作用已经变得更加具体、更加直接、也更加具有决定性了。

应该说，从根本上讲，《穀梁传》的“民”仍然是在君主及官僚的统治管理下发挥其作用的；“民为君本”的目的和重心都不在于“民”而在于“君”。正如浦卫忠指出的，“对于《穀梁传》来说，民尽管是君之本，但就其社会地位来说，仍然是君在民上。首先是君居于民之上，君重于民；其次才是民为君本。君之为君，以民为根本；民之为本，以君为前提。《穀梁传》并不是要成为民的代言人，它只是提醒统治阶级‘本固才能君安’，它是站在统治者的立场上为君谋划良策的，重民最后还是为了重君”[①]。因而《穀梁传》的重民思想与孟子有很大不同；《穀梁传》也并未提出所谓“民主”的观念。但是，正如章学诚《文德篇》主张的“论古必恕”[②]，后人在理解古代时必须以同情、宽和的态度，设身处地体会古人思想的合理性与局限性，而切不可以今天的标准厚诬或鄙薄古人。所以，我们不能以今天的民主观来苛求《穀梁传》。

就《穀梁传》“民为君本”的观念本身来说，它在当时确乎具有人性与人道的意义和价值。以珍惜民生、重视民意为特征的“民为君本”思想，对于保障民众的基本权利，维护社会的底线正义仍然具有重要的价值。任何形式的社会公正都不可能是抽象的。对于古代的中国社会而言，正义与公正就是通过像《穀梁传》的“民为君本”主张一类的具体观念和规范一步步确立和完善起来。从这个意义上看，《穀梁传》的“重民”思想正是中国社会在逐步走向公正过程中的一个重要阶段。这从《穀梁传》“重民”思想的其他表现也可以看出。

---

① 浦卫忠：《春秋三传综合研究》，台湾文津出版社 1995 年版，第 210 页。

② （清）章学诚：《章学诚遗书》，中华书局 1985 年版，第 17 页。

二、使民以时，取用有度

既然“民为君之本”，那么国君在治理国家、安排政务时就必须要考虑到广大民众的利益。孔子曾经指出：“道千乘之国，敬事而信，节用而爱人，使民以时。”（《论语·学而》）这段话实际上揭示了统治者处理民众问题的重要原则。《穀梁传》继承了孔子的这一主张，提出国君“重民”的两条具体规定，即“使民以时”和“取用有度”。

（一）使民以时

对于“使民以时”中的“时”，可以有广义和狭义两种理解。

从狭义来看，“时”指的是农业生产活动的时节。中国古代社会一直以农业为本，而农业生产的一个特点是它的时节性，即农事活动的各个环节都严格地受季节与气候限制。直到今天，人们在形容农业劳动时，还常常会用到一个词——“抢”，如“双抢”（“抢收抢种”）。“抢”字的急迫性可以直观地反映出“时”对于农业生产的重要。因此，在农业社会中，人们的生活节奏必须严格地按照自然的秩序和农作物生长的节拍来安排。换言之，必须保证农事活动的时间不被冲占。因而，在这个意义上讲，“使民以时”就是“不误农时”，任何大型活动的安排都不能贻误农事活动的时间。例如《穀梁传·桓公八年》对鲁国在五月份举行祭祀先王的烝祀仪式提出批评，因为“烝，冬事也，春、夏兴之，黩祀也。志不敬也”[①]。《穀梁传》的潜台词是：正常情况下的烝祀应该在冬季农闲时举行；在春、夏之交的农

① （晋）范宁集解，（唐）杨士勋疏：《春秋穀梁传注疏》，阮元校刻《十三经注疏》本，上海古籍出版社 1997 年版，第 2376 页。

忙时节举行大规模烝祀之礼，无疑会占用民力、妨碍农事活动。这种误农而又不合“时”的祭祀活动违背了自然的秩序和农业的规律，当然不可能收到祈祖降福的效果。所以，在中国古代，很多需要耗用大量人力的活动，如敬天祭祖、修建宫室、兴办水利、训练军队等，都明智地放在冬季的农闲期举行。

再从广义上看，“使民以时”的“时”还可以指百姓服徭役的时间长短。《穀梁传·庄公三十一年》对鲁庄公好大喜功、“一年疲民三时”的行为提出严厉批评。[①]鲁庄公在一年之内，役使国民春季筑台于郎、夏季筑台于薛、秋季筑台于秦，对正常的农业生产活动造成极大的不良影响。不仅如此，钟文烝认为“一年疲民三时”的“疲”字可以解作疲劳[②]，意谓庄公劳民太甚，以致人民疲惫不堪。因此，“使民以时”还表示民力有限，统治者不能让老百姓服过长时间的徭役。为此，《穀梁传·庄公二十九年》借批评鲁公兴修新马厩之事，提出：“古之君人者，必时视民之所勤。民勤于力，则功筑罕；民勤于财，则贡赋少；民勤于食，则百事废矣。”[③]国君应该根据老百姓的具体情况来安排各项工作；当人民困苦于某一方面时，国君须相应地减免他们在这方面的人力、物力和财力的负担。

“使民以时”的观念表明：统治者应该爱惜民力、顾念民生，应该以谨慎的态度对待劳民之事，防止权力的滥用。孔子和《穀梁传》的作者所提倡的以符合自然秩序和农业规律为宗旨的“使民以时”思想，乃是中国古代政治智慧的结晶，它在今天仍然具有重要的警示意

---

① 参见（晋）范宁集解，（唐）杨士勋疏：《春秋穀梁传注疏》，阮元校刻《十三经注疏》本，上海古籍出版社 1997 年版，第 2389 页。

② 《穀梁传·庄公三十一年》“一年罢民三时”句钟文烝补注云：“罢、疲通劳也”，参见钟文烝：《春秋穀梁经传补注》，中华书局 2009 年版，第 228 页。

③ （晋）范宁集解，（唐）杨士勋疏：《春秋穀梁传注疏》，阮元校刻《十三经注疏》本，上海古籍出版社 1997 年版，第 2388 页。

义。可以直言不讳地说，现今的某些地方仍然存在滥用权力、好大喜功、劳民伤财的现象；说到根本上，就在于一些地方的领导人不懂得“使民以时”，不懂得按自然的规律、按民众的意愿来办事。

（二）取用有度

“取用有度”与“使民以时”密切相关，主要指国君不能横征暴敛、与民争利。在《论语·颜渊》里，有若对君民的贫富关系给出了一个极有价值的说明：“百姓足，君孰与不足？百姓不足，君孰与足？”这一观点认为：国君与民众之间并不是你死我活的财富竞争关系；从根本上讲，君与民乃是利益的共同体。换言之，统治者的财富在真正意义上应该体现为他的国民所拥有的财富。《穀梁传》也赞同这种看法，并对统治者与民争利的行为表示反感。这主要体现在《穀梁传》对国君围山圈泽和破坏井田制这两种现象的谴责上。

春秋时期各国君主为了满足自己的挥霍以及战争扩张的需要，纷纷将敛财的目光投放到民众身上。如庄公二十八年，鲁君筑微邑圈占山林薮泽，又设虞官来守护。这实际上是将原本由国人共同享有的山林薮泽变成了国君的私产，《穀梁传》评价道：“山林薮泽之利，所以与民共也。虞之，非正也。”[①] 鲁君围山圈泽的自私行为是对民众基本财产权的侵害，因而是不正当的，会妨害社会公正。

与围山圈泽相比，更为严重的与民争利行为应该要算对井田制的破坏了。井田制是中国古代的田制，与人民生活关系极其密切，因此一直受到古代思想家的关注。例如孟子就曾经对井田之制有过详细的描绘（详见《孟子·滕文公上》）；此外，《周礼·地官·小司

① （晋）范宁集解，（唐）杨士勋疏：《春秋穀梁传注疏》，阮元校刻《十三经注疏》本，上海古籍出版社1997年版，第2388页。

徒》[①]、《礼记·王制》[②]亦有所论及。杨宽先生认为，“我国古代的井田制，确是村社的制度。因为我国古代历史上，确实存在过这种整齐划分田地而有一定亩积的制度，也确实存在过按家平均分配份地的制度”[③]。他还分析了《孟子》谈井田制说到“周人百亩而彻”，指出：这里的“百亩”应该是西周以来井田制中份地的标准面积。不过，古代所谓的“亩”和今天不同：“亩”指高畦，古时“六尺为步，步百为亩”；“百亩之田”就是把一百条高畦并列着，正好是整齐四方的一大块田，总面积约合今天的31.2亩，正适合当时生产力条件下一家农户耕作。[④]总体而言，“藉而不税”、“什而取一”是井田制的最基本特征。人们只用在公田上付出劳动而不需要另外交税，而且人们对君王的付出只占他们全部收获的十分之一。很显然，在这种井田制下，民众所承受的赋税压力是较小的，这可以使他们在生产力水平低下的时代满足尊老爱幼、畜妻养子的基本生活所需。

然而，进入春秋时代后，井田制不断受到冲击。宣公十五年，鲁国率先废除井田制，提出“初税亩”的新田税方案。这一方案“一承认土地的现实占有情况；二以新占土地量按亩征收土地税”[⑤]。因此，“初税亩”制度的出现，一方面挑战了周天子对全天下土地的名义上的占有权；另一方面以田赋代替藉田之制，明显超出了原有的“什而取一”的赋税比例，加重了人们的经济压力。所以，《穀梁传》对宣公十五年“初税亩”和哀公十二年“用田赋”均表示反对，斥之

① （汉）郑玄注，（唐）贾公彦疏：《周礼注疏》，阮元校刻《十三经注疏》本，上海古籍出版社1997年版，第711页。

② （汉）郑玄注，（唐）孔颖达疏：《礼记正义》，阮元校刻《十三经注疏》本，上海古籍出版社1997年版，第1322页。

③ 杨宽：《西周史》，上海人民出版社2003年版，第186页。

④ 参见杨宽：《西周史》，上海人民出版社2003年版，第187页。

⑤ 白钢主编：《中国政治制度史》（上卷），天津人民出版社2002年版，第171页。

为“非正”。[①]

包括孟子、《穀梁传》作者在内的历代儒家知识分子，都不约而同地对井田制、经田界表现出高度的关注，这给了我们一个启发：过去那种用历史进化论的模式来评价“井田制”与“初税亩”之间关系的做法，是不是有失于简单与浮于表面？“初税亩”取代“井田制”当然是社会经济发展的重要成果，但是伴随而来的无节制的盘剥和奴役却使得“仰足以事父母，俯足以畜妻子，乐岁终身饱，凶年免于死亡”（《孟子·梁惠王上》）的基本需求竟然成为老百姓的奢望。此时再回过头来看儒家所维护的貌似“保守”、“落后”的井田之制，我们发现“井田制”、“经田界”等实质上维护的是小民赖以生存的一点点“恒产”；而保护小民的田产已不再仅仅是经济民生的问题，还是实现社会正义的要求。因此，“井田制”、“经田界”其实已经成为传统儒家知识分子不断与政权相交涉、谋求社会正义的武器；毕竟，社会的公正与正义不是靠抽象的大道理鼓吹出来的，而是通过像井田制这样的具体制度、规定一点一点地实现得来。

三、重视灾害，备灾养民

在当时的生产力条件下，民生的基础还十分脆弱，承受灾害打击的能力极为有限。为此，《穀梁传》提出：作为“重民”、“恤民”的又一个表现，国家应该重视各种自然灾害的情况，并采用多项措施备灾以养民。

从思想渊源来说，《穀梁传》“重灾养民”的观念是继承《春秋》而来的。《春秋》以区区一万六千五百余字记录了二百四十二年的史

① 参见（晋）范宁集解，（唐）杨士勋疏：《春秋穀梁传注疏》，阮元校刻《十三经注疏》本，上海古籍出版社1997年版，第2415、2450页。

事，可谓惜墨如金。但是，它却抽出了不少篇幅来描绘当时发生在各国的水、旱、虫、雹等自然灾害，如“秋，大水”[①]、“螽”[②]、“不雨”[③]等等，充分显示出《春秋》作者对农事民生的关注。《穀梁传》保留了《春秋》的这一特色，并对一些灾害现象做了进一步分析。

例如水灾，《穀梁传·庄公七年》认为水灾就是高地和低谷都充满了水，淹没了小麦和水稻，导致粮食减产甚至颗粒无收。[④]又如虫灾，它发生的规模大，持续时间长，造成“茅茨尽矣”[⑤]的严重危害，所以经文会特别地记载下来。

在种种自然灾害中，最严重、与人民关系最密切的是“久旱不雨”。《穀梁传》对此极为重视，并以僖公及文公时期所发生的两次长达半年以上的旱灾为例，做了详细地说明。僖公二年十月起，鲁国开始干旱不雨，旱情严重，一直持续到第二年的六月才重新降雨。《穀梁传》认为经文在这一期间多次提到“不雨”，一方面是对旱情的客观描述，另一方面也反映了鲁僖公忧戚旱灾、期盼下雨的心情。因此，《穀梁传》对僖公关心农事、怜悯民生疾苦的爱民之心进行了褒奖，称他“有志乎民者也”。[⑥]

而对于鲁国发生在文公元年十二月至次年七月的旱灾，经文在

---

① （晋）范宁集解，（唐）杨士勋疏：《春秋穀梁传注疏》，阮元校刻《十三经注疏》本，上海古籍出版社 1997 年版，第 2372、2382 页。

② （晋）范宁集解，（唐）杨士勋疏：《春秋穀梁传注疏》，阮元校刻《十三经注疏》本，上海古籍出版社 1997 年版，第 2374、2397 页。

③ （晋）范宁集解，（唐）杨士勋疏：《春秋穀梁传注疏》，阮元校刻《十三经注疏》本，上海古籍出版社 1997 年版，第 2392、2405 页。

④ 参见（晋）范宁集解，（唐）杨士勋疏：《春秋穀梁传注疏》，阮元校刻《十三经注疏》本，上海古籍出版社 1997 年版，第 2382 页。

⑤ （晋）范宁集解，（唐）杨士勋疏：《春秋穀梁传注疏》，阮元校刻《十三经注疏》本，上海古籍出版社 1997 年版，第 2405 页。

⑥ 参见（晋）范宁集解，（唐）杨士勋疏：《春秋穀梁传注疏》，阮元校刻《十三经注疏》本，上海古籍出版社 1997 年版，第 2392 页。

此期间基本未提及，只是在二年七月书“自十有二月不雨，至于秋七月”。《穀梁传》认为这表明鲁文公并没有对长期干旱表示担心和忧虑，由此说明他“无志乎民也”。所以，《穀梁传》贬斥了文公无视旱灾、不以民为志的态度。①

从以上的事例可以看出《穀梁传》对自然灾害的关注。但是，与《公羊传》及后世公羊学者好将自然灾害与人世兴衰相联系、大谈天人感应的“非常异义可怪之论”②不同，《穀梁传》尽管也主张君王应重视灾害，但更多地是从保护农业生产、关注国计民生的角度出发。因此，在《穀梁传》的“重灾”观念里，重农保民才是关键所在。“君之忧雨、闵雨、喜雨，正是其忧民、有志乎其民的表现。《穀梁传》显然是把有志其民与否作为评判君主的一个重要标准。对于倡言民为君本的《穀梁传》来说，君以民为本与否，不仅在于其在经济上是否给予民一些什么好处，而且在于民是否真正在其治国大纲中、在其心目中占据有重要的地位，并以之为根据来处理国家大事，治理国家。民在国家政事中占着重要地位，民为君本也就名符其实了。”③这也似乎表明，与《公羊传》相比，《穀梁传》对《春秋》中圣人“微言大义”的解释要更加平实、中正一些，这也是郑玄称“《公羊》善于谶，《穀梁》善于经”④的原因。另外，从《穀梁传》对于其他异常天象的解释来看，它更倾向于以自然、客观的原因去理解这些现象。如《穀梁传·隐公三年》对日食的观

---

① 参见（晋）范宁集解，（唐）杨士勋疏：《春秋穀梁传注疏》，阮元校刻《十三经注疏》本，上海古籍出版社 1997 年版，第 2405 页。

② （汉）何休解诂，（唐）徐彦疏：《春秋公羊传注疏》序，阮元校刻《十三经注疏》本，上海古籍出版社 1997 年版，第 2190 页。

③ 浦卫忠：《春秋三传综合研究》，台湾文津出版社 1995 年版，第 213 页。

④ （汉）郑玄：《六艺论》，见于范宁《春秋穀梁传序》杨士勋疏所引，阮元校刻《十三经注疏》本，上海古籍出版社 1997 年版，第 2358 页。

察[①]、《穀梁传·庄公七年》对“星陨如雨”的分析[②]、《穀梁传·僖公十六年》对“陨石于宋五”及“六鹢退飞过宋都”异象的理解[③]，都体现了《穀梁传》作者“著以传著、疑以传疑”[④]的客观、谨慎的认知态度和自然、平实的思维特色。

在重视自然灾害的同时，《穀梁传》主张统治者应该积极储备物资以备灾，并且在灾害发生后应与人民站在一起共同抗灾。例如庄公二十八年鲁国发生饥荒，《穀梁传》借论述鲁大夫臧孙辰入齐借贷粮食之事，提出了国家应进行粮食储备的原则：“国无九年之畜，曰不足；无六年之畜，曰急；无三年之畜，曰国非其国也。”[⑤]这段话又见于《礼记·王制》[⑥]，表明当时人们已经意识到储粮以备灾对于国家和民众的重要意义。当国家陷入灾害，统治者就应该与民同戚，减少日常用度、降低礼乐规格、停止一些工程建设，从而挤出财物以供人民度过灾害。《穀梁传·襄公二十四年》提出：“五穀不升为大饥。一穀不升谓之嗛，二穀不升谓之饥，三穀不升谓之馑，四穀不升谓之康，五穀不升谓之大侵。大侵之礼，君食不兼味，台榭不涂，弛侯，廷道不除，百官布而不制，鬼神祷而不祀。此大侵之礼也。”[⑦]从《穀梁传》

---

① 参见（晋）范宁集解，（唐）杨士勋疏：《春秋穀梁传注疏》，阮元校刻《十三经注疏》本，上海古籍出版社 1997 年版，第 2376 页。

② 参见（晋）范宁集解，（唐）杨士勋疏：《春秋穀梁传注疏》，阮元校刻《十三经注疏》本，上海古籍出版社 1997 年版，第 2382 页。

③ 参见（晋）范宁集解，（唐）杨士勋疏：《春秋穀梁传注疏》，阮元校刻《十三经注疏》本，上海古籍出版社 1997 年版，第 2398 页。

④ （晋）范宁集解，（唐）杨士勋疏：《春秋穀梁传注疏》，阮元校刻《十三经注疏》本，上海古籍出版社 1997 年版，第 2382 页。

⑤ （晋）范宁集解，（唐）杨士勋疏：《春秋穀梁传注疏》，阮元校刻《十三经注疏》本，上海古籍出版社 1997 年版，第 2388 页。

⑥ （汉）郑玄注，（唐）孔颖达疏：《礼记正义》，阮元校刻《十三经注疏》本，上海古籍出版社 1997 年版，第 1334 页。

⑦ （晋）范宁集解，（唐）杨士勋疏：《春秋穀梁传注疏》，阮元校刻《十三经注疏》本，上海古籍出版社 1997 年版，第 2430 页。

的这段论述，并结合《礼记》的《曲礼》[①]和《玉藻》[②]的相关规定，可以看出君民同心、共同抗灾乃是当时社会的共识；从中也可以反映出统治者应以民生为重的重民、恤民观念。

四、谴责战争对民生的破坏

在当时的社会，除了统治者的横征暴敛外，对人民生活威胁最大的就是战争。孟子曾经对战争的残酷性做出形象的描绘："争城以战，杀人盈城；争地以战，杀人盈野。"（《孟子·离娄上》）战争的巨大危害在于它摧残生命、破坏农业，使人民家破人亡、妻离子散，造成田地荒芜、粮食绝收。因此，反对不正义的战争成为古代有识之士的共同心声。

《穀梁传》也注意到战争的种种危害，并积极主张反对战争；当战争实在无法避免时，也应控制其规模和程度，减少它对农事民生的影响。[③]因此，《穀梁传》高度赞扬了齐桓公所主持的诸侯会盟，认为齐桓之盟不仅将"尊周"作为同盟的前提，而且建立起一种近乎公正、和谐的诸侯国之间的秩序，极大地减少了战争的发生，即所谓"衣裳之会十有一，未尝有歃血之盟也，信厚也。兵车之会四，未尝有大战也，爱民也"[④]。正是齐桓之盟在抑制战争上所发挥的作用，使齐桓公获得了"爱民"的赞誉，并被《穀梁传》称作"贤者"。也是

---

① 《礼记·曲礼》云："岁凶，年谷不登，君膳不祭肺，马不食谷，驰道不除，祭事不悬，大夫不食粱，士饮酒不乐"，见（汉）郑玄注，（唐）孔颖达疏：《礼记正义》，阮元校刻《十三经注疏》本，上海古籍出版社1997年版，第1259页。

② 《礼记·玉藻》云："年不顺成，则天子素服，乘素车，食无乐"，见（汉）郑玄注，（唐）孔颖达疏：《礼记正义》，阮元校刻《十三经注疏》本，上海古籍出版社1997年版，第1474页。

③ 本书第四章第三节曾讨论过此问题。

④ （晋）范宁集解，（唐）杨士勋疏：《春秋穀梁传注疏》，阮元校刻《十三经注疏》本，上海古籍出版社1997年版，第2387页。

由于同样的原因，孔子称管仲“如其仁”！[①] 此外，在介绍隐公五年宋、郑长葛之战时，《穀梁传》提出战争实在无法避免时，也必须遵循“伐不逾时，战不逐奔，诛不填服”的限度，并对“侵”与“伐”做了细微的区分。[②]

《穀梁传》还对《春秋》中大量记载的“城”的事件表示出特别关注。《穀梁传》认为，“城，为保民为之也”[③]、“民所聚曰都”[④]，君主筑城的目的应该是保护自己的国民免遭敌人侵犯；只有当国民太多，原有的城池容纳不下时，才可以组织人民在农闲时节筑城。因此，《穀梁传》对春秋时期屡屡发生的农忙时节筑城的现象提出尖锐批评。而尤其让《穀梁传》作者反感的是诸侯“城中城”的行为。例如：

> 《穀梁传·成公九年》：**城中城**。城中城者，非外民也。[⑤]
>
> 《穀梁传·定公六年》：**冬，城中城**。城中城者，三家张也。或曰非外民也。[⑥]

---

① 《论语·宪问》记载：“子路曰：‘桓公杀公子纠，召忽死之，管仲不死。曰：未仁乎？’子曰：‘桓公九合诸侯，不以兵车，管仲之力也。如其仁！如其仁！’”又“子贡曰：‘管仲非仁者与？桓公杀公子纠，不能死，又相之。’子曰：‘管仲相桓公，霸诸侯，一匡天下，民到于今受其赐。微管仲，吾其被发左衽矣。岂若匹夫匹妇之为谅也，自经于沟渎而莫之知也。’”

② 参见（晋）范宁集解，（唐）杨士勋疏：《春秋穀梁传注疏》，阮元校刻《十三经注疏》本，上海古籍出版社 1997 年版，第 2370 页。这方面的具体内容参见本书第四章第三节。

③ （晋）范宁集解，（唐）杨士勋疏：《春秋穀梁传注疏》，阮元校刻《十三经注疏》本，上海古籍出版社 1997 年版，第 2370 页。

④ （晋）范宁集解，（唐）杨士勋疏：《春秋穀梁传注疏》，阮元校刻《十三经注疏》本，上海古籍出版社 1997 年版，第 2398 页。

⑤ （晋）范宁集解，（唐）杨士勋疏：《春秋穀梁传注疏》，阮元校刻《十三经注疏》本，上海古籍出版社 1997 年版，第 2421 页。

⑥ （晋）范宁集解，（唐）杨士勋疏：《春秋穀梁传注疏》，阮元校刻《十三经注疏》本，上海古籍出版社 1997 年版，第 2444—2445 页。

对于什么是“城中城”，范宁解释：“讥公不务德政，恃城以自固，不复能卫其人民”①，“三家侈张，故公惧而修内城，讥公不务德政，恃城以自固”②。具体地说，“城中城”指国君在城邑之中又圈地筑城。正如《穀梁传·定公六年》所形容的，这种城内筑城的做法，是国君面对卿大夫势力日益强大的局面所采取的不得已的防范措施。《穀梁传》认为，国君“城中城”实际上是将内城之外的民众当作防备的对象；这不仅与“筑城以保民”的原始宗旨相抵触，而且还会导致君民离心离德的恶果。参照范宁的观点，国君的正确做法应该是修德政以安民、筑城池以保民，将自己的政治利益与广大民众的现实利益结合在一起，从根本上化解三家割据的政治危机。

综上所述，在“民者，君之本也”的观念指导下，《穀梁传》主张统治者应在施政时努力做到“使民以时”而不劳民、“取用有度”而不苦民，同时应重灾以养民、备灾以救民、止战以保民、筑城以卫民。只有当君主能够“以民为本”、“以民为志”，妥善处理好国家与民众的关系时，才能为“国君—世子—大臣—四民”的金字塔状政治结构和国家秩序夯实稳固的基础。

---

① （晋）范宁集解，（唐）杨士勋疏：《春秋穀梁传注疏》，阮元校刻《十三经注疏》本，上海古籍出版社1997年版，第2421页。

② （晋）范宁集解，（唐）杨士勋疏：《春秋穀梁传注疏》，阮元校刻《十三经注疏》本，上海古籍出版社1997年版，第2444—2445页。

第六章 《穀梁传》所重建的家庭秩序

莫尔根（也译作“摩尔根”）在其名著《古代社会》一书中，大段引述了他的一位朋友罗伯特·哈特的话。罗伯特·哈特当时生活在中国广东，这些话出自他写给莫尔根的一封信，内容涉及一种在中国人中间广泛流行的家族制度：“表示人民之意的中国语便是百姓，即一百个家族的姓之意；但是，这一名词，是纯粹的形容词呢？还是当它起源的时候，中国人系成自一百个家族或部落（氏族？）呢？关于这个问题，我却不能决定。现今在中国约有四百个姓，在其中我发现有好些是与动物、果实、金属、自然物等等有关的，可译为马、牛、羊、鱼、鸟、凤、梅、花、叶、米、林、江、山、水、云、金、皮、毛，等等。在中国某些地方可以遇到大村落，其中只有一姓人居住；例如在某一个地方有三个村落，每个村落各包含二千或三千人，其第一个姓马，第二个姓羊，第三个姓牛。……恰如北美的印第安人中一样，其夫与妻各属于不同的部落（氏族），所以在中国，其妻与夫总是各属于不同的家族，即各属于不同的姓。习惯与法律，两者都禁止同姓结婚。子女属于父亲的家族，即子女以父亲的姓为姓。……当父亲无遗嘱而死，则其遗产一般均保留而不分析；但在寡母生存期间中，由长子管理。当寡母死后，长子则将遗产分析，其各弟所得遗产的多少，则完全靠长兄的意志来决定。”莫尔根认为这种在近代中国仍然实行的家族制度“似乎体现着一种古代氏族组织的遗迹”，与罗缪勒斯时代罗马人的氏族有相似之处，“氏族的成员还是成为一种独立的血族集团定居于一定的地域”。[①]

莫尔根的这部书写于140多年前（1877年），但是，书中所描绘的近代中国社会的图景，不仅令今天的我们感觉到熟悉，而且对于了解古代中国的社会结构仍有启发意义。中国古代、近代社会的家族，乃至今天的村落、家庭，均与原始时期的氏族（部落）之间存在某种联系性。正如有学者指出的，“古代中国是以‘亚细亚’的‘维新’路径迈入文明社会门槛的，这就使上古初民氏族社会的组织形式被带入到古代文明社会，氏族宗法血亲传统的强固力量得以延续和发展。宗法血缘关系不仅成为人与人之间相互关系的重要纽带，而且还是国家政治秩序和社会等级秩序的内在基础”[②]。之所以称之为“维新”的路径，是因为中国的原始社会与古代社会之间（亦即自野蛮踏过文明的门槛）似乎并不存在明显的断裂，正如《诗经·大雅·文王》所说的“周虽旧邦，其命维新”[③]，又或者如张光直教授所主张的，中国社会从原始状态向文明转进的过程呈现出一种“连续性的型态”[④]。我们很欣赏张光直先生的“文明的自信”：他认为中国文明转进的连续性型态明显不同于西方文明转进的破裂性型态，但这并不意味着中国的文明是世界文明中的一个另类和例外；相反，中国文明转进所代表的连续性的型态很可能是全世界向文明转进的主要型态，而西方的型态却可能是个例外。[⑤]这有力地回击了一种观点：中国文明是某种早产

① 参见〔美〕莫尔根著，杨东蓴、张栗原、冯汉骥译：《古代社会》，生活·读书·新知三联书店1957年版，第410—411页。

② 皮伟兵：《论先秦儒家构建等级秩序的宗法血缘基础》，《求索》2007年第1期，第150页。

③ （汉）毛亨传、郑玄笺，（唐）孔颖达疏：《毛诗正义》，阮元校刻《十三经注疏》本，上海古籍出版社1997年版，第503页。

④ 张光直：《中国青铜时代》，生活·读书·新知三联书店1999年版，第487页。

⑤ 张光直：《中国青铜时代》，生活·读书·新知三联书店1999年版，第487页。

的文明，未能与母体充分分离。[①] 这一观点的前设是：西方文明已经在竞争中取得了领先，因此，应以西方文明的模式作为标准尺度来衡量（或者叫“判决”）其他文明。这种“成王败寇”式的西方文明中心论如果出现在西方，那么尽管错误，倒也情有可原。但此类的观点却经常出现在中国学术界，则不仅错误，简直有些荒谬了。

原始时期氏族（部落）的许多观念、习俗，在进入文明状态的过程中被充分保留下来，并伴随政权和国家的出现而得到一定程度的加强，这可能正是中国古代社会的一个重要特征，但绝不是缺陷。周代宗法制的建立，在很大程度上只不过是因势利导，将遗传有原始氏族血亲烙印的宗族关系发展成文明时期的政治关系。如此一来，宗族内部的伦理秩序和血缘亲情便不再必然构成社会政治生活的障碍，而可能转化为一种有活力的资源，以辅助社会政治生活的有序开展。由文、武、周公所开启的这一处理“家—国”关系的模式，被儒家充分理解和阐发。樊浩认为先秦儒家的政治伦理“是一种以血缘宗法为核心和根基的精神，其特征是家族精神、宗法精神、伦理精神三位一体，在血缘关系的基础上确定宗法的原理，再把血缘宗法的原理直接上升为政治的秩序”[②]。所谓“宗法”，可以看作是周族先民们踏过文明的门槛后，结合社会组织的需要，对某些原始氏族的习惯、风俗、观念等进行改造或者强化的结晶。宗法不仅成为周宗族的族规，更担负着一种文化载体的职责。宗法的核心是建立在血缘关系基础上的亲疏尊卑秩序，亦即“亲亲”与“尊尊”原则。这些原则带有鲜明的伦理色彩。周族建国的过程，也是宗法推扩的过程；“亲亲”、“尊尊”原则借此上升成为国家的意识形态。在这一过程中，“尊尊”原则因

① 问题在于，与“早产”相联系的往往是先天不足、孱弱等缺陷。

② 樊浩：《中国伦理精神的历史建构》，江苏人民出版社 1992 年版，第 74—75 页。

其浓厚的等级性与秩序感，更容易被直接吸纳入政治原则之中。因此，“尊尊”逐渐压过“亲亲”，成为政治生活的主要原则。

周国乃至后来的周王朝[①]均体现了“伦理”与“政治”相结合的特征。任剑涛指出，“中国古典政治是伦理政治。古典思想家大都是伦理政治思想家。在古典思想史中，伦理与政治是相互同化的。伦理政治化，政治伦理化，体现出古典政治与古典思想的特质”[②]。之所以如此，是因为轴心时代（春秋战国时期）的中国古典思想家们正是在周文化的背景下展开思考的；礼坏乐崩的危机恰恰反映了伦理与政治之间的张裂。这种张裂，有时表现为“亲亲”原则与“尊尊”原则之间的冲突，有时则表现为对“亲亲”、“尊尊”原则的全盘否定。

了解了这些，我们再来审视《穀梁传》重建政治秩序的努力，就会发现其拨乱反正的工作必定绕不开“家”这个环节。于是，在讨论了宏观意义上的天下秩序和典范意义上的国家秩序后，《穀梁传》最后将重建政治秩序的目标放到家庭秩序的建构上。这里的“家庭”，往大讲包括宗族、家族；往小讲则指家庭，但不同于今天的“核心家庭”，而是传统的“四世同堂”式的家庭。“亲亲”、“尊尊”的原则是建构家庭秩序的核心精神。正如上文说到的，在中国古典政治中，“伦理”与“政治”实不可分。所以，家庭秩序在实质意义上仍从属于政治秩序；“不以亲亲害尊尊”成为建构家庭秩序的首要原则。

以上我们多次提到“亲亲”与“尊尊”，这是西周宗法制的两大精神和基本原则，也是《穀梁传》评述各类政治事件、黜恶扬善的重

---

① 商文明与周文明有明显差异。决定商文明的因素有很多，而且商文明的不同时期也有很大的变化。因此，本书暂时不讨论商文明的社会政治特征。

② 任剑涛：《伦理与政治的内在关涉——孔子思想的再诠释》，《孔子研究》1998 年第 3 期，第 13 页。

要思想资源。因此，有必要详细介绍这两个原则。

《史记·梁孝王世家》记载窦太后告诫汉景帝："吾闻殷道亲亲，周道尊尊，其义一也。"袁盎解释："殷道亲亲者，立弟。周道尊尊者，立子。殷道质，质者法天，亲其所亲，故立弟。周道文，文者法地，尊者敬也，敬其本始，故立长子。周道，太子死，立适（嫡）孙。殷道，太子死，立其弟。"司马贞《索隐》曰："殷人尚质，亲亲，谓亲其弟而授之。周人尚文，尊尊，谓尊祖之正体。故立其子，尊其祖也。"① 按照这一理解，"亲亲"与"尊尊"的差别主要体现在继承人是"立弟"还是"立子"。殷商的继承法更看重伦理亲情，维护兄弟天伦，故兄终而弟及。周代的继承法则强调尊卑统绪，维护嫡系正统，故父死而立嫡长子。

我们注意到，从殷商时期兄终弟及的继承制发展到周代嫡长子继承制的过程中，有一个因素不容忽视，即人的平均寿命逐渐增加。中外的一些研究已经证明了一点：人类从产生到进入文明社会，直至今日，其全体的平均寿命呈现出缓慢增加的趋势。在早期社会，受制于恶劣的自然环境，加之各种疾病的威胁，人类的平均寿命一度只有不足30岁。假定殷商时期人们的平均寿命只有三十余岁，那么一任商王去世时，他所生的儿子或许十余岁乃至只有几岁；很难想象将国家重担交给这样的稚子会是怎样一番情景。于是，商王去世后，由他已成年的弟弟来继任，应该是一个更好的选择。王位在兄弟之间按照由长到幼的顺序传递，最年幼的弟弟去世后，王位又传回到长兄之子的手里，这同样可以用平均寿命不长来解释。而殷商后期已出现父死传子的现象，很重要的一个原因就是此时人们的平均寿命已经有所增加，父亲去世时，儿子可能已经长大成人，有能力和资格接管权力。

---

① （汉）司马迁：《史记》，中华书局1959年版，第2091—2092页。

我们不妨更大胆地设想：西周继承制之所以立嫡子中的长子，除了借助嫡长子名分的唯一性消除潜在纷争外，还可能受制于这一时期人均寿命的客观条件。假定西周时期人们的平均寿命已经超过四十岁，那么一任周天子去世时，他的嫡长子通常已长大成人，可以作为接班人了；而他的其他嫡子未必已经成年，故嫡长子在年龄上具有优势。至于庶子，由于涉及统绪问题以及姻亲关系，即使年岁长于嫡长子，也不宜优先作为继承人。同样按照人均寿命缓慢增长的理论，我们也可以在某种程度上解释春秋以来废嫡立幼事件频出的根源。

孔子曾说："周监于二代，郁郁乎文哉！吾从周。"（《论语·八佾》）西周的宗法礼制并不是凭空而来，文、武、周公在建立宗法礼乐制度时，大量参考借鉴了夏商（特别是殷商）文化。因此，西周时期的制度建构不仅讲求"尊尊"的尊卑秩序，也看重"亲亲"的血缘联系，只不过有所侧重而已。"殷周相比，殷代较重血缘关系，周代较重政治关系。虽不能说殷代只要血缘不讲政治，周代只讲政治不论血缘，但是周代在讲血缘关系的同时，加入了'尊尊'的内容，周代的血缘关系经过人为改造，使之符合'尊尊'的原则，从而产生了封建宗法制和嫡长子继承制。"[①] 具体而言，周代宗法制主张："亲亲"原则与"尊尊"原则各有其适用的范围。《礼记·丧服四制》主张"门内之治恩掩义，门外之治义断恩"，正是借服丧为例，说明"亲亲"（恩）与"尊尊"（义）在不同情景下的优先性。

不过，《礼记·大传》所理解的"亲亲"、"尊尊"的含义要更为宽泛。《礼记·大传》云："上治祖祢，尊尊也。下治子孙，亲亲也。旁治昆弟，合族以食，序以昭缪，别之以礼义，人道竭矣。……服

① 王竹波：《"亲亲"、"尊尊"、"贤贤"：论殷商至春秋人才选拔观念的衍变》，《理论月刊》2012 年 12 期，第 74 页。

术有六：一曰亲亲，二曰尊尊……”[①]“亲亲”和“尊尊”原则不仅体现在选择继承人上，还被扩展到社会生活的方方面面。“亲亲”侧重于血亲之间的情感联系，“所谓‘亲亲’，不论是以自身为起点，上亲父、祖父、曾祖、高祖，下亲子、孙、曾孙、玄孙的九代同姓亲属关系，还是《尚书·尧典》中说的‘九族’，总体而言是亲近由近及远的血缘关系构成的群体”。[②]因此，“亲亲”原则就像黏合剂，将全宗族、家族的成员都凝聚到一起。“尊尊”则侧重于血亲之间的亲疏、长幼的秩序，并依此形成某种尊卑的顺序。“尊尊”的观念最早源于宗族、家族内部；不过，在国家形成过程中逐渐转化为政治原则，“尊尊，则侧重政治等级秩序，特指尊王，泛指尊上”。[③]可见，“尊尊”原则就像有高有低的台阶，全社会不同的人依据其身份、地位、长幼等差别，分别站在各自的台阶上，形成一目了然的尊卑等级序列。

在西周宗法制的构想中，“亲亲”原则与“尊尊”原则并不构成对立，而是相辅相成，共同维护宗法社会的有效运转。我们可以通过《论语》中的一个事例为证：《论语·八佾》记载孔子批评“八佾舞于庭”的现象，说道：“是可忍也，孰不可忍也！”对于其中的“忍”字，有两种理解：其一，认为“忍”的主体是听闻此事的人，“忍”作“容忍”解。其二，认为“忍”的主体是僭越者季氏，“忍”作“忍心”解。我们认为第二种理解颇值得重视。按照此理解，全句的意思是：季氏如果能忍心做这种“八佾舞于庭”的僭越之事，那么照

① （汉）郑玄注，（唐）孔颖达疏：《礼记正义》，阮元校刻《十三经注疏》本，上海古籍出版社1997年版，第1506—1507页。

② 王竹波：《“亲亲”、“尊尊”、“贤贤”：论殷商至春秋人才选拔观念的衍变》，《理论月刊》2012年12期，第73页。

③ 王竹波：《“亲亲”、“尊尊”、“贤贤”：论殷商至春秋人才选拔观念的衍变》，《理论月刊》2012年12期，第73页。

此下去，还有什么是他不忍心做的？之所以用“忍心”的说法，应该不只是因为“八佾”是天子之礼的规格，季氏作为大夫无权享用；更重要的原因是周天子与鲁国宗室之间存在宗法的“亲亲”之情。季氏的僭越，正是一种不顾“亲亲”情谊的表现。既然孔子用“忍心”来批评季氏的僭越行为，则反过来表明孔子实际上主张运用“亲亲”之情以维护“尊尊”的宗法等级秩序。而这也是西周初年实行分封制，“封建亲戚，以蕃屏周”[①]的初衷。

但是，春秋时期所呈现的礼坏乐崩的失范状态，恰恰昭示了宗法制的危机。这一危机既体现为情感与制度之间的紧张，也表现在伦理与政治之间的张裂。对应于“亲亲”、“尊尊”原则，有时表现为“亲亲”原则与“尊尊”原则之间出现冲突，有时则表现为同时否定“亲亲”和“尊尊”原则。

因此，《穀梁传》为了纠正失范状态、重建秩序，就必须理顺“亲亲”与“尊尊”的关系。这突出地体现在《穀梁传》所建构的家庭秩序中。

《礼记·中庸》云：“天下之达道五，所以行之者三，曰：君臣也，父子也，夫妇也，昆弟也，朋友之交也。五者，天下之达道也。”[②]朱熹《中庸章句》解释道：“达道者，天下古今所共由之路，即《书》所谓五典，孟子所谓‘父子有亲、君臣有义、夫妇有别、长幼有序、朋友有信’是也。”[③]这就是所谓的“五伦”。“五伦”包含父子、君臣、夫妇、兄弟、朋友五项。五伦涉及社会中各种群体，其中最重要的领域是家庭。“社会里有各式各样的群体，但在农业社会，

① （晋）杜预注，（唐）孔颖达疏：《春秋左传正义》，阮元校刻《十三经注疏》本，上海古籍出版社1997年版，第1817页。

② （汉）郑玄注，（唐）孔颖达疏：《礼记正义》，阮元校刻《十三经注疏》本，上海古籍出版社1997年版，第1629页。

③ （宋）朱熹：《四书章句集注》，中华书局1983年版，第29页。

家庭无疑是最重要的。除了绵延后代之外，还是生产单位，也负起教育任务。祖先崇拜是主要的宗教活动，大部分闲暇时间在家中打发，济弱扶危的福利工作由亲族承担，人与人之间的纠纷大抵上也由自家人来解决。换言之，人的一生，大部分在家中渡过。”[①]落实到家庭领域，父子、夫妇、兄弟等三种关系是家庭中最基本、最主要的人伦关系。

《穀梁传》所讨论的家庭秩序仍然集中在统治阶层内部，体现为周王室或诸侯国国君家庭内的父子、夫妇与兄弟关系。从一个方面看，这显示了《穀梁传》伦理思想所具有的鲜明的政治色彩，表明对《穀梁传》而言，家庭伦理关系实质上从属于社会政治关系；其家庭秩序被包容在政治秩序的范围内，成为政治哲学的一部分。从另一方面看，这种以统治阶层为对象的伦理关系也可以当作是整个社会伦理关系的一个范本。通过上行下效的机制，统治阶层内部处理家庭关系的原则扩展成为全社会普遍遵循的伦理准则。

第一节　父子关系

父子关系是建立在血缘基础上的人伦关系，是周代宗法制度的核心，也是《穀梁传》所极力维护的最重要的家庭伦理秩序之一。在“五伦”之中，父子关系居于主导地位。它关系到家庭血缘与精神的传递，在很大程度上决定了其他关系，如君臣关系很多时候就是父子关系的类比与推衍。“在尊崇宗法的传统社会，父子的血缘性关系乃

① 张德胜：《儒家伦理与社会秩序：社会学的诠释》，上海人民出版社 2008 年版，第 48 页。

是宗法的原型与起点，故尔成为人伦的主轴。”[①]

就周天子而言，父子关系甚至可以溯源至“天”。周族的祖先由“天”所生，因而父子关系对于周人来说具有了某种神圣的意味。通过以血统为主轴的宗法分封，周王族父子关系的神圣性逐渐传递到诸侯、大夫等阶层。所以，《穀梁传》认为，从终极的源头上讲，“天”仍是父子伦理关系的神圣基础。

本节所介绍的“父子”关系是广义的，主要泛指父母与子女的关系，同时还包括了比较特殊的祖与孙的关系。当然，父与子的关系显然是其中最重要的内容。

儒家理想中的父子关系是“父慈子孝”。由这四个字可以看出，父与子的关系既对立，又统一。父母对子女要慈爱，这是父母的义务；子女对父母要孝敬，这是子女的义务。“慈”与“孝”分别是对父、子角色的不同要求。与此同时，“慈”和“孝”并非出于功利的目的，不是“父母先做到慈爱了，子女才孝敬”，或者“子女将来会孝敬，父母才慈爱”。“慈”与“孝”并不以对方为前提，而是本身就是目的，就是生命的本能和内在需要。

《穀梁传》也主张全面地看待父母与子女之间的关系，即父母与子女之间的伦理关系是相互的，既包含了父母对子女的责任与情感，也包含了子女对父母的孝敬与维护。

一、父母对待子女之道

从逻辑上讲，父母对待子女之道是父子关系的起点。因此，《穀梁传》从几个方面规定了父母对待子女的原则和方式。

---

① 刘泽华主编：《中国传统政治哲学与社会整合》，中国社会科学出版社2000年版，第98页。

首先，父母有养育、照料未成年子女的责任。例如，在物质上保障子女的温饱，并避免年幼的子女遭遇水火等危险。《穀梁传·昭公十九年》云："子既生，不免乎水火，母之罪也。"[①] 这一规定可以与孔子的"子生三年，然后免于父母之怀"（《论语·阳货》）相互印证，表明当时社会普遍地规定了在子女成长过程中，父母应该尽到保护、照料的责任。

相较于养育子女，儒家更重视慈爱的另一种表现，即教育子女（尤其是儿子）。上引《穀梁传·昭公十九年》传文紧接着的一句话就是："羁贯成童，不就师傅，父之罪也。"[②] 可见，父母（尤其是父亲）还担负有培养、教育子女的责任，儿子年满八岁就要送到老师那里接受系统教育（即所谓"易子而教"）。后世儒家的童蒙读本《三字经》中就有"养不教，父之过；教不严，师之惰"的说法。因此，《穀梁传·昭公十九年》对发生在许国的事件进行了详细评述：许国国君病重，许世子止为父亲进献汤药，结果导致许君意外死亡。在《穀梁传》看来，这一事件不是一个阴谋，而是一个意外；这场意外悲剧的根源在于许世子只知道作为人子应该为病重的父亲献药，却不知道在献药之前还应该亲自替父亲先尝药。《穀梁传》在斥责许世子的同时，也对许君没有教育好世子表示了批评。正如范宁注所说："许君不授子以师傅，使不识尝药之义，故累及之。"[③] 许世子的错误在于不知道自己应先尝药，而这个道理应该由老师教给他；然而许世子没有老师，因为他的父亲许国国君没有把他送到老师那里接受教

---

① （晋）范宁集解，（唐）杨士勋疏：《春秋穀梁传注疏》，阮元校刻《十三经注疏》本，上海古籍出版社 1997 年版，第 2439 页。

② （晋）范宁集解，（唐）杨士勋疏：《春秋穀梁传注疏》，阮元校刻《十三经注疏》本，上海古籍出版社 1997 年版，第 2439 页。

③ （晋）范宁集解，（唐）杨士勋疏：《春秋穀梁传注疏》，阮元校刻《十三经注疏》本，上海古籍出版社 1997 年版，第 2439 页。

育。所以，归根到底，还是许君自己犯下的过错，没有尽到教育儿子的责任。

如果说父母将教育上的关注比较多的投给了儿子，那么父母内心的牵挂则同样分给了女儿。就《穀梁传》而言，父母对女儿最为牵挂的事情是女儿出嫁。当女儿出嫁时，父母要千叮咛、万嘱咐，希望女儿能够在夫家表现好，有一个好的归宿。这可以从《穀梁传·桓公三年》明显看出：

> 礼，送女，父不下堂，母不出祭门，诸母兄弟不出阙门。父戒之曰："谨慎从尔舅之言！"母戒之曰："谨慎从尔姑之言！"诸母般，申之曰："谨慎从尔父母之言！"①

女儿长大成人，就要出嫁了。家人的表现颇耐人寻味。一方面，在送女出嫁时，父母、庶母、兄弟等亲属必须遵循礼制规定，不能越过界线送别。另一方面，父亲会语重心长地告诫女儿："到了夫家，一定要谨慎小心，听从你公公的话"；母亲也会告诫："到了夫家，一定要谨慎小心，听从你婆婆的话"；庶母会为女儿系上丝囊，叮嘱道："一定要记住父母的告诫，听从公婆的话"。这些临别之言虽然不那么温情和感伤，却更能够代表家人此刻的心情。因为对女儿最大的关爱，就是希望她能够得到夫家众人的认可，生活得幸福顺利。

女儿嫁过去之后，父母仍旧会牵挂她的境况。尤其当女儿所嫁到的夫家之国出现大的动荡（如失国），父母会表示出特别的担心和关注。此外，《穀梁传·文公十五年》还记载："其曰'子叔姬'，贵

---

① （晋）范宁集解，（唐）杨士勋疏：《春秋穀梁传注疏》，阮元校刻《十三经注疏》本，上海古籍出版社 1997 年版，第 2373 页。

之也。其言‘来归’，何也？父母之于子，虽有罪，犹欲其免也。”[①]鲁国公室之女叔姬嫁到齐国，但是她在齐国与到访的鲁大夫单伯私通，被齐人抓获。女儿虽然犯下过错，但作为父母的，却还是希望女儿能平平安安的，能免于处罚。

最后，父子关系中还有一类比较特殊的形式，那就是国君与世子的关系。对此，《穀梁传·襄公三十年》提出“君无忍亲之义”[②]，认为国君不可以任意废黜、杀害世子。这也同样体现在《穀梁传·隐公元年》专门归纳的一条义例上，即：“杀世子母弟，目君。”[③]详细情况我们在第五章第二节已经做过论述。

二、子女对待父母之道

与父母对待子女之道相比，《穀梁传》更为看重子女对待父母的方式与态度。可以说，子如何待父才是《穀梁传》父子关系所讨论的重心。

孔子创立儒家学派，把“孝”作为“仁爱”的根基之一。“孝”、“悌”两者之中，又是以“孝”为主。《孝经》引述了孔子的话：“夫孝，天之经也，地之义也，民之行也”[④]，“夫孝，德之本也”[⑤]。孔子认为孝敬父母是天经地义的法则，是每个人应该身体力行的基本；孝是

---

① （晋）范宁集解，（唐）杨士勋疏：《春秋穀梁传注疏》，阮元校刻《十三经注疏》本，上海古籍出版社 1997 年版，第 2410 页。

② （晋）范宁集解，（唐）杨士勋疏：《春秋穀梁传注疏》，阮元校刻《十三经注疏》本，上海古籍出版社 1997 年版，第 2432 页。

③ （晋）范宁集解，（唐）杨士勋疏：《春秋穀梁传注疏》，阮元校刻《十三经注疏》本，上海古籍出版社 1997 年版，第 2365 页。

④ （唐）李隆基注，（宋）邢昺疏：《孝经注疏》，阮元校刻《十三经注疏》本，上海古籍出版社 1997 年版，第 2549 页。

⑤ （唐）李隆基注，（宋）邢昺疏：《孝经注疏》，阮元校刻《十三经注疏》本，上海古籍出版社 1997 年版，第 2545 页。

德性之本，是仁爱之源。由此可见孔子对“孝”的看重与推崇。

《穀梁传》所主张的子女对待父母之道，既继承了孔子以来儒家的孝道传统，又结合宗法礼制的具体规定而有所改造。总体而言，在制度规范方面有所细化，但在精神与情感方面却有所萎缩，显得更加保守。

（一）为亲者“讳败”、“讳疾”

子女对父母的孝敬之情首先可以体现在《穀梁传》特有的讳例上。《穀梁传·成公元年》称：“为尊者讳敌不讳败，为亲者讳败不讳敌。尊尊亲亲之义。”[①] 在《穀梁传·成公九年》又说道：“为尊者讳耻，为贤者讳过，为亲者讳疾。”[②]《穀梁传》的这些讳例当然主要是从政治的角度而言；但是需要指出，其中所讲的“亲者”既指“君”又指“父”，即所谓“君父”。因此，为亲者“讳败”、“讳疾”就不仅仅是君臣关系的范畴，同时还应该是父子伦理情感的体现。具体地讲，为人子女者不希望战败伤亡或疾病一类的不吉利事情与自己的亲人、与君父联系在一起。可见，“讳败”、“讳疾”的观念突出体现了“亲亲”原则在亲属关系，尤其是父子关系中的指导性地位。

（二）子女应孝敬父母

子女应该孝敬父母，这是古代中国人的共同认识。《穀梁传》通过对许世子止和晋世子申生二人言行的分析，提出了它对于“孝”的理解。

---

① （晋）范宁集解，（唐）杨士勋疏：《春秋穀梁传注疏》，阮元校刻《十三经注疏》本，上海古籍出版社 1997 年版，第 2417 页。

② （晋）范宁集解，（唐）杨士勋疏：《春秋穀梁传注疏》，阮元校刻《十三经注疏》本，上海古籍出版社 1997 年版，第 2421 页。

前文提到的许世子止的悲剧可以集中地反映当时人们的“孝”观念。许世子止为其父许国国君献药，却导致了许君的意外死亡。对此，《穀梁传·昭公十九年》严厉地批评许世子不知道献药之前应该自己先尝药的道理、结果导致父亲意外死亡。所以许君虽然死于意外，但经文却书“许世子弑其君”，以表示对许世子失误的斥责。在《礼记·曲礼》中我们可以发现相似的观点：“君有疾饮药，臣先尝之；亲有疾饮药，子先尝之。医不三世，不服其药。”[①]由此可以推知：身为人子，在照料患病的父母时应该悉心、周到，要选择经验丰富、信誉良好的名医世家为亲人抓药，并且药熬好后还要自己先尝药以确保药没有毒害。据《穀梁传·昭公十九年》的记载：许君死后，许世子止陷入深深的自责当中。他将世子之位让给了弟弟，日夜哭泣，喉咙哽咽，连稀粥都无法下咽，不到一年时间就抑郁而死。[②]同样值得推敲的还有《穀梁传·宣公二年》的一段话：“于盾也，见忠臣之至；于许世子止，见孝子之至。”[③]单从字面上看，很容易误解传文是在肯定许世子让位自责、哭泣而死的悔过行为。但仔细一分析，就可以发现传文并非表彰赵盾、许世子止二人为忠、孝的楷模。恰恰相反，《穀梁传》的意思是通过传文对他们二人行为的批评，人们才可以反观出忠、孝的真正标准。也就是说，真正的“孝子”不仅应该向生病的父母献药以示关心，还要在献药之前自己先尝药以确保父母的安全。由此可以看出，细致入微地关心父母的生命健康乃是《穀梁传》对“孝”的第一层理解。

---

① （汉）郑玄注，（唐）孔颖达疏：《礼记正义》，阮元校刻《十三经注疏》本，上海古籍出版社 1997 年版，第 1268 页。

② 参见（晋）范宁集解，（唐）杨士勋疏：《春秋穀梁传注疏》，阮元校刻《十三经注疏》本，上海古籍出版社 1997 年版，第 2439 页。

③ （晋）范宁集解，（唐）杨士勋疏：《春秋穀梁传注疏》，阮元校刻《十三经注疏》本，上海古籍出版社 1997 年版，第 2412 页。

再来看晋国世子申生的故事。申生是晋献公的嫡长子，依宗法继承制度被立为世子。申生之母即献公的夫人早逝。晋献公伐丽戎而得丽姬，对其宠爱有加，并生二子奚齐、卓子。丽姬恃宠，欲使其子奚齐取申生的世子之位而代之，于是阴谋陷害申生。晋献公被骗，对世子申生产生猜忌。申生的师傅里克建议申生去见献公，向其当面揭穿丽姬的阴谋。这时，申生说了一番话："吾君已老矣，已昏矣。吾若此而入自明，则丽姬必死。丽姬死，则吾君不安。所以使吾君不安者，吾不若自死。吾宁自杀以安吾君。"[①] 于是，申生选择了刎脰自杀来了结此事。申生的言行反映出在当时人们对于子女孝敬行为的一些规定，即子女必须尽一切努力使父母安乐；为此目的，哪怕牺牲生命也在所不惜。申生的行为也得到了很多人的赞许。例如《礼记·檀弓》在介绍完此事后，评价申生为"恭世子"[②]。

然而，《穀梁传》作者对申生的行为却并不是很欣赏。这可以从《穀梁传·隐公元年》对"隐让桓弑"事件的评论中清楚地看出：鲁隐公为惠公之子。惠公去世，隐公依继承法应即位为新君。但隐公探知其父原本打算传位给隐公的弟弟桓公。于是隐公不愿即位，而只打算暂时摄政，待到桓公成年再让位于他。对于隐公的举动，《穀梁传》评论道："让桓正乎？曰：不正。……《春秋》贵义而不贵惠，信道而不信邪。孝子扬父之美，不扬父之恶。先君之欲与桓，非正也，邪也。虽然，既胜其邪心以与隐矣。已探先君之邪志，而遂以与桓，则是成父之恶也。"[③] 从表面上看，隐公为了成全君父的心愿而放弃千乘

① （晋）范宁集解，（唐）杨士勋疏：《春秋穀梁传注疏》，阮元校刻《十三经注疏》本，上海古籍出版社 1997 年版，第 2396 页。

② （汉）郑玄注，（唐）孔颖达疏：《礼记正义》，阮元校刻《十三经注疏》本，上海古籍出版社 1997 年版，第 1276—1277 页。

③ （晋）范宁集解，（唐）杨士勋疏：《春秋穀梁传注疏》，阮元校刻《十三经注疏》本，上海古籍出版社 1997 年版，第 2365 页。

之国国君的尊贵地位，将君位让给弟弟桓公，这应该是孝顺达到极致的表现。然而，《穀梁传》却认为隐公实际上在“成父之恶”，在彰显父亲惠公的过错。所以，这并不是真正的孝顺。真正的孝顺，应该是“扬父之美，不扬父之恶”。换句话说，就是在成全父亲心愿时，并不是一味顺从，而应首先对父亲的志愿进行分类。对于父亲的那些好的、善的志愿，也就是“正志”，子女应当尽一切努力去实现。但对于父亲的恶的、不好的志愿，也就是“邪志”，子女则应以“贵义不贵惠，信道不信邪”为最高行为标准，放弃去实现它。惠公虽然一直打算传位给小儿子桓公，但惠公的这种愿望是违背宗法继承制的，是不符合道义的。现在，惠公好不容易克服私心，按照道义将君位传给隐公；结果身为人子的隐公不仅没有能够体谅父亲的苦心，彰显父亲行为的美善，反而去成全父亲违背道义的私心，这实际上是陷君父于不义，是更大的不孝。

由此可知，《穀梁传》所倡导的“孝”并不是一味迎合、迁就父母之志的愚孝，而是遵守“贵义而不贵惠，信道而不信邪”的道义之孝，是“扬父之美，不扬父之恶”的弘德之孝。反观申生之死，他是为了满足父亲晋献公欲除掉申生的心愿；但献公此时的心愿是由于受了丽姬欺骗、蒙蔽而产生的，因而是“不正”的，是“邪志”。从“孝子扬父之美，不扬父之恶”的原则出发，申生应该采取的正确行为是向父亲说清楚事情的真相，揭穿丽姬的阴谋。只有这样，才能促使父亲了解真相，不犯错误，即扬其美而抑其恶。这才是《穀梁传》所嘉许的真正的孝子之行。

此外，子女对待父母的“孝”还表现在对父母去世的哀思与祭祀上。《穀梁传》规定，即使父母已经离开人世，为人子女仍应该保持对父母的思慕之情。从《穀梁传·僖公十年》所记载的晋国丽姬的言语中，我们可以推测世子似乎有为亡母守卫墓冢并祭祀的职责。[①]《穀梁传·隐公五年》的传文则记载了庶子即位为君当为其母修建宗庙的礼法规定："礼，庶子为君，为其母筑宫，使公子主其祭也。"[②]而成公三年，当供奉先君鲁宣公神位的祭庙发生火灾时，鲁成公按照礼制哭泣三日。《穀梁传》认为"其辞恭且哀"，所以《春秋》经文没有讥讽成公的意思。[③]《穀梁传》的这一礼制规定也可以得到《礼记·檀弓》的佐证："有焚其先人之室，则三日哭。故曰：新宫火，亦三日哭。"[④]因此，通过祭祀活动表达对于去世亲人的哀思，这种"孝行"逐渐成为祖先崇拜信仰的一个有效传递方式。

但是子女在表达对父母的孝敬之情时，必须遵循政治的等级和宗法的秩序。这一点可以从前文多次提及的鲁文公"逆祀"一事清楚看出。《穀梁传》对鲁文公"逆祀"行为提出严厉批评：

> 《穀梁传·文公二年》：**八月丁卯，大事于太庙，跻僖公。**大事者何？大是事也，著祫尝。祫祭者，毁庙之主。陈于太祖，未毁庙之主，皆升合祭于太祖。跻，升也，先亲而后祖也，逆祀也。逆祀，则是无昭穆也。无昭穆，则是无祖也。无祖，则无天也。故曰：文无天。无天者，是无天而行也。君子不以亲亲害尊尊，此《春秋》之义也。[⑤]

---

① 参见（晋）范宁集解，（唐）杨士勋疏：《春秋穀梁传注疏》，阮元校刻《十三经注疏》本，上海古籍出版社1997年版，第2396页。

② （晋）范宁集解，（唐）杨士勋疏：《春秋穀梁传注疏》，阮元校刻《十三经注疏》本，上海古籍出版社1997年版，第2369页。

③ 参见（晋）范宁集解，（唐）杨士勋疏：《春秋穀梁传注疏》，阮元校刻《十三经注疏》本，上海古籍出版社1997年版，第2418页。

④ （汉）郑玄注，（唐）孔颖达疏：《礼记正义》，阮元校刻《十三经注疏》本，第1313页。

⑤ （晋）范宁集解，（唐）杨士勋疏：《春秋穀梁传注疏》，阮元校刻《十三经注疏》本，上海古籍出版社1997年版，第2405页。

文公在举行合祭先祖的仪式时，出于对先父僖公的敬爱思慕之情，强行将僖公的神主提升到闵公神主的前面。但实际情况是，尽管僖公为闵公之庶兄，然而僖公却是从闵公那里继承鲁君之位的。也就是说，在正常的宗庙秩序中，闵公应为文公之“祖”，僖公则为文公之“亲”；先“祖”而后“亲”才是合于礼的。现在文公由于对父亲的孝敬，将神主的秩序改为先“亲”而后“祖”。所以《穀梁传》才说他“逆祀”、“无昭穆”、“无祖”，进而“无天”。在此，《穀梁传》提出了处理伦理关系的一个极其重要的原则，即“不以亲亲害尊尊”。“亲亲”是所有伦理关系的一个共同特征，也是《穀梁传》在建构家庭秩序时十分重视的情感资源。但是，在运用“亲亲”原则处理家庭伦理关系时，必须以不妨碍“尊尊”原则为前提。所谓“尊尊”，首先指的应该是一种宗法的尊卑秩序。例如儿子孝敬父亲是“亲亲”，先“祖”而后“亲”则就是“尊尊”。后来，“尊尊”逐渐由宗法的秩序发展成为一种政治的等级及其精神。因此，“不以亲亲害尊尊”的观念表明《穀梁传》的伦理秩序乃是统摄于政治秩序之下。

（三）子不行父之道

针对春秋时期大量出现的混乱父子之礼的事件，《穀梁传》严格区分了待父之道与待子之道，并对子行父道的现象提出了批评。

前文提及桓公九年曹伯命其世子射姑来鲁国朝觐。《穀梁传》评论道：“言‘使’非正也，使世子伉诸侯之礼而来朝，曹伯失正矣。诸侯相见曰‘朝’，以待人父之道待人之子，以内为失正矣。”[①]《穀梁

① （晋）范宁集解，（唐）杨士勋疏：《春秋穀梁传注疏》，阮元校刻《十三经注疏》本，上海古籍出版社 1997 年版，第 2376 页。

传》认为，在这一事件中，曹伯和鲁君都有失礼之处，因为按照礼制，只有两国之君相见才能称为‘朝’，现在曹国以世子见鲁君而曰‘朝’，就曹伯来说，允许其子僭行诸侯之礼，是为不正；就鲁君来说，以待人父（诸侯）之礼待人之子（世子），亦为不正。与此相类似，僖公五年鲁国嫁到杞国的杞伯姬带着儿子一同回鲁国朝聘，欲以其子代杞伯行朝聘诸侯之礼。《穀梁传》同样批评了这种子行父道的行为，特别斥责了以待人父之礼待人之子的失礼行为。[①] 由此可见，《穀梁传》对待父之道与待子之道有着严格的区分，无论是父子双方，还是与之交往的第三方，都不能任意混淆父子之道。

与此相关的，《穀梁传》还提出“父在则子不得代仕”的观点。《穀梁传·桓公五年》云：“任叔之子者，录父以使子也。故微其君臣，而著其父子，不正父在子代仕之辞也。”[②] 任叔为天子之大夫。现在任叔仍然健在，天子却任命任叔之子代父出使他国。《穀梁传》认为这种“父在而子代仕”的现象也是以待人父之礼待人之子，故而是“不正”的，应加以斥责。

（四）贬斥子弑父、子夺父政的行为

孟子在描述孔子作《春秋》的时代背景时曾经说过：“世衰道微，邪说暴行有作，臣弑其君者有之，子弑其父者有之。”（《孟子·滕文公下》）可以说，以子弑父、子夺父政是父子关系中最严重的事件。《穀梁传》对此深恶痛绝。

襄公三十年，蔡景公为世子取妻于楚，但景公失德，竟然与儿

---

① 参见（晋）范宁集解，（唐）杨士勋疏：《春秋穀梁传注疏》，阮元校刻《十三经注疏》本，上海古籍出版社 1997 年版，第 2393 页。

② （晋）范宁集解，（唐）杨士勋疏：《春秋穀梁传注疏》，阮元校刻《十三经注疏》本，上海古籍出版社 1997 年版，第 2374 页。

媳私通。蔡世子得知，遂弑蔡景公而即位。对于此事，《穀梁传》评价道："其不日，子夺父政，是谓夷之。"[1]按照礼制，记载华夏之君薨当书日，而夷狄之君则不书日，以别其尊卑。蔡景公作为华夏之君去世，经文却不书日，同于夷狄之君。《穀梁传》认为这是因为蔡世子般弑君而夺父之政的行为就像是夷狄之人一样，所以经文要用书夷狄之例书之，以贬斥蔡世子般弑父的行为。

此外，《穀梁传》还提出了"子不围父"观点：

> 《穀梁传·哀公三年》：**三年春，齐国夏、卫石曼姑帅师围戚**。此卫事也，其先国夏，何也？子不围父也。不系戚于卫者，子不有父也。[2]

范宁注引江熙的话说："国夏首兵，则应言卫戚，今不言者，辟子有父也。子有父者，戚系卫则为大夫属于卫。子围父者，谓人伦之道绝，故以齐首之。"[3]"子不有父"所维护的是父尊子卑的等级秩序；而"子不围父"则是为了抢救父子关系中最基本的亲情。

从子即父位的书例中，也可以看出《穀梁传》对子僭越父的行为的斥责。先君如果正常死亡，则世子作为后君正常即位，没有太多说法。但倘若先君是由于意外而死亡，即"先君不以其道终"时，《穀梁传》则区分了两种情形：第一种情况是即位的后君与先君之死没有瓜葛，则后君在即位时不忍书即位，以示其哀痛之情。反之，如

① （晋）范宁集解，（唐）杨士勋疏：《春秋穀梁传注疏》，阮元校刻《十三经注疏》本，上海古籍出版社 1997 年版，第 2432 页。

② （晋）范宁集解，（唐）杨士勋疏：《春秋穀梁传注疏》，阮元校刻《十三经注疏》本，上海古籍出版社 1997 年版，第 2449 页。

③ （晋）范宁集解，（唐）杨士勋疏：《春秋穀梁传注疏》，阮元校刻《十三经注疏》本，上海古籍出版社 1997 年版，第 2449 页。

果“先君不以其道终”，后君“继故即位”而直书“即位”，则表明他对先君之死没有哀痛之情，是“无恩”于先君。“推其无恩，则知与弑也”[①]，这说明后君与先君之死是脱不了干系的，即“与闻乎弑”。《穀梁传》通过对《春秋》书例严谨细微地分析，表明了坚决反对“子弑父而立”的立场。

最后，就母子关系和祖孙关系做一点补充。

《穀梁传》对母与子关系的规定存在着一定的矛盾。一方面，《穀梁传·闵公二年》主张儿子应该孝敬母亲，这从子为母立庙守祀的制度以及“不以讨母葬子”[②]的原则可以看出；但另一方面，《穀梁传·隐公二年》又提出“夫死，从长子”[③]的特殊规定，实际上承认了孀居的母亲对儿子的依附关系。我们认为这种矛盾表明《穀梁传》时代正好处在旧有的宗法情感和秩序依然残存、新的伦理关系又已经萌芽的微妙时期；而《穀梁传》的“夫死，从长子”观念表明男权、男性中心主义日益巩固，社会对妇女的人身约束加强，这又从思想上开启了后世的董仲舒和《白虎通义》的“三从”之说。

祖与孙的关系不同于父子关系，而是另一种有着悠久历史的独特关系。《穀梁传》对祖孙关系也有论述。卫国国君和大臣同名“恶”，《穀梁传·昭公七年》认为“名字”是由“王父”（即祖父）所起的，应该对此表示尊重，所以“君子不夺人名”。[④]《穀梁传·哀

---

① 《穀梁传·桓公元年》：“曰先君不以其道终，已正即位之道而即位，是无恩于先君也”句范宁注，见（晋）范宁集解，（唐）杨士勋疏：《春秋穀梁传注疏》，阮元校刻《十三经注疏》本，上海古籍出版社 1997 年版，第 2372 页。

② （晋）范宁集解，（唐）杨士勋疏：《春秋穀梁传注疏》，阮元校刻《十三经注疏》本，上海古籍出版社 1997 年版，第 2390 页。

③ （晋）范宁集解，（唐）杨士勋疏：《春秋穀梁传注疏》，阮元校刻《十三经注疏》本，上海古籍出版社 1997 年版，第 2367 页。

④ （晋）范宁集解，（唐）杨士勋疏：《春秋穀梁传注疏》，阮元校刻《十三经注疏》本，上海古籍出版社 1997 年版，第 2434 页。

公二年》记载卫国国君辄拒绝他的父亲原世子蒯聩回国即位，所用的理由也是“以辄不受父之命，受之王父也。信父而辞王父，则是不尊王父也。其弗受，以尊王父也”[①]。这两则资料都显示祖父（“王父”）对于孙子来说，具有一种特别的意义；祖父对孙子的权威有时候甚至超过了父亲。我们认为从《穀梁传》对祖孙关系的强调中，可以看到古老的昭穆制度的影子。[②]

第二节　夫妇关系

夫妇关系属于儒家最重要的“五伦”之一。先秦儒家典籍对夫妇之间的伦理关系多有论述。《周易・序卦》说：“有天地，然后有万物；有万物，然后有男女；有男女，然后有夫妇；有夫妇，然后有父子；有父子，然后有君臣；有君臣，然后有上下；有上下，然后礼义有所错。”[③]《中庸》将夫妇关系视为“天下五达道”之一[④]，并指出“君子之道，造端乎夫妇，及其至也，察乎天地”[⑤]。这与《礼记・内则》所主张的“礼始于谨夫妇”[⑥]相互呼应。《礼记・昏义》进一步发

① （晋）范宁集解，（唐）杨士勋疏：《春秋穀梁传注疏》，阮元校刻《十三经注疏》本，上海古籍出版社 1997 年版，第 2449 页。

② 正如《礼记・曲礼》所说的“礼曰：‘君子抱孙不抱子。’此言孙可以为王父尸，子不可以为父尸”。（汉）郑玄注，（唐）孔颖达疏：《礼记正义》，阮元校刻《十三经注疏》本，上海古籍出版社 1997 年版，第 1248 页。

③ （魏）王弼、（晋）韩康伯注，（唐）孔颖达正义：《周易正义》，阮元校刻《十三经注疏》本，上海古籍出版社 1997 年版，第 96 页。

④ 参见（汉）郑玄注，（唐）孔颖达疏：《礼记正义》，阮元校刻《十三经注疏》本，上海古籍出版社 1997 年版，第 1629 页。

⑤ （汉）郑玄注，（唐）孔颖达疏：《礼记正义》，阮元校刻《十三经注疏》本，上海古籍出版社 1997 年版，第 1626 页。

⑥ （汉）郑玄注，（唐）孔颖达疏：《礼记正义》，阮元校刻《十三经注疏》本，上海古籍出版社 1997 年版，1468 页。

挥："男女有别，而后夫妇有义；夫妇有义，而后父子有亲；父子有亲，而后君臣有正。故曰，昏礼者，礼之本也。"[①]

夫妇关系由男女关系衍生而来。何怀宏指出，夫妇关系是儒家"五伦"之中最特殊的关系之一：从血缘性来说，它不同于父子关系和兄弟关系，没有血源性的基础；从作用范围来说，它又不同于君臣关系和朋友关系，作用于家庭内部而非社会领域。不仅如此，夫妇关系还是其他伦理关系确立的基础，父与子之间的关系、兄与弟之间的关系都需要仰赖夫妇关系方可形成。因此，夫妇关系虽然本身不具有血源性，但它却成为一种开创血缘关系的关系。夫妇关系起到实现家族上下联系、维系家族世系传递的作用，在宗法血缘关系网络中扮演了一个中心环节的角色。在家族谱系的每一个环节上，在父子、祖孙的每一个上下联系的环节上，都伴随着夫妇关系。[②]嫡长子继承制是周代宗法制度最重要的规定之一；"嫡子"的身份确立显然也离不开夫妇关系。

因此，夫妇之间的伦理关系以及与此相关的婚姻之事，对于儒家而言，具有异乎寻常的意义。《礼记·昏义》记载了"六礼"之说：纳采、问名、纳吉、纳征、请期和亲迎[③]，表明古人高度重视标志夫妇关系之结成的婚礼仪式。

春秋时期，建立于西周初期的宗法礼乐制度逐渐失效，违背礼乐与宗法道德的行为层出不穷，整个社会呈现出"礼坏乐崩"的失序状态。其中，由夫妇关系的混乱而演成的伦理危机，虽不如臣弑君、子杀父等现象触目惊心，但它也构成了春秋社会变局的一个不容忽视

① （汉）郑玄注，（唐）孔颖达疏：《礼记正义》，阮元校刻《十三经注疏》本，上海古籍出版社1997年版，第1681页。

② 参见何怀宏：《良心论》，北京大学出版社2009年版，第97页。

③ 参见（汉）郑玄注，（唐）孔颖达疏：《礼记正义》，阮元校刻《十三经注疏》本，上海古籍出版社1997年版，第1680页。

的方面，如鲁桓公之死的起因就是他的夫人与齐国国君私通。[①]

《春秋》经传对于夫妇之间的伦理关系颇为重视；其中，又尤以《穀梁传》的论述最为全面和系统。夫妇伦理涵括了家庭、婚姻及妇女地位等众多方面。《穀梁传》的作者希望改变“礼坏乐崩”的乱局，重建一套自上而下的政治伦理体系。因此，围绕夫妇之间伦理关系的思考与论述构成了《穀梁传》所重建之家庭秩序的重要内容。受当时社会结构的影响，《穀梁传》所讨论的夫妇关系主要集中在统治阶层内部，以王室与公室的夫妇为主要研究对象。

一、合二姓之好，以继万世之后

《穀梁传·桓公三年》的传文中，《穀梁传》作者借引用孔子的话，道出了婚姻的实质意义——“合二姓之好，以继万世之后”[②]。类似的思想又见于《礼记·昏义》：“昏礼者，将合二姓之好，上以事宗庙，而下以继后世也，故君子重之。”[③]在《穀梁传》看来，加深婚姻双方家族之间的友好情感、为夫家繁衍后代，这两者正是婚姻的意义和本质所在，因而也是夫妇伦理关系的基础。

首先看“合二姓之好”。此处的“二姓”可以追溯到周代的“同姓不婚”制度。王国维在深入分析周代社会思想资料后，提出了周代异于殷代的三大制度，其中的第三条就是“同姓不婚之制”[④]。《礼记·曲礼》记载：“取妻不取同姓，故买妾不知其姓则卜之。”[⑤]无论是出于生

① 参见（晋）范宁集解，（唐）杨士勋疏：《春秋穀梁传注疏》，阮元校刻《十三经注疏》本，上海古籍出版社1997年版，第2378页。

② （晋）范宁集解，（唐）杨士勋疏：《春秋穀梁传注疏》，阮元校刻《十三经注疏》本，上海古籍出版社1997年版，第2374页。

③ （汉）郑玄注，（唐）孔颖达疏：《礼记正义》，阮元校刻《十三经注疏》本，上海古籍出版社1997年版，第1680页。

④ 王国维：《观堂集林》第二册，中华书局1959年版，第453—454页。

⑤ （汉）郑玄注，（唐）孔颖达疏：《礼记正义》，阮元校刻《十三经注疏》本，上海古籍出版社1997年版，第1241页。

理上的优生学考虑，还是为了加强联系、扩大交往的政治目的，周代已经“实行‘同姓不婚’的族外婚制，同等级的贵族在相当的等级内迎娶异姓女子”[①]。而且从《穀梁传》的史料来看，当时已经形成了较为固定的国与国之间的嫁娶关系，如周王室与齐国互为婚姻、鲁国与齐国互为婚姻等。“同姓不婚”作为一条基本原则被严格地奉行。所以，鲁哀公十二年昭公夫人孟子卒，经文不称之为“夫人”而称之为“妾”，正是委婉地批评了昭公当年娶同姓之女为妻的失礼行为。[②]

可见，婚姻已经成为当时各个国家之间联系感情、整合利益、延续世代友好的重要手段。在整个春秋时代，国与国之间的婚姻往往带有浓厚的政治色彩。国君从他国迎娶夫人，“使大夫，非正也”，而必须“冕而亲迎”。[③] 因为所迎娶的夫人不仅是本国国君的妻子，同时还是姻国的和平使者，身负促进两国友好的重要政治使命，所以万万怠慢不得，需要国君亲自出面迎接。这也体现了婚姻双方对于婚姻所承载的政治作用的重视。

其次看“继万世之后”。《穀梁传》虽然没有明确提出“不孝有三，无后为大”的观点，但从传文的描述中，不难发现它实际上把婚姻与繁衍后代、延续宗庙紧密地联系在一起。并且，婚姻所产生的后代的身份地位也是由婚姻的合法性程度来决定。

例如君夫人被迎娶回来的第一个重要仪式就是“荐舍于前”[④]。

---

① 郭齐勇：《中国周代的礼仪与王权》中文本与日文本，笠谷和比古编：《公家与武家——关于比较文明史的研究》（第22回国际学术会议论文集），国际日本文化研究所，2004年1月，第95—108页。

② 参见（晋）范宁集解，（唐）杨士勋疏：《春秋穀梁传注疏》，阮元校刻《十三经注疏》本，上海古籍出版社1997年版，第2446、2450页。

③ 参见（晋）范宁集解，（唐）杨士勋疏：《春秋穀梁传注疏》，阮元校刻《十三经注疏》本，上海古籍出版社1997年版，第2373—2374页。

④ （晋）范宁集解，（唐）杨士勋疏：《春秋穀梁传注疏》，阮元校刻《十三经注疏》本，上海古籍出版社1997年版，第2386页。

“荐”，进也。“舍”，应当与宗庙相关。“荐舍于前”就是“临宗庙”，看新夫人是否能为宗庙所接受；换言之，就是以接受祖先神灵之检验的方式肯定这桩婚姻具有合法性。《春秋》僖公八年称“禘于大庙”，“用致夫人”。《穀梁传》解释说此处在太庙行禘祭之礼的其实并不是鲁僖公的正夫人，而是他的妾。证据之一就是倘若正夫人临于太庙，按礼制应该书夫人的姓氏；此处没有书行禘祭之人的姓氏，表明实际情况是以妾临太庙，不合礼制，故“以宗庙临之而后贬焉”，《春秋》有意不书姓氏来贬斥之。① 这也从反面表明：只有国君的正夫人才有资格“临宗庙”而行禘祭。又如庄公二十四年鲁君从齐国迎娶夫人，夫人姜氏按常例进入鲁国的宗庙举行祭礼。但经文却书“日”以恶之，理由是“以宗庙弗受”。原来，鲁国上一代国君桓公因识破夫人与齐侯的奸情而惨死于齐国，鲁、齐为此结下仇怨。身为人子，鲁庄公不能为君父复仇，是迫于齐强鲁弱的客观情势的无奈之举；但现在公然“娶仇人子弟以荐舍于前”，则是鲁庄公背亲忘仇的失礼行为。在这种情况下迎娶的齐国之女当然是鲁国宗庙所无法接受的。② 这也说明婚姻虽然是“合二姓之好”的重要手段，但倘若两国之间有深仇大恨，则不宜结为婚姻；即便勉强结为婚姻，新夫人也没有资格被“荐舍于前”。

因此，新迎娶的夫人只有通过了“荐舍”、“临宗庙”的仪式，才能正式成为国君的夫人，并享有特权。如《穀梁传·庄公二十四年》云：“夫人所以崇宗庙也。”③ 言外之意，国君的妾、媵

---

① 参见（晋）范宁集解，（唐）杨士勋疏：《春秋穀梁传注疏》，阮元校刻《十三经注疏》本，上海古籍出版社 1997 年版，第 2395 页。

② 参见（晋）范宁集解，（唐）杨士勋疏：《春秋穀梁传注疏》，阮元校刻《十三经注疏》本，上海古籍出版社 1997 年版，第 2386 页。

③ （晋）范宁集解，（唐）杨士勋疏：《春秋穀梁传注疏》，阮元校刻《十三经注疏》本，上海古籍出版社 1997 年版，第 2386 页。

是没有资格进入宗庙的。而夫人最重要的特权就是：只有夫人所生的儿子才可以被称为嫡子。嫡子较妾、媵所生的庶子要尊贵得多，嫡长子更能成为世子。而世子作为国君的唯一合法继承人，主要使命之一就是要继国君之后入宗庙主祭。换言之，国家的宗庙正是通过一代代世子而不断延续下去的。因此，只有正夫人所生的嫡长子，才真正负有传宗接代的宗族使命。反过来说，正是因为世子具有这种特殊的使命，世子之母——国君的正夫人——才有资格入宗庙行祭。可见，夫人"临宗庙"的特权在很大程度上与她为延续宗庙祭祀提供了合法继承人紧密联系在一起。

最后，《穀梁传》还规定了婚姻的年龄："男子二十而冠，冠而列丈夫，三十而娶。女子十五而许嫁，二十而嫁。"[①]《穀梁传》对于婚姻年龄的规定与《周礼》及《尚书大传》中有关记载颇多相似之处，如《周礼·地官司徒·媒氏》云："令男三十而娶，女二十而嫁。"[②]而《尚书大传》更是以孔子的名义对该规定作了解释："孔子曰：男三十而娶，女二十而嫁，通于织衽纺绩之事，黼黻文章之没，不若是，则上无以孝于舅姑，而下无以事夫养子。"[③]浦卫忠认为："这表明了时人已开始认识到了婚姻与人的生理状况以及所能胜任的养老育子的职责之间的联系，并以之作为他们所拟构的婚龄的理论基础。"[④]但浦卫忠又指出，《穀梁传》及《周礼》、《尚书大传》对婚姻年龄的规定与先秦时期的其他文献多不符合，特别是与当时的实际

---

① （晋）范宁集解，（唐）杨士勋疏：《春秋穀梁传注疏》，阮元校刻《十三经注疏》本，上海古籍出版社 1997 年版，第 2408 页。

② （汉）郑玄注，（唐）贾公彦疏：《周礼注疏》，《十三经注疏》，阮元校刻《十三经注疏》本，上海古籍出版社 1997 年版，第 733 页。

③ （汉）郑玄注，（唐）贾公彦疏：《周礼注疏》，阮元校刻《十三经注疏》本，上海古籍出版社 1997 年版，第 733 页。

④ 浦卫忠：《春秋三传综合研究》，台湾文津出版社 1995 年版，第 177 页。

婚龄不一致；因此，“《穀梁传》所提出的‘男三十而娶，女二十而嫁’，只能是秦汉时期理论家们的产物，而不会早于战国以前”①。

浦卫忠的观点虽然很有启发性，但却存在一个认识上的局限，即他将古代男、女娶嫁的时间凝固化了。其实，从《穀梁传》的传文来看，“男子二十而冠，冠而列丈夫，三十而娶。女子十五而许嫁，二十而嫁”，这其中的“列丈夫”与“而娶”、特别是“许嫁”与“而嫁”之间关系，都清楚地表明《穀梁传》所规定的并不是一个固定的始婚年龄，而是一个适宜结婚的年龄段。范宁注引谯周的解释称：“是故男自二十以及三十、女自十五以及二十皆得以嫁娶，先是则速，后是则晚。……则三十而娶，二十而嫁，说嫁娶之限，盖不得复过此尔。”②因此，《穀梁传》所提倡的婚姻年龄是男子为二十到三十岁之间，女子为十五到二十岁之间；早于此者，则男女的身心尚未发育健全；晚于此者，则于家于国不利。

二、夫妇一体，同尊同卑

在《穀梁传》作者看来，居于婚姻双方的夫妇是紧密联系在一起的，表现出夫人与丈夫一体、同尊同卑的特点。

《穀梁传·庄公二十二年》在解释经文称国君夫人为“小君”的原因时，指出：“‘小君’，非君也。其曰‘君’，何也？以其为公配，可以言‘小君’也。”③《穀梁传》这一观点继承了孔子的看法，如《论语·季氏》记载：“邦君之妻，君称之曰夫人，夫人自称曰小童；邦人称之曰君夫人，称诸异邦曰寡小君；异邦人称之亦曰君夫人。”

---

① 浦卫忠：《春秋三传综合研究》，台湾文津出版社 1995 年版，第 178 页。

② （晋）范宁集解，（唐）杨士勋疏：《春秋穀梁传注疏》，阮元校刻《十三经注疏》本，上海古籍出版社 1997 年版，第 2408 页。

③ （晋）范宁集解，（唐）杨士勋疏：《春秋穀梁传注疏》，阮元校刻《十三经注疏》本，上海古籍出版社 1997 年版，第 2385 页。

由于夫人在婚姻上与国君相匹配的特殊地位，使得她也获得了尊贵的身份，这就是“适诸侯，则尊同”[①]。

夫人与国君“一体同尊”突出体现为两点：

其一，从祭祀活动的准备来看，《穀梁传·桓公十四年》记载：“天子亲耕，以共粢盛；王后亲蚕，以共祭服。国非无良农工女也，以为人之所尽，事其祖祢，不若以己所自亲者也。”[②]《穀梁传·文公十三年》也指出：“礼，宗庙之事。君亲割，夫人亲舂，敬之至也。”[③]为了表达对天、祖的虔敬，祭祀所需的物品必须由最尊贵的人亲自动手准备。这时不仅天子、诸侯要亲自耕作、亲自收割，他们的夫人也要亲自纺织、亲自舂米。作为天子或者诸侯的夫人，妇女有资格与丈夫一起共同准备祭祀宗庙所需的物品。在这一过程中，天子或国君的夫人显然也享有尊贵的身份。

其二，从宗庙祭祀活动本身看，夫人也有资格陪同天子或诸侯进入宗庙主祭。《穀梁传·庄公二十四年》明确规定：“夫人所以崇宗庙也。”[④]当然，正如上文指出的，这种特权只有国君的正夫人才拥有；而这与她为延续宗庙祭祀提供合法继承人（“延嗣”）的作用分不开。

夫人与诸侯国君“一体”，还表现在他们“一体同卑”上。文公四年，鲁君娶妻于齐国，依礼制鲁君亲自到齐国迎娶夫人妇姜。但是鲁文公没有遵循携新夫人回国成亲的礼制，而是迫不及待地就在齐国

① （晋）范宁集解，（唐）杨士勋疏：《春秋穀梁传注疏》，阮元校刻《十三经注疏》本，上海古籍出版社1997年版，第2381页。

② （晋）范宁集解，（唐）杨士勋疏：《春秋穀梁传注疏》，阮元校刻《十三经注疏》本，上海古籍出版社1997年版，第2377—2378页。

③ （晋）范宁集解，（唐）杨士勋疏：《春秋穀梁传注疏》，阮元校刻《十三经注疏》本，上海古籍出版社1997年版，第2409页。

④ （晋）范宁集解，（唐）杨士勋疏：《春秋穀梁传注疏》，阮元校刻《十三经注疏》本，上海古籍出版社1997年版，第2386页。

与夫人完礼成婚。《穀梁传》为此批评了鲁文公的失礼，而同时对夫人妇姜也有所贬抑："何为贬之也？夫人与有贬也。"[1]

三、夫人依附于夫君

由上文可以看到在婚姻关系中夫人与夫君的一体性，夫尊妇亦尊、夫贬妇亦贬。但是，"夫妇一体、同尊同卑"并不表明婚姻中夫妻双方的地位是平等的，而只是说明夫人的一切身份地位都由其夫君决定和给予。换言之，夫人对于她的夫君存在着一种依附关系。

（一）以夫家为家

在《穀梁传》中，作者多次用"归"来描述夫人出嫁："礼，妇人谓嫁曰'归'，反曰'来归'，从人者也"[2]，"妇人之义，嫁曰'归'，反曰'来归'"[3]。这表明在《穀梁传》看来，妇女真正的家不是她出生、成长的父母之家，而是她出嫁后所嫁到的夫家。所以，妇女出嫁并不是离开家的过程，而是回到了自己真正的家。正因为如此，《穀梁传·桓公三年》规定：女儿出嫁时，父母或不下堂，或不出祭门，但都是千叮咛、万嘱咐，教女儿要听从公婆、丈夫的话，体现出对女儿夫家的尊重。[4]这就是一种以夫家为家的观念，它形象直观地反映了在婚姻关系中妇女对于丈夫的从属地位。

不仅如此，《穀梁传·庄公二年》还提出了"妇人既嫁，不逾

① （晋）范宁集解，（唐）杨士勋疏：《春秋穀梁传注疏》，阮元校刻《十三经注疏》本，上海古籍出版社1997年版，第2405页。

② （晋）范宁集解，（唐）杨士勋疏：《春秋穀梁传注疏》，阮元校刻《十三经注疏》本，上海古籍出版社1997年版，第2367页。

③ （晋）范宁集解，（唐）杨士勋疏：《春秋穀梁传注疏》，阮元校刻《十三经注疏》本，上海古籍出版社1997年版，第2418页。

④ 参见（晋）范宁集解，（唐）杨士勋疏：《春秋穀梁传注疏》，阮元校刻《十三经注疏》本，上海古籍出版社1997年版，第2373页。

竟；逾竟，非礼也”[1]的重要规定。妇女既然已经出嫁，丈夫的家也就成了她真正的、甚至是唯一的家。没有特别重大的正当理由，夫人不能够离开夫家之国而回到父母之邦。这一规定也充分显示了婚姻中以夫家为主的观念以及夫家对妇人的行为约束。

（二）夫尊妇卑

男尊女卑是中国古代父权社会的一个共同特点。《尚书·牧誓》称：“古人有言曰：‘牝鸡无晨。牝鸡司晨，唯家之索。’”[2]言外之意，女性不能成为家国天下的中心。《穀梁传》继承了父权社会的这一观念。

在论及妇女地位时，《穀梁传》特别强调的一点是妇人“从人”、“制于人”。《穀梁传·隐公二年》明确规定：“妇人在家，制于父；出嫁，制于夫；夫死，从长子。”[3]这段话描述了妇女在一生的各个阶段受他人所控制的状况，并在思想上开启了后来的“三从”之说。而在妇女一生的三个阶段中，《穀梁传》最为看重的是妇人“既嫁，制于夫”的阶段。

所谓“制于夫”，首先指夫人应顺从于丈夫，这就是孟子所说的“以顺为正者，妾妇之道也”（《孟子·滕文公下》），夫人必须恭顺地听从丈夫的安排，而不能有所违逆。此外，妇人“制于夫”还指夫人在礼制规定上应追随并低于丈夫而不能逾礼。《穀梁传·隐公二年》称：“夫人薨，不地。夫人者，隐之妻也。卒而不书葬，夫人之

---

① （晋）范宁集解，（唐）杨士勋疏：《春秋穀梁传注疏》，阮元校刻《十三经注疏》本，上海古籍出版社 1997 年版，第 2380 页。

② （汉）孔安国传，（唐）孔颖达疏：《尚书正义》，阮元校刻《十三经注疏》本，上海古籍出版社 1997 年版，第 183 页。

③ （晋）范宁集解，（唐）杨士勋疏：《春秋穀梁传注疏》，阮元校刻《十三经注疏》本，上海古籍出版社 1997 年版，第 2367 页。

义，从君者也。”[①] 按照《穀梁传》的解释，君夫人去世没有自己独立的安葬之地；她的葬地应该跟随国君。倘若国君健在，君夫人先去世，则夫人应该殡而不葬，一直要等到国君去世并安葬之后，才能被正式安葬于国君墓地之侧。又如《穀梁传·成公十五年》记载宋共公之葬，说道：“月卒日葬，非葬者也，此其言葬，何也？以其葬共姬，不可不葬共公也。葬共姬则其不可不葬共公，何也？夫人之义，不逾君也，为贤者崇也。”[②] 宋共公无道失德，按照礼法死后应该没有资格书“葬”，但经文却破例书其“葬”。原来，宋共公的夫人伯姬素有贤德，逝世后经文书“葬”以褒扬她。但共公先逝，如果共公之薨不书“葬”，则伯姬之卒也不可以书“葬”。因为依据礼制规定，“夫人之义，不逾君也”：纵使夫人再有贤德，国君再失德悖理，夫人的礼制规格都不可以超过国君。所以，经文为了表达对宋伯姬贤德的褒奖而书其“葬”；宋共公也就沾了夫人的光，得以破例书“葬”，只不过经文以“日卒月葬”的形式对其表示讥刺罢了。

考察这种“既嫁，制于夫”、“夫人之义，不逾君”的规定，我们发现其中蕴含着“夫尊妇卑”的观念。这可以从《穀梁传·庄公元年》对经文的分析看出：

> **三月，夫人孙于齐。**孙之为言犹逊也。讳奔也。接练时，录母之变，始人之也。不言氏姓，贬之也。人之于天也，以道受命；于人也，以言受命。不若于道者，天绝之也；不若于言者，人绝之也。臣子大受命。[③]

---

① （晋）范宁集解，（唐）杨士勋疏：《春秋穀梁传注疏》，阮元校刻《十三经注疏》本，上海古籍出版社1997年版，第2367页。

② （晋）范宁集解，（唐）杨士勋疏：《春秋穀梁传注疏》，阮元校刻《十三经注疏》本，上海古籍出版社1997年版，第2422页。

③ （晋）范宁集解，（唐）杨士勋疏：《春秋穀梁传注疏》，阮元校刻《十三经注疏》本，上海古籍出版社1997年版，第2379页。

传文的前半段很容易理解：上一年（桓公十八年）桓公夫人文姜“伉”礼与桓公出会齐国，与齐襄公私通并导致了鲁桓公的惨死。文姜怀杀夫之罪逃到齐国，经文去其姓氏以表示对她的贬斥。但是，传文紧接着发表了一大段十分重要的“受命”之说，从形式上看似乎有些突兀。但范宁并不认为其中存在矛盾，他说：“臣子则受君父之命，妇受夫之命。”杨士勋疏更是以后世的“夫者妻之天”来解释传文。[①]

结合《穀梁传》传文对于“夫道”、“妇道”的众多描述和规定，我们认为范注杨疏的理解大致是可以成立的。因为从根本上讲，“天命”乃是《穀梁传》思想的共同源头。不仅天子—诸侯—大夫的纵向统治结构是由天命贯注而建构，而且父子、夫妇、兄弟的人伦关系背后也有天命的影子。所以，夫妇关系在这个意义上正体现出一种“妇受夫命”、“夫尊妇卑”的等级性。这也是《穀梁传》夫妇伦理关系的实质。

四、对妇人的行为限制

除了在礼制上突出“夫尊妇卑”、“妇从于夫”外，为了“防嫌”，《穀梁传》还针对春秋时代的具体情况，对妇女的活动范围与行为方式提出了严格的限制。防嫌，是从女性、女权进入到男性、男权社会之后，特别是男性、男权中心成熟之后尤为关注的事情。这体现在《穀梁传》中，主要表现为禁止妇人干政和防范妇人淫乱两个方面。

（一）禁止妇人干政

商王朝的末代帝王纣王以妲己亡国，以及周幽王因宠幸褒姒、

① 参见（晋）范宁集解，（唐）杨士勋疏：《春秋穀梁传注疏》，阮元校刻《十三经注疏》本，上海古籍出版社1997年版，第2379页。

废后废嫡而遭致灭顶之灾等前车之鉴，使得《穀梁传》在论述妇女与国家政治生活的关系时格外小心，努力防止因妇女干预国家政治而引发的灾难。

僖公九年由齐桓公主持的葵丘之盟，首次以周天子的名义颁布了各会盟国必须共同遵循的五条禁令："毋雍泉，毋讫籴，毋易树子，毋以妾为妻，毋使妇人与国事。"[①]其中的第五条明确规定：各个诸侯国都必须禁止国君夫人参与国家政治事务。《穀梁传・庄公二年》还规定："妇人不言会。言会，非正也。"[②]国君夫人不得参与各国之间的政治性盟会，以限制妇人对正常政治活动的干扰。《穀梁传》这一规定的原因之一是担心夫人参与国际盟会时，会偏向于其父母之国的利益而影响本国利益。

在妇人干政的诸多情形中，最常见、危害最大的，是利用自身的特殊地位破坏继承法，帮助自己的儿子取原世子而代之。从春秋时期的历史教训来看，郑庄公与其弟共叔段手足相残，兄弟二人当然应该负主要责任，但庄公母亲的偏心溺爱与干预国政，很显然也起到了不好的作用。[③]而发生在僖公十年的晋国丽姬之乱，则更是妇人干政的典型恶果：晋献公之宠妾丽姬为使其子奚齐取原世子申生而代之，阴谋陷害申生，导致申生被迫自杀，公子重耳、夷吾出逃。[④]《穀梁传》花费大量篇幅详细记录此事，其中的一个重要目的就是要抨击丽姬干政祸国的劣行。

---

① （晋）范宁集解，（唐）杨士勋疏：《春秋穀梁传注疏》，阮元校刻《十三经注疏》本，上海古籍出版社 1997 年版，第 2396 页。

② （晋）范宁集解，（唐）杨士勋疏：《春秋穀梁传注疏》，阮元校刻《十三经注疏》本，上海古籍出版社 1997 年版，第 2380 页。

③ 参见（晋）范宁集解，（唐）杨士勋疏：《春秋穀梁传注疏》，阮元校刻《十三经注疏》本，上海古籍出版社 1997 年版，第 2365 页。

④ 参见（晋）范宁集解，（唐）杨士勋疏：《春秋穀梁传注疏》，阮元校刻《十三经注疏》本，上海古籍出版社 1997 年版，第 2396 页。

（二）防范妇人淫乱

因混乱的男女关系而引发的政治、军事危机在整个春秋时代比比皆是。例如本书一再提到的鲁桓公夫人文姜，借与桓公一起出席会盟的机会，与关系原本就很暧昧的齐襄公私通，结果导致了鲁桓公的死亡和鲁、齐两国长达几十年的敌对。又例如宣公九年至十一年，陈国国君灵公与大夫公孙宁、仪行父一起上演了君臣共同与夏姬私通的丑剧，直接导致了夏姬之子夏征舒弑陈灵公的事件，并招致了楚国的武装干涉。[①] 还有襄公二十五年齐庄公与大夫崔杼之妻崔氏私通，结果奸情败露，齐庄公为崔杼所弑。[②]

《穀梁传》作者对这些淫乱现象提出了严厉的贬责。但是，《穀梁传》无法从根本上禁绝这类现象，只好对妇女的行为进行严格控制，希望通过限制妇人的活动来防范淫乱现象的发生，减少此类现象对国家造成的危害。如上文引述过的《穀梁传·隐公二年》规定："妇人在家，制于父；出嫁，制于夫；夫死，从长子"，表明妇女一生各个阶段都要依附于人、受人监督；又如传文屡次提及的"既嫁，不逾竟"、"妇人不会，会非正也"等观点，实际上限定了妇女的活动范围。至于"妇人不专行，必有从也"[③] 的行为规范，更是赤裸裸地显示了对妇女的不信任感。

与此同时，《穀梁传·襄公三十年》还花费大量笔墨、倾注丰富情感，从正面颂扬了宋伯姬的贞洁行为：

---

① 参见（晋）范宁集解，（唐）杨士勋疏：《春秋穀梁传注疏》，阮元校刻《十三经注疏》本，上海古籍出版社 1997 年版，第 2414 页。

② 参见（晋）范宁集解，（唐）杨士勋疏：《春秋穀梁传注疏》，阮元校刻《十三经注疏》本，上海古籍出版社 1997 年版，第 2430 页。

③ （晋）范宁集解，（唐）杨士勋疏：《春秋穀梁传注疏》，阮元校刻《十三经注疏》本，上海古籍出版社 1997 年版，第 2367 页。

取卒之日，加之灾上者，见以灾卒也。其见以灾卒奈何？伯姬之舍失火，左右曰："夫人少辟火乎？"伯姬曰："妇人之义，傅母不在，宵不下堂。"左右又曰："夫人少辟火乎？"伯姬曰："妇人之义，保母不在，宵不下堂。"遂逮乎火而死。妇人以贞为行者也，伯姬之妇道尽矣！详其事，贤伯姬也。[①]

宋国宫殿发生严重火灾，威胁到孀居的宋君夫人伯姬的生命安全。当下人劝伯姬转移避祸时，伯姬均以不符合"傅母不在，宵不下堂"、"保母不在，宵不下堂"的妇人之礼而加以拒绝，最后被大火烧死。对于宋伯姬的行为，《穀梁传》给予了充分肯定，认为她是贞洁的典范，称赞她于妇道"尽"矣。这里的"尽"，一如"尽善尽美"的"尽"，表明宋伯姬遵守妇道已经到了极致。

不过，需要注意的是，尽管《穀梁传》反复强调了妇人应遵循"妇道"，依从于男子，禁止干政或淫乱，还饱含深情地褒扬了宋伯姬近乎病态的"贞行"；但是，当时似乎并没有一种十分严格的"守节"观念。《春秋》经传中多次记载了妇女改嫁的情况。如前文介绍过成公元年齐国侮辱鲁、晋等四国使者之事，让这一事件变得火上浇油、无法收场的一个因素就是"萧同姪子处台上而笑之"。据范宁注："萧国也，同姓也；姪子，字也。其母更嫁齐惠公，生倾公。"[②] 萧同姪子本为萧国公室，后萧国为楚所灭，他的母亲带着他改嫁齐国国君齐惠公。不仅如此，萧同姪子的母亲和齐惠公生下的儿子最后还

---

① （晋）范宁集解，（唐）杨士勋疏：《春秋穀梁传注疏》，阮元校刻《十三经注疏》本，上海古籍出版社 1997 年版，第 2432 页。

② （晋）范宁集解，（唐）杨士勋疏：《春秋穀梁传注疏》，阮元校刻《十三经注疏》本，上海古籍出版社 1997 年版，第 2417 页。

即位成为下一任齐国国君，即齐顷公。由此，我们似乎可以得出这样的结论：春秋时期妇女改嫁的情形并不罕见；其中相当一部分妇女并没有因为改嫁而遭到歧视，她们在新家庭中的地位得到了保障，其再婚所生之子也被纳入宗法序列而享有相应的继承权。

总体来看，《穀梁传》较为系统地梳理了春秋时期夫妇伦理关系的各个方面，对夫妇伦理关系的实质、夫妻双方的地位及行为规范均做出了详细说明。由于《穀梁传》作者对于古代的礼制非常熟悉，因而，《穀梁传》对于夫妇伦理的评述较之《左传》和《公羊传》要更加平实与详尽。

《穀梁传》关于夫妇伦理的论述不仅完善了《穀梁传》自身的政治伦理体系建构，而且对于人们更加全面地了解中国古代社会夫妇关系的演进历程不无裨益。《穀梁传》的夫妇伦理思想继承了儒家的“夫义妇顺”观念，并开启了后世的“三从”之说。《穀梁传》的夫妇伦理带有鲜明的时代局限性，其中包含了很多压制与歧视妇女的规定。这些规定都是在男权社会背景下提出的糟粕，客观上压制了女性的权利，摧残了女性的身心，今天应该予以深刻的检讨和批评。

第三节 兄弟关系

作为传统“五伦”之一的兄弟关系，成为《穀梁传》所建构的家庭人伦秩序的又一重要组成部分。由于宗法社会具备“家国一体”的特点，《春秋》所反映的兄弟关系仍然集中在王室和公室内部，表现为天子、诸侯与他们的弟兄之间的关系。在处理此类兄弟关系时，《穀梁传》遵循的首要原则是“尊尊”；同时，在不违背“尊尊”原则的前提下，“亲亲”原则也被放在重要的位置。

一、嫡庶之分成为兄弟关系的前提

西周时期，兄弟关系的嫡、庶之分成为全社会共同遵循的继承原则。进入到春秋以后，嫡与庶的差别仍然是决定兄弟之间身份地位的关键。对于《穀梁传》作者来说，出身上的嫡、庶之分成为讨论兄弟关系的前提。

正如前文所说，“嫡”，指嫡子，是正夫人所生的儿子；“庶”，指庶子，是妾、媵等所生的儿子。嫡子与庶子虽然在血缘上共同继承了他们的父亲（也就是天子、诸侯等）的血缘，但是由于他们各自母亲的地位差异，还由于他们在宗法统序上的差异，使得嫡子享有了较庶子高得多的尊贵地位。尤其是嫡子中的长子，更是被立为“王世子”或“世子”，成为“一人之下，万人之上”的法定权力继承人。

因此，在《穀梁传》所反映的伦理世界中，兄弟关系并不平等，而是存在高低贵贱的显著差别。决定兄弟之间身份地位的关键要素有两个：其一是“嫡”与“庶”的区分，其二是长幼的排行。其中，前者具有决定性的意义，后者是对前者的补充。

《穀梁传·隐公四年》在解读“卫人立晋”事件时，批评卫国人共同拥立公子晋的举动，并提出了一条重要的继承原则：“《春秋》之义，诸侯与正而不与贤也。”[①] 这里的“贤”指有贤德，也就是传文讲的“得众”。既然公子晋是一个贤能的人，为什么《穀梁传》还要反对众人拥立他为君呢？原来是因为晋“不正”，他不具有正统的、合于宗法的继承人资格。此处的“正”针对的是嫡长的身份。嫡长子之所以为“正”，是因为他继承了先君的“统”，因而在宗法上拥有

① （晋）范宁集解，（唐）杨士勋疏：《春秋穀梁传注疏》，阮元校刻《十三经注疏》本，上海古籍出版社 1997 年版，第 2369 页。

正当、合法的地位。对此，范宁注引雍曰："正，谓嫡长也。夫多贤不可以多君，无贤不可以无君。立君非以尚贤，所以明有统也；建储非以私亲，所以定名分。名分定则贤无乱长之阶，而自贤之祸塞矣；君无嬖幸之由，而私爱之道灭矣。"[①] 钟文烝则参照《左传》的记载，进一步将众兄弟成为储君的可能性做了一个排序："正者，谓世子、嫡子、长庶子也。贤，谓庶子之贤者也。无太子、嫡子则立长庶子，长幼均则立贤，贤均则卜。"[②] 也就是说，在众多的兄弟中，天子或国君的嫡长子无疑拥有最崇高的地位，也最有机会成为储君；倘若嫡长子不幸夭折，就应该按照嫡子的排行顺序改立嫡次子为储君，并依次进行；倘若天子或国君无嫡子，则应该依排行立长庶子为储君；如果众庶子年龄相当，则选择其中有贤德者；如果连贤能的程度也差不多，那就只有举行占卜、"听天由命"了。

可见，决定诸兄弟地位贵贱的，首先是他们出身的嫡、庶之别；但在区分嫡庶之后，年龄的大小、排行的先后也起着很关键的作用。

关于兄弟关系的嫡、庶之别，我们可以举郑国的公子忽与公子突兄弟二人争立的事件为例：桓公十一年，郑庄公去世，按宗法继承原则应立庄公的嫡子忽为新君；但由于宋国的无理干涉和郑大夫祭仲的软弱，改立郑庄公与宋国公室之女所生的庶子突为君，原世子忽出逃卫国。桓公十五年，郑伯突出奔蔡国，郑世子忽重返郑国即位为君。对此，《穀梁传》讥讽郑伯突当年以庶夺嫡的行为（"讥夺正也"），同时褒扬郑世子忽以嫡子的合法身份重新获得君位（"反正也"）。[③] 由此可见，嫡庶之分是兄弟继承先君之位"正"与"不正"

---

① （晋）范宁集解，（唐）杨士勋疏：《春秋穀梁传注疏》，阮元校刻《十三经注疏》本，上海古籍出版社 1997 年版，第 2369 页。

② （清）钟文烝：《春秋穀梁经传补注》，中华书局 2009 年版，第 39 页。

③ 参见（晋）范宁集解，（唐）杨士勋疏：《春秋穀梁传注疏》，阮元校刻《十三经注疏》本，上海古籍出版社 1997 年版，第 2378 页。

的关键，因而也是决定兄弟关系的基石。

至于兄弟关系的长幼之分，则可以从《穀梁传》对“兄弟，天伦也”的理解中清晰地反映出来。《穀梁传·隐公元年》在评论“隐让桓弑”的重大事件时，提出“兄弟，天伦也”的观念：鲁国先君惠公的夫人早逝无子，故惠公无嫡子；鲁惠公改立声子为继室，后又娶宋国之女仲子为新夫人。《穀梁传》认为“公无复娶之义”，因而惠公再娶的仲子之“夫人”身份是不合于礼法的。换言之，声子与仲子都不能算是惠公的夫人，而只是妾、媵；因此，声子所生的息姑（即后来的隐公）和仲子所生的允（即后来的桓公）都是惠公的“庶子”。尽管息姑和允兄弟二人不存在出身身份上的嫡庶之别，但是却仍然有出生时间上的先后之分，即存在长幼之分——息姑为庶兄，允为庶弟。鲁惠公去世前依宗法继承制立庶长子息姑为君（隐公）。但隐公探知先君惠公更喜欢弟弟允，于是决定成全父亲的心愿，不正式即位而暂时摄政，以待允长大后将君位交给他。对于鲁隐公不爱千乘之国、成全先父之志而欲让位于弟的行为，《穀梁传》一方面从隐公“成父之恶”的角度对其提出批评，另一方面则指出“兄弟，天伦也”，从兄弟伦次的角度驳斥了隐公。①

何谓“兄弟，天伦也”？从表层意思看，它表明兄与弟的关系是一种天生的伦常秩序，即它是按照众子出生先后的自然时间顺序来确定排行、论定“兄”“弟”。因而，兄弟概念本身就合于天的自然秩序；兄弟关系具有一种天然的正当性与合法性。从具体含义看，《穀梁传》在此所强调的“天伦”更多地表现在继承权的先后次序上，因而实质上体现为一种政治上的尊卑关系。

不过，作为兄弟长幼关系的补充，《穀梁传》还提出了一个特殊

① 参见（晋）范宁集解，（唐）杨士勋疏：《春秋穀梁传注疏》，阮元校刻《十三经注疏》本，上海古籍出版社 1997 年版，第 2365 页。

的规定：被立为储君的"兄"（嫡长子或庶长子）必须是生理健全、没有重大残疾缺陷的。前文说过，《穀梁传·昭公二十年》在解释"盗杀卫侯之兄辄"时指出："辄"是卫侯的同父同母的兄长，是卫国先君的嫡长子，依宗法继承原则本应被立为"世子"并继位成为新的卫侯。然而，由于"辄"天生就有足疾（"两足不能相过"），而当时的宗法制度规定了"有天疾者，不得入乎宗庙"。所以"辄"因其"天疾"而被剥夺了成为"世子"并即位为君的机会，其健康的同母之弟得以被立为"世子"并最后成为卫国国君。[①]这体现了宗法制度在以嫡庶、长幼标准规范兄弟关系、选择权力继承人时所具有的一种现实的态度和变通的精神。

二、尊卑贵贱是兄弟关系的本质

嫡庶之别和长幼之分不仅影响到兄弟继承先君之位的先后次序，而且还从根本上决定了他们的尊卑贵贱差异。天子或诸侯与他们兄弟之间的关系是一种"君"与"臣"的关系。因此，尊卑贵贱之别是《穀梁传》兄弟关系的本质。这突出地表现在《穀梁传》多次提到的"诸侯之尊，弟兄不得以属通"的说法上。如《穀梁传·隐公七年》在解释经文"齐侯使其弟年来聘"时，首次提出"诸侯之尊，弟兄不得以属通"的兄弟关系原则。[②]此后，《穀梁传·桓公十四年》、《穀梁传·襄公二十年》、《穀梁传·昭公元年》、《穀梁传·昭公八年》又多次重复了这一规定。[③]可见《穀梁传》作者对这一原则非常重视，

① 参见（晋）范宁集解，（唐）杨士勋疏：《春秋穀梁传注疏》，阮元校刻《十三经注疏》本，上海古籍出版社 1997 年版，第 2439 页。

② （晋）范宁集解，（唐）杨士勋疏：《春秋穀梁传注疏》，阮元校刻《十三经注疏》本，上海古籍出版社 1997 年版，第 2370 页。

③ 参见（晋）范宁集解，（唐）杨士勋疏：《春秋穀梁传注疏》，阮元校刻《十三经注疏》本，上海古籍出版社 1997 年版，第 2377、2430、2433、2435 页。

同时也从反面揭示了当时各国公室内部兄弟关系遭破坏的严重程度。

所谓“诸侯之尊，弟兄不得以属通”，据范宁注：“礼非始封之君则臣，诸父、昆弟匹敌之称，人臣不可以敌君，故不得以属通，所以远别贵贱、尊君卑臣之义。”[①] 伯父、叔父及兄弟的称呼只能是在身份地位匹敌、相当的情况下才能采用。但是对于天子、诸侯来说，他和自己的伯父、叔父及兄弟之间的最重要、最根本的关系乃是君臣关系。因而，作为臣子，即使他的身份是国君的亲伯父、亲叔父或者一母同胞的亲兄弟，也必须遵照“臣不可以敌君”的礼法规定，不能以“国君亲属”的身份在正式外交场合公开亮相。所以，对于齐国的公子年来说，尽管他贵为齐侯之弟，但与其兄长齐侯之间仍然是“臣”与“君”的关系，因此不能以“齐侯之弟”的名义出访他国。[②]

《穀梁传》对于兄弟关系所做的这一特殊规定，根本的目的是要将天子、诸侯与其兄弟之间的政治关系与伦理关系剥离开来。正如传文一再强调“不以亲亲害尊尊”，当人们按照“亲亲”原则处理亲属伦理关系时，一定不能混淆乃至破坏“尊尊”的政治尊卑秩序。这表明《穀梁传》的伦理关系并不是独立的，而是与其政治关系紧紧地联系在一起，受其政治关系操纵。

三、重视兄弟的亲亲之谊

不过，在大多数情况下，伦理关系与政治关系并不是矛盾的，而是存在一致性。这也是宗法社会的一个特点：宗法社会的很多政治原则都是从宗法伦理原则发展演化而来。为此，《穀梁传》主张在不

---

① （晋）范宁集解，（唐）杨士勋疏：《春秋穀梁传注疏》，阮元校刻《十三经注疏》本，上海古籍出版社 1997 年版，第 2370 页。

② 参见（晋）范宁集解，（唐）杨士勋疏：《春秋穀梁传注疏》，阮元校刻《十三经注疏》本，上海古籍出版社 1997 年版，第 2370 页。

妨害“尊尊”原则的前提下，应该高度重视兄弟关系中的亲亲之谊。

手足相残无疑是兄弟关系中最严重、最残酷的人伦惨剧。因此，《穀梁传》认为保护兄弟之间的“亲亲”之情，首先应该杜绝手足自相残杀的事件。庄公九年，齐国发生内乱，公子小白（即后来的齐桓公）与公子纠兄弟二人争立为君。结果小白施计抢先返国，并杀害了自己的兄弟公子纠。对小白残杀手足的劣行，《穀梁传》作者表示了强烈的厌恶（“恶之也”），同时也批评鲁国不能保全公子纠。①

在《穀梁传》的全部传文中，将“兄弟相亲、不得相残”之义阐释地最完整、也最精彩的，要算对“郑伯克段于鄢”一节的评论了：

> 《穀梁传·隐公元年》：**夏，五月，郑伯克段于鄢。**克者何？能也。何能也？能杀也。何以不言杀？见段之有徒众也。段，郑伯弟也。何以知其为弟也？杀世子母弟，目君。以其目君，知其为弟也。段，弟也而弗谓弟，公子也而弗谓公子，贬之也。段失子弟之道矣，贱段而甚郑伯也。何甚乎郑伯？甚郑伯之处心积虑，成于杀也。于鄢，远也，犹曰取之其母之怀中而杀之云尔，甚之也。然则为郑伯者宜奈何？缓追逸贼，亲亲之道也。②

隐公元年郑庄公与他的同父同母的弟弟共叔段发生战争，手足相残。《穀梁传》对兄弟二人“兄不兄”、“弟不弟”的失道行为都进行了严厉的抨击。尤其是郑庄公在打败弟弟共叔段后，还命令军队

---

① 参见（晋）范宁集解，（唐）杨士勋疏：《春秋穀梁传注疏》，阮元校刻《十三经注疏》本，上海古籍出版社 1997 年版，第 2382—2383 页。

② （晋）范宁集解，（唐）杨士勋疏：《春秋穀梁传注疏》，阮元校刻《十三经注疏》本，上海古籍出版社 1997 年版，第 2366 页。

一直追讨到境外的“鄢”之地，直至将共叔段杀死为止。《穀梁传》认为郑庄公的行为非常过分，并将之形容为“取之其母之怀中而杀之”。那么，对于郑庄公来说，应采取怎样的行动才是合适的呢？《穀梁传》作者在评论的最后，为郑庄公提供了一个自认为合乎道义的行动方案——“缓追逸贼”，值得我们用心体会。

所谓“缓追逸贼”，实际上包括“缓追”和“逸贼”这两个相互关联的部分。

先就“缓追”来看。“缓”与“追”本身是矛盾的：“追”的目的当然是为了追上反叛者并加以惩罚。作为平叛的军事行动，理所当然应该是兵贵神速、分秒必争了。而“缓追”则给人走走停停、行动迟缓的印象。按照这样的速度，无论有多少反叛者都可以逃之夭夭。因此，《穀梁传》所提出的这个“缓追”的办法的确让人费解。所谓“缓追”，不是急追，也不是不追，而是缓慢地追，实质上就是用一种不可能追上的方法去追。不可能追上地追，这才是其中的关键所在。因为既然已经发生了国君之弟聚众谋反的叛国行为，作为一国之君的郑庄公倘若不命令军队平叛、追击，那就是对叛国行为的忽视与纵容，是对国家安危与国君尊严的损害，这显然违背了“君尊臣卑”的尊尊原则。但问题是反叛之人乃是自己一母同胞的亲弟弟，并且叛军已经被打败、不能对国家继续造成威胁了；倘若这时还下令军队穷追猛打，则表明身为兄长的国君一心一意地要将亲弟弟置于死地、赶尽杀绝，这显然会严重伤害宗法制度赖以建立的亲亲原则。而“缓追”的方案则可以使当事人巧妙地摆脱这种左右为难的尴尬处境——说它是“追”，它又慢慢吞吞、不紧不慢，眼睁睁地看着弟弟逃脱，保全了兄弟的亲亲之义；说它不追，它又拉开架势、整装齐发，显示了赶跑敌人、平息叛乱的姿态，维护了君臣尊卑和国家威严。

“逸贼”的含义也是如此：既然是国之“贼”，当然应该尽力抓住并坚决加以处罚；但问题是国之“贼”居然是国君自己的亲弟弟！如果依法严办，为人兄长怎么下得了手？如果睁一只眼、闭一只眼，不把弟弟视为国贼，则共叔段恃宠而骄、谋逆反叛的罪行得不到惩罚，郑庄公的行为就成了姑息养奸、枉顾国法，是“以亲亲害尊尊”。而“逸贼”则很好地解决了这个难题——一方面，认定共叔段是国之贼而不姑息纵容；另一方面，又要“逸”，要实质上放掉他，以全兄弟之义。

正是这种看似荒谬的主张，恰恰很好地体现了《穀梁传》作者对于尊尊、亲亲之道的深刻理解，体现了作者在处理复杂事件时对“度”的微妙把握。这也反映了《穀梁传》的一大特点，那就是：在一些左右为难的情形下，反而可以体现《穀梁传》作者的微妙见解。

天子、诸侯在以“亲亲”原则处理兄弟关系时，并不是一视同仁地对待自己的所有兄弟，而是对“母弟”表现出特别的优待。如襄公三十年周景王杀其弟佞夫，《穀梁传》评论道：

> 传曰：诸侯且不首恶，况于天子乎！君无忍亲之义，天子、诸侯所亲者，唯长子母弟耳。天王杀其弟佞夫，甚之也！①

《春秋》为了维护君尊臣卑的等级秩序，在记录事件时通常不会将天子或诸侯书为罪魁祸首（“首恶”）。然而此处的经文却直书“天王杀其弟佞夫”，以天子为“首恶”，这是什么原因呢？原来，依礼制规定：“君无忍亲之义”，君王没有狠心杀害自己亲人的道理。而“天子、诸侯所亲者，唯长子母弟耳”，对于天子、诸侯来说，他最

① （晋）范宁集解，（唐）杨士勋疏：《春秋穀梁传注疏》，阮元校刻《十三经注疏》本，上海古籍出版社1997年版，第2432页。

不忍心杀害的亲人究竟包括哪些人呢？那就是他的“长子”和“母弟”。所谓“长子”，主要指的是天子、诸侯的嫡长子，也就是王世子和世子。王世子和世子是王位、君位的最合法的继承者，他们的身份地位受到宗法制度的保护，君王不得任意废黜和杀害世子。所以无论从宗法秩序的继承还是从个人的情感来说，天子、诸侯不忍杀害嫡长子，都是合情合理的。至于“母弟”，指的是天子或诸侯的同母之弟。为什么同母之弟也受到天子、诸侯的特别关照和重视呢？首先，这是由“母弟”的特殊身份决定。从继承权来看，当天子、诸侯尚未即位时，也就是当他们还是王世子或世子的时候，他们的同母之弟在所有兄弟中地位是仅次于王世子和世子的。因为正常情况下，王世子和世子是天子、诸侯的嫡长子，那么其“母弟”就是嫡次子，地位要高于其他庶兄弟。一旦出现王世子、世子意外死亡、无法即位的情况，他们的“母弟”，也就是嫡次子就可以依照宗法制度的规定顺理成章地成为新的王世子和世子，并日后即位为天子和诸侯。而从另一个方面看，天子、诸侯对“母弟”的重视，似乎也保留有商代（乃至西周初期）盛行的“兄终弟及”继承制的影子。不过，商代的“兄终弟及”之制往往是兄长先为商王，待兄长死后再由其弟继位；在《穀梁传》所揭示的重“母弟”的观念中，则往往是兄长无法即位，而改由其“母弟”即位。如许世子止误杀其父许君后，悲伤自责，将君位让给了自己的弟弟；[①] 甚至是鲁隐公让位于其弟桓公，也是居摄而“让”，不是即位而“传”。[②] 这表明正常情况下“母弟”（当然也包括不同母之弟）并非是从其兄长那里获得君位，而是继君父而即位。

---

① 参见（晋）范宁集解，（唐）杨士勋疏：《春秋穀梁传注疏》，阮元校刻《十三经注疏》本，上海古籍出版社 1997 年版，第 2439 页。

② 参见（晋）范宁集解，（唐）杨士勋疏：《春秋穀梁传注疏》，阮元校刻《十三经注疏》本，上海古籍出版社 1997 年版，第 2365 页。

可见，“长子”和“母弟”之所以成为天子、诸侯之所亲者，并不单单因为他们在血缘上、情感上与天子、诸侯更加亲近，更是因为他们在政治秩序中的特殊地位。就“母弟”而言，他在“血统”的意义上较天子、诸侯的其他兄弟更加高贵，距离君王之位也更加接近。正如吴智雄所指出的，《穀梁传》之所以特别强调天子诸侯与其“长子母弟”的关系，“应是就政权继承的方面考量的。在当时继承制度中，国君的长子与同母弟，都有成为君位继承者的可能，现在天子与诸侯杀其母弟或逐奔其母弟，乃减少了未来君位继承者的人数，在当时礼崩乐坏的时代里，有可能造成未来无继承者的危机，所以《穀梁传》特别强调这个观点，用意在保护君位的继承者。因此我们也可以说，《穀梁传》的‘君无忍亲之义’，乃是就尊尊层面而言，即以政治目的来说亲亲之义”[①]。此时，我们再来看周景王忍心杀害同母之弟以及郑庄公追杀同母之弟共叔段直至鄢地这两起事件，会发现《穀梁传》对周景王和郑庄公的批评不仅仅是出于亲亲之道的考虑，同时还应该有维护尊尊之政治秩序的意思。

兄弟之间的亲亲之情还体现为新君在继承兄弟的君位而即位时，应对先君的意外去世表示出哀痛的情感。以桓公、宣公、闵公、僖公四人的即位为例，他们都是从意外亡故的兄弟那里继承了国君之位：桓公是通过杀害庶兄隐公获得君位[②]；宣公也是通过杀害兄长公子恶而即位[③]；闵公是继承庶兄子般而即位[④]；僖公则是继其弟闵公而

① 吴智雄：《穀梁传思想析论》，台湾文津出版社 2000 年版，第 88 页。

② 参见（晋）范宁集解，（唐）杨士勋疏：《春秋穀梁传注疏》，阮元校刻《十三经注疏》本，上海古籍出版社 1997 年版，第 2372 页。

③ 参见（晋）范宁集解，（唐）杨士勋疏：《春秋穀梁传注疏》，阮元校刻《十三经注疏》本，上海古籍出版社 1997 年版，第 2411 页。

④ 参见（晋）范宁集解，（唐）杨士勋疏：《春秋穀梁传注疏》，阮元校刻《十三经注疏》本，上海古籍出版社 1997 年版，第 2389 页。因公子恶和子般立未满一年就被弑，所以不得称君。

即位[①]。但《穀梁传》将桓公、宣公的即位与闵公、僖公区分开来，原因是桓公、宣公有弑君（兄）的嫌疑，而闵公、僖公则与先君之死没有牵连。这可以从《穀梁传》专门归纳的一条义例看出：“先君不以其道终，则子弟不忍即位也。”[②]就其中的“弟”而言，兄长身为国君而遭意外去世，其弟即位为新君时，应该不书“公即位”以表示对于先君（兄长）之死的哀悼和悲痛。这正是兄弟关系中亲亲之情的体现。而桓公、宣公乃是弑兄而立，所以经文在记载他们即位时，特意书“公即位”以显示他们对兄长的死毫无哀痛之情。这也是在抨击他们破坏尊尊之道、亲亲之情的弑兄行为。

不过，《穀梁传·闵公元年》在评论闵公继庶兄子般而即位时说道：“亲之非父也，尊之非君也，继之如君父也者，受国焉尔。”[③]由此可见，“弟”继弑君（“兄”）立不言即位的规定，除了顾及兄弟手足的情谊外，同样有“受命”的政治因素的考虑。

四、兄弟关系中的恩与义

如何处理亲情与道义之间的矛盾，一直是中国哲学所特别关注的一个敏感话题。如 2002 年以来我国哲学界所展开的以“亲亲互隐”和“孟子论舜”为焦点的儒家伦理大讨论，主要议题之一就是辨析儒家的血缘亲情与社会公正之间的关系。以儒家为代表的中国古代哲学思想中其实蕴含有大量的关于社会公正的资源。这也可以从《穀梁传》兄弟关系对“恩”与“义”的分疏看出。

---

① 参见（晋）范宁集解，（唐）杨士勋疏：《春秋穀梁传注疏》，阮元校刻《十三经注疏》本，上海古籍出版社 1997 年版，第 2391 页。

② 《穀梁传·桓公元年》，见（晋）范宁集解，（唐）杨士勋疏：《春秋穀梁传注疏》，阮元校刻《十三经注疏》本，上海古籍出版社 1997 年版，第 2372 页。

③ （晋）范宁集解，（唐）杨士勋疏：《春秋穀梁传注疏》，阮元校刻《十三经注疏》本，上海古籍出版社 1997 年版，第 2389 页。

《穀梁传》作者在讨论兄弟伦理时，分别提出了“恩”与“义”的原则。所谓兄弟之“恩”，主要是就宗法亲情考虑的，如《穀梁传·桓公元年》指出“先君不以其道终，已正即位之道而即位，是无恩于先君也”[①]。上文所介绍的手足不得相残、重“母弟”及“继弑兄不言即位”等规定，都是从亲亲的手足情感和尊尊的政治秩序出发，对兄弟关系做出的重要规定。但除此之外，《穀梁传》认为兄弟之间还存在一种“义”的关系。襄公二十七年卫侯之弟专出奔晋国，《穀梁传》认为专的出奔是合于《春秋》大义的。原来襄公十四年卫献公被大夫孙林父、甯喜驱逐出国；后来卫献公通过弟弟专与甯喜谈判，许诺一旦甯喜帮助自己复国，卫献公将重重地给予回报。然而，当卫献公在甯喜的帮助下复国后，却背信弃义杀害了甯喜。于是献公之弟专认为兄长让自己成为“失信”之人，遂出奔晋国，过着自食其力的艰苦生活而“终身不言卫”。[②]从卫献公之弟专的行为中，我们可以看出“信义”的原则在某些时候甚至要压倒兄弟亲情：出于手足之情，作为弟弟的专当然希望兄长早日复国；但是当兄长违背信义时，专还是毅然抛弃手足之情，永远离开兄长。专的重信义并不只是个人的道德标签，同时还是对甯喜之死的负责。所以专出奔晋国的行为，实质上是通过一种消极的方式维护社会的良知和信义公正。

兄弟关系的这种“恩”、“义”纠缠在鲁宣公与其弟叔肸的关系中显示得更加典型：鲁宣公参与了杀害兄长公子恶的阴谋，宣公之弟叔肸不满宣公弑兄夺位的行为，但是又放不下手足之情离开宣公，所以选择留在鲁国但是不食宣公之禄的变通之举。《穀梁传·宣公十七年》

---

① （晋）范宁集解，（唐）杨士勋疏：《春秋穀梁传注疏》，阮元校刻《十三经注疏》本，上海古籍出版社 1997 年版，第 2372 页。

② 参见（晋）范宁集解，（唐）杨士勋疏：《春秋穀梁传注疏》，阮元校刻《十三经注疏》本，上海古籍出版社 1997 年版，第 2431 页。

曰："君子以是为通恩也，以取贵乎《春秋》"，范宁注引泰曰："宣公弑逆，故其禄不可受；兄弟无绝道，故虽非而不去。论情可以明亲亲，言义足以厉不轨，书曰'公弟'，不亦宜乎？"[①] 兄长宣公不义，其弟叔肸不食宣公之禄，乃是对道义和公正的尊重；手足无相绝之道，叔肸留在宣公身边，则是对兄弟亲情的顾念。《穀梁传》认为叔肸将兄弟的亲亲之"恩"与社会公正良知之"义"兼顾，所以他才是真正通达兄弟亲亲之道（"通恩"）的人。因此，在《穀梁传》看来，能够在兄弟关系中区分亲情与道义，并且不以亲情废道义的人，其行为符合《春秋》的精神；至于那些能够将亲情与道义兼顾，既维护手足情感、又持守社会良知和公正道义的人，则是《春秋》之所"贵"者。[②]

《穀梁传》对兄弟伦理中"恩"与"义"原则的分疏与融合，从一个角度反映了中国古代哲学在思考和处理血缘伦理关系时，试图将亲属情感与社会公正相协调与融通的独特伦理价值观。而这对于我们今天思索和建构新型伦理关系，无疑具有极大的启发意义。

① （晋）范宁集解，（唐）杨士勋疏：《春秋穀梁传注疏》，阮元校刻《十三经注疏》本，上海古籍出版社 1997 年版，第 2415 页。

② 参见（晋）范宁集解，（唐）杨士勋疏：《春秋穀梁传注疏》，阮元校刻《十三经注疏》本，上海古籍出版社 1997 年版，第 2415 页。

结　语

与《春秋》一样，《穀梁传》也是春秋以来“礼乐征伐自诸侯出”、“自大夫出”、“陪臣执国命”的礼坏乐崩之社会变局的产物。而所谓“礼坏乐崩”，其实不仅仅是一种社会的现实面貌，更是一个活生生的动态发展过程。因此，不能把“礼坏乐崩”仅仅理解为一种既定的社会状况。包括《穀梁传》作者在内的思想家们正是在这一不断变换、不断发展的“礼坏乐崩”社会浪潮中真实地生活着，并体会和思考社会人生。所以，我们认为应该将《穀梁传》放在春秋以来社会思想发展的宏大背景中理解，将其视为一部具有相对独立价值的思想著作。

“礼坏乐崩”的实质，并不是礼乐真的消失殆尽，而是指礼乐仪式背后的精神失落了，进而整个宗法礼乐秩序随之崩解。“春秋三传”的作者们正是在这样的背景下展开思考。《左传》采取了史学的进路，试图通过在史料上补充、丰富《春秋》的内容，使人们能够以史为鉴；《公羊传》将目光投向未来，努力适应时代的变动而找寻着思想的出路。与这“二传”不同，《穀梁传》的作者则将视线向源头回溯，竭尽全力从周初的精神信仰、宗法礼制的规定，和孔子以来儒家的思想资源中寻找解决现实困境的良方。因此，《穀梁传》的创作目的在于拨乱世而反诸正。

“礼坏乐崩”意味着宗法礼乐秩序失效，整个社会随之呈现一种

"失范"的状态。所以，对于《穀梁传》来说，当务之急是清理周代政治伦理的精神资源，进而重建"礼乐征伐自天子出"的合理、有效的政治秩序。重建秩序成为《穀梁传》作者永恒的乡愁。

为了奠定秩序重建的观念基础，《穀梁传》从《春秋》的记事结构中提炼出时序观念和天道观念；二者共同体现了一种具有神圣意味的自然秩序观念。与此同时，从"祖由天生"的祖先崇拜发展而来的宗族秩序和道义观念，构成《穀梁传》拨乱反正之价值评判的又一基石。

在此基础上，适应宗法社会家—国—天下一体的结构特征，《穀梁传》自上而下重构了天下秩序、国家秩序和家庭秩序。

《穀梁传》所构想的天下秩序是从全局的视角勾勒天下各种基本政治单位的关系网络。《穀梁传》将天下分为四个层级：周王室、鲁国、诸夏各国、夷狄之国。四者自内而外、由高到低，构成一种立体的高下、尊卑秩序；具体体现为"尊周"、"内鲁"、"同诸夏"、"外夷狄"。

《穀梁传》的国家秩序乃是以某个诸侯国作为范例，具体解析诸侯国政治体系运作的各个关键环节。《穀梁传》将诸侯国内的政治力量分为四级，即君—世子—臣—民。因此，国家秩序相应地体现为"正国君"、"世子制度"、"君臣关系"和"重民"等四个方面。

《穀梁传》所讨论的家庭秩序集中在统治阶层内部，主要涉及诸侯国国君家庭内的父子、夫妇、兄弟等三种基本关系。这表明《穀梁传》的家庭伦理思想具有鲜明的政治色彩，应归属于政治哲学。

通过重构天下秩序、国家秩序和家庭秩序，《穀梁传》基本阐发了对于政治秩序的理解和构想。在重建政治秩序结构的过程中，《穀梁传》表达了自己独到的价值理解，与《公羊传》、《左传》形成鲜明对照。这主要体现在以下几个方面：

一、不以亲亲害尊尊

处理好“亲亲”与“尊尊”之间的微妙关系，是《穀梁传》重建政治秩序的一个关键。“亲亲”、“尊尊”原本是宗法社会的古老原则。“亲亲”是建立在血缘性基础之上的宗法情谊，它偏重于宗法的情感性一面；“尊尊”则是以“亲亲”为基础而建立起来的尊卑等级关系，它与权力的分配有着密切联系，偏向于宗法的秩序性一面。所以，在西周宗法社会，“亲亲”所代表的宗法伦理观念是“尊尊”所代表的尊卑等级观念的基石。礼坏乐崩的危机恰恰反映了伦理与政治之间的张裂。这种张裂，有时表现为“亲亲”原则与“尊尊”原则之间的冲突，有时则表现为对“亲亲”、“尊尊”原则的全盘否定。

在《穀梁传》看来，重建秩序的工作离不开“亲亲”原则和“尊尊”原则的作用。相比较而言，“尊尊”原则因其浓厚的等级性与秩序感，更容易被直接吸纳入政治原则之中。因此，“尊尊”逐渐压过“亲亲”，成为政治生活的主要原则。《穀梁传》实质上将政治原则与伦理原则剥离开来，“尊尊”逐渐由宗法的尊卑秩序发展成为一种严格的政治等级和精神。为此，它反复强调“不以亲亲害尊尊”，当人们按照“亲亲”原则处理亲属伦理关系时，一定不能混淆甚至破坏“尊尊”的政治尊卑秩序。于是，“尊尊”成为全社会必须共同遵循的首要原则。同时，在不违背“尊尊”原则的前提下，“亲亲”原则也被放在重要的位置。这表明《穀梁传》的伦理秩序被统摄在政治秩序之下。

二、居正

“正”是《穀梁传》的核心范畴，也是它重建政治秩序的基本精神。所谓“正”，从宗法制的角度看指的是宗法身份的合法性，尤其指继承人资格的合法性；而从行为规范和道义原则的角度看，“正”还指行为的合时、合度及合道义。

从反面看，所谓“正”就是《穀梁传》所规定的“不以乱治乱”、“不以嫌代嫌”和“不以恶报恶”。在《穀梁传》作者看来，重建合理、有效的社会政治秩序，只能通过规范等级名分、维护宗法秩序和弘扬道义原则来实现。所以，以“正”治乱、以“正”代嫌、以“善”报恶等，就成为《穀梁传》重建秩序的行动指南。

三、对社会公平与道义良知的追求

在《穀梁传》所规定的君臣、父子、夫妇、兄弟等政治伦理关系中，固然强调了尊卑贵贱的严格差别，但是同时也规定了彼此间的相互义务：如大臣要遵君之命、死君之难，而国君也要“以大夫为体”，不得杀害无辜大臣；子女必须孝敬父母，而父母同样有抚养、教育子女的责任；兄弟之间固然有君臣的尊卑关系，但兄长却有“不忍亲”、重“母弟”之义；妇人必须顺从丈夫，但夫妇同时又是尊卑同体的。这些关系的相对性表明《穀梁传》承认政治伦理关系中的双方存在着一种形式上的对等与公平。

这在《穀梁传》的重民思想中体现得更为显著。《穀梁传》规定“民者，君之本也”，并主张统治者应使民以时、取用有度，将爱惜民力、重视民意、顾念民生作为执政之本。这对于保障民众的基本财产权和生存权，维护社会的底线公平正义，无疑有着重要的价值。而传文对于战争的谴责，特别是对“井田制”的维护，更是体现了社会正义的要求，具有着人性与人道的意义和价值。尤其是《穀梁传》对兄弟伦理中“恩”与“义”原则的分疏与融合，从一个角度反映了中国古代哲学在思考和处理血缘伦理关系时试图将亲属情感与社会公正相协调与融通的独特伦理价值观。

四、应时而权变

尽管《穀梁传》的作者渴望恢复西周的宗法礼乐文明，重建王道政治，但是春秋以来社会关系各方面所发生的深刻变化毕竟是不受人的意志左右的。面对社会关系中一些不可逆转的变化，《穀梁传》也采取了变通的、务实的态度来灵活应对。这也是《穀梁传》思想的时代性体现。

例如，在天子式微、诸侯壮大的客观情形下，《穀梁传》承认齐桓公在首戴之盟上尊崇王世子行为的价值，认为这是值得赞许的，是所谓“变之正”的权宜措施。又如在王室无能为力的情况下，诸侯甚至诸侯之大夫代行天子之责筑城护民，也是值得提倡的办法。“内鲁”的现象也体现了《穀梁传》的权变精神。由于周王室衰微，周礼的资源逐渐集中到鲁国。在这种情况下，以“内鲁”的方式表达对周礼精神和内容的尊重，也是一种不得已的举措。《穀梁传》的华夷之辨同样体现着权变的智慧。作者巧妙地赋予“华”、“夷”概念以文化的内涵，进而通过“贬夏为夷”和“进夷为夏”的双向流动，从根源上消解了华夷因自然生活习惯和血缘亲疏的不同所形成优劣意识和种族对立，为华、夷在更广阔意义上的融合提供了契机。

综而论之，《穀梁传》的整个思想体系是以秩序为中心展开的。《穀梁传》极为重视周代宗法制的精神资源，继承了孔子的“正名”主张，试图自上而下地重构社会规范的神圣性，进而建构起融合“亲亲”与“尊尊”原则的政治秩序，并最终实现尊卑有序、结构井然、和谐守礼的王道社会。

然而，春秋以来礼坏乐崩的社会危机既是一场大的灾难，但同时也是一次难得的契机，一次冲破宗法制的原始色彩，将西周宗法制度蜕化为成熟政治制度的契机。与《公羊传》相比，《穀梁传》在形式上表现出一种保守性，这可能与它的鲁学渊源分不开。例如，《穀梁传》表现出强烈的“重礼”和“尊王”的倾向。《穀梁传·僖公八年》说：“王人之先诸侯，何也？贵王命也。朝服虽敝，必加于上；弁冕虽旧，必加于首；周室虽衰，必先诸侯。”正是在对失序社会的反省与重建上，《穀梁传》明确地表达了试图恢复西周宗法礼乐秩序的意愿。可以说，整部《穀梁传》都是在讲如何拨乱反正、重构西周和谐而有效的宗法等级秩序。但是，《穀梁传》所要恢复的秩序已经不完全等同于西周宗法伦理秩序，而是融合了时代特质的新的政治伦理秩序。

因此，《穀梁传》所建构的秩序体系与其说是对旧有社会秩序的恢复，不如说是突破和超越。这实质上体现了一种政治的和制度的自觉，同时也反映了战国时期社会思想重大而深刻的变化。

参考文献

一、古籍与专著

（晋）范宁集解，（唐）杨士勋疏：《春秋穀梁传注疏》，阮元校刻《十三经注疏》本，上海：上海古籍出版社1997年版；

（清）钟文烝：《春秋穀梁经传补注》，中华书局2009年版；

（汉）司马迁：《史记》，中华书局1959年版；

（汉）孔安国传，（唐）孔颖达疏：《尚书正义》，阮元校刻《十三经注疏》本；

（汉）毛亨传，（汉）郑玄笺，（唐）孔颖达疏：《毛诗正义》，阮元校刻《十三经注疏》本；

（汉）何休解诂，（唐）徐彦疏：《春秋公羊传注疏》，阮元校刻《十三经注疏》本；

（汉）郑玄注，（唐）贾公彦疏：《周礼注疏》，阮元校刻《十三经注疏》本；

（汉）郑玄注，（唐）贾公彦疏：《仪礼注疏》，阮元校刻《十三经注疏》本；

（汉）郑玄注，（唐）孔颖达疏：《礼记正义》，阮元校刻《十三经注疏》本；

（汉）班固：《汉书》，中华书局1962年版；

（汉）班固等撰：《白虎通》，中华书局1985年版（丛书集成初编本）；

（汉）桓谭：《新论》，上海人民出版社 1977 年版；

（魏）何晏集解，（宋）邢昺疏：《论语注疏》，阮元校刻《十三经注疏》本；

（魏）王弼、（晋）韩康伯注，（唐）孔颖达正义：《周易正义》，阮元校刻《十三经注疏》本；

（晋）郭璞注，（宋）邢昺疏：《尔雅注疏》，阮元校刻《十三经注疏》本；

（晋）杜预注，（唐）孔颖达疏：《春秋左传正义》，阮元校刻《十三经注疏》本；

（晋）陈寿撰，（宋）裴松之注：《三国志》，中华书局 1982 年版；

（唐）韩愈著，马伯通校注：《韩昌黎文集校注》，古典文学出版社 1957 年版；

（唐）陆德明撰，黄焯断句：《经典释文》，中华书局 1983 年版；

（宋）周敦颐撰，徐洪兴导读：《周子通书》，上海古籍出版社 2000 年版；

（宋）张载：《张载集》，中华书局 1978 年版；

（宋）苏轼：《苏轼文集》，中华书局 1986 年版；

（宋）朱熹编：《河南程氏遗书》，商务印书馆 1935 年版；

（宋）朱熹：《四书章句集注》，中华书局 1983 年版；

（宋）吕祖谦：《东莱博议》，武汉古籍书店影印本；

（宋）孙觉：《春秋经解》，中华书局 1985 年版；

（宋）萧楚：《春秋辨疑》，中华书局 1985 年版；

（宋）叶梦得：《春秋考》，中华书局 1991 年版；

宋元人注：《四书五经》之《春秋三传》，天津市古籍书店 1988 年版；

（元）脱脱等撰：《宋史》（第三十册），中华书局1977年版；

（明）石光霁：《春秋书法钩元》，台北艺文印书馆1976年版；

（清）顾炎武著，陈垣校注：《日知录校注》上册，安徽大学出版社2007年版；

（清）许桂林、侯康：《春秋穀梁传时月日书法释例》，中华书局1991年版；

（清）刘逢禄：《穀梁废疾申何》（皇清经解春秋类汇编），台北艺文印书馆1986年版；

（清）柳兴恩：《穀梁大义述》（续经解春秋类汇编），台北艺文印书馆1986年版；

（清）顾栋高：《春秋大事表》，中华书局1993年版；

（清）惠栋：《九经古义·穀梁》，中华书局1985年版；

（清）苏舆：《春秋繁露义证》，中华书局1992年版；

（清）马骕：《左传事纬》，齐鲁书社1992年版；

（清）孙希旦：《礼记集解》，中华书局1989年版；

（清）王聘珍：《大戴礼记解诂》，中华书局1983年版；

（清）王先慎：《韩非子集解》，中华书局1998年版；

（清）赵在翰辑，钟肇鹏、萧文郁点校：《七纬》，中华书局2012年版；

（清）刘宝楠：《论语正义》，中华书局1990年版；

（清）焦循：《孟子正义》，中华书局1987年版；

（清）王先谦：《荀子集解》，中华书局1988年版；

（清）章学诚：《章学诚遗书》，中华书局1985年版；

（清）郭庆藩：《庄子集释》，中华书局1961年版；

（清）皮锡瑞：《经学通论》，中华书局1954年版；

（清）皮锡瑞：《经学历史》，中华书局2004年版；

康有为:《孔子改制考》，中华书局2012年版；

江侠庵编译:《先秦经籍考》，商务印书馆1931年版；

范文澜:《中国通史简编》第一卷，人民出版社1955年版；

康有为:《新学伪经考》，中华书局1956年版；

〔美〕莫尔根著，杨东蓴、张栗原、冯汉骥译:《古代社会》，生活·读书·新知三联书店1957年版；

周谷城:《中国通史》(上)，上海人民出版社1957年版；

王国维:《观堂集林》第二册，中华书局1959年版；

王熙元:《穀梁范注发微》，台北嘉新研究论文1975年版；

《商君书新注》编辑组:《商君书新注》，陕西人民出版社1975年版；

童书业:《春秋左传研究》，上海人民出版社1980年版；

朱自清:《经典常谈》，生活·读书·新知三联书店1980年版；

杨公骥:《中国文学》第一分册，吉林大学出版社1980年版；

金景芳:《古史论集》，齐鲁书社1981年版；

孙中山:《孙中山选集》下册，人民出版社1981年版；

〔法〕列维·布留尔著，丁由译:《原始思维》，商务印书馆1981年版；

顾颉刚编著:《古史辨》(一)，上海古籍出版社1982年版；

顾颉刚讲授，刘起釪笔记:《春秋三传及国语之综合研究》，巴蜀书社1988年版；

陈国庆:《汉书·艺文志注释汇编》，中华书局1983年版；

蒋伯潜:《十三经概论》，上海古籍出版社1983年版；

蒋伯潜、蒋祖怡:《经与经学》，上海书店1997年版；

朱维铮编:《周予同经学史论著选集》，上海人民出版社1983年版；

马宗霍：《中国经学史》，上海书店1984年版；

萧公权：《中国政治思想史》，台北联经出版事业公司1984年版；

傅隶朴：《春秋三传比义》，中国友谊出版社1984年版；

吴承仕：《经典释文序录疏证》，中华书局1984年版；

李泽厚：《中国古代思想史论》，人民出版社1985年版；

钱穆：《秦汉史》，台北东大图书公司1985年版；

钱穆：《中国文化史导论》（修订版），商务印书馆1994年版；

钱穆：《两汉经学今古文平议》，商务印书馆2001年版；

钱穆：《论语新解》，生活·读书·新知三联书店2002年版；

张光直：《考古学专题六讲》，文物出版社1986年版；

张光直：《中国青铜时代》，生活·读书·新知三联书店1999年版；

〔奥〕西格蒙德·弗洛伊德著，付雅芳等校译：《文明及其缺憾》，安徽文艺出版社1987年版；

刘文典：《淮南鸿烈集解》，中华书局1989年版；

程发轫：《春秋要领》，台北东大图书公司1989年版；

钱宗范：《周代宗法制度研究》，广西师范大学出版社1989年版；

杨伯峻：《春秋左传注》（修订本），中华书局1990年版；

黄晖：《论衡校释》，中华书局1990年版；

《中国兵书集成》编委会编：《中国兵书集成》第十册《武经七书直解》（一），解放军出版社、辽沈书社1990年版；

李向平：《王权与神权——周代政治与宗教研究》，辽宁教育出版社1991年版；

陈戍国：《中国礼制史：先秦卷》，湖南教育出版社1991年版；

钱杭：《周代宗法制度史研究》，学林出版社1991年版；

梁治平：《寻求自然秩序中的和谐——中国传统法律文化研

究》，上海人民出版社 1991 年版；

江晓原：《天学真原》，辽宁教育出版社 1991 年版；

江晓原、钮卫星：《回天：武王伐纣与天文历史年代学》，上海人民出版社 2000 年版；

沈玉成、刘宁：《春秋左传学史稿》，江苏古籍出版社 1992 年版；

杨向奎：《宗周社会与礼乐文明》，人民出版社 1992 年版；

马勇：《汉代〈春秋〉学研究》，四川人民出版社 1992 年版；

樊浩：《中国伦理精神的历史建构》，江苏人民出版社 1992 年版；

刘泽华主编：《中国古代政治思想史》，南开大学出版社 1992 年版；

刘泽华主编：《中国传统政治哲学与社会整合》，中国社会科学出版社 2000 年版；

郑杭生、李强等著：《社会运行导论——有中国特色的社会学基本理论的一种探索》，中国人民大学出版社 1993 年版；

张西堂：《穀梁真伪考》，台北明文书局 1994 年版；

赵国华、刘项、刘国建主编：《孙子兵法辞典》，湖北人民出版社 1994 年版；

许倬云：《西周史》（增订本），生活·读书·新知三联书店 1994 年版；

许倬云：《中国古代社会史论》，广西师范大学出版社 2006 年版；

许倬云：《万古江河：中国历史文化的转折与展开》，中华书局（香港）有限公司 2009 年版；

浦卫忠：《春秋三传综合研究》，台湾文津出版社 1995 年版；

蒋庆：《公羊学引论》，辽宁教育出版社 1995 年版；

蒋庆：《政治儒学：当代儒学的转向、特质与发展》，生活·读书·新知三联书店 2003 年版；

饶宗颐：《中国史学上之正统论》，上海远东出版社 1996 年版；

田昌五、臧知非：《周秦社会结构研究》，西北大学出版社 1996 年版；

陈来：《古代宗教与伦理：儒家思想的根源》，生活·读书·新知三联书店 1996 年版；

何怀宏：《世袭社会及其解体：中国历史上的春秋时代》，生活·读书·新知三联书店 1996 年版；

何怀宏：《良心论》，北京大学出版社 2009 年版；

钱玄：《三礼通论》，南京师范大学出版社 1996 年版；

钱玄、钱兴奇编著：《三礼辞典》，江苏古籍出版社 1998 年版；

谢金良：《穀梁传漫谈》，台北顶渊文化事业有限公司 1997 年版；

杨华：《先秦礼乐文化》，湖北教育出版社 1997 年版；

〔英〕弗里德利希·冯·哈耶克著，邓正来译：《自由秩序原理》（上册），生活·读书·新知三联书店 1997 年版；

顾宝田注译：《新译穀梁传》，台湾三民书局 1998 年版；

葛兆光：《中国思想史》第一卷，复旦大学出版社 1998 年版；

白本松：《春秋穀梁传全译》，贵州人民出版社 1998 年版；

周予同：《中国经学史讲义》，上海文艺出版社 1999 年版；

承载：《春秋穀梁传译注》，上海古籍出版社 1999 年版；

郭齐勇：《郭齐勇自选集》，广西师范大学出版社 1999 年版；

郭齐勇：《儒学与儒学史新论》，台湾学生书局 2002 年初版；

郭齐勇：《中国哲学智慧的探索》，中华书局 2008 年版；

郭齐勇：《中国儒学之精神》，复旦大学出版社 2009 年版；

〔日〕石井宏明：《东周王朝研究》，中央民族大学出版社 1999 年版；

〔美〕郝大维、安乐哲著，施忠连译：《汉哲学思维的文化探源》，江苏人民出版社 1999 年版；

吴智雄：《穀梁传思想析论》，台北文津出版社 2000 年版；

周何：《新译春秋穀梁传》，台湾三民书局 2000 年版；

〔法〕埃米尔·涂尔干著，渠东译：《社会分工论》，生活·读书·新知三联书店 2000 年版；

〔法〕埃米尔·迪尔凯姆著，冯韵文译：《自杀论》，商务印书馆 1996 年版；

丁四新：《郭店楚墓竹简思想研究》，东方出版社 2000 年版；

赵生群：《〈春秋〉经传研究》，上海古籍出版社 2000 年版；

刘黎明、巩红玉：《〈春秋〉之谜》，四川教育出版社 2000 年版；

刘黎明：《〈春秋〉经传研究》，四川出版集团巴蜀书社 2008 年版；

张榜：《春秋公羊穀梁传合纂》，海南出版社 2000 年版；

徐复观：《两汉思想史》第三卷，华东师范大学出版社 2001 年版；

徐复观：《中国人性论史：先秦篇》，上海三联书店 2001 年版；

徐复观：《徐复观论经学史二种》，上海书店出版社 2005 年版；

严正：《五经哲学及其文化学的阐释》，齐鲁书社 2001 年版；

顾德融、朱顺龙：《春秋史》，上海人民出版社 2001 年版；

余嘉锡：《余嘉锡说文献学》，上海古籍出版社 2001 年版；

陈苏镇：《汉代政治与〈春秋〉学》，中国广播电视出版社 2001 年版；

姚曼波：《〈春秋〉考论》，江苏古籍出版社 2002 年版；

徐元浩：《国语集解》，中华书局 2002 年版；

白钢主编：《中国政治制度史》（上卷），天津人民出版社 2002 年版；

庞天佑：《秦汉历史哲学思想研究》，中国社会科学出版社 2002

年版；

〔美〕赫伯特·芬格莱特著，张华译：《孔子：即凡而圣》，江苏人民出版社 2002 年版；

〔日〕伊藤道治著，江蓝生译：《中国古代王朝的形成——以出土资料为主的殷周史研究》，中华书局 2002 年版；

杨宽：《西周史》，上海人民出版社 2003 年版；

费孝通：《乡土中国　生育制度》，北京大学出版社 2003 年版；

宗福邦、陈世铙、萧海波主编：《故训汇纂》，商务印书馆 2003 年版；

丁鼎：《〈仪礼·丧服〉考论》，社会科学文献出版社 2003 年版；

杨师群：《东周秦汉社会转型研究》，上海古籍出版社 2003 年版；

程水金：《中国早期文化意识的嬗变》第一卷，武汉大学出版社 2003 年版；

林义正：《春秋公羊传伦理思维与特质》，台湾大学出版中心 2003 年版；

姜广辉主编：《中国经学思想史》（第一卷），中国社会科学出版社 2003 年版；

姜广辉主编：《中国经学思想史》（第二卷），中国社会科学出版社 2003 年版；

余英时：《士与中国文化》，上海人民出版社 2003 年版；

刘丰：《先秦礼学思想与社会的整合》，中国人民大学出版社 2003 年版；

干春松：《制度化儒家及其解体》，中国人民大学出版社 2003 年版；

〔英〕葛瑞汉著，张海晏译：《论道者：中国古代哲学论辩》，中国社会科学出版社 2003 年版；

赵伯雄：《春秋学史》，山东教育出版社 2004 年版；

吕友仁：《周礼译注》，中州古籍出版社 2004 年版；

黎翔凤：《管子校注》，中华书局 2004 年版；

张涛、项永琴：《秦汉齐鲁经学》，山东文艺出版社 2004 年版；

彭林：《中国古代礼仪文明》，中华书局 2004 年版；

中国社科院历史研究所编：《古史文存：先秦卷》，社会科学文献出版社 2004 年版；

刘源：《商周祭祖礼研究》，商务印书馆 2004 年版；

赵明：《先秦儒家政治哲学引论》，北京大学出版社 2004 年版；

葛志毅：《周代分封制度研究》（修订本），黑龙江人民出版社 2004 年版；

张岩：《从部落文明到礼乐制度》，上海三联书店 2004 年版；

季乃礼：《三纲六纪与社会整合：由〈白虎通〉看汉代社会人伦关系》，中国人民大学出版社 2004 年版；

徐杰令：《春秋邦交研究》，中国社会科学出版社 2004 年版；

崔明德：《先秦政治婚姻史》，山东大学出版社 2004 年版；

〔美〕本杰明・史华兹著，程钢译：《古代中国的思想世界》，江苏人民出版社 2004 年版；

〔德〕加达默尔著，洪汉鼎译：《真理与方法》上卷，上海译文出版社 2004 年版；

黄开国：《诸子百家兴起的前奏：春秋时期的思想文化》，巴蜀书社 2004 年版；

黄开国：《经学管窥》，陕西人民出版社 2005 年版；

任剑涛：《伦理王国的构造》，中国社会科学出版社 2005 年版；

张高评：《春秋书法与左传学史》，上海古籍出版社 2005 年版；

龚留柱：《春秋弦歌：〈左传〉与中国文化》，河南大学出版社

2005 年版；

王启发：《礼学思想体系探源》，中州古籍出版社 2005 年版；

《文史知识》编辑部编：《经书浅谈》，中华书局 2005 年版；

彭林主编：《中国经学》第一辑，广西师范大学出版社 2005 年版；

常金仓：《周代礼俗研究》，黑龙江人民出版社 2005 年版；

郭伟川：《两周史论》，北京图书馆出版社 2006 年版；

萧汉明：《传统哲学的魅力》，中华书局 2008 年版；

张德胜：《儒家伦理与社会秩序：社会学的诠释》，上海人民出版社 2008 年版；

王力主编：《中国古代文化常识》（插图修订第 4 版），世界图书出版公司 2008 年版；

〔英〕亚当·斯威夫特著，佘江涛译：《政治哲学导论》，江苏人民出版社 2008 年版；

吴根友：《在道义论与正义论之间——比较政治哲学诸问题初探》，武汉大学出版社 2009 年版；

吴涛：《"术"、"学"纷争背景下的西汉〈春秋〉学：以〈穀梁传〉与〈公羊传〉的升降为例》，中国社会科学出版社 2011 年版；

徐水生：《中国哲学与日本文化》，中华书局 2012 年版；

二、学术论文

金建德：《瑕丘江公作〈穀梁传〉的推测》，《人文杂志》1957 年第 3 期；

应有前：《许中舒论〈春秋〉非孔子所作》，《光明日报》1963 年 7 月 30 日；

王葆玹：《〈穀梁传疏〉所引王弼〈周易大易论〉佚文考释》，《中国哲学史研究》1983 年第 4 期；

金景芳：《孔子与六经》，《孔子研究》1986 年第 1 期；

陈恩林：《关于〈穀梁传〉的源流及真伪问题》，《古籍整理研究学刊》1987 年第 4 期；

朱永平：《试析〈公羊传〉、〈穀梁传〉对语序的训释》，《陕西师范大学学报》1987 年第 3 期；

陈修斋：《关于哲学本性问题的思考》，《武汉大学学报》（社会科学版）1988 年第 2 期；

张志哲：《儒家经学流派评述》，《孔子研究》1989 年第 2 期；

陈其泰：《公羊历史哲学的形成和发展》，《孔子研究》1989 年第 2 期；

梁治平：《“法自然”与“自然法”》，《中国社会科学》1989 年第 2 期；

浦伟忠：《〈春秋穀梁传〉“道”论的特点》，《哲学动态》1990 年第 3 期；

浦伟忠：《论〈春秋穀梁传〉的亲亲之义》，《齐鲁学刊》1991 年第 3 期；

浦卫忠：《论黄老思想对〈穀梁传〉的影响》，《中国社会科学院研究生院学报》1996 年第 2 期；

张涛：《试谈〈穀梁传〉对刘向的影响》，《贵州文史丛刊》1991 年第 3 期；

薛安勤：《读〈春秋穀梁传〉札记》，《辽宁师范大学学报》1992 年第 4 期；

陈建梁：《服虔以〈穀梁传〉解〈左氏〉例释》，《学术月刊》1995 年第 6 期；

李峰：《试论春秋战国时期的君臣伦理观》，《唐都学刊》1996 年第 2 期；

谢金良：《〈穀梁传〉的真伪和写作时代问题考辨》，《福建论坛》

1996年第2期；

张彦修：《春秋“出奔”考述》，《史学月刊》1996年第6期；

谢金良：《〈春秋穀梁传〉风格论》，《福建论坛》1999年第5期；

谢金良：《两汉中期以前〈春秋穀梁传〉流传情况辨异》，《福建师范大学学报》2000年第4期；

寇养厚：《浅论〈春秋〉三传在西汉的不同命运》，《管子学刊》1997年第3期；

寇养厚：《关于〈春秋〉三传的两个问题》，《殷都学刊》1999年第3期；

寇养厚：《论春秋三讳》，《中国文化研究》1999年春季刊；

杨效雷：《中国古代的记年、记月、记日、记时法》，《文献》1998年第2期；

宋艳萍：《从〈公羊传〉、〈穀梁传〉的主要区别浅探齐鲁文化的差异》，《管子学刊》1998年4期；

王启发：《礼的属性与意义》，《中国社会科学院研究生院学报》1999年第6期；

徐杰令：《论春秋时期的“出奔”》，《史学集刊》2000年第2期；

饶尚宽：《〈春秋穀梁传〉的内容、价值及其影响》，《新疆师范大学学报》2001年第1期；

姚曼波：《孔子作〈春秋传〉史实考》，《江苏教育学院学报》（社会科学版）2001年第7期；

萧放：《中国上古岁时观念论考》，《西北民族研究》2001年第2期；

萧放：《岁时——传统中国人的时间体验》，《史学理论研究》2001年第2期；

萧放：《天时与人时——民众时间意识探源》，《湖北大学学报》（哲学社会科学版）2004年第5期；

张强：《先秦史官与史官文化考论》，《江苏社会科学》2002年第4期；

陈来：《春秋礼乐文化的解体与转型》，《中国文化研究》2002年秋季刊；

陈来：《中国早期政治哲学的三个主题》，《天津社会科学》2007年第2期；

刘鸿雁：《试论〈春秋穀梁传〉正文中的训诂》，《宁夏大学学报》2003年第5期；

周光辉：《政治文明的主题：人类对合理的公共秩序的追求》，《社会科学战线》2003年第4期；

尤炜、赵山奎：《从〈尚书〉论先秦人的时间意识》，《人文杂志》2003年第2期；

周何：《春秋三传尊桓论》，《国际汉学》第1期；

赵生群：《论孔子作〈春秋〉》，《文史》第四十七期；

赵生群：《试论〈春秋〉三传异同及其地域原因》，《文史》第六十四期；

许雪涛：《从〈公羊传〉看〈春秋〉之“隐微”》，载于“孔子2000网”，2004年2月22日，见 www.confucius2000.com/confucian/cgyzkcqzyw.htm。

甘绍平：《论一线伦理与二线伦理》，《哲学研究》2006年第2期；

徐燕斌：《礼·秩序·和谐》，《兰州学刊》2006年第12期；

何新华：《试析古代中国的天下观》，《东南亚研究》2006年第1期；

陈智勇：《论西周时期的时间意识》，《三峡大学学报》（人文社会科学版）2006年第1期；

陈智勇：《论春秋战国时期的时间意识》，《商丘师范学院学报》2007年第8期；

陈智勇：《论夏商时期的时间意识》，《殷都学刊》2008 年第 3 期；

周桂钿：《董仲舒政治哲学的核心 —— 大一统论》，《中国哲学史》2007 年第 4 期；

皮伟兵：《论先秦儒家构建等级秩序的宗法血缘基础》，《求索》2007 年第 1 期；

于璟、赵孟营：《超越“失范”：论涂尔干理论语境中的 anomie》，《广西社会科学》2007 年第 4 期；

高宏：《西周时期时间观述论》，《文史博览》（理论）2008 年第 10 期；

马勇：《儒家的自然法思想》，《西南政法大学学报》2009 年第 2 期；

陈玲：《〈诗经〉中周代先民时间意识的循环性》，《宜宾学院学报》2010 年第 4 期；

李长春：《〈春秋〉“大一统”与两汉时代精神》，《中山大学学报》（社会科学版）2011 年第 3 期；

黄开国：《〈公羊传〉的大一统思想》，《齐鲁学刊》2011 年第 3 期；

景红艳：《论先秦九命礼及其历史演变》，《山西师大学报》（社会科学版）2011 年第 1 期；

李宪堂：《“天下观”的逻辑起点与历史生成》，《学术月刊》2012 年第 10 期；

任剑涛：《天道、王道与王权 —— 王道政治的基本结构及其文明矫正功能》，《中国人民大学学报》2012 年第 2 期；

附　录

魏晋经学之华章：范宁《春秋穀梁传集解》

——以经典解释学方法为视角

汉魏之交的风云际会沉重打击了传统经学。魏晋时期，玄风方炽，儒门衰微，传统经学不绝如缕。但饶有趣味的是，正当此玄风席卷之际，范宁（339—401）《春秋穀梁传集解》却逆风而起，为一时翘楚。

或许正是因为与两汉之正统经学存在时间上的距离，范宁得以更加冷静、更加客观地审视此前的经学研究。也唯其如此，范氏的《春秋穀梁传集解》不仅具有了传统意义上的注疏价值，被视作穀梁学史上的扛鼎之作，更成为中国古代经典解释学的一个颇具典型意义的例证，从而蕴含着一种一般意义上的经典解释学方法的价值。

一、解释的前提：对《春秋》性质的理解

《春秋》的性质问题在很大程度上可以用另一个问题来替代，即：孔子与《春秋》之间存在着何种关系？对此问题的理解，直接影响到人们对《春秋》的历史定位、意义解读和价值评判，是"春秋学"首先碰到的、不可不解决的关键性前提。

在《春秋穀梁传序》中，范宁明确表示自己之所以沉思积年而

为《集解》的原因是:“释《穀梁传》者虽近十家，皆肤浅末学，不经师匠。辞理典据既无可观，又引《左氏》、《公羊》以解此传，文义违反，斯害也已。”[①] 文字凿凿，似无可疑。但若细细品味，则不难发现这只是表层的原因；真正的原因乃在于范宁对于《春秋》性质的理解：

> 天垂象，见吉凶。圣作训，纪成败。欲人君戒慎厥行，增修德政。……四夷交侵，华戎同贯，幽王以暴虐见祸，平王以微弱东迁。征伐不由天子之命，号令出自权臣之门，故两观表而臣礼亡，朱干设而君权丧。下陵上替，僭逼理极。天下荡荡，王道尽矣。孔子睹沧海之横流，乃喟然而叹曰：“文王既没，文不在兹乎！”言文王之道丧，兴之者在己，于是就大师而正《雅》、《颂》，因鲁史而修《春秋》，……于时则接乎隐公，故因兹以托始，该二仪之化育，赞人道之幽变，举得失以彰黜陟，明成败以著劝诫，拯颓纲以继三五，鼓芳风以扇游尘。一字之褒，宠逾华衮之赠。片言之贬，辱过市朝之挞。德之所助，虽贱必申。义之所抑，虽贵必屈。故附势匿非者无所逃其罪，潜德独运者无所隐其名，信不易之宏轨，百王之通典也。先王之道既弘，麟感而来应。因事备而终篇，故绝笔于斯年。成天下之事业，定天下之邪正，莫善于《春秋》。[②]

在范宁看来，《春秋》乃孔子所作，这是确凿无疑的。孔子身处

① （晋）范宁集解，（唐）杨士勋疏：《春秋穀梁传注疏》，阮元校刻《十三经注疏》本，上海古籍出版社 1997 年版，第 2361 页。

② （晋）范宁集解，（唐）杨士勋疏：《春秋穀梁传注疏》，阮元校刻《十三经注疏》本，上海古籍出版社 1997 年版，第 2358—2360 页。

夷狄陵夏之危局、礼坏乐崩之乱世，天子失职，王道黯隐，下陵上替，暴虐篡弑者比比皆是。孔子忧惧，于是代行天子之事，借取鲁史旧文并申以己意而作《春秋》，以图彰王道以复其礼、拨乱世而反诸正。因此，《春秋》绝非一般的史书。孔子以区区一万六千五百字历数鲁隐至鲁哀二百四十余年，或笔或削，以褒贬进退为轨仪。其事或时有遗略，其义则未尝稍有偏失。换言之，《春秋》虽是应时而作，实为一部蕴含有圣人之微言大义的治世大典。

可见，在孔子与《春秋》的关系问题上，范宁取当时的主流看法。[①] 既然《春秋》负载有圣人的苦心微旨、微言大义，那么，阐发解释《春秋》的"传"自然也就跟着水涨船高，备受重视。尽管据《汉书·艺文志》记载当时《春秋》之"传"共有五种，但到范宁生活的东晋时期，《邹氏传》、《夹氏传》俱已不存。故范宁只言"三传"："《春秋》之传有三，而为经之旨一，臧否不同，褒贬殊致。盖九流分而微言隐，异端作而大义乖。"[②] 显然，此处的"为经之旨"正是孔子寄寓在《春秋》字里行间的微言大义。范宁认为，这个"为经之旨"不仅是存在的，而且是唯一的、清晰的。然而，去圣日远，九流剖分，异端并作，《春秋》的"为经之旨"也因此隐微而不得彰显。《公羊》、《穀梁》、《左氏》虽然都以解释《春秋》为职志，但均囿于一己之见，不仅多有偏失而未能把握此"为经之一旨"，反而相互攻讦，自是而非它。"三传"在解读《春秋》之旨的过程中都存在着局

① 有学者指出首先提出这一观点的是孟子（公元前 372—前 289 年）。孟子认为，故"孔子成《春秋》而乱臣贼子惧"（《孟子·滕文公下》）。但关于孟子在汉晋时期的影响仍有很多争论。司马迁（公元前 145—前 86 年）著《史记》也采用此说。在《史记》的《孔子世家》、《三代世表》、《儒林列传》和《太史公自序》等篇，均可见"孔子作《春秋》"的观点。汉代今文学派亦取此说。

② 《春秋穀梁传注疏》，见（晋）范宁集解，（唐）杨士勋疏：《春秋穀梁传注疏》，阮元校刻《十三经注疏》本，上海古籍出版社 1997 年版，第 2360 页。

限。然而，或许是一种无奈，后人却往往只能够借助“三传”以求窥探《春秋》之玄奥。

因此，范宁注《穀梁》，在很大程度上并不是因为他相信《穀梁》较之其他“二传”更加贴合《春秋》之旨，而是由当时“三传”的研究状况决定。其时，“《左氏》则有服、杜之注，《公羊》则有何、严之训。释《穀梁传》者虽近十家，皆肤浅末学，不经师匠。辞理典据既无可观，又引《左氏》、《公羊》以解此传，文义违反，斯害也已”[①]。理越辩越明，“三传”之研究倘若能齐头并进，则后人可以更好地对比“三传”，克服偏狭，从而体会《春秋》的“为经之旨”。这是范宁集解《穀梁》的一个原因。此外，范宁还试图通过此书，向人们传达一个讯息，传达一种关于经传关系和经典解释的理解。而这才是范宁完成此书的真正目的。

二、“事”、“例”与“义”——解释学的循环

通览范宁《春秋穀梁传集解》，人们首先容易得到的印象是《集解》中大量的“凡例”。发凡起例并不是范宁的首创，而是中国传统经学古已有之的独特解释方法。稍早于范氏的杜预（公元222—284年）《春秋序》指出：“其发凡以言例，皆经国之常制，周公之垂法，史书之旧章”[②]，后人更是从《左传》中归纳出所谓的“五十凡”。

范宁解《穀梁》，亦注意透过《穀梁传》提炼《春秋》之“凡例”。这可以通过“凡例”与“书法”的关系看出一二：

“凡例”指的是经文记录时间、地点、人物以及某类事件时相对

① （晋）范宁集解，（唐）杨士勋疏：《春秋穀梁传注疏》，阮元校刻《十三经注疏》本，上海古籍出版社1997年版，第2361页。

② （晋）杜预注，（唐）孔颖达疏：《春秋左传正义》，阮元校刻《十三经注疏》本，上海古籍出版社1997年版，第1705页。

一致的记述风格与体例；“书法”则是指圣人在记述中寄寓微言大义的技巧与方法。因此，“凡例”与“书法”的关系可以这样理解：一方面，不少“凡例”本身已经表现为“书法”，如《穀梁传·宣公十五年》云“灭国有三术：中国谨日，卑国月，夷狄不日”[①]，对于中原诸夏之国的灭亡，经文书“日”；对于中原的一些卑微小国的灭亡，经文书“月”；对于那些夷狄之国的灭亡，经文或书“时”或不书时间，体现了《春秋》“外夷狄而内诸夏”的尊卑观念。另一方面，当“凡例”已确定时，不合“凡例”的地方往往存有进退褒贬之义，此即为“书法”，如正常情况下对于诸侯之死应该书“日”以记之，但是《春秋》襄公三十年却书“夏，四月，蔡世子般弑其君固”[②]。经文变“日”为“月”，实际上是采用了描述夷狄之君卒亡的记载方式，目的是为了贬斥蔡国世子弑君夺政的行为近乎夷狄。

严格地说，“凡例”之法其实应该包括两个层次：其一是根据经文内容总结出凡例，其二是依据凡例推知经传中省略或缺漏的部分。

首先看第一个层次。范宁注意到《穀梁传》在解释《春秋》时非常注意提炼经文的凡例；《集解》中时常出现的“传例曰”，指的正是《穀梁传》所归纳的《春秋》之凡例。可以说，《穀梁传》乃是通过对《春秋》凡例的梳理和归纳来展开其诠释体系。以新君继位的记录方式为例：

《穀梁传》对《春秋》记录十二位鲁国国君的书写方式进行了分析，归纳出新君继位的三种情形：第一种情形：“继正即位，正也。”这是说当先君正常死亡时，新君继位应书“公即位”以显示其继位的

---

① （晋）范宁集解，（唐）杨士勋疏：《春秋穀梁传注疏》，阮元校刻《十三经注疏》本，上海古籍出版社 1997 年版，第 2415 页。

② （晋）范宁集解，（唐）杨士勋疏：《春秋穀梁传注疏》，阮元校刻《十三经注疏》本，上海古籍出版社 1997 年版，第 2432 页。

正当性。第二种情形：“继弑君不言即位，正也。”这是说当先君意外死亡（主要指被杀或被弑）时，新君继位应不书“公即位”以示对先君意外亡故的哀痛之情。这也是正常的情形。第三种情形：“继故而言即位，则是与闻乎弑也。”这是说先君由于意外死亡（被杀或被弑），倘若新君继位时书了“公即位”，则表明新君对先君的意外死亡根本没有哀戚之情，这又反过来证明新君与先君的被弑之间存在某种关系，新君可能事先知晓甚至参与了弑先君的篡逆行为。

《穀梁传》共提到九位后君继位之事，分别是桓公、庄公、闵公、僖公、文公、宣公、襄公、昭公和定公。其中，文公、襄公、昭公的继位属于第一种情况，此外《穀梁传》未明确说到的成公和哀公也属此列；庄公、闵公、僖公三位国君的继位属于第二种情况；桓公、宣公两位国君的继位则属于“与闻乎弑”的第三种情况。[①] 这三种后君继位的书例是《穀梁传》对《春秋》记事规律归纳的结果。[②] 这是“凡例”运用的第一个层次。

除此之外，“凡例”的运用还有第二个层次，即根据凡例反推经传缺漏甚至错误的地方。在范宁看来，《穀梁传》归纳、总结《春秋》的凡例，作用不仅仅在于更有条理地把握经文，还在于要由凡例而反推经典的文字与含义。这一点与《春秋》的文本特征紧密相关。《春秋》全文仅一万六千五百余字，而记录的时间竟然长达二百四十二年；平均下来，每年不足七十字，其简略遗漏可想而知。而通过“凡例”反推经文中被省略或遗漏的内容，使经文经义能够完整通达，就成为经文注疏的一个重要方面。如隐公二年：

① 定公继位的情况比较特殊：先君昭公被鲁大夫季孙如意驱逐出国，客死齐国；次年六月定公继位。《穀梁传·定公元年》云“先君无正终，则后君无正始”，即此之谓。

② 以上亦见本书第五章第一节“一、继正即位”。

经文：夏，五月，……无侅帅师入极。

传文：入者，内弗受也。极，国也。

集解：传例曰："灭国有三术，中国日，卑国月，夷狄时。"极，盖卑国也。①

根据经文中已有的内容，《穀梁传》总结出《春秋》记载不同类型的国家灭亡时所采用的不同时间记录方式，即"中原诸夏之国书日，中原卑微小国书月，四方夷狄之国书时"。现在经文用书"月"的方式记录了"极"这个国家的灭亡。依据凡例可推知"极"应为中原卑微的小国。

由以上的例子可知，"凡例"之法中的"由事以归例"，恰如逻辑中的归纳法；而"凡例"之法中的"依例以推事"，则如逻辑中的演绎法。从严格意义上讲，"凡例"之法将此二者并用，其实存在循环论证的逻辑危机。但是，范宁认为在经典的解释中，此二者是并行不悖的；因为无论是"事"还是"例"，本质上都是围绕着"义"展开的。

范宁坚信《春秋》寄寓有圣人的微言大义，但圣人之义如何得以呈现？答案就是"因事见义"②——圣人通过记《春秋》之事以彰显其义，这也是孔子之所以采用史书形式的深刻原因。但倘若一事显一义，则不免事繁而义乱，徒使圣人之义湮没于物事之中而暗昧难寻。于是，"事"有待"例"而顺，"义"有待"例"而彰。如此一来，"凡例"便成为连接"事"与"义"的纽带；"例"不仅是"事之

① （晋）范宁集解，（唐）杨士勋疏：《春秋穀梁传注疏》，阮元校刻《十三经注疏》本，上海古籍出版社1997年版，第2366—2367页。

② （晋）范宁集解，（唐）杨士勋疏：《春秋穀梁传注疏》，阮元校刻《十三经注疏》本，上海古籍出版社1997年版，第2381页。

凡”，更成为“义之蕴”。

因此，中国古典经学对于“凡例”的高度重视，不仅仅是出于把握事件的方便考虑，更潜含了对“义”、“例”关系的深刻理解。经学家们孜孜以求的并不是那些严整的、精妙的“凡”与“例”，而是存在于这些凡例背后的“意义”。经典的“意义”可以分为两个层次：一者为文本之意，二者为文外之义。而这两者都有赖“凡例”来表现。而且，“义”的介入也打破了“凡例”运用过程中“即事以言例”、“依例而推事”之循环逻辑的怪圈，促使经学解释走向深入。所以，“事”—“例”—“义”的微妙互动构成了一种独特而有创造性的解释学循环，进而成为中国古代经典解释学的范式。

三、解释的宗旨：传以通经为主，经以必当为理

范宁认为自己的《集解》不是对《穀梁传》的单纯注解，甚至也不是对《春秋》的形式上的复归，而是对意义的追寻，是对圣人的微言大义（即《春秋》的“为经之旨”）的探索。因此，他主张经典解释的宗旨是：“传以通经为主，经以必当为理。”

（一）传以通经为主

针对“传”与“经”的关系，范宁提出“传以通经为主”的解释原则。在这一原则中最值得关注的是“通”字。它隐含的前提是：“经”可通。换言之，经文本身具有内在的统一性和一以贯之之道，也就是范宁所极为重视的“为经之旨一”中的“一”。某种意义上，这也是“凡例”得以产生的原因。

既然经文具有内在的统一性和一以贯之之道，那么以解读经典为职志的“传”理所当然应该以“通经”为宗旨。具体地讲，“传”通“经”也表现在“事”、“例”、“义”三个层面，即通晓经书之事，

通顺经文之例，通达经说之义。

1. 通晓经书之事

“事”为经之本，对《春秋》而言尤其如此。《穀梁》为解经之书，自然应当以通晓经事为基础；范氏《集解》为注传之作，同样要把关注的目光投射到经文的事件以及《穀梁传》对这些事件的理解上。这在《集解》对“三传”的态度中得到集中体现。范宁虽然集解《穀梁》，但他在学风上力图跳出汉代师法之藩篱，不自是而非它，不崇《穀》而贬《公》、《左》，而是对“三传”持一种客观平实的态度，公允地评断“三传”之得失，择善而从。如《穀梁》所据之经文昭公四年记载“四年，春，王正月，大雨雪”[①]，而《左传》所据之经文则书“大雨雹”[②]；史料残缺，无法辨别二说真伪。于是范宁《集解》云“雪，或为雹”[③]，并存两家之说。与此类似的还有隐公三年的“尹氏”与“君氏”、隐公四年的“祝吁”与“州吁”、宣公八年的“熊氏”与“嬴氏”，等等。[④]

更进一步讲，范宁采用“集解”的形式并不是偶然的。因为“集解”可以兼采包括阴阳灾异思想在内的众家之说，有助于辩订真伪，裁度是非。而《集解》对于名物、典章、制度的强调同样服务于通晓经事的目的。

2. 通顺经文之例

《集解》的一个显著特征是“整体理解，首尾相顾，事例呼应”。

---

① （晋）范宁集解，（唐）杨士勋疏：《春秋穀梁传注疏》，阮元校刻《十三经注疏》本，上海古籍出版社 1997 年版，第 2434 页。

② （晋）杜预注，（唐）孔颖达疏：《春秋左传正义》，阮元校刻《十三经注疏》本，上海古籍出版社 1997 年版，第 2032 页。

③ （晋）范宁集解，（唐）杨士勋疏：《春秋穀梁传注疏》，阮元校刻《十三经注疏》本，上海古籍出版社 1997 年版，第 2434 页。

④ 参见（晋）范宁集解，（唐）杨士勋疏：《春秋穀梁传注疏》，阮元校刻《十三经注疏》本，上海古籍出版社 1997 年版，第 2368、2369、2413 页。

范宁自觉地将《春秋》视作完整的、融贯的有机整体，强调《穀梁传》在解读经文时的联系性。

例如《春秋》宣公八年记录“仲遂卒于垂”，《穀梁传》解说：“此公子也，其曰仲，何也？疏之也。”《集解》则进一步补充：“僖十六年传曰：‘大夫不言公子、公孙，疏之也。’”[①] 范宁将僖公十六年的一条相似的传文提到此处与宣公八年传文做对比，以图揭示二者之异同和《春秋》书录之凡例。

“例”待“事”而明，“事”待“例”而顺。故《集解》极为重视“事”与“例”的呼应。如哀公四年：

经文：四年，春，王二月。庚戌，盗弑蔡侯申。

传文：……《春秋》有三盗：微杀大夫，谓之盗；

集解：十三年冬，“盗杀陈夏区夫”是。

传文：非所取而取之，谓之盗；

集解：定八年，阳货取宝玉大弓是。

传文：辟中国之正道以袭利，谓之盗。

集解：即杀蔡侯申者是，非微者也。[②]

通过排列可以很清楚地看到，《集解》选取典型事件对《穀梁传》所总结的《春秋》盗之例逐条印证，从而使凡例更加清晰、更加有说服力。

---

① （晋）范宁集解，（唐）杨士勋疏：《春秋穀梁传注疏》，阮元校刻《十三经注疏》本，上海古籍出版社 1997 年版，第 2413 页。

② （晋）范宁集解，（唐）杨士勋疏：《春秋穀梁传注疏》，阮元校刻《十三经注疏》本，上海古籍出版社 1997 年版，第 2449 页。

3. 通达经说之义

“传”由“经”而来，传文的解说应该尽力符合经文的原意。范宁虽然为注解《穀梁传》花费了大量心血，但他并没有因此曲意回护《穀梁传》。对于传文中一些与经文不相符合的地方，他或者婉书“宁所未详”以存其疑，或者直言矛盾而斥其非。

如《春秋》隐公九年记载：“九年，春，天王使南季来聘。”《穀梁传》解说：“南氏，姓也。季，字也。聘，问也。聘诸侯，非正也。”范宁认为，根据《周礼》的说法和许慎的解释，天子派遣大臣聘问诸侯并无非礼不当之处，故云“传曰：‘聘诸侯，非正’，宁所未详”，委婉地表达了对传文的怀疑。[①]

又如《春秋》僖公二十四年经文记载：“冬，天王出居于郑。”《穀梁传》解说：“天子无出，出，失天下也。”范宁认同江熙的意见，认为天子出行，若巡守而后行，则全天子之行而不言“出”；若出奔而行，则不得全天子之行而应书“出”。经文所书乃周襄王出奔郑国，与“失天下”不类，故“传言失天下，阙然如有未备”，指出《穀梁传》在解说上的不足。[②]

（二）经以必当为理

“事”—“例”—“义”的解释学循环表明，经典本身并不是解释所探寻的目标；解释行为被引向经典背后的“义”。于是，范宁进一步探讨了“经”与“义”的关系，提出“经以必当为理”的解释原则。

---

① （晋）范宁集解，（唐）杨士勋疏：《春秋穀梁传注疏》，阮元校刻《十三经注疏》本，上海古籍出版社 1997 年版，第 2371 页。

② （晋）范宁集解，（唐）杨士勋疏：《春秋穀梁传注疏》，阮元校刻《十三经注疏》本，上海古籍出版社 1997 年版，第 2401 页。

所谓“必当”，既有“适宜”、“合度”的意思，又有“合理”、“合法”的含义。[①]前者涉及经典的文字表述与意义传达，后者则关注经典本身赖以确立的基础。因此，在范宁看来，“经”之所以为“经”，关键不在于它在语言文字上的优越性，甚至也不在于它是由圣人所作这一事实，而在于圣人创作它的原因与依据。圣人正是按照“必当”的原则来创作“经典”。于是，一方面，“必当”是“经”之所以成为“经”的原因；另一方面，人们必须按照“必当”的原则来解释“经”与“传”。“必当”体现了一种历史理性与价值信仰。

1. 经文合宜

经典的“必当”首先表现为经文文字表述与意义传达合宜。范宁注意到尽管总体上看《春秋》的经文前后融贯、凡例井然，但是仍然有少数地方存在疑问。对此，他采取了两种截然不同的处理方法。

一方面，在解释经文中的某些看似抵牾之处时，范宁努力地找寻理由以消除矛盾，试图给予一个合理的说法。例如，《春秋》隐公十一年记载“十有一年，春，滕侯、薛侯来朝”；《春秋》桓公二年又记载“滕子来朝”。时隔仅两年，经文对滕国国君却一称“侯”，一称“子”。范宁认为这并不是经文的“笔误”，而是据实书写；之所以前后异称，“盖时王所黜”，可能是由于在这两年中周天子将滕侯贬黜为滕子的缘故。[②]

但另一方面，范宁又对经文中的一些不合凡例、无法解释的地方提出质疑。如《春秋》庄公二十二年仅书“夏，五月”，传文无解。范宁认为，即使按照“《春秋》不遗时”的凡例来看，经文也应

① 当然此处的“合理”、“合法”所参照的背景乃是“天理”。

② 参见（晋）范宁集解，（唐）杨士勋疏：《春秋穀梁传注疏》，阮元校刻《十三经注疏》本，上海古籍出版社 1997 年版，第 2373 页。

该书“夏，四月”，而此处“以五月首时，宁所未详”。[①] 言外之意，这一处经文可能存在错漏。相类似的还有桓公四年经文书“夏，天王使宰渠伯纠来聘”之后无“秋冬”二时，便直接记录桓公五年。范宁认为此处可能存在经文的遗漏。[②] 更有代表性的是成公元年的例子。《春秋》经文仅书“冬，十月”，传文却叙述了一大段鲁、晋、卫、曹四国大夫聘齐受辱的故事。范宁根据《穀梁传》“释经以言义，未有无其文而横发传者”的凡例，反推经文在“冬十月”下很可能遗漏了“季孙行父如齐”六个字。[③]

从集解对待经文中存疑之处所采取的方法可以看出，尽管难免有强为之解的地方，但总体而言，范宁能够既尊重经典之原文，又不屈从其说，显示出一种可贵的独立性。

2. 经义合理

经典的“必当”还表现为经义的“合理”。“合理”乃是经典本身赖以确立的基础，即圣人的“为经之旨”所在。

这首先表现为范宁对于“礼”的高度重视。整部集解中，引《周礼》、《仪礼》、《礼记》“三礼”之文以及其他礼制资料的内容占了相当大的篇幅。这既与春秋的时代特点有关，也与范宁对“礼”的理解分不开。“礼”不仅仅是现实的行为规范与秩序仪则，还是“天之经也，地之义也，人之行也”[④]。“礼”与“理”是相通的，“合礼”在某种程度上就等同于“合理”—— 合乎“情理”，合乎“天理”。

---

① 参见（晋）范宁集解，（唐）杨士勋疏：《春秋穀梁传注疏》，阮元校刻《十三经注疏》本，上海古籍出版社 1997 年版，第 2385 页。

② 参见（晋）范宁集解，（唐）杨士勋疏：《春秋穀梁传注疏》，阮元校刻《十三经注疏》本，上海古籍出版社 1997 年版，第 2374 页。

③ （晋）范宁集解，（唐）杨士勋疏：《春秋穀梁传注疏》，阮元校刻《十三经注疏》本，上海古籍出版社 1997 年版，第 2417 页。

④ （晋）范宁集解，（唐）杨士勋疏：《春秋穀梁传注疏》，阮元校刻《十三经注疏》本，上海古籍出版社 1997 年版，第 2107 页。

因此，以“必当为理”的“经”首先在形式上表现为“合礼”。

而《春秋》之“礼”其实是以批判的形式展现。在范宁看来，《春秋》是“礼乐征伐自诸侯出”、“陪臣执国命”的礼坏乐崩之社会变局的产物；孔子著《春秋》的目的是“赞人道之幽变，举得失以彰黜陟，明成败以著劝诫，拯颓纲以继三五，鼓芳风以扇游尘”①。因此，圣人寄寓于《春秋》之字里行间的“微言大义”、“为经之旨”正是申君臣尊卑之大义，黜乱臣贼子之僭越。于是，《春秋》或笔或削，极尽褒贬进退之能事，正所谓“一字之褒，宠逾华衮之赠；片言之贬，辱过市朝之挞”②。而范宁坚信“成天下之事业，定天下之邪正，莫善于《春秋》”③，原因正在于此。

任何诠释活动都是具有双重性的，尤其是以“述而不作”为标榜的中国经典解释学。一方面，由于承认经典中存有圣人之“微言大义”，并以揭示与还原此“微言大义”为目标，经典解释因而具有封闭性；另一方面，由于圣人之“义”是以隐晦的、微妙的方式表现，客观上造成了人们对于“为经之旨”、“必当之理”的把握言人人殊，经典解释又具有了开放性。范宁的《春秋穀梁传集解》作为一部诠释《春秋》、解读《穀梁》的佳作，同样兼具这双重特性。解读经典是一项枯燥乏味的工作，解读经典又是一项饶有兴味的活动——正是在封闭性与开放性的矛盾和张力之中，经典解释学于中国思想史上找寻着自己的天地，诠释经典也因而成为一种创造性的活动。所以，作为一个优秀的经学家，范宁既是一位出色的注释者，更是一位独立的思想家。

---

① （晋）范宁集解，（唐）杨士勋疏：《春秋穀梁传注疏》，阮元校刻《十三经注疏》本，上海古籍出版社 1997 年版，第 2359 页。

② （晋）范宁集解，（唐）杨士勋疏：《春秋穀梁传注疏》，阮元校刻《十三经注疏》本，上海古籍出版社 1997 年版，第 2359 页。

③ （晋）范宁集解，（唐）杨士勋疏：《春秋穀梁传注疏》，阮元校刻《十三经注疏》本，上海古籍出版社 1997 年版，第 2360 页。

二十世纪以来国内《春秋穀梁传》思想研究述评

作为“春秋三传”之一，《春秋穀梁传》主体成型于战国前中期，正式文本形成于秦汉之际。此后，传述、研究者不断，并曾在西汉宣帝统治期间盛极一时，被列为学官；唐代被列入“九经”，至宋代正式位列“十三经”。可以说，两千年来《穀梁传》一直是中华传统最重要的经典之一，其所蕴涵的丰富的思想价值不容抹杀。但与《公羊传》和《左传》相比，《穀梁传》的研究无论在学者队伍上，还是在学术成果上均远远不及。

不过，自晚清今古文经学滥觞、民国古史辨派运用新学科方法研究《穀梁传》以来，已经先后有学者从经学、史学、政治学、伦理学等角度对《穀梁传》展开深入研究，形成了现代穀梁学研究的一个相对繁荣的高潮。二十世纪以来学术界围绕《穀梁传》所作的研究，主要取得了以下成果：从早期的崔适、张西堂、钱玄同、周予同到晚近的陈恩林、谢金良、浦卫忠等人在《春秋》及《穀梁传》辨析真伪、考订成书时代方面做了大量努力；承载、白本松、刘世南、周何、顾宝田等学者着重从事《穀梁传》版本译注方面的工作；傅隶朴、浦卫忠等在比较三传文字、思想异同方面做了有益尝试；吴智雄、谢金良、浦卫忠、黎汉基、文廷海等人在《穀梁传》思想研究方面做出了重要探索，等等。这些成果均令人振奋。此外，与《穀梁传》研究密切相关的宗法制度研究和经学史研究也已经取得了不少重要的成果，为《穀梁传》思想研究的深入展开奠定了一定的基础。

本文着重梳理和评述二十世纪以来学术界有关《穀梁传》思想研究的成果，以期为《穀梁传》思想的进一步研究提供基础。这些成果主要集中在《穀梁传》的思想史定位以及《穀梁传》的思想价值等方面。

一、围绕《穀梁传》的思想史定位所展开的论辩

《穀梁传》在思想史、经学史上如何定位？这是研究《穀梁传》思想的前提和基础。这一主题实际上包含了一系列问题的探讨，如孔子与“六经”的关系、孔子与《春秋》的关系、《穀梁传》与《春秋》的关系、《穀梁传》的作者、《穀梁传》与《公羊传》的关系、《穀梁传》的成书与流传情况，等等。二十世纪以来，不少学者围绕着这一主题各抒己见、论辩诘难，提出了许多极具启发性的见解，使相关主题的研究和认识不断清晰与深化。

（一）孔子与“六经”的关系

孔子与“六经”是否有关？如果有，又是什么关系？这是理解“孔子与《春秋》的关系”的前提和背景。学者们对这个问题的理解，大致有三种观点：

持第一种观点的学者以皮锡瑞为代表，主张“六经”皆为孔子所删定。站在今文经学的立场上，皮锡瑞坚信孔子有帝王之德而无帝王之位，晚年明白了“道之不行”，故退而删定“六经”，寓微言大义于其中，以为万世之准则，“孔子之教何在？即在所作‘六经’之内。故孔子为万世师表，‘六经’即万世教科书”。皮锡瑞称孔子之所以贤于尧舜，甚至为生民以来所未有者，都是因为他删定了六经。所以，“经学开辟时代，断自孔子删定‘六经’为始。孔子以前，不得有经”[①]。蒋伯潜的观点与皮氏相近，亦主张“五经”与孔子有关，

---

① （清）皮锡瑞：《经学历史》，中华书局2004年版，第1—7页。

其中有孔子的“微言大义”存焉，故孔子是经学的开山之祖。[①]

古史辨派的重要代表钱玄同完全反对皮氏的主张。他根本否定了“五经”与孔子的关系，提出若要想求得真正的孔学，要考察孔子的学说和事迹，只可依据《论语》。甚至《孟子》、《荀子》、《史记》中所述的孔学，都只能说是孟轲、荀况、司马迁之学而已，更毋论今文与古文经学了。在1923年写给顾颉刚的一封信中，钱玄同系统地提出了他关于孔子与“六经”关系的看法：一、孔丘并无删述或制作“六经”之事；二、《诗》、《书》、《礼》、《易》、《春秋》本是各不相干的五部书（至于“乐经”更是本无此书）；三、因《论语》偶然提到诗、书、礼、乐，就先后有《史记·孔子世家》、《礼记·王制》、《孟子》等敷衍出“孔子作六经”之说；四、实际上“六经”的配成是在战国末期的事情，首见于《庄子》的《天运》和《天下》；五、自“六经”之名成立，后学多将六者并举，而且还扯上“五行”、“五常”等话头来比附。[②]

第三派观点是由周予同先生提出的。他首先考察了上述两派的意见指出：钱玄同从“疑古派”的怀疑精神出发，全盘否定了“六经”与孔子有关系的说法，钱氏的见解固然有其独到之处，但他的立足点却是有问题的，因为他是对这个问题先存在否定的意见，然后再去从古代文献里找证据来证明自己的观点，难以避免主观主义的毛病；不过，钱玄同所代表的“新古史学者”以怀疑精神重理中国古代史，其“六经孔子关系论”体现了近代经学研究的新途径。至于皮锡瑞等今文经学家，他们坚信孔子怀抱着伟大的政治理想，并以“六

① 参见蒋伯潜：《十三经概论》，上海古籍出版社1983年版，第421页；及蒋伯潜、蒋祖怡编：《经与经学》，上海书店1997年版，第91—92页。

② 参见钱玄同：《答顾颉刚先生书》（1923年5月25日），见顾颉刚等编著：《古史辨》第一册，上海古籍出版社1982年版，第69—70页。

经”为孔子思想所托，还可以说有一定道理；但其所信奉的“六经致用”、“孔教救国”，则更像是荒谬的鬼话，完全说不通。周予同最后提出自己的看法：“六经”决非撰于一人、成于一时、作于一地。在孔子以前，必定有很多古代文献遗存下来，其中的一部分就残存在“经书”之中。作为我国历史上第一个创办私立学校的教育家，孔子很可能对这些文献重新整理过，用作教授学生的教本。所以现存的“六经”，是经过孔子整理的，也因此而成为儒家学派的“经典”。不过，孔子对“六经”尽管有所删节，但他的基本态度是“信而好古”，在很大程度上保留了原有的文字、史事和风格；并且，今天我们看到的“五经”已经不完全是孔子整理后的原书，而是既在流传过程中散佚了一部分，又掺杂有后来儒家学派增添的内容。[①]

（二）孔子与《春秋》的关系

孔子与《春秋》的关系问题直接影响到人们对《春秋》价值的评判，是研究《春秋》以及《穀梁传》首先碰到的、不可不解决的关键问题。这一时期的学者在此问题上的争论更加激烈，形成了多种意见。

皮锡瑞坚持认为《春秋》是孔子创作的一本治世大典，“说《春秋》者，须知《春秋》是孔子‘作’。‘作’是做成一书，不是抄录一过；又须知孔子所作者，是为万世作经，不是为一代作史”。皮氏此说实际上继承了孟子的“孔子作《春秋》”之说。皮锡瑞又详细描述了孔子作《春秋》的过程：《春秋》原本是鲁国旧史，只有史事的客观记载而没有更深刻的意义，而孔子忧“周德既衰，官失其守，上之人不能使《春秋》昭明；赴告策书，诸所记注，多违旧章”，因

① 朱维铮编：《周予同经学史论著选集》，上海人民出版社1983年版，第215—218页。

此“考其真伪，而志其典礼，上以遵周公之遗志，下以明将来之法。其教之所存，文之所害，则刊而正之，以示劝诫，其余则皆即用旧史”。孔子对《春秋》加以笔削褒贬，为后王立法，而使乱臣贼子惧。所以，皮锡瑞认为孔子之作《春秋》比起删订其他诸经意义更为重大，甚至可以与大禹治水、周公平乱相媲美。①蒋伯潜亦持“孔子作《春秋》”之说。②

晚清古文学派大师章太炎不同意今文学派的孔子“作”《春秋》之说，主张孔子“修”《春秋》。章先生实际上是继承了汉代以来的古文派的传统观点。古文学派认为，周公才是经学的开创者，作为鲁史的《春秋》的发凡起例都始自周公；孔子对《春秋》只是根据周公的鲁史凡例加以修订补充，所以，《春秋》并不能算作是孔子的著作。③

徐复观也认为《春秋》是孔子所“修”而非所“作”，但他不赞同古文学派“以《春秋》为史”的看法，认为孔子修订《春秋》的动机和目的并不是今日所谓的“史学”，而是在发挥古代良史“以史的审判代替神的审判”的庄严使命；因此，孔子修《春秋》的用心是超乎史学之上的，《春秋》是经而不是史。④

钱玄同则继续贯彻古史辨派的怀疑精神，依据《论语》中“关于《春秋》的话，简直一句也没有”，来证明《春秋》绝非孔子所作或所删修。钱玄同认为《春秋》只能是一部历史，具体说，是一部鲁国的“断烂朝报”，不但无所谓“微言大义”，并且是没有组织、没

① 参见（清）皮锡瑞：《经学通论》之四《春秋》，中华书局1954年版，第2—4页。

② 参见蒋伯潜：《十三经概论》，上海古籍出版社1983年版，第421页；蒋伯潜、蒋祖怡编：《经与经学》，上海书店1997年版，第91—92页。

③ 《文史通义内篇》卷一《经解上》，见（清）章学诚：《章学诚遗书》，中华书局1985年版，第8页。

④ 徐复观：《两汉思想史》第三卷，华东师范大学出版社2001年版，第156页。

有体例、不成东西的史料而已。用他的话说，“‘六经’之中最不成东西的是《春秋》”。所以，它决不是孔二先生做的，以孔夫子的学问才具，似乎不至于做出这样一部不成东西的历史来。[①]

顾颉刚对钱玄同的观点做了补充和修订，主要是推测了“《春秋》何以说为孔子所作”的几个步骤，认为《春秋》本是鲁国史官所记的朝报，本来就有阙文和疏漏之处；等到孔子劝人读书，教育学生，但当时实在没有多少书可以读，只好把这鲁国所独有的史料拿来让七十子后学读；后来，儒家尊孔子，就把《春秋》截在孔子去世的时候为止了；而随着《春秋》的地位渐高，甚至有人一定要说《春秋》是孔子作的，并且硬要从里面找出孔老夫子的“微言大义”来。所以，《春秋》不是孔子作的，孔子只是借用它作为教材来教授学生；《春秋》里面也没有孔子的什么“微言大义”。但这并不是说《春秋》就没有任何“义例”了，《春秋》当然不可能处处有微言大义，但著作《春秋》的那些鲁国史官们秉笔而书，自然有它的体例，所以从《春秋》中推出些义例来也不足为奇，只是不能一股脑把账全都算到孔夫子头上。[②] 杨伯峻仔细考察了今本《春秋》的文字，认为：“春秋”本是当时各国国史的通名，后来专指鲁国的史书；现存《春秋》基本上是鲁国史书的原文。《春秋》本身前后笔调不一致，说明孔子寓“微言大义”于书中的说法不可信。《春秋》与孔子有一定关系，表现在孔子曾经将官书《春秋》作为教本教授学生，并使它传到民间；后来孔门弟子为纪念孔子，特意在书中加上了他的生卒年。[③] 持

① 参见钱玄同：《论〈春秋〉性质书》（1925 年 3 月 16 日），《古史辨》第一册，上海古籍出版社 1982 年版，第 275—276 页。

② 顾颉刚：《答书》（1925 年 3 月 21 日），《古史辨》第一册，上海古籍出版社 1982 年版，第 276—277 页。

③ 参见《文史知识》编辑部编：《经书浅谈》，中华书局 2005 年版，第 72—76 页。

相似观点的还有朱自清和赵伯雄。①

钱穆委婉地批评了钱玄同"只可依据《论语》考察孔子的学说和事迹"及"依据《论语》中没有关于《春秋》的话来证明《春秋》决非孔子所作或所删修"的观点。通过历史地考察《春秋》在各个时代的影响和地位，钱先生得出结论：《论语》是孔门弟子记载孔子平日言行的一部书，而《春秋》则是孔子自己的著作，而且是孔子晚年的、唯一的一部亦经亦史的著作。②

周予同对"《春秋》"和"《春秋》学"作了分疏，指出《春秋》本身是一部很平常的史书，是中国古代初期的历史著作，因为受到当时物质的和意识的限制，只能形成这样一部东西。但是，《春秋》何以影响中国的政治、法律及社会思想如此深远？周予同认为，这不是因为《春秋》本身有什么"微言大义"，而是由于后人研究《春秋》、利用《春秋》而形成的"《春秋》学"所造成的。③

姚曼波则通过清理孔子与《春秋》、《左传》的关系，考察孔子作《春秋》的文化渊源与历史条件，比较《左传》、《论语》、《国语》在思想倾向、史料、语言风格、虚词文法等方面的异同，得出了一个新颖的结论：孔子确实著过《春秋》，但他所著的《春秋》并不是前人所说的和今天流传下来的《春秋》，而是一部独立的著作，是今之《左传》的蓝本；孔子《春秋》的原貌是一部记载着"弑君三十六，亡国五十二"史实的类似纪事本末体的史学著作；左氏割裂了孔子《春秋》，并加入逐条解经语而形成了今本的编年体的《左传》。④

---

① 参见朱自清：《经典常谈》，生活·读书·新知三联书店 1980 年版；赵伯雄：《春秋学史》，山东教育出版社 2004 年版。

② 参见钱穆：《两汉经学今古文平议》，商务印书馆 2001 年版，第 263—317 页。

③ 参见朱维铮编：《周予同经学史论著选集》，上海人民出版社 1983 年版，第 493—498 页。

④ 参见姚曼波：《孔子作〈春秋传〉史实考》，《江苏教育学院学报》2001 年第 7 期；姚曼波著：《〈春秋〉考论》，江苏古籍出版社 2002 年版，第 7—41 页。

谢金良主要讨论了“《春秋》是否含有微言大义”的问题，指出：如果《春秋》不含有微言大义，则《公》、《穀》二书就是后人编造杜撰出来的，这与二传文本体现出的作者的才华不相称。所以，可以从《公》、《穀》二传反推出《春秋》应当含有一定的微言大义。但这并不意味着《春秋》里的每一条都表现了圣人的“微言大义”；而且，现有的史料只能说明《春秋》与孔子的学问有关系，还很难断定《春秋》的所有“义例”都是出自孔子。因此，一方面要承认《公》、《穀》之书专讲“微言大义”并非全凭牵强附会杜撰出来，而是源有所据的；另一方面，尽管孔子可能对《春秋》一书有着自己特殊的见解，但不能简单认为《春秋》的全部义例一定出自孔子。①

（三）《穀梁传》与《春秋》的关系

在《穀梁传》与《春秋》的关系问题上，学者们的意见分歧也很大，概括起来有四种观点。

不少学者继承了传统的“穀梁今文说”，认为《穀梁传》同《公羊传》一样，都是为解释、阐发《春秋经》里孔子的“微言大义”所作的传。皮锡瑞是持这一观点的典型代表。②

晚清学者崔适撰《春秋复始》一书，认为《穀梁传》并非今文学，而是古文学，是由刘歆伪造的，目的是用来为同样由他伪造的《左传》张目。张西堂进一步发展了此说，通过梳理《穀梁传》文本，他指出：穀梁有无经之传，有不释经之传，穀梁义例多相乖戾之处，文辞多重累之处，穀梁晚出于公羊，不合于鲁语，违反孔子之意，乃杂取传记以成等种种证据，论定《穀梁传》亦为古文之学，“本杂取

---

① 谢金良：《〈穀梁传〉的真伪和写作时代问题考辨》，《福建论坛》1996年第2期；谢金良：《穀梁传漫谈》，顶渊文化事业有限公司1997年版。

② （清）皮锡瑞：《经学历史》，中华书局2004年版，第1—23页。

传记以造，非得《春秋》之真传”[①]。

周予同则贯彻了《穀梁传》“信以传信，疑以传疑”的精神，在考订各家之说的基础上，提出：崔氏的立论虽然还没有得到一般学者的承认，但《穀梁传》的作者问题无明文可考，实在是不容讳言的。换言之，《穀梁传》与《春秋》的关系问题，在目前只能是暂付阙如。[②]

谢金良具体考察了崔适以《穀梁传》为古文学的几个证据，认为崔适的论证并不能成立，《穀梁传》仍应当属于今文学。接着，谢金良提出了一个大胆的推测：《穀梁传》一定有其渊源，其源头很有可能是子夏所传的《春秋传》；而这部《春秋传》在这里专指传说中子夏秘传的《春秋》经义，乃是一部虚名的文本。[③]

（四）《穀梁传》的作者

由于史料阙如，长期以来关于“《穀梁传》的作者”问题众说纷纭。单就“穀梁子”之名，到唐代时就已经有“穀梁喜”、“穀梁嘉”、“穀梁赤”、“穀梁俶”、“穀梁寘”、“穀梁淑”等六种说法。二十世纪以来，学者们对这一问题展开了进一步的研究。

皮锡瑞根据《穀梁传》传授的时代长短，推测“穀梁赤”、“穀梁俶”、“穀梁喜”、“穀梁寘”四名并非指一人，而是像《公羊传》“祖孙父子相传”一样，可能是穀梁家族几位相继传授《穀梁传》的传经者的名字。[④]

吴承仕不同意皮锡瑞的看法。通过对这六个名字进行声类转换

① 张西堂：《穀梁真伪考》，台湾明文书局 1994 年版，第 43—44 页。

② 参见朱维铮编：《周予同经学史论著选集》，上海人民出版社 1983 年版，第 264—265 页。

③ 谢金良：《〈穀梁传〉的真伪和写作时代问题考辨》，《福建论坛》1996 年第 2 期，第 13—14 页。

④ （清）皮锡瑞：《经学通论》之四《春秋》，中华书局 1954 年版，第 17—18 页。

的分析后，吴承仕指出：一人六名的现象是“字异而人同”；这六个名字并非指不同的人，而都是专指“穀梁子”一人。[①]

还有一些学者试图从转音或切合之字的思路来解释“公羊”和“穀梁”的姓。例如，传统的看法认为“公羊”和“穀梁”俱为复姓。而皮锡瑞的《经学通论》则介绍了有些学者认为“公羊”、“穀梁”皆为“卜商”二字的转音，换言之，《穀梁传》与《公羊传》实际上都是出自子夏之手。蔡元培更主张“公”和“穀”双声，“羊”和“梁”叠韵，因此，《穀梁传》与《公羊传》的作者是同出于一人。[②]

谢金良将前人在此问题上的说法总结为三类：第一类认为穀梁子是《穀梁传》的传经者，而不是自作者，这一说法源自徐彦的《公羊传疏》；第二类看法是《四库提要》所主张的《穀梁传》非一人一时之作；第三类则主张《穀梁传》是刘歆伪造的，持这一观点的主要有崔适和张西堂。在参考前人成果的基础上，谢金良提出了自己的观点：《穀梁传》不可能是刘歆伪造的；穀梁子和《穀梁传》的关系很密切，类似于孔子和《春秋》的关系；穀梁子很可能既是《穀梁传》的重要传经者之一，又是主要的删定者；他主要是在传经过程中对子夏所传的《春秋传》的文本进行修补和删定，所以，后世学者把书的著作权归给他；在穀梁子修定之后至今本《穀梁传》写定之前，很可能还有传经者对穀梁子定形后的文本修补过，以致今本《穀梁传》变成不是一时一人之作。[③]

另一种有代表性的观点是由金建德提出的。金建德根据《史记·儒林列传》记载：瑕丘江生“为《穀梁春秋》”，认为《穀梁传》

---

① 参见吴承仕：《经典释文序录疏证》，中华书局 1984 年版，第 117 页。

② 参见（清）皮锡瑞：《经学通论》之四《春秋》，中华书局 1954 年版，第 17 页。

③ 参见谢金良：《〈穀梁传〉的真伪和写作时代问题考辨》，《福建论坛》1996 年第 2 期，第 13—14 页。

的作者是汉代的瑕丘江生。金先生注意到《穀梁传·桓公五年》载："郑，同姓之国也，在乎冀州。"郑国在战国时所处地名应为豫州，直至《淮南子》才开始将河南"豫州"之地称为"冀州"。所以，《穀梁传》的说法实际上反映了汉代人的地理观念，这恰恰说明的它成书的时代应该是汉代。具体说，《穀梁传》应当是由汉代学者瑕丘江生著作的。①

（五）《穀梁传》与《公羊传》的关系

《穀梁传》与《公羊传》的关系一直是"三传"研究中的一个重点和难点。学者们就此问题也纷纷发表自己的看法。

杨伯峻在具体分析《穀梁传》与《公羊传》的文本之后，认为这"二传"不可能同出自子夏的传授。因为二者矛盾的地方很多，更不乏《穀梁》攻击《公羊》之处。如果它们同出于子夏，则只应大同小异、互有详略，不可能自相矛盾甚至自相攻击。所以，公羊子、穀梁子都未必是子夏的学生；托名子夏，不过是借以自重罢了。其中，《穀梁传》的成书又应该在《公羊传》之后。②

沈玉成、刘宁著《春秋左传学史稿》认为："《穀梁传》与《公羊传》是同源异流、同本异末的两部著作。它们同属今文学派，同讲微言大义，同以释经义为主，同为问答体，《穀梁传》的写定则晚于《公羊传》。其所以有异说甚至驳论，是两家经师传授的不同，既是学术上的分歧，也是在野的《穀梁》学派与当权的《公羊》学派所进行的政治争夺，争夺的结果是两派并列于学官。"③赵伯雄的观点与之

① 参见金建德：《瑕丘江公作〈穀梁传〉的推测》，《人文杂志》1957年第3期，第30页。
② 参见《文史知识》编辑部编：《经书浅谈》，中华书局2005年版，第87—89页。
③ 沈玉成、刘宁：《春秋左传学史稿》，江苏古籍出版社1992年版，第69—70页。

相近。[①]

但在刘黎明、巩红玉所著《〈春秋〉之谜》一书中则认为,《穀梁传》时常引用《公羊传》的现象,恰恰不能说明二书出于一人之手,反倒证明二书自有其传授系统;只是成书稍后的《穀梁传》参考了《公羊传》的论述而已。[②]

谢金良的看法是,《穀梁传》与《公羊传》大体上有一个共同的蓝本。二传的体例、解释所具的经书文本、叙事的内容上颇多相近、互补之处;尤其是二传同时不立传的有1040余条,而同样两条以上连续无传的有95处之多。这些都暗示了《穀梁传》与《公羊传》并不是自相矛盾的,而是有着共同的源头。谢金良否定了《穀梁传》成书于《公羊传》之后的说法,认为《穀梁传》与《公羊传》相同者十之二三的现象,只能说明它们有着共同的源头,而《穀梁传》是源于子夏所传,在经过穀梁子删定成书之后仍有不少改动,所以才出现少量抄袭《公羊传》的现象;但这并不能证明《穀梁传》成书于《公羊传》之后。[③]

值得关注的还有一些学者从"齐学"与"鲁学"关系的角度考察《公羊传》与《穀梁传》之间的关系。其中,宋艳萍的看法比较有代表性。宋艳萍指出:《公羊传》与《穀梁传》的差异实质上反映了"齐"、"鲁"文化的差异。齐文化是一种比较积极进取的文化,善于变通,勇于革新;这反映在《公羊传》上表现为"《公羊传》善变通"、"尊王亦限王"和"讥世卿"。鲁文化比较保守,恪守周礼,以"礼仪之邦"自我标榜;这反映在《穀梁传》上表现为"《穀梁传》

① 参见赵伯雄:《春秋学史》,山东教育出版社2004年版,第54—58页。
② 参见刘黎明、巩红玉:《〈春秋〉之谜》,四川教育出版社2000年版,第249—251页。
③ 参见谢金良:《〈穀梁传〉的真伪和写作时代问题考辨》,《福建论坛》1996年第2期,第10—13页;谢金良:《穀梁传漫谈》,台湾顶渊文化事业有限公司1997年版,第7、33—34页。

不知更化”、“一味尊王”和“维护世卿世禄制度”。[①]

（六）《穀梁传》的成书与流传情况

徐复观推测《穀梁传》的成立书简当在战国中期以后，书中引了“穀梁子曰”，可见此传并非成于穀梁子之手；而且，作《穀梁传》的人对《春秋》史实的疏隔较之《公羊传》更甚。但《穀梁传》作者的态度是非常谨慎的，“信以传信，疑以传疑”，并广引诸说以解经。关于“三传”的次第，徐复观认为：桓谭所谓《穀梁传》作于《左氏传》百余年之后且有残略，是可信的；《穀梁传》亦出于《公羊传》之后，并可能采用过《公羊传》。徐先生还提出了一个很有启发性的观点：董仲舒曾经学习过《穀梁传》，董氏所建立的“天的哲学系统”实受到《穀梁传》的影响。[②]

谢金良对“穀梁子受业于子夏”的说法表示怀疑。在分析了《穀梁传》的传授脉络后，谢金良认为“穀梁子受业于子夏之门人”的说法似更可信。他进而对《穀梁传》的产生和流传情况做了猜测：孔子在《春秋》文字之外另有褒贬之义，口传给弟子，独有子夏经传保留下来，其余各说仅有只言片语流传。子夏所传“经义”若干年后传到穀梁子，由于口耳相传数代，难免“残略、多所遗失”，但文本主体尚在。于是，穀梁子以子夏所传《春秋传》为蓝本，广采尚存于世的各家之说，重新加以删定并编著成书，成为先秦较有影响的一种思想。后遭秦火，文本被焚，不得不再次靠口耳相传，到汉初才著于竹帛。谢氏的猜测中有一个大胆的假定，即《穀梁传》在战国穀梁子时代曾经形成文本，后因秦火才被迫再次以口耳相传，到汉初才著于

① 参见宋艳萍：《从〈公羊传〉、〈穀梁传〉的主要区别浅探齐鲁文化的差异》，《管子学刊》1999年第4期，第45—50页。

② 参见徐复观：《两汉思想史》第三卷，华东师范大学出版社2001年版，第153—154页。

竹帛。[①]

赵伯雄指出，《穀梁传》与《公羊传》一样，在最初阶段可能都是在师徒父子间口耳相传，并没有固定的文本，很容易吸收不同时期传习者的各种经说。因此，作为《春秋》的一部“传”，它的形成可能是一个较长的过程，而不一定是某一个人在短期内撰述完成的。直到汉代“著于竹帛”，写成定本，才题以先师之名而称为《穀梁传》。所以，作为《春秋》的“传”，《穀梁》和《公羊》早在战国中后期已经形成了。我们尽管不能准确说出《穀梁传》的作者，但把它归为先秦《春秋》学的文献，总是毫无疑问的。[②]

二、针对《春秋穀梁传》的思想价值本身所进行的研究

与学者们围绕《春秋穀梁传》的思想史、经学史定位所展开的激烈论辩相比，直接针对《穀梁传》的思想价值本身而进行的研究，则显得单薄了很多。下面，我们具体介绍几位有代表性的学者的相关研究成果。

（一）傅隶朴的《春秋三传比义》[③]

傅隶朴继承了传统的“三传”比较的模式，著成洋洋三大册、88万字的《春秋三传比义》。傅先生的方式是：先列经文，然后详录《左》、《公》、《穀》三家的传义，最后作“比义”，辨析三传异同，评断其优劣得失。按他自己的说法，著此书的目的和方法是：“以传发经之微，以经正传之谬；于三传之得失，有可比较者，则比较其得失以为断，其或仅有一传，无可比较者，亦必叁伍其事义以为断，于

① 参见谢金良：《穀梁传漫谈》，台湾顶渊文化事业有限公司1997年版，第1—37页。
② 参见赵伯雄：《春秋学史》，山东教育出版社2004年版，第54—56页。
③ 傅隶朴：《春秋三传比义》（上、中、下），中国友谊出版社1984年版。

后儒说春秋者之新义，有可以资三传之印证者，亦偶引之，其于三传无涉者，概弃不取，免滋纷争。遇三传名物制度之欠考者，则引诗礼以补充之；辞义之晦涩难晓者，则用白话翻译之，总期于比较中得其正确的解释，能有涓滴之助于微言大义之领略。”书中对包括《穀梁传》在内的“《春秋》三传”作了深入浅出的评析，创见颇多。如批评《穀梁传·隐公元年》论“郑伯克段于鄢”所持的“缓追逸贼，亲亲之道也”的意见，认为“贼”与“亲”是不并立的，既称之为贼，则亲情就绝了，否则周公之诛管蔡不就成了失“亲亲之道”了吗！又如《穀梁传·僖公十五年》云：“韩之战，晋侯失民矣，以其民未败，而君获也。”傅隶朴认为《穀梁》虽与《左传》无大出入，但能独释经义，简明扼要，于三传中可算首屈一指了。不过，总体看来，傅先生在解读文本前已有定见，即：认为左氏亲见闻于夫子，公、穀远在其后；且《公羊》是非，全出主断；《穀梁》因袭敷衍者居多；故“三传”之优劣，《左氏》为上，《公羊》次之，《穀梁》最差。因而，在评议《穀梁传》思想时，傅先生常常用“殊无足取”、“穿凿”、“昏聩”、“糊涂”、“荒唐”等言辞，似未能对《穀梁传》文本语词背后的价值观念和意义认同作全面、客观、公正的理解和阐释，因此仍有不少值得商榷之处。

（二）浦卫忠的《春秋三传综合研究》①

浦卫忠是二十世纪八十年代以来对“《春秋》三传”的思想研究得最系统和最有深度的学者之一。他在杨向奎教授的指导下完成博士论文《〈春秋〉三传之比较研究》，后改名为《春秋三传综合研究》在台湾文津出版社出版。该书用三编的篇幅分别对“三传”的文本和

① 浦卫忠：《春秋三传综合研究》，台湾文津出版社 1995 年版。

主要思想做了个案研究，并在第四编综合考察了“三传”在史实、书法、礼制上的异同，比较了《公》、《穀》二传的思想差异。

在具体讨论《春秋穀梁传》思想价值的第三编中，浦卫忠从君臣之道、妇道与婚姻、亲亲之义等三个方面研究了《穀梁传》的伦理道德观念，从政治制度的构拟、国家组织形式的设想的角度阐释了《穀梁传》所反映的社会和国家政治制度的实质，并对《穀梁传》中丰富的“重民”思想做了归纳和提升，认为“民为君本”是《穀梁传》的时代精神。浦氏的穀梁研究有很多极具价值的见解。如在讨论君臣之道时，注意到《穀梁传》关于“君臣之义”的论述与汉初黄老学派某些观点的相似性；又如提出《穀梁传》的“君”、“天子”绝不是孔、孟的“君”、“天子”，而是荀子所构拟的“君”、“天子”，等等。

（三）谢金良的《穀梁传漫谈》①

谢金良的《穀梁传漫谈》是目前比较少见的专门研究《穀梁传》的学术著作。该书首先对《穀梁传》的来源、作者、成书年代、流传情况作了系统的梳理，接着从正文训诂和文章风格的角度对《穀梁传》的文本进行细致分析。该书的重点放在对《春秋穀梁传》传经特色和思想倾向的挖掘上。谢金良将《春秋穀梁传》在诠释《春秋》时所体现的特点总结为五条：一、开宗明义，正隐恶桓；二、倾向鲜明，手法婉曲；三、审慎周严，善于释经；四、表似训诂，正名尽辞；五、以历为例，以礼为理。而《穀梁传》的思想倾向则表现为：亲亲之义，尊尊之道；贵礼贱兵，尊王攘夷；贵义重民，援古正名。

谢金良的《穀梁传》研究，不同于浦卫忠的以功底取胜，而是

---

① 谢金良：《穀梁传漫谈》，台湾顶渊文化事业有限公司 1997 年版。

以灵气见长。他在《穀梁传》的思想来源、作者与成书考订、流传情况辨析方面有不少独到见解，这在前文已有论及。在对《穀梁传》思想价值本身的研究方面，他也发表了一些很有启发性的观点。例如，他认为《穀梁传》解经的一个特点在于“以历为例，以礼为理”，注意到《春秋》特有的“年”、“时”、“月”、“日”的记载方式以及《穀梁传》以“时”、“月”、“日”为例的典型现象，指出这是读懂《穀梁传》的一个前提；而《穀梁》以古礼作为阐释《春秋》经文的义理，常常引古礼来揭示经文中寓含的褒贬损益之义，并作为正名的一个重要依据，这也是《穀梁传》优胜于《左》、《公》之处。

（四）吴智雄的《穀梁传思想析论》①

《穀梁传思想析论》是台湾青年学者吴智雄根据他的硕士学位论文修订、扩充而来，是目前不多的《春秋穀梁传》思想研究专著中比较有代表性的一部。该书的一个显著的特点是：将《春秋穀梁传》的出现放置在春秋时代“礼坏乐崩”、社会政治脱序的历史背景中加以考察，认为《穀梁传》继承了孔子的“正名”主张，其创作的目的在于：针对因缺少外在行为规范而出现的社会动荡、脱序的现实，建立一套社会各阶层各安其分的行为规范（“礼”），从而建构一个秩序井然的和谐社会。

在这一思路的指导下，吴智雄分别考察了《穀梁传》的“礼”的观念和伦理思想，并把重心放在对《穀梁传》政治思想的清理上，指出：在继承者的合法性问题上，《穀梁传》提出“《春秋》与正不与贤”的观念，这实质体现了一种“居正”的思想；面对着古代政治伦理（“尊尊”）与亲属伦理（“亲亲”）的冲突，《穀梁传》采取重尊

① 吴智雄：《穀梁传思想析论》，台湾文津出版社 2000 年版。

尊而轻亲亲的主张，提倡“不以亲亲害尊尊”，认为政治归政治，伦理归伦理，二者不能混为一谈；在华夏夷狄问题上，《穀梁传》从历史方面说明了霸主兴起的背景，认为中原诸夏之国有相互救亡图存的义务，华夏为尊，夷狄为卑，但华夷之间的界限并不是绝对的，华夷之辨实质上遵循的是一种文化的标准。

以上，本文初步总结了二十世纪以来国内学者有关《春秋穀梁传》思想研究的一些成果。总的来看，这一时期学术界围绕《春秋穀梁传》的思想史、经学史定位所展开的一系列研究，包括孔子与“六经”的关系、孔子与《春秋》的关系、《穀梁传》与《春秋》的关系、《穀梁传》的作者、《穀梁传》与《公羊传》的关系及《穀梁传》的成书与流传情况等相关主题，一方面继承了传统经学研究的成果，另一方面在学术方法、研究领域和理论深度上又有所突破，可谓成就斐然，基本上代表了穀梁学研究的最高水平。但是，直接针对《穀梁传》的思想价值本身而进行的研究，无论是研究队伍的规模、研究的力度，还是学术成果的广度和深度上，都还不尽如人意。换言之，有关《春秋穀梁传》思想的研究还有很大的理论空间。